दिलीप कुमार

अहदनामा-ए-मोहब्बत

दिलीप कुमार

अहदनामा-ए-मोहब्बत

सईद अहमद

अनुवाद

मिर्ज़ा ए.बी. बेग़

वाणी प्रकाशन

वाणी प्रकाशन

'लोगो' वाणी प्रकाशन : मक़बूल फ़िदा हुसेन

वाणी प्रकाशन, 4695, 21-ए, दरियागंज, नयी दिल्ली-110002

वाणी प्रकाशन, अशोक राजपथ (पटना कॉलेज के सामने), पटना (बिहार)

AHADNAMA-E-MOHABBAT

by Saeed Ahmed

Translated by Mirza A.B. Baig

Biography

ISBN : 978-93-5000-483-8

प्रथम संस्करण

मूल्य : 450/-

वाणी प्रकाशन

फोन : 0091#11#23273167, फोन व फैक्स 23275710

वेबसाइट : www.vaniprakashan.in

ई-मेल : vaniprakashan@gmail.com

आर.टेक ऑफसेट प्रिंटर्स द्वारा दिल्ली-110095 में मुद्रित

यह पुस्तक
भारत और पाकिस्तान
की जनता की
दोस्ती और मोहब्बत
के नाम
समर्पित करता हूँ।

–सईद अहमद

लेखक सईद अहमद और दिलीप कुमार

अनुक्रम

परिचय

—मुसतंसर जावेद

सईद अहमद दिलीप कुमार को बहुत अच्छी तरह से जानता है। मैं सईद अहमद को बहुत अच्छी तरह से जानता हूँ। सईद अहमद दिलीप कुमार के व्यक्तित्व और उसकी अदाकारी के बारे में ऐसी-ऐसी बातें आपको बतायेगा जो इससे पहले हम नहीं जानते थे। वह बहुत ग़ौर से फ़िल्में देखता है। फ़िल्म तकनीक और आर्ट पर उसका अध्ययन बहुत गहरा है। उसको लिखने और बातें करने की कला अच्छी तरह आती है। उसे मामूली-से-मामूली बातों और घटनाओं को रचनात्मक बना देने का गुर आता है।

उसने इस किताब में एक बिलकुल उलट काम किया है। उल्टे काम करना बहुत हिम्मत और बहादुरी की बात है। यह दुनिया उल्टी खोपड़ी वालों के कारनामों से चल रही है। दुनिया भर में पहले कहानी लिखी जाती है और उसके बाद फ़िल्म बनती है। सईद अहमद ने पहले फ़िल्में देखीं, और उसके बाद हर फ़िल्म पर उसने रचनात्मक अफ़साना लिख दिया।

इस किताब में उसने बारह फ़िल्मों पर अपने ख़ास और अनोखे अन्दाज़ में बहुत ही ख़ूबसूरत कहानियाँ लिखी हैं। वह बहुत महारत से वाक्यों की रचना करता है। हसीन और सुन्दर औरतों के नैन-नक्श और उसके बदन के राज़ वह कुछ इस तरह बयान करता है कि रस शास्त्र के तक़ाज़े की अवहेलना भी नहीं होती। वह नर्गिस, मीना कुमारी, वैजयन्तीमाला और मधुबाला के बारे में बहुत ख़ूबसूरत वाक्य लिखता है। अदाकारी की कला को वह कितने सुन्दर ढंग से बयान करता है।

'जिस आदमी के सामने मधुबाला खड़ी हो उसको तो अपना आप भूल जाना चाहिए, लेकिन मधुबाला एक ऐसे अदाकार के सामने खड़ी है जो अपना आप याद रखता है। अपना आप याद रखना और पात्र की किसी भावनात्मक लहर पर बह कर अपनी जात के किनारे से अपने-आप को दूर हटने से बचाने का नाम अभिनय है।'

ऐसी उक्तियों और वाक्यों से उसकी किताब पटी पड़ी है। एक जगह नर्गिस के बारे में लिखता है–

'कितनी जवान है नर्गिस! यूँ लगता है, जैसे, नर्गिस के फूल की पत्तियों के किनारों पर आग लगी हुई है।'

एक जगह वह लिखता है–

'चाँदनी रात में कहते हैं कि जिसने ताजमहल को नहीं देखा, उसने कुछ नहीं देखा। मेरा विचार है कि ताजमहल में जिसने वैजयन्तीमाला को नहीं देखा, उसने कुछ नहीं देखा।'

सईद अहमद की किताब बहुत रोचक है। एक बैठक में पढ़ने को प्रेरित करती है। मीना कुमारी के बारे में एक जगह लिखता है–

'मीना कुमारी सहरा में खड़ी हो तो बहार आ जाती है। बिमल राय ने तो उसको फूलों के बीच खड़ा कर दिया है। बाग़, खुली फ़िज़ा, कबूतर, पेड़ों की फूलों से भरी हुई शाख़ें–ये मीना कुमारी की बाँहें हैं।'

सईद अहमद की याददाश्त बड़ी ज़बर्दस्त है। उसको फ़िल्मों में कमरों की दीवारों पर लगे हुए क्लॉक पर दिखने वाला वक़्त भी याद रहता है। एक जगह लिखता है 'फ़िल्म 'यहूदी' में क्लॉक पर रात के ढाई बज रहे थे।'

फ़िल्म अभिनेत्रियों में वैजयन्तीमाला शायद उसको बहुत पसन्द है। वैजयन्तीमाला का वर्णन बड़े ख़ास अन्दाज़ में करता है–'जिन लोगों ने बेरियाँ नहीं देखीं और उन पर लगे हुए बेर भी नहीं देखे और पक कर बेरों को अपने ही वज़न से टूट कर गिरते हुए नहीं देखा वो बस वैजयन्तीमाला को देख लें।'

मैं जानता हूँ कि सईद अहमद को बिमल राय बहुत पसन्द है। उसने ज़िन्दगी में कभी अपने उस्तादों को उस्ताद नहीं माना है लेकिन वह कभी-कभी भावुक होकर बिमल राय को अपना उस्ताद मान लेता है। एक जगह लिखता है–

'मैंने बिमल राय से बड़ा निर्देशक हिन्दुस्तान के स्क्रीन पर नहीं देखा। फ़िल्म 'देवदास' शुरू होती है तो यूँ लगता है कि जैसे किसी ने ख़ून की बोतल की सुई नस में लगा दी है। जिस प्रकार क़तरा-क़तरा ख़ून इनसान की रगों में उतरता है, उसी प्रकार फ्रेम-फ्रेम देवदास हमारी आँखों में उतर कर दिल को छलनी करता रहता है।'

दिलीप कुमार के बारे में वह लिखता है–

'हमें यह याद रखना चाहिए कि बड़ा अदाकार बड़े किरदार से पैदा होता है। 'देवदास' मरता है तो दिलीप कुमार पैदा होता है। 'देवदास' की मौत दिलीप कुमार की कला का जीवन है।'

कहानीकार, संवाद लेखक, निर्देशक, संगीतकार, गुलूकार, और अदाकार तक वह हर एक की शैली पर ऐसी दो टूक और सार्थक आलोचना करता है कि उसके लिखे हुए वाक्यों का मज़ा आ जाता है। फ़िल्म 'अन्दाज़' और 'अमर' के निर्देशक

महबूब से वह खुल कर मतभेद करता है। उसको 'फ़ुटपाथ' के निर्देशक ज़िया सरहदी को अन्धी के अन्धे कहने पर ग़ुस्सा आता है। वह ज़िया सरहदी को एक असफल निर्देशक मानता है।

फ़िल्म 'माचिस' पर बात करते हुए वह एक जगह लिखता है—

'माचिस' में गुलज़ार ने आज़ादी की जो तारीफ़ की है उससे दिल पर पड़ा बोझ एक चप्पा उतरा है।'

संगीतकार अनिल बिस्वास और सलिल चौधरी की वह बहुत तारीफ़ करता है। लता मंगेशकर की आवाज़ के बारे में कहता है कि जिस प्रकार आरी पेड़ को काटती है, उसी प्रकार लता की आवाज़ की आरी दिल के टुकड़े कर देती है। राजेन्द्र सिंह बेदी की तारीफ़ किये बिना वह रह नहीं सकता।

'दिलीप कुमार और वैजयन्तीमाला किसी फ़िल्म में एक साथ हों और उसको बनाया बिमल राय ने हो और लिखा राजेन्द्र सिंह बेदी ने हो तो यूँ लगता है कि सूरज ढलने से पहले ही किसी शराबी को 'जॉनीवॉकर' की बोतल मिल जाये।'

'एक-एक फ्रेम में एक-एक पैग।'

राजनीति, दर्शन, मनोविज्ञान और इतिहास सईद अहमद के पसन्द के विषय हैं। किसी-न-किसी बहाने वह राजनीति को फ़िल्म की कहानी में ज़बर्दस्ती घसीट लाता है और फिर सुन्दर-सुन्दर वाक्य लिख कर बड़ा ख़ुश होता है कि जैसे उसने किसी बड़ी राजनीतिक ज़िम्मेदारी को निभाया है।

वह इस बात से इनकार करता है कि वह अपनी तारीफ़ से ख़ुश होता। हालाँकि मुझे पता है कि वह बहुत ख़ुश होता है।

सईद अहमद ने बहुत मुश्किल काम किया है। उसने दिलीप कुमार की फ़िल्मों का इतिहास संकलित कर डाला है। वह लम्बे संवाद हों या दृश्य, अभिनय हो या गायकी—हर पहलू पर लिखते हुए जुज़ियातनिग़ारी से काम लेता है।

सईद अहमद ख़ुद भी बहुत मुश्किल आदमी है। इसका पता नहीं चलता कि वह अगले पल क्या करने वाला है। वह जब भी मुझे मिलता है, एक सवाल पूछना कभी नहीं भूलता कि मेरा उपन्यास कहाँ तक पहुँचा है जो मैं पिछले पच्चीस वर्षों से लिख रहा हूँ। उसका विचार है कि मेरा उपन्यास उर्दू के उन सारे उपन्यासों से बड़ा होगा क्योंकि वह अभी तक लिखा नहीं गया है। उसका विचार है कि उपन्यास लिखने के लिए इतनी मुद्दत तक तो सोचना ही चाहिए, जबकि उर्दू के समकालीन उपन्यास बिना सोचे लिखे गये हैं। सईद अहमद का यह कमाल है कि उसने पन्द्रह साल में यह किताब लिखी। उसमें क़सूर उसका नहीं, दिलीप कुमार का है। दिलीप कुमार ने सारी ज़िन्दगी में पचास या साठ फ़िल्मों में काम किया जबकि हमारे यहाँ ऐसे भी अदाकार हैं जिन्होंने कुछ ही साल में सैकड़ों फ़िल्मों में काम किया और यही फ़र्क़ है कला और ग़ैर कला में, साहित्य और असाहित्य में, बड़े कलाकार और मामूली कलाकार में।

सईद अहमद को उपन्यास लिखने के अलावा दरख़्तों की भी बड़ी फ़िक्र रहती है। वह महात्मा बुद्ध की यह बात अक्सर सुनाता है कि हर आदमी को जीवन में एक पेड़ ज़रूर उगाना चाहिए, अगर लिखना आता हो तो एक उपन्यास ज़रूर लिखना चाहिए, और अगर लिखना नहीं आता हो तो यह कोशिश हरगिज़ नहीं करनी चाहिए। सईद अहमद के साथ आप थोड़ी देर बैठें, वह आपको ख़्वाबों और क्रान्तियों की दुनिया में ले जायेगा। चेग्वेरा, भगत सिंह, मण्टो, ज़्यां पॉल सार्त्र, अल्बर्ट कामू, गारसिया, दोस्तोयेव्स्की की बातें बड़े रोचक अन्दाज़ में सुनायेगा। अगर वह किसी ख़ास मूड में हो तो लन्दन और पेरिस का ऐसा नक्शा खींचेगा कि जैसे हम वहाँ मौजूद हों।

कुछ साल पहले मैंने एतज़ाज़ हुसैन की अंग्रेज़ी किताब Indus Saga का उर्दू अनुवाद किया जो 'सिन्ध सागर' के नाम से प्रकाशित हुआ। उसने एक कॉलम लिखा कि मुस्तनसर जावेद का गद्य इतना ख़ूबसूरत है कि लगता है इस किताब का एतज़ाज़ हुसैन ने अंग्रेज़ी में अनुवाद किया है। सईद अहमद के लेखन की एक ख़ूबी यह है कि वह निर्भय होकर लिखता है, बड़ी दिलेरी से लिखता है और किसी मस्लेह्त का शिकार नहीं होता।

मैं दिलीप कुमार को नहीं जानता। सईद अहमद दिलीप कुमार को जानता है।

मैं सईद अहमद का यह पैराग्राफ़ पढ़ने के बाद कह सकता हूँ कि मैं दिलीप कुमार को जानने लगा हूँ। इस पैराग्राफ़ को सिर्फ़ वही लिख सकता है जो फ़िल्म ऐक्टिंग की कला को जानता है।

मेरा विचार है कि इस किताब को पढ़ने के बाद आप सब भी दिलीप कुमार को जानने लगेंगे। दिलीप कुमार का अपना यह विचार है कि सईद अहमद उनको उनसे भी अधिक जानता है। मेरा दिल चाहता है कि सईद अहमद की मेहनत, लगन और शौक़ की तारीफ़ करूँ। क्या ख़ूबसूरत लिखा है–

'दिलीप कुमार का चेहरा! उनके दिल की क़ैफ़ियत, हालत और सेहत बताने वाला एक Electro Cardiogram है। उसको देख कर उनके चेहरे से दिल का सारा हाल मालूम हो जाता है। ग़म का दरिया कितना गहरा है, दिल की धड़कन कितनी तेज़ है, साँस डूब रही है, जुदाई का वक़्त कितना भयानक होता है, दुख का आँसू कैसे पलक पर रुक जाता है, कोई आरज़ू दिल में कैसे टूटती है और किसी ख़्वाहिश का दिया कैसे बुझता है–यह सब कुछ हम उनके चेहरे के Electro Cardiogram पर पलक झपकते ही पढ़ लेते हैं।'

अभिनय की कला को वह कितने सुन्दर अन्दाज़ में बयान करते हुए बड़े कलाकारों की ज़िम्मेदारी के बारे में लिखता है– 'जिन लोगों ने फ़िल्म 'जोगन' में दिलीप कुमार को यह संवाद अदा करते हुए देखा है, वह जानते होंगे कि संवाद सुनकर दिल का बोझ कैसे हल्का होता है। बड़े कलाकार का यह काम है कि वह अपनी कला से दूसरों के दिल का बोझ हल्का करे।'

दिलीप कुमार का एक ख़त

27 मार्च, 1998

प्यारे भाई सईद अहमद,
सलामत रहो।

आप की तस्नीफ़ देखी। पूरी तरह से तो नहीं, क्योंकि वक़्त थोड़ा था और किताब का मुताला उसी का तक़ाज़ा करता है, जितनी अहमियत आपने मेरे काम और फ़िल्म के इक़्तिसाबात को दी और जितना अपने मख़सूस अन्दाज़ में आपने कहानी का तजज़िया किया, संवाद के बीच ख़ामोश लम्हों की तरजुमानी की, उनमें रंग भरा तो लगा कि ये फ़िल्में जिन्हें मैंने कितने ही सालों से नहीं देखा, न उनके बारे में सोचा कि उन फ़िल्मों को फिर से देखा जाये। आप की ज़ख़ीम काविश का शुक्रिया।

तहरीर में एक शायराना अन्दाज़ और दिलआवेज़ अफ़सानवी झलक उभर के आती है। पढ़ लूँ तो तफ़सीली तआस्सुर से आगाह करूँगा।

दुआगो,

—दिलीप कुमार

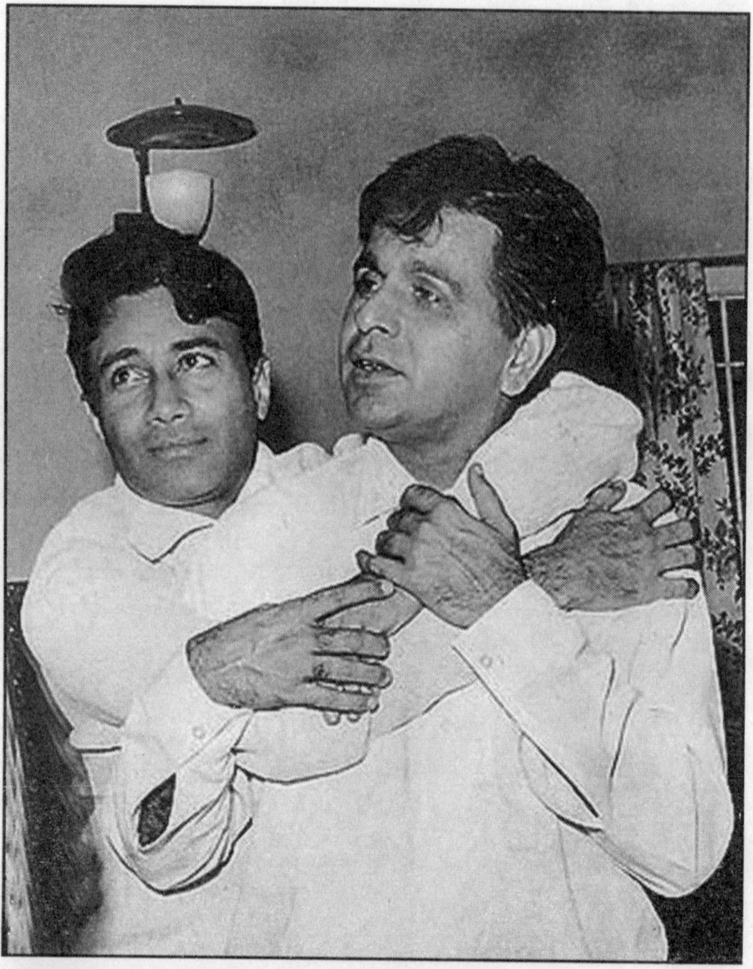

जज़्बों से महकती हुई किताब

–सुहेल अहमद ख़ान

उस पीढ़ी के लिए जिसने 1950 के बाद अपनी नौउम्री या जवानी में फ़िल्में देखनी शुरू कीं, उनके लिए दिलीप कुमार (यूसुफ़ ख़ान) बस एक अदाकार का नाम नहीं, ज़िन्दगी के एक कभी न भुलाये जाने वाले अनुभव का नाम है।

ज़िन्दगी का ऐसा अनुभव, जो आत्मा की गहराइयों तक उतर जाये। जिसमें ज़िन्दगी के विभिन्न अणुओं जिनमें मुहब्बत, गुस्सा, दुख, ख़ुशियाँ, धूप-छाँव, सर्दी-गर्मी, चमकते हुए दिन और काली रातें समा जायें।

दिलीप कुमार की छवि इस पीढ़ी के मानसिक तक़ाज़ों, उसकी आरज़ुओं से कुछ इस प्रकार हमआहंग हुआ कि माथे पर बालों की लट डालने और धीरे-धीरे चलने-फिरने के अन्दाज़ से लेकर उदासी का लहजा अपनाकर बोलने की कोशिश में दिलीप कुमार की झलक नज़र आने लगी।

इस रूप के प्रभाव से मुक्त होने और अपने व्यक्तित्व की स्वाभाविक बढ़ोतरी के लिए इस नस्ल के व्यक्तियों को गहरी मानसिक कशमकश से दो-चार होना पड़ा।

किसी गाँव के तालाब के किनारे ख़ामोशियों में डूबा हुआ दिलीप कुमार!

किसी झरने के पास खड़ा या पहाड़ी पगडण्डियों पर डोलता हुआ दिलीप कुमार!

किसी बड़े घर के ड्राइंग रूम में पियानो बजाता हुआ दिलीप कुमार!

और सबसे प्रभावशाली चित्र, कि किसी की मुहब्बत में घुलता हुआ दिलीप कुमार।

ये सब दृश्य देखने वालों को जैसे किसी ख़्वाब की दुनिया का भाग प्रतीत होते थे जिनमें उनकी अतृप्त ख़्वाहिशात के साये चल-फिर रहे हों।

सईद अहमद की यह रचना कितने दर्द, कितनी यादें जगाती हैं इसलिए इस समय मेरा विषय न तो अभिनय की कला का इतिहास है, न दिलीप कुमार से पहले बंगाल स्कूल या न्यू थिएटर की फ़िल्मों का परिदृश्य।

सईद अहमद की किताब में यह जानकारी भी आपको मिलेगी।

मेरा सरोकार तो फ़िलहाल एक ऐसी घटना से है जिसका मैं गवाह भी हूँ और किसी हद तक हिस्सा भी। जिस ज़माने का मैंने तज़किरा किया है, उनमें 1947 के दंगों की दहशत अभी तक किसी-न-किसी रूप में मौजूद थी। घरों में या गली-मुहल्ले में उन दिनों की चर्चा होती रहती थी। अलॉटमेंट और बहाली के किस्से शुरू हो चुके थे। छोटे कस्बों की ज़िन्दगी ठहरी हुई थी, और बड़े शहरों में भी अभी दम घुटना शुरू नहीं हुआ था। नौदौलतिए वर्ग को भी उरूज़ नहीं मिला था। ट्रैफ़िक अभी बहुत कम था और शोर भी बहुत कम। आदमी शहर की सड़कों पर भी घूम-फिर सकता था, किसी की मुहब्बत में बेसुध होकर भी।

ऐसे वातावरण में दिलीप कुमार की दुखद फ़िल्में जैसे 'जोगन', 'देवदास', 'नदिया के पार' स्क्रीन पर शायरी की तरह लगती थीं और दिलीप कुमार हमें यूँ लगता था जैसे उसने हमारे दुख ओढ़ लिये हों।

'दाग़' हो, 'दीदार' या 'अन्दाज़'—दिलीप कुमार की हर फ़िल्म चर्चा का विषय थी बल्कि 'शिकस्त' और 'फ़ुटपाथ' जैसी अच्छी फ़िल्में जो बॉक्स ऑफ़िस पर सफल न हो सकीं, उनमें भी दिलीप कुमार के अभिनय को सराहा गया।

कहा जाता है कि दिलीप कुमार ने दुखद पात्रों को इतना डूब कर निभाया कि ख़ुद उनके अपने व्यक्तित्व में चिनगारियाँ भड़क उठीं। फिर किसी मानसिक रोग विशेषज्ञ के मशविरे पर उन्होंने हास्य अन्दाज़ की फ़िल्मों में अभिनय किया और वह फ़िल्में भी कामयाब हुईं। फिर 'विधाता', 'मशाल', 'शक्ति', और 'सौदागर' जैसी फ़िल्मों का दौर आया जहाँ दिलीप कुमार कैरेक्टर ऐक्टर के तौर पर उभरे।

इतने दशक बीतने के बाद भी वह मज़बूत चट्टान की तरह बदलते हुए रुजहानात के तूफ़ान में अपनी जगह बने रहे।

वीडियो के आगमन से उनकी फ़िल्मों को नये दर्शक मिले और दिलीप कुमार का नाम जो एक रचनात्मक कहानी का शीर्षक बन चुका था, अब भी एक 'लीजेण्ड' बना रहा।

सईद अहमद का राजनीति और पत्रकारिता से सम्बन्ध का तो मुझे ज्ञान था मगर इस किताब के अध्ययन से पहले दिलीप कुमार से उनकी मुहब्बत का अन्दाज़ा नहीं था। दिलीप कुमार का यह ख़ामोश चाहने वाला आदमी तो कमाल का निकला कि उसने अपनी मुहब्बत की अभिव्यक्ति एक सुन्दर पुस्तक के रूप में की।

एलियट ने कहा था कि आलोचना कवि पर नहीं, बल्कि उसकी कविता पर होनी चाहिए। सईद अहमद ने भी दिलीप कुमार की जीवनी या व्यक्तित्व पर सीधे लिखने के बजाय विस्तृत विवरण के लिए उनकी फ़िल्मों को चुना है। वह दिलीप कुमार के पूरे सफ़र पर नज़र रखते हैं। उनकी विधि यह है कि वह पाठक को अपने साथ एक फ़िल्म के आन्तरिक वातावरण में प्रवेश दिलाते हैं। फ़िल्म के सामूहिक माहौल से परिचित कराते हैं, मुख्य दृश्यों को आँखों के सामने लाते हैं। उचित एवं

सम्बद्ध अशआर के हवाले से प्रभाव को उभारते हैं। इस प्रक्रिया में फ़िल्म तकनीक से अपने गहरे परिचय का सबूत देते हैं। उनकी प्रशंसा भावनात्मक और प्रभाव का रंग लिये हुए है। कई जगह निष्पक्षता की आवश्यकता सामने थी, लेकिन उससे वह दामन बचाते हैं। कई जगह हो सकता है कि उनके विचारों से पाठक को मतभेद हो, मगर कुल मिला कर वे ऐसी शैली पैदा करने में कामयाब हुए हैं कि पूरी किताब एक रचनात्मक सफ़र की रोचक दास्तान बन गयी है।

यह किताब एक जोशीली और भावना से ओत-प्रोत और सुगन्धित किताब है।

एक बाकमाल दास्तानगो

—आई. ए. रहमान

सईद अहमद कौन है?

उसने ये किताब क्यों लिखी है?

दिलीप कुमार से उसका क्या रिश्ता है?

इस किताब की कहानी यहाँ से शुरू होती है कि सईद अहमद एक बाकमाल दास्तानगो (कहानी सुनाने वाला) है। उसने बहुत-सी दास्तानें ग़ौर से सुनीं, उनकी घटनाओं पर ग़ौर किया, उन घटनाओं के मुख्य पात्रों को परखा, उन घटनाओं और पात्रों को अपने आस-पास होने वाली घटनाओं और उनके पात्रों के बीच सम्बन्ध को मालूम किया—इसी प्रकार उसके पास नयी कहानियों का बड़ा भण्डार जमा हो गया। अब वह उन दास्तानों या कहानियों में से एक संकलन हमारे सामने प्रस्तुत कर रहा है।

एक ऐसा संकलन, जिसकी सारी कहानियों का हीरो एक है—दिलीप कुमार। दिलीप कुमार इस किताब में शामिल कहानियों का ही हीरो नहीं है, अधिक महत्त्वपूर्ण बात यह है कि वह सईद अहमद का हीरो है। एक ऐसा हीरो, जिसने सईद अहमद और उसके समकालीन साथियों को बौद्धिक जीवन के प्रारम्भ पर ही पागल कर दिया था, क्योंकि हीरो और हीरो को पूजने वाले दोनों उपमहाद्वीपों, हिन्दुस्तान-पाकिस्तान में दूसरे विश्व युद्ध के बाद्र आने वाली नौजवान पीढ़ी की महरूमियों और अतशप्तियों में अपनी कला का विषय तलाश करने पर मजबूर हैं।

हमारे पास इस बात का कोई ठोस सबूत नहीं है कि देविका रानी ने यूसुफ़ ख़ान में दिलीप कुमार को किस बुनियाद पर खोजा। लेकिन उसके बाद दिलीप कुमार के लिए कहानियाँ लिखने वाले बहुत-से लेखकों और उन्हें फ़िल्म का रूप देने वाले फ़िल्म निर्माताओं को पता चल गया कि यह कलाकार उन सारे दुखों की तस्वीर पेश करने में सक्षम था जो दूसरे विश्व युद्ध के बाद उपमहाद्वीप की नौजवान पीढ़ी के जीवन में उभर रहे थे।

दूसरे विश्व युद्ध की समाप्ति, ख़ासतौर से विदेशी शासक से आज़ादी के बाद, बाशऊर लिखने वालों और कलाकारों ने आर्थिक असमानता, सांस्कृतिक असमानता,

सामाजिक बन्धनों और नवयुवकों की अतृप्त आत्मा पर नये अन्दाज़ से देखना प्रारम्भ किया।

यह तथ्य उनके पास पहले से थे।

उन्हीं की समझ ने प्रगतिशील लेखकों की मुख्य दलील और मुख्य विचारधारा को जन्म दिया था। लेकिन सारी सोच आज़ादी के लिए राजनीतिक आन्दोलन से बँधी हुई थी, ज़ुल्म का स्रोत साम्राज्यवादी व्यवस्था थी जिसके साये में ज़मींदार, नौदौलतिये और छोटे-मोटे अहलकार एक ऐसी व्यवस्था बनाये रखने में सफल हो गये थे, जिसमें नौजवानों के लिए आज़ादी से मुहब्बत के गीत गाना सम्भव नहीं था, और न उन्हें अपनी सलाहियत के अनुसार अवसर प्राप्त थे।

ग़रीब अपनी दुनिया में क़ैद रहने पर मजबूर थे और अमीरों को उन पर अपनी चाहत थोपने का पूरा अधिकार प्राप्त था। जैसे ही बड़ा राजनीतिक ज़ालिम इस परिदृश्य से हटा, सामाजिक तथ्यों के धुन्ध भी बाहर आ गये।

नौजवानों और उनकी आरज़ुएँ मसलने वालों के बीच विभाजन साफ़ दिखने लगा। और पता चला कि ख़राबी की सारी जड़ साम्राज्यवाद नहीं थी। बल्कि साम्राज्यवादी व्यवस्था को सहारा देने वाली शक्तियाँ हमारे समाज में ही थीं। इन हालात में दिलीप कुमार की कला में हिन्दुस्तानी फ़िल्म उद्योग को गोया सोने की कान नज़र आयी।

क्योंकि सईद अहमद के अनुसार, उसे शारीरिक दुखों और शरीर से परे की आज़माइशों, दोनों को सच्चाई के साथ पेश करने पर महारत हासिल थी वह भी इस तरह कि शंकर में दिलीप कुमार की छवि नज़र न आये और सईद अहमद जैसे लाखों नौजवानों को एक ऐसा आईना मिल गया जिसमें उन्हें अपनी ज़िन्दगी के सारे कड़वे अनुभव साफ़ नज़र आते थे। इस किताब में शामिल दिलीप कुमार की दास्तानों के तानों-बानों, पात्रों के स्थानों, शब्दों के इस्तेमाल, फ़िल्मी मूल्यों से अनदेखी के बारे में बहुत-कुछ कहा जा सकता है। शायद यह भी कहा जा सकता है कि समय के साथ-साथ हिन्दुस्तान के फ़िल्म निर्माताओं के रास्ते में ऐसा बदलाव आया कि दिलीप कुमार की फ़िल्मों में असल दिलीप कुमार की गुंजाइश बहुत कम हो गयी।

लेकिन इसमें दिलीप कुमार का क़सूर कम और उन तंगनज़र फ़िल्म निर्माताओं का ज़्यादा था जिन्होंने फ़िल्म स्टूडियो को एक ऐसा धोबीघाट बना दिया, जहाँ कपड़े इस नियोजित तरीक़े से पत्थर पर पटके जाने लगे कि खद्दर-खद्दर न रहे और मख़मल पर टाट का भ्रम होने लगे। फिर भी इस बात में सन्देह नहीं कि इस किताब में शामिल फ़िल्मों में एक पूरी नस्ल के नाहमवार सफ़र का इतिहास मिल जाता है। एक लम्बे समय के दौरान इन्सानियत के दुखों की दास्तान, लेकिन सईद अहमद एक बाकमाल दास्तानगो है।

उसे सुनी हुई दास्तानों को खँगालना आता है। उसे दृश्यों के चित्रण का भी ज्ञान है। वह हर कहानी में ऐसे दृश्य तलाश कर लेता है जिन्हें क्लोज़अप में पेश करके और उसके भाग और पूर्ण को अपने मक़सद के हिसाब से सुसज्जित करके सुनने वालों को अपना बनाया जा सकता है। इस प्रकार यह दास्तान एक नयी दास्तान बन जाती है, जिसमें सईद अहमद की आन्तरिक प्रतिक्रिया और उसके विचार इस प्रकार रच-बस जाते हैं कि पैबन्द नज़र नहीं आता।

जहाँ अपनी बात का वज़न बढ़ाने की ज़रूरत महसूस होती है, उसके पास गवाहों की कमी नहीं। वह ग़ालिब, फ़ैज़, अदम, मुनीर नियाज़ी, नासिर काज़मी और दूसरे शायरों के अशआर इस तरह अपनी बात में जोड़ देता है कि जैसे वे इसी अवसर के लिए लिखे गये थे।

यह इसलिए कि दास्तानगो के लिए हर क़दम पर सुनने वाले का ध्यान बनाये रखना अनिवार्य है। हमारी संस्कृति में दास्तानगोई की शैली गिरावट पर है क्योंकि राजनीतिज्ञ और प्रजा, न्यायाधीश और मुल्ज़िम, शैख़ और रिंद (बहुत शराब पीने वाला), समाचार-पत्र और पाठक—सब ही दास्तान कहने के बल पर ज़िन्दा रहने पर अड़िग हैं, हालाँकि उनकी घिसी-पिटी दास्तानों में न अब रंग है, न ख़ुशबू।

सईद अहमद ने अपनी कला को उस बाबुली शोर से महफ़ूज़ रखने का रास्ता बनाया है। उसके साथ चलने वाले सारे पाठक इसका आनन्द लेंगे।

दिलीप कुमार और अभिनय की कला

—आरिफ़ वक़ार

प्रिय सईद,

तुम पर शान्ति हो।

आज लन्दन में भूमिगत रेल की हड़ताल है। मैं बस में सफ़र करके दफ़्तर पहुँचा हूँ जो कि अजीब और अनूठे रास्तों से हो कर आयी लेकिन एक सड़क से गुज़रते हुए मैं ज़रा देर को ठिठका। जगह बड़ी जानी-पहचानी लग रही थी। फिर मुझे याद आया कि यह तो वही सड़क है जिसके एक तहख़ाने में फ़िल्म निर्देशक और लेखक ज़िया सरहदी ने अपनी ज़िन्दगी के अन्तिम दिन बिताये थे। मुझे भी इस तहख़ाने में कुछ सप्ताह रहने का अवसर मिला था जहाँ मैं ज़िया सरहदी से उनके जीवन की घटनाएँ सुनता और रिकॉर्ड करता था कि किस प्रकार 'हम लोग' का स्क्रिप्ट तैयार हुआ और बलराज साहनी वाला रोल हासिल करने की दिलीप कुमार ने भी कोशिश की।

'हम लोग' में दिलीप कुमार को क्यों नहीं लिया गया और फ़िल्म 'फ़ुटपाथ' में वह कैसे शामिल हुए, यह सब कहानियाँ तो ज़िया सरहदी ने सुनायीं ही लेकिन हर बात की तान संयोग दर्शन पर टूटती थी।

ज़िया सरहदी का कहना था कि फ़िल्म में उनका प्रवेश महज़ एक संयोग का नतीजा था। अगर मैं एक दिन विक्टर ह्यूगो का उपन्यास पढ़ते हुए चौपाटी की ओर न निकल जाता तो उस एक्सट्रा अदाकार से कभी मेरी मुलाक़ात न होती जो अनपढ़ था और मुझे किताब पढ़ता देख कर इतना प्रभावित हुआ कि मेरे पास आ बैठा और उस उपन्यास की कहानी सुनाने का आग्रह किया। यही अनपढ़ अदाकार बाद में अपनी एक शूटिंग दिखाने के लिए ज़िया सरहदी को स्टूडियो ले गया। दोनों की दोस्ती हुई। दोनों एक खोली में रहने लगे। यही एक्सट्रा बाद में हिन्दुस्तान का प्रसिद्ध निर्देशक महबूब बन कर हमारे सामने आया।

अगर ज़िया सरहदी और महबूब की कहानी सिर्फ़ संयोग का नतीजा थी तो कुछ वर्ष बाद उपमहाद्वीप के एक कोने में इससे भी बड़ा संयोग घट रहा था। एक

बहन ने भाई को कहा कि बाज़ार से धागा ले आओ। भाई बाहर गया तो खेल-कूद में धागा लाना भूल गया। बहन सिलाई रोक कर बैठी रही। भाई ख़ाली हाथ आया तो बाप से उसकी शिकायत की। बाप ने सारे घर के सामने लड़के को डाँटा। नौजवान लड़के की संवेदनशील मानसिकता यह अपमान सहन न कर सकी। आख़िर वह बीस साल का होने वाला था।

उसी रात वह लड़का घर से भाग गया और सैकड़ों मील दूर पूना जाकर एक फ़ौजी कैन्टीन में नौकरी कर ली। वह गोरे सिपाहियों के लिए चाय बनाता, उनकी मेज़ें साफ़ करता, लेकिन वह ख़ुश था कि एक आज़ाद और ख़ुद मुख़तार जीवन व्यतीत कर रहा है। बाद उसने फलों का अपना खोखा लगा लिया। फलों का व्यापार उसका ख़ानदानी व्यवसाय था।

ज़ाहिर है कि उस नौजवान का नाम यूसुफ़ ख़ान था, और पूना से बम्बई भी कुछ ज़्यादा दूर नहीं है।

देविका रानी ने उस नौजवान की छुपी हुई प्रतिभा को भाँप लिया और बॉम्बे टाकीज़ की फ़िल्म 'ज्वार भाटा' में यूसुफ़ ख़ान को काम मिल गया।

यूसुफ़ ख़ान ने अपना फ़िल्मी नाम जहाँगीर का प्रस्ताव रखा जो देविका रानी को पसन्द नहीं था। फिर उसने अपना नाम वासुदेव रखा, लेकिन इसे भी अस्वीकार कर दिया गया। अन्ततः दिलीप कुमार पर समझौता हो गया।

मैं निजी तौर पर संयोग दर्शन का क़ायल नहीं था। मेरे नज़दीक ज़िया सरहदी का फ़िल्म लेखक बनना, महबूब का निर्देशक बनना और यूसुफ़ ख़ान का अभिनेता बनना परिस्थितियों और घटनाओं की तार्किक कड़ियों के एक लम्बी शृंखला का फल था। लेकिन पिछले महीने एक ऐसी घटना घटी जिसने मुझे इस संयोग दर्शन के बारे में सोचने पर मजबूर कर दिया।

हुआ यूँ कि मैं एक प्रोग्राम की रिकॉर्डिंग के लिए पाकिस्तान गया हुआ था। लाहौर के माल रोड से गुज़रते हुए, भीषण गर्मी से घबरा कर किसी ठण्डे रेस्तराँ की तलाश शुरू की और जब आस-पास कुछ नज़र नहीं आया तो गर्मी से निढाल होते हुए शरीर को मैंने सबसे क़रीब की एक दुकान में धकेल दिया। यह फ़िरोज़ सन्स की दुकान थी। भीषण गर्मी का समय काटने के लिए किताबों के पन्ने पलटने शुरू कर दिये। कुछ मिनट बाद मैंने महसूस किया कि कोई आदमी मुझे बराबर घूर रहा है। अधिक तफ़सील में जाने की ज़रूरत नहीं। इसलिए नहीं कि वह व्यक्ति तुम ही थे।

इतने वर्षों बाद की यह अचानक मुलाक़ात एक सुहानी घटना थी जिसने अतीत की धुँधली और अँधेरी सड़कों पर दूर तक कम-से-कम 1967 तक की यादों के दिये जला दिये। और इन नवज्वलित चिराग़ों की रोशनी में आँसुओं और क़हक़हों से भरपूर की दृश्य दिखायी दिये और देव समाज रोड की एक गली तो जैसे फ़्लड

लाइट में नहा गयी। अमीन साहब के कमरे में पड़ी हुई एक-एक किताब का टाइटल अलग से पढ़ने में आ रहा था। तुम्हारे कमरे में मण्टो की पेंटिंग, तुम्हारी मेज़-कुर्सी और कोने में लगा बिस्तर। उसी कमरे में मेज़ की किसी ख़ुफ़िया दराज़ में या बिस्तर की तहों के नीचे या तकियों के ढेर के नीचे या शायद जानी-पहचानी किताबों के पीछे किसी छुपे हुए कोने में तुमने वह किताब छुपा रखी थी जिसे ढूँढ़ने के लिए मैं लाहौर के सारे किताब बेचने वालों की ख़ाक छान चुका था। मुझे वह पल कभी नहीं भूलेगा जब एक दिन थियोरोटिकल बहस की गर्मा-गर्मी में तुम्हारे मुँह से अचानक Pudovkin का एक वाक्य निकल गया और जोश में तुम यह भी बता गये कि यह बात किताब के किस भाग में कही गयी है। ज़ुल्फ़िकार रिज़वी हक्का-बक्का था और मुझे तो जैसे साँप सूँघ गया था। मैंने एक ठण्डी आह भरी और किताब की आरज़ू को दिल के उस तहख़ाने में फेंक दिया जहाँ दूसरी आरज़ूओं का कूड़ा-कबाड़ पड़ा हुआ था। तुमसे अलग होने के कई बरसों बाद मेरी पहुँच उस किताब तक हो गयी लेकिन वह एक और कहानी है।

अगर मैं किताबों की दुकान में आने की बजाय किसी रेस्तराँ में पनाह लेता तो तुमसे मुलाक़ात न हो सकती, न ही मुझे यह पता चल पाता कि तुमने दिलीप कुमार की फ़िल्मों पर कोई किताब लिखी है और न ही बी. बी. सी. की वर्ल्ड सर्विस के भवन में बैठा मैं यह पंक्तियाँ लिख रहा होता।

बी. बी. सी. उर्दू सर्विस के 'आवाज़ ख़ज़ाने' की धूल से पटी अलमारियों में ज़ुल्फ़िकार बुख़ारी और बलराज साहनी की आवाज़ें सन्नाटे की चादर तान के सो रही हैं। यह आवाज़ें उस समय की यादगार हैं जब हिन्दी और उर्दू सर्विस का वजूद नहीं था, सिर्फ़ एक हिन्दुस्तानी सर्विस थी। कुछ आवाज़ें टेप के आविष्कार से पहले की हैं और बड़ी-बड़ी काली डिस्क्स पर अंकित हैं।

इसी 'आवाज़ ख़ज़ाने' में नूरजहाँ का वह इंटरव्यू भी दफ़्न है जो उन्होंने पहली बार लन्दन आने पर दिया था और इसी 'आवाज़ ख़ज़ाने' में मुझे दिलीप कुमार का वह इंटरव्यू भी मिला जिसे सुन कर मुझे पहली बार मालूम हुआ कि दिलीप कुमार ने Stanislavsky का भरपूर अध्ययन किया था।

तुम तो रूसी स्टेज के उस महान अभिनेता, निर्देशक और अभिनय के उस्ताद से अच्छी तरह परिचित हो लेकिन तुम्हारी पुस्तक के बहुत-से पाठक इस नाम से परिचित नहीं होंगे। मैं कोशिश करूँगा कि इस पत्र के द्वारा Stanislavsky का भी थोड़ा-सा परिचय हो जाये।

दिलीप कुमार की फ़िल्मों पर किताब संकलित करते हुए अक्सर तुम्हारे मन के द्वार पर इस प्रश्न ने दस्तक दी होगी कि आख़िर अदाकारी या अभिनय का फ़न या कला है क्या?

क्या यह सिर्फ़ किसी लेखक या कवि के लिखे हुए शब्दों को अदा कर देने का नाम है या उन शब्दों के विश्लेषण को अभिनय कहा जाता है या फिर उससे

भी बढ़ कर अदाकारी कोई रचनात्मक प्रक्रिया है जिसमें अभिनेता स्क्रिप्ट के मूल पाठ से ऊपर हो कर दर्शकों के सामने कोई बिलकुल नयी चीज़ पेश कर देता है। यह प्रश्न हज़ारों बरस से हर विचार करने वाले के चित्त में कुलबुलाते रहे हैं लेकिन उनका जवाब इसलिए आसान नहीं कि अभिनय की कला अपने स्वरूप और बनावट में दूसरी कलाओं से बहुत भिन्न है।

किसी भी कला का स्तर स्थापित करते समय उसके सर्वोच्च शाहकार हमारे सामने होते हैं। संगीत और नृत्य की तरह चित्रकारी और मूर्तिकारी की सदियों की पूँजी इस समय हमारे सामने है लेकिन संगीत की तरह अभिनय की कोई सरगम तय नहीं हो सकती इसलिए उसे notations की शक्ल में लिख कर सुरक्षित नहीं किया जा सकता, न ही नृत्य की तरह उसके कोई स्थापित भाव होते हैं इसलिए अभिनय को choreography की तरह भी लिखित में नहीं रखा जा सकता।

इस सदी से पहले अभिनय का सारा इतिहास स्टेज से जुड़ा हुआ था और अभिनेता बर्फ़ की मूर्ति बनाने वाला एक ऐसा कलाकार समझा जाता था जिसकी कला हर शाम अपनी प्रस्तुति के साथ ही पानी बन कर बह जाती थी और अगली शाम उसे एक नयी जल मूर्ति तैयार करनी पड़ती थी। यही कारण है कि दूसरी कलाओं के कई हज़ार सालों की पूँजी के मुक़ाबले अभिनय की पूँजी सिर्फ़ पिछली शताब्दी की उन घटनाओं तक सीमित है जो चलचित्र के आविष्कार के बाद रिकॉर्ड किये गये और कैनवस पर बिखरे रंगों और काग़ज़ पर लिखी हुई सिम्फ़नी और पत्थर से तराशी हुई मूर्तियों की तरह हमारे पास हज़ारों या सैकड़ों बरस पुराने अभिनय का कोई नमूना मौजूद नहीं है।

भूतकाल के अभिनेताओं और उनकी कला या तकनीक के बारे में हमें उनके समसामयिक लेखन से कुछ-न-कुछ अन्दाज़ा होता है।

1773 ई. में फ्रांस में प्रसिद्ध दार्शनिक और बुद्धिजीवी दीदरो ने अपनी किताब Paradox of Acting में लिखा–

'लेखक कितना ही ज़ोर लगा ले, वह शब्दों के अलावा कुछ नहीं लिख सकता यह शब्द चाहे कितने ही भारी-भरकम या धाँसू हों, यह काग़ज़ पर बिखरी हुई रोशनाई की बेजान लकीरें हैं। इन लिखित संकेतों के पीछे जो विचार और मनोभाव हैं, वह उसी समय सामने आते हैं जब एक कलाकार या अदाकार के चेहरे का उतार-चढ़ाव, उसके शरीर के हाव-भाव और उसकी आवाज़ का उतार-चढ़ाव उस विचार और मनोभाव को सक्रिय रूप से प्रस्तुत नहीं करता है।'

दीदरो का विचार था कि दर्शक की भावना में हलचल पैदा करने के लिए अदाकार को ख़ुद भावना से परे रहना चाहिए क्योंकि अदाकार अगर किसी भावनात्मक प्रक्रिया में शामिल हो जाये तो स्थिति उसके कंट्रोल से बाहर हो जाती

है। दीदरो का यह प्रसिद्ध कथन आज Paradox of Acting के नाम से जाना जाता है और थ्योरी की किताबों में इसे इस प्रकार बयान किया जाता है-

In order to move the audience the actor must himself remain unmoved.

लेकिन 18वीं शताब्दी के इस विचार को 19वीं शताब्दी में Stanislavsky ने चुनौती दी।

यह आज से पूरे एक सौ वर्ष से ऊपर की घटना है।

अक्तूबर 1898 में मॉस्को आर्ट थिएटर की ओर से पेश किये जाने वाले एक नाटक के पहले शो में Stanislavsky के मन में यह विचार आया कि वह अभिनय नहीं कर रहा है, सिर्फ़ नक्क़ाली कर रहा है। निर्देशक के द्वारा दी गयी हिदायत पर किसी मशीन की तरह काम कर रहा है। 26 अक्तूबर, 1898 की वह शाम Stanislavsky के जीवन में एक इन्क़लाब लेकर आयी और साथ ही अभिनय की कला के इतिहास ने भी एक नया मोड़ लिया। Stanislavsky जल्द ही इस नतीजे पर पहुँचा कि दर्शकों को प्रभावित करने के लिए भावना से ख़ाली एक मशीनी नक्क़ाल की बजाय हाड़-मांस का एक जीता-जागता मनुष्य स्टेज पर होना चाहिए जो अपने आन्तरिक को खोद कर वह भावना जगा सके और सिर्फ़ बाहरी शारीरिक हाव-भाव से काम न चलाए।

अपने मन में डूब कर पाया सुराग़े ज़िन्दगी

लेकिन मन में डूबने की यह प्रक्रिया कोई आसान काम नहीं है और फिर एक ऐसा पहाड़ है जिसे स्टेज का अदाकार हर शाम नये सिरे से काटता है और प्राकृतिक अभिनय की दूध की नहर निकालता है।

पहाड़ खोदने के इस परिश्रम को Stanislavsky ने एक संगठित और संकलित रूप में ढाल दिया है। मनोभाव को निश्चित समय पर जगाने और बाहरी यन्त्रों से उनकी सच्ची और विश्वसनीय अभिव्यक्ति की इस तकनीक का नाम आज Method Acting है।

मेथड पर विस्तार से लिखने के लिए तो एक और किताब दरकार होगी लेकिन किसी पात्र को अपनाने के लिए, मेथड के अनुसार ढलने के लिए हर कलाकार को अपने से चार प्रश्न करने चाहिए।

मैं कौन हूँ? (पात्र)
मैं कहाँ हूँ? (स्थान)
मैं यहाँ क्या कर रहा हूँ? (मक़सद और ऐक्शन)
मेरे यहाँ आने से पहले क्या कुछ हो चुका है? (सिचुएशन)

इन प्रश्नों के बारे में सोचे बिना न तो अदाकार के लिए अपने मन में डूबना मुमकिन है और न ही पात्र में ढल पाना। Stanislavsky ने मन में डूबने और इच्छा

अनुसार परिणाम लेकर लौटने के जो विश्वस्त गुर अपने चेलों को सिखाये थे, उनको विस्तार के साथ An Actor Prepares नामक पुस्तक में देखा जा सकता है। लेकिन यहाँ जिस बात का ज़िक्र ज़रूरी है वह दिलीप कुमार के बारे में है। दिलीप कुमार ने भी मेथड का बड़े ध्यान से अध्ययन किया और Stanislavsky से प्रेरित भी हुए। लेकिन उनकी तेज़ निगाहों ने एक बात शुरू में ही भाँप ली थी कि Stanislavsky का तरीक़ा बुनियादी तौर पर स्टेज के लिए है। फ़िल्म में अदाकारी की कल्पना बदल चुकी है। सेल्युलाइड के विभिन्न टुकड़ों को महारत से जोड़ कर एडीटर एक ऐसे अभिनय की रचना कर सकता है जो अदाकार ने की ही नहीं होती है। चुनांचे दिलीप ने मेथड का सिर्फ़ वही भाग अपनाया जो उनकी अभिनय की कला को जँचता था। मेथड से उन्होंने कहाँ तक लाभ उठाया, उसकी अभिव्यक्ति शुरू की फ़िल्मों से लेकर आज तक साफ़ नज़र आती है। 1950 की फ़िल्म 'जोगन' के अन्तर्गत तुमने इस किताब में खुद लिखा है :

'दिलीप के चेहरे के भाव पढ़ने में वह बेहद प्रशिक्षित हैं और वह अपनी आन्तरिक भावना को चेहरे की तस्वीर के बदलते हुए रंगों, आँखों के विशेष कोणों और भवों के फैलने-सिकुड़ने की प्रक्रिया से व्यक्त कर देता है। वह दिल पर बीतने वाली नाज़ुकतरीन कैफ़ियत से लेकर बड़े-से-बड़े भावना के तूफ़ान की प्रतिक्रिया को अपने हाथों की हरकत और पूरे वजूद की Presentation से व्यक्त करने में सक्षम है।

मेरे विचार से दिलीप कुमार की अदाकारी पर यह एक बहुत उल्लेखनीय टिप्पणी है और सौभाग्य से तुम्हारी किताब में इस प्रकार की कई और टिप्पणियाँ हैं जो 'मिलन' से लेकर 'सौदागर' तक दिलीप कुमार के सफ़र की सारी दास्तान हमारे सामने खोल कर रख देती हैं। जो लोग दिलीप कुमार को एक 'ट्रेजडी किंग' कहते रहे हैं उन्हें अब अपनी इस धारणा पर पुनः विचार करना चाहिए।

सत्य तो यह है कि सर्वतोमुखी यानी versatility हमेशा से दिलीप कुमार की अदाकारी की विशेषता रही है। कुछ लोग यह भी कहते हैं कि ग़ैर-ट्रेजडी अदाकारी की ओर दिलीप कुमार का झुकाव 1960 ई. के बाद शुरू हुआ जब लगातार दुखान्त पात्र करने के कारण वह घोर डिप्रेशन का शिकार हो गये थे और डॉक्टरों ने उन्हें सुखद पात्र करने की सलाह दी थी।

इस बात में सिर्फ़ आधी सच्चाई है क्योंकि प्रारम्भ से ही दिलीप कुमार हर प्रकार का अभिनय करने में सक्षम थे। 1949 में बनने वाली 'अन्दाज़' देखिए और उसी वर्ष रिलीज़ होने वाली 'शबनम' देखिए। दोनों पात्रों में ज़मीन-आसमान का फ़र्क़ नज़र आयेगा।

1952 की 'दाग़' में अगर वह नशे में डूबा हुआ एक अदाकार है तो उसी साल बनने वाली फ़िल्म 'आन' में प्रेमनाथ के विरुद्ध नाटकीय संवाद अदा कर रहा है और तलवारबाज़ी के करतब दिखा रहा है।

1955 में अगर वह एक तरफ़ 'देवदास' का उदास और मजबूर पात्र अदा करता है तो उसी साल 'आज़ाद' का जियाला नौजवान बन कर भी सामने आता है।

और 1960 में जहाँ वह 'मुगले आज़म' में एक शोषित शहज़ादे का पात्र निभा रहा है, वहीं 'कोहिनूर' जैसी हल्की-फुल्की Fantasy में भी वह उभर कर सामने आता है और 1960 के बाद तो यह वैराईटी और भी बढ़ जाती है।

प्रिय सईद, अब यह पत्र मैं समाप्त कर रहा हूँ। तुमने दिलीप कुमार की फ़िल्मों पर यह दस्तावेज़ तैयार करके एक बहुत बड़ी कमी को पूरा कर दिया है। काश, अब कोई और हिम्मत वाला उठे और दिलीप कुमार की एक सम्पूर्ण जीवनी लिखने का कर्तव्य निभाये।

फ़क़त तुम्हारा

दिलीप कुमार का व्यक्तित्व

लेखक–सईद अहमद
कथावाचक–एम.एस.वारिस

मार्च के महीने में इस्लामाबाद की हल्की सर्द शाम मनुष्य को चारदीवारी से बाहर खींचती है। यूँ लगता है जैसे मारगिला के पहाड़ों में हरे रंग का कोई चुम्बक है जो मनुष्य को अपनी ओर खींचता है और दिल चाहता है कि मनुष्य उन पहाड़ों पर चढ़ता हुआ दूर कहीं तन्हाइयों में खो जाये।

ऐसी ही एक शाम थी। सिन्ध हाउस, इस्लामाबाद में एक बड़ा कमरा था। बहुत से लोग थे, मैंने देखा, उनके चेहरों पर कुछ ऐसी ही भावनाएँ थीं जैसे वह कमरे से उठ कर बाहर जाना चाहते हैं। उन्होंने खिड़की से बाहर झाँका। कोई चीज़ उन्हें बाहर की ओर खींच रही थी। वे लोगों के झुरमुट से उठे और ख़ामोशी से बाहर निकल गये। मैं उनके पीछे गया, वे पेड़ों के नीचे नर्म घास पर चलते हुए मारगिला के पहाड़ों की तरफ़ रुख़ किये आहिस्ता-आहिस्ता चहलक़दमी कर रहे थे। उन्होंने मुझे इशारा करके बुलाया। मैं भी उनके साथ क़दम-से-क़दम मिला कर चलने लगा। वे ख़ामोश थे और बहुत शानदार नज़र आ रहे थे। मैं बार-बार उनके चेहरे की ओर देखता। उनकी आँखें दूर पहाड़ों की ओर देख रही थीं। वे प्राकृतिक सौन्दर्य में पूरी तरह लीन थे। उनके चेहरे पर बात करने का कोई भाव नहीं दिखता था।

यह अजीब वक़्त था। उस वक़्त का अपना एक हुस्न था और वहशत भी। चाँदनी पागल कर देने वाली थी। उस रात मैंने चाँदनी को आसमानों से उतरते हुए देखा। अपने साथ चलते हुए एक आदमी को बड़े ग़ौर से देखना, ख़ामोश रहना–यूँ लगता था जैसे अब सम्भव नहीं रहा लेकिन बात करना भी आसान नहीं था।

वक़्त का एहसास ख़त्म हो चुका था। रात आधी ढल चुकी थी। एक बात बार-बार सवाल बन कर मेरी ज़बान पर आती थी लेकिन उनसे सवाल करने की हिम्मत नहीं कर सकता था। मैं घबरा जाता कि वह डाँट देंगे।

अभी कुछ दिन पहले कराची के स्टेट गेस्ट हाउस में एक औरत उनसे मिलने के लिए आयी थी। उसने आते ही एक सवाल कर दिया और मैंने देखा कि उनका

मूड ख़राब हो गया था। उन्होंने कहा, "बीबी, आपको अपने दिमाग़ पर क़ाबू नहीं है।"

मैंने सोचा कि इससे पहले कि चाँदनी उतर कर बिखर जाये, इस तन्हाई और ख़ामोशी का फ़ायदा उठा कर यह सवाल पूछ लेना चाहिए। अगर वह डाँट देंगे तो कोई बात नहीं, यहाँ मेरे सिवा कोई देखने-सुनने वाला भी तो नहीं। शायद एक पुराने राज़ से परदा हट जाये। शायद एक ऐसा सवाल जो उनके चाहने वाले जानना चाहते हैं, जान सकें।

चाँदनी और नीचे उतर आयी और मुझे यूँ लगा जैसे नरम-नरम घास के बिस्तर पर आ कर सो गयी है वह भी तो चाँदनी थी। मैं चाँदनी के बारे ही में सवाल करना चाहता था, मैंने साहस करके ख़ामोशी के जादू को तोड़ दिया—

"क्या मधुबाला सोहनी थी?"

"हाँ, सोहनी थी।"

"कितनी सोहनी थी?"

"बहुत सोहनी थी।"

हम पंजाबी में बात कर रहे थे।

"अगर वह इतनी सोहनी थी तो आपने उसके साथ शादी क्यों नहीं की?"

वह कुछ देर ख़ामोश रहे। अपनी निगाहों को पहाड़ों पर पड़े हुए अँधेरे से हटा कर उन्होंने चाँद की ओर देखा। हल्की मद्धम और ख़ूबसूरत आवाज़ मेरे कानों तक मुश्किल से पहुँच सकी।

"देखो वारिस!

इस बात को आज पचास वर्ष गुज़र चुके हैं। मधुबाला को भी इस दुनिया से रुख़सत हुए तीस साल बीत चुके हैं। आधी शताब्दी पहले का यह क़िस्सा है। उस वक़्त मेरी उम्र पच्चीस वर्ष थी। मैं जवान था। यह एक ऐसा समय होता है कि इनसान अगर इश्क़ और मुहब्बत की घटना से गुज़र रहा हो तो उसका दिल यह चाहता है कि वह अपने किसी बहुत प्यारे दोस्त को अपने दिल पर गुज़रने वाली क़यामत का हाल सुनाये। वह यह बताना चाहता है कि फ़लाँ लड़की से उसे इश्क़ हो गया है।

उस वक़्त जब मैं पच्चीस वर्ष का था। उस वक़्त मैंने अपने इस निजी मामले की बात किसी से नहीं की तो आज पचास वर्ष बीतने के बाद तुम इस माहौल की ख़ामोशी और तन्हाई में मुझसे यह उम्मीद रखते हो कि मैं तुम्हें इस बारे में बताऊँगा?

वारिस, यह बात मैं कभी नहीं बताऊँगा।

वारिस मियाँ, आप सवाल को जिस तरह से भी घुमा-फिरा कर पूछ लें या हम से जुड़े लोग मेरी ज़िन्दगी के रूमानी पक्ष के बारे में जो कुछ भी कह लें, मैं इस मामले में कभी भी ज़बान नहीं खोलूँगा। मेरे विचार में एक व्यक्ति का दूसरे व्यक्ति से सम्बन्ध, उसका प्रकार और उसका उतार-चढ़ाव दो व्यक्तियों का निजी मामला होता

है। दोस्ती और ख़ास तौर से एक युवती से, निजी तअल्लुक़ात को यूँ सरेआम ज़बान पर लाना और मज़े ले-ले कर सुनाना, मेरे नज़दीक इस ख़ूबसूरत और हसीन भाव को रुसवा करना है जो कभी दो व्यक्तियों के बीच रहा हो। मैं उस समय बड़ा परेशान होता हूँ जब किसी व्यक्ति को सबके सामने ऐसी बातें करते सुनता हूँ। मेरे विचार में यह उस पवित्र भावना को ज़लील करना है। मेरे मुआमलात के इस सिलसिले के जवाब में साहिर लुधियानवी का एक शे'र है। और बस!

'जो तार से निकली है वो धुन सबने सुनी है
जो साज़ पे गुज़री है वो किस दिल को पता है'

उन्होंने शे'र सुनाया और चाँद की ओर देखा।

मैंने सुना और उनकी तरफ़ देखा।

ये दिलीप कुमार हैं! मेरे जीवन का दिलीप कुमार का अनुभव!

यह एक किताब है जिसको कुछ पन्नों पर नहीं लिखा जा सकता है। यह अनुभव कई बरसों पर फैला हुआ है। यह कैसे शुरू हुआ, कब इसका प्रारम्भ हुआ—मैं इसकी कोई शुरुआत तय नहीं कर सकता। बहुत ग़ौर करता हूँ, बहुत सोचता हूँ तो कभी यूँ लगता है जैसे मेरा उनका साथ बहुत पुराना है। वह तारीख़ तो कभी नहीं भूलती जब मैं उनसे पहली बार मिला लेकिन उस वक़्त भी यह एहसास बेहद तीव्र था कि यह पहली बार तो नहीं। पहली मुलाक़ात का अंजाम बड़ा भावनात्मक था। मैं उनसे विदा लेते वक़्त बहुत उदास था। मुझे डर था कि कहीं वह भूल न जायें। एक ऐसा आदमी जिससे हज़ारों-लाखों लोग मिलना चाहते हैं, और मिलते रहते हैं, के लिए यह कैसे सम्भव है कि वह अपने हर मिलने वाले को याद रख सके। विदा लेने से पहले मैंने उनका बाज़ू थाम लिया। मैंने कहा, "आप मुझे भूल जायेंगे", तो वह कहने लगे, "नहीं, मैं आपको नहीं भूल सकता।" मुझे उनके तसल्ली देने वाले शब्दों पर यक़ीन नहीं आ रहा था। मैंने सोचा, वह हर किसी को यही कहते होंगे। मैंने उनका बाज़ू मज़बूती से थामते हुए कहा, "अच्छा, आप मुझे यह बताये कि आप मुझे क्यों नहीं भूलेंगे?" उन्होंने अपना बाज़ू छुड़ाना चाहा लेकिन मेरी पकड़ बहुत मज़बूत थी। वह मुस्कुराये और कहने लगे, "पंजाब के महान सूफ़ी कवि वारिस शाह को कोई भूल सकता है? तुम्हारा नाम वारिस है न! मैं तुम्हें नहीं भूल सकता।" मेरे हाथ की पकड़ ढीली पड़ गयी और ख़ुशी की लहर मेरे शरीर में दौड़ गयी। यह उस मुलाक़ात के अन्तिम क्षण थे जो बरसों के इन्तज़ार के बाद मेरी ज़िन्दगी में आये थे। उनसे पहली मुलाक़ात के पीछे भी एक लम्बी कहानी है कि किस प्रकार कई चरण पार करके मैं उनसे मिलने के लिए बम्बई पहुँचा। मनोज कुमार के साथ अगले दिन सुबह का समय तय था। उन्हें मुझे होटल से दिलीप कुमार के घर ले जाना था। मैं रात-भर जागता रहा। उनसे मुलाक़ात के शौक़, जिज्ञासा और हैरत ने मेरी नींद पर क़ाबू पा लिया था। उनसे मुलाक़ात की आरज़ू

बरसों से मेरे सीने में पलती रही थी और मैं उस लम्हे का शिद्दत के साथ इन्तज़ार कर रहा था जब उनको अपनी आँखों से देख सकूँगा। आख़िरकार मनोज कुमार के साथ उनसे मुलाक़ात के लिए पाली हिल पहुँचा।

ड्राइंगरूम में प्रवेश करते ही उसकी सजावट और माहौल को देख कर आश्चर्य हुआ कि मेरे दिमाग़ में दिलीप कुमार के घर और ऊपरी शानो-शौक़त की जो कल्पना थी, यहाँ मामला उसके बिलकुल उलट था। सोफ़े से ले कर क़ालीन तक अगरचे हर चीज़ क़ीमती थी मगर बहुत ही सादा। ड्राइंगरूम में बैठे अभी ज़्यादा देर नहीं हुई थी कि कमरे से लगी हुई मंज़िल से सफ़ेद लिबास और सफ़ेद चप्पल पहने हुए दिलीप साहब सीढ़ियों से नीचे क्या उतरे मानो मेरे दिल में उतर गये। किसी शायर के अनुसार मेरी स्थिति उस वक़्त कुछ इस शे'र की तरह थी-

उस दीद की साअत में कई रंग हैं लरज़ां
मैं हूँ कि कोई और है, दुनिया है कि तुम हो

सुर्ख़ सफ़ेद चेहरा, आँखों में वालिहाना मुहब्बत और गर्मजोशी लिये वह पाकिस्तान से आये हुए मेहमान का सुन कर गले से लगाया और 'की हाल ऐ' के जाने-पहचाने वाक्य ने एकाएक वातावरण को सुगन्धित कर दिया। हाथ पकड़ कर सोफ़े पर बिठाया। मैं उनके देवमालाई व्यक्तित्व के जादू में इतना खो गया था कि मेरे लिए बात करना अब मुश्किल था। वह इस स्थिति को भाँप गये और इस प्रकार बात करने लगे कि जैसे मेरी उनकी बरसों की पहचान हो।

क्रिकेट, राजनीति से लेकर फ़िल्मों तक बात होती रही। मैं अभी बात करने की हिम्मत कर रहा था। अपनी बात को ज़रा वज़नदार बनाने के लिए मैंने किसी शे'र का सहारा लिया तो जवाब में हाफ़िज़, रूमी और इक़बाल के ऐसे मुश्किल शे'रों की मार पड़ी कि मेरे दिमाग़ से अगला शे'र ही निकल गया। इस दौरान फ़ोन की घण्टी बजी तो उनके अंग्रेज़ी लहजे की सफ़ाई और सलीक़े और ताज़गी का मुझे क़ायल होना पड़ा और मुझे गारडेन, कॉलेज रावलपिण्डी के प्रोफ़ेसर विक्टर मल की वह क्लास याद आ गयी जिसमें वह अपनी अंग्रेज़ी भाषा के जादू से अपने छात्रों पर छा जाते थे।

एक नवयुवती चाय की ट्रे लेकर कमरे में आयी। मेरे पूछने पर बताया कि यह घर के कामों में सायरा बीबी का हाथ बँटाती है।

मैं अपने सामने एक ऐसे आदमी को देख रहा था जो अपनी नौकरानी के बारे में बात करते हुए इनसानी वक़ार का ख़याल रखता है। चाय बनाते हुए पूछने लगे कि वारिस मियाँ, आपके लिए कितनी चीनी डालूँ। बेइख़्तियार मेरे मुँह से निकल गया कि मैंने तो ख़्वाब में भी नहीं सोचा था कि दिलीप साहब मुझे अपने हाथ से चाय बना कर पिलाएँगे। मेरी बात सुन कर वह ख़ूब हँसे और कहा, "भाई, ख़ुशक़िस्मत हैं वो लोग जो ख़्वाब नहीं देखते। एक हम हैं कि कभी ख़्वाब देखते हैं और कभी ख़्वाब की ताबीर देखने के ख़्वाब।"

मैं उनकी बात की गहराई में खोया हुआ अपने ख़्वाब की ताबीर अपनी आँखों के सामने देख रहा था। यह एक ख़्वाब ही तो था। बहुत पुराना ख़्वाब, जो मेरे अवचेतन से भी कहीं दूर मेरे चेतन से परे अन्तिम किनारे तक जाता था।

मैं जब पैदा हुआ तो पिता के स्वर्गवास की घटना मुझे विरासत में मिली। मेरे जन्म से तीन महीने पहले मेरे पिता का देहान्त हो गया था। अभी मैं तीन साल का ही था कि माँ ने भी साथ छोड़ दिया।

बचपन कैसे गुज़र गया, याद नहीं कर सकता। महरूमी तन्हाई और मुहब्बत की आरज़ू।

'अन्दाज़,' 'दीदार' और 'दाग़' देखी। महरूमी तन्हाई और अतृप्त मुहब्बत।

दिलीप कुमार रुलाते थे, मेरी आँखें आँसुओं से भरी हुई थीं। हमारा मिलाप हो गया। वह मेरे स्नायु, विचार, मनोभाव, सोच, बोध और क्रिया पर छा गये। उसके बाद ज़िन्दगी में उनकी फ़िल्में थीं और मैं था। पाकिस्तान में हिन्दुस्तानी फ़िल्मों की नुमाइश पर पाबन्दी लगी तो मेरे लिए काबुल के रास्ते खुल गये।

रावलपिण्डी सदर में स्थित चक बाज़ार में एक आदमी तेल के लिए टीन के डब्बे बनाया करता था। उसने अपनी दुकान में दिलीप कुमार की तस्वीरें दीवारों पर लगा रखी थीं। यह सब तस्वीरें मैं भी पत्रिकाओं और अख़बारों में देख चुका था, लेकिन एक तस्वीर ऐसी थी जो मैंने पहले कभी नहीं देखी थी। मैं वह तस्वीर लेना चाहता था मैंने दुकानदार से कहा, "मैं भी दिलीप कुमार का प्रशंसक हूँ और यह तस्वीर लेना चाहता हूँ।" उसने 'नहीं' में सर हिला दिया। मैंने ज़ोर दिया कि इसके बदले वह जितना पैसा लेना चाहता है, मैं देने को तैयार हूँ। उसने फिर इनकार किया। मैंने ज़िद की तो वह कहने लगा कि वह दस हज़ार रुपये में भी यह तस्वीर नहीं बेचेगा। मैंने उसको एक लाख रुपये की पेशकश की तो उसने गुस्से में इनकार कर दिया। मैं उसको देखता रहा और मुझे यूँ लगा कि जैसे उस तेल वाले ने माचिस की तिल्ली फेंक दी हो। मेरे अन्दर शौक़ की आग भड़क उठी। अब मेरा दिल फ़िल्में देखने से सन्तुष्ट नहीं होता था। मैंने फ़ैसला कर लिया कि मैं बम्बई जाकर उन से मुलाक़ात करके ही दम लूँगा।

बम्बई में यह घटना मैंने दिलीप कुमार को सुनायी। विदा लेने से पहले उन्होंने कहा कि आप उस तेल वाले दुकानदार को यूसुफ़ ख़ान का सलाम ज़रूर पहुँचाइयेगा। उनसे मुलाक़ात से पहले उनकी अदाकारी का दीवाना था, उनको क़रीब से देखने का मौक़ा मिला तो उनके अन्दर के ख़ूबसूरत इनसान ने मुझे अपना दीवाना बना लिया।

बम्बई, लाहौर, कराची, पेशावर, इस्लामाबाद, लन्दन और दुबई में उनसे मुलाक़ातों का सिलसिला अब कई बरसों से जारी है। उनके व्यक्तित्व के बारे में कुछ पन्नों पर कोई लेख लिखना एक असम्भव काम है। मैं उनके जीवन और व्यक्तित्व पर आधारित एक किताब पर कई बरसों से काम कर रहा हूँ। सईद

अहमद का इसरार है कि मैं उनकी किताब के लिए दिलीप कुमार के व्यक्तित्व के बारे में कुछ लिखूँ। मेरा विचार है कि इस विषय पर लिखने की शुरुआत तो कर ही चुका हूँ।

उनके व्यक्तित्व के बारे में एक बात पर मैंने बहुत विचार किया कि वह हाथों से मेहनत करने वाले वर्ग के लोगों के साथ मिल-बैठ कर बहुत अधिक प्रसन्नता महसूस करते हैं। उन्होंने मुझे कई बार कहा कि मेरे असल चाहने वाले तो यही लोग हैं। अगर उन लोगों की दुआएँ मेरे साथ न होतीं तो आज शायद मेरे घर वालों के अलावा लोग मुझे पहचानते भी नहीं।

पाकिस्तान के दौरे के दौरान मुझे उनसे मिलने वालों की सूची तैयार करने और मुलाक़ातियों का समय तय करने की ज़िम्मेदारी निभानी होती है। वह एक बात अक्सर मुझे कहा करते हैं कि मन्त्री, राजदूत या बड़े सरकारी अफ़सर तो मुलाक़ात कर ही लेते हैं लेकिन वह लोग जो बग़ैर किसी हवाले या जानकारी के दरवाज़े पर खड़े रहते हैं, पहले उनको मुलाक़ात का मौक़ा मिलना चाहिए।

दिलीप कुमार देर रात तक जागने के आदी हैं। सुबह ग्यारह बजे से पहले तैयार होना उनके लिए मुश्किल होता है। 28 अप्रैल को कराची से शाम चार बजे उन्हें इस्लामाबाद के लिए रवाना होना था जबकि उनसे मिलने के उत्सुक हाज़रीन की भारी संख्या उनके ठहरने की जगह के बाहर मुलाक़ात के लिए सुबह से इन्तज़ार कर रही थी। मेरे लिए इस बात का फ़ैसला करना मुश्किल से मुश्किल होता जा रहा था कि फ़्लाइट से पहले उनके चाहने वालों से उनकी मुलाक़ात कराऊँ या टेलीविज़न और अख़बार के पत्रकारों से, सरकारी अफ़सरों से या उनके निजी दोस्तों से। साढ़े ग्यारह बजे मैं सारे लोगों की सूची ले कर उनके बेडरूम में गया ताकि मुलाक़ात का इन्तज़ाम किया जा सके। दिलीप साहब ने बड़े-बड़े लोगों के नामों पर नज़र दौड़ाई और कहा कि मैं सबसे पहले उस अन्धे बच्चे से मिलूँगा जिसका नाम सूची में किसी कोने में था। दिलीप कुमार ने कराची के बिलाल शफ़ी पटेल नामक उस बच्चे को घण्टे भर अपने पास बिठाये रखा और उसके पिता से दिलजोई की बातें करते रहे और उसकी समस्या के समाधान का यक़ीन दिलाया।

पाकिस्तान के दौरे के दौरान मुझे कई दिन उनके साथ रहने और यात्रा करने का अवसर मिला। उनकी बातें और उनके कहे हुए वाक्य, कथन या उक्ति की हैसियत रखते हैं। पेशावर पहुँचने पर अपने सगे-सम्बन्धियों से पचास बरस बाद मिलने और अपना घर देखने पर कहा, "उलेमा, मुझे माफ़ फ़रमाएँ। पेशावर आना मेरे लिए हज्जे असग़र (छोटे हज) के बराबर है और पेशावर में ही कई जगह..."

"मैं ऐसे ख़्वाब में हूँ कि जागना नहीं चाहता। पेशावर में स्कूल की तख़्ती लिखते वक़्त हाथों पर लगी स्याही और स्याही की सुगन्ध, चाँदनी में खिले मोतिये की महक से अधिक भली मालूम होती है। घर के तहख़ाने में बुज़ुर्ग स्त्रियों का पँखा

झलना और मेरा झूठ-मूठ आँखें बन्द कर लेना, कल की तरह मुझे याद है लेकिन लोगो, मेरा कल है कहाँ?"

"जिस तरह परिन्दे शाम को अपने घर ज़रूर लौटते हैं, अगर मोहम्मद यूसुफ़ अपनी उम्र की शाम में घर लौटा तो हैरत क्यों?"

फ़ातमीद फ़ाउण्डेशन के लिए सहायता की तरफ़ लोगों को आकर्षित करते हुए कहा—"आइए, और अपनी आक़बत के बैंक बैलेंस में कुछ इज़ाफ़ा कीजिए।"

"लोग जब मेरी इतनी तारीफ़ करते हैं तो मैं शक में पड़ जाता हूँ कि शायद मेरी नहीं किसी और की तारीफ़ कर रहे हैं।"

ख़ूबसूरत अल्फ़ाज़ और आवाज़ शायद दिलीप कुमार की सबसे बड़ी ख़ूबी है। जिस तरतीब और सादगी से वह ख़ूबसूरत शब्दों को अपनी मधुर, ठहरी हुई और सुलझी आवाज़ में ढालते हैं, वह शायद उनके फ़न का कमाल है। हसीन शब्दों का चयन, धीमे सुरों में लहजे का उतार-चढ़ाव—वास्तव में कही हुई बातों में प्रभाव रखता है। उनके लहजे में एक अजीब प्रकार का नशा है, सलीक़ा और बांकपन है जो बेजान संवाद के ठहराव में भी गति और अर्थ पैदा कर देता है। अगर स्क्रीन पर बिना चेहरे के सिर्फ़ उनकी आवाज़ ही सुनाई दे तो भी स्क्रीन उनकी तस्वीरी कहानियों से भरी हुई नज़र आती है।

इनसान का व्यक्तित्व उसकी कथनी और करनी से पहचाना जाता है। मैंने शिद्दत के साथ महसूस किया है कि वह जो कहते हैं, उस पर अमल भी करते हैं। ठहराव, धीमापन, नम्रता, सहन और माफ़ करना उनके व्यक्तित्व के उज्ज्वल पहलू हैं। उनकी नज़र बहुत गहरी है। सोच, दार्शनिक और दिमाग़ विश्लेषणात्मक है। सादगी और सलीक़ा उनके व्यक्तित्व के बाक़ी सारे आयामों पर हावी है। अध्ययन का शौक़ उनको अपने घर के माहौल से मिला। बड़े भाई अय्यूब सरवर कहानीकार और दार्शनिक थे। दिलीप कुमार के मामूँ कांग्रेस के नेशनलिस्ट मौलानाओं में से थे।

सैफ़ुद्दीन किचलू और मौलाना आज़ाद का घर में आना-जाना था। घर में अरबी, फ़ारसी, उर्दू और अंग्रेज़ी साहित्य और शायरी का माहौल था जिससे उनको बहुत लाभ हुआ। दिलीप कुमार फ़ारसी बोलते हैं और उन्हें फ़ारसी के अशआर याद हैं। उनकी निजी लाइब्रेरी में इतिहास, दर्शन, धर्म, तर्क, कला, साहित्य और शायरी की किताबें मौजूद हैं। मौलाना अबुल आला मौदूदी, मौलाना अबुल कलाम आज़ाद, मौलाना अशरफ़ अली थानवी की पुस्तकों के अलावा अंग्रेज़ी के बड़े कवियों में शेक्सपियर, शेली, कीट्स की किताबों पर भी नज़र पड़ती है। गीता का उर्दू अनुवाद, उपनिषद, वेद, प्राचीन भारत के इतिहास पर भी किताबें हैं। उर्दू के क्लासिकी शायरों के कलाम को दिलचस्पी से पढ़ते हैं। नज़ीर अकबराबादी, ज़ौक़, मोमिन, मीर, ग़ालिब, जोश और फ़ैज़ को शौक़ से पढ़ते हैं। ग़ालिब के बाद उन्हें जोश मलीहाबादी

बेहद पसन्द हैं। बांग्ला साहित्य, कविता और संगीत से उन्हें बेहद लगाव है। रवीन्द्रनाथ टैगोर, नज़रूल इस्लाम और चटर्जी को बहुत पसन्द करते हैं। बंगालियों की मानसिक पुख़्तगी और उनके ज्ञान से बहुत प्रभावित हैं। दिलीप कुमार का कहना है कि अशोक कुमार ने मेरा बाज़ू उस वक़्त पकड़ा जब मुझे उनके सहारे की बेहद ज़रूरत थी। निर्देशक बिमल राय, नितिन बोस, तपन सिन्हा और संगीतकार अनिल बिस्वास की बेहद क़दर करते हैं।

दिलीप कुमार की क़ामयाबी में उनकी हैरतअंगेज़ स्मरण शक्ति का बहुत बड़ा हिस्सा है। शे'र तो एक ओर, अफ़साने की पंक्तियाँ भी उन्हें याद रहती हैं। अहमद नदीम क़ासमी की कहानी 'सन्नाटा' उन्होंने कई बरस पहले पढ़ी थी। बातों में क़ासमी साहब का नाम आया तो 'सन्नाटा' का पहला वाक्य सुना दिया।

'अम्बाले में वह इश्क़ करने की बजाय इश्क़िया नॉवेल पढ़ती थी।'

'नक़ूश', 'फ़नून', 'साक़ी', 'अदबे लतीफ़', 'अदबी दुनिया', 'सवेरा', जैसी साहित्यिक पत्रिकाओं का अध्ययन बड़ी दिलचस्पी से करते हैं। साहिर लुधियानवी के बारे में उन्हें अफ़सोस है कि वह जल्दी इस दुनिया से चला गया। मुश्ताक़ यूसुफ़ी की किताब 'आबे-गुम' पढ़ कर बहुत ख़ुश होते हैं।

दुबई में मुझे उनके साथ तन्हाई में वक़्त बिताने का अवसर मिला। मैंने बहुत बातें कीं। कुरेद-कुरेद कर सवाल पूछे ताकि मुझे उनके बारे में अधिक-से-अधिक मालूमात हो। मैंने उनसे पूछा कि क्या कभी ऐसा भी हुआ है कि वे कहीं से गुज़रे हों और किसी ने पहचाना न हो।

"हाँ, कई बार। इस बारे में बरसों पुरानी एक घटना आपको सुनाता हूँ। बॉम्बे टाकीज़ के प्रोडक्शन मैनेजर हितेन चौधरी जो एक नामवर निर्माता हैं, के घर एक पार्टी थी। वहाँ बहुत-से लोग मौजूद थे जो मेरी फ़िल्म के हवाले से मुझे जानते थे। पार्टी में हितेन चौधरी का भानजा अजय भी मौजूद था। देखने में बड़ा शर्मीला लगता था। वह एक दिन पहले कलकत्ते से आया था। हितेन चौधरी ने 'ये हैं यूसुफ़ साहब' कहकर मुलाक़ात कराई और मैं लोगों से हाथ मिलाता अजय के साथ बॉलकनी पर निकल आया। मैंने अजय से बातचीत करते हुए कहा, "आप कब आये हैं और क्या करते हैं।" अपने बारे में अजय ने सब कुछ विस्तार से बता दिया। फिर उसने मुझसे पूछा कि यूसुफ़ साहब, आप क्या करते हैं? मैं एक पल के लिए तो चौंका लेकिन जल्द ही सँभल गया और उसे बताया कि दिलीप कुमार के नाम से फ़िल्मों में काम करता हूँ और शायद आपने भी मेरी एक-आध फ़िल्म देखी होगी। यह सुनते ही वह भलामानुस कहने लगा, "माफ़ कीजिये, मैंने आपकी एक फ़िल्म भी नहीं देखी और न ही मुझे फ़ुज़ूल हिन्दुस्तानी फ़िल्मों को देखने का शौक़ है। मेरी पत्नी फ़िल्मों की शौक़ीन है और वह प्रायः किसी दिलीप कुमार का नाम लेती है।"

मुझे उनके जीवन की एक बहुत पुरानी घटना याद आ रही है। देविका रानी का एक क़रीबी दोस्त डॉक्टर मेसानी था। मलाड रेलवे स्टेशन पर दिलीप कुमार की

उनसे मुलाक़ात हुई। उन्होंने दिलीप कुमार की बात सुन कर कहा कि आपकी उर्दू और अंग्रेज़ी, दोनों भाषाएँ अच्छी हैं। क्या आप फ़िल्मों में काम करेंगे?

यह सुनकर दिलीप कुमार की स्वाभाविक प्रतिक्रिया एक ज़ोरदार क़हक़हा था। डॉक्टर मेसानी ने अपना कार्ड दे दिया। लेकिन दिलीप कुमार मिलने के लिए नहीं गये। कुछ दिनों के बाद ट्रेन में फिर दोनों की मुलाक़ात हुई। डॉक्टर ने कहा, "आप आये नहीं?" उन्होंने दोबारा अपना कार्ड दिया। दिलीप कुमार फिर भी उनसे मिलने नहीं गये। उसके बाद हालात बदलने लगे। आर्थिक संकट बढ़ने लगा तो वह एक दिन डॉक्टर मेसानी से मिलने चले गये। देविका रानी से मुलाक़ात नहीं हुई। डॉक्टर मेसानी दिलीप कुमार को निर्देशक अमिय चक्रवर्ती के पास ले गये। कुछ बातचीत के बाद उन्हें फ़िल्मिस्तान या बॉम्बे टाकीज़ में नौकरी मिल गयी। उसके बाद उनकी मुलाक़ात देविका रानी से हुई। घर वापस आने पर उन्होंने अपने बड़े भाई अय्यूब सरवर को बताया कि उन्हें 1200 रुपये माहवार की नौकरी मिल गयी है। भाई ने कहा कि तुम्हें सुनने में ग़लती लगी होगी, दो सौ रुपये कहा होगा। राजकपूर केदार शर्मा का असिस्टेंट है। उसको उतनी तनख़्वाह नहीं मिलती तो तुमको कैसे मिल जायेगी। दिलीप कुमार वापस गये। एक महीना बीत गया। 'ज्वार भाटा' में उन्हें काम दिया गया और पहला चेक 1200 रुपये का मिला।

मलाड रेलवे स्टेशन पर डॉक्टर मेसानी से मुलाक़ात ज़िन्दगी का एक ऐसा मोड़ साबित हुई जिसके आगे नये रास्ते थे और नयी मंज़िलें थीं। कहते हैं कि कभी आदमी पीछे मुड़ कर देखे तो पत्थर बन जाता है। दिलीप कुमार ने अपनी ज़िन्दगी के नये मोड़ पर आगे देखने की क्षमता पैदा कर ली। उन्होंने कभी पीछे मुड़ कर नहीं देखा।

उनका यह रवैया उनकी कला और उनके व्यक्तित्व पर हावी रहा। वह कला में आगे बढ़ते रहे और अपने अन्दर समय के साथ-साथ अपने व्यक्तित्व में निखार पैदा करते रहे। लोग उनकी कला और उनके व्यक्तित्व, दोनों से प्रभावित हैं। कभी-कभी यह फ़ैसला करना मुश्किल हो जाता है कि वह बड़े कलाकार हैं या बड़े इनसान?

'मिलन' से लेकर 'सौदागर' तक उनकी कलात्मक और तकनीकी घटनाओं के वर्णन से सईद अहमद की किताब भरी पड़ी है। उनके अच्छे स्वभाव और भद्र व्यवहार की कहानियाँ मेरे दिल के तहख़ाने में जमा हैं।

दिलीप कुमार अपने मेज़बान की बड़ी क़द्र करते हैं। जनरल जिया-उल-हक़ की मेज़बानी की उन्होंने खुल कर तारीफ़ की और हाल ही में पाकिस्तान के प्रधानमन्त्री मियाँ मोहम्मद नवाज़ शरीफ़ की दावत पर पाकिस्तान आये तो कहने लगे कि नवाज़ शरीफ़ की मेज़बानी में अपने मेहमान से इज़्ज़त, आदर और मुहब्बत की भावना की परम्परागत अन्दाज़ में गहरी अभिव्यक्ति महसूस होती है।

अप्रैल 1988 में दिलीप कुमार और सायरा बानो इस्लामाबाद के लाउंज़ में कराची की .फ़्लाइट की प्रतीक्षा में बैठे हुए थे। उसी वक़्त बेग़म नुसरत भुट्टो लाउंज़ से गुज़रीं तो उनके साथ की किसी महिला ने बताया कि लाउंज़ में दिलीप कुमार तशरीफ़ रखते हैं। बेगम नुसरत भुट्टो ने पैग़ाम पहुँचाया कि वह दिलीप कुमार से मिलना चाहती हैं। मैंने दिलीप कुमार से कहा कि बेग़म नुसरत भुट्टो आपसे मिलने के लिए आना चाहती हैं।

"आपका मतलब है मिसेज़ भुट्टो?"

"जी, मैंने कहा।"

दिलीप कुमार खड़े हो गये, "वो क्यों मेरे पास आयें? मैं उनके पास जाऊँगा।" उन्होंने सायरा बानो से कहा, "आओ सायरा, हम खुद मिसेज़ भुट्टो से मिलने के लिए जायेंगे।"

दिलीप कुमार नुसरत भुट्टो के क़रीब आये। उनके सामने आँखें झुका कर कुछ देर ख़ामोश खड़े रहे। क़रीब मौजूद लोगों ने महसूस किया कि वह ताज़ियत के लिए ख़ामोश हैं। कुछ पल के बाद दिलीप कुमार के चेहरे पर एक मुस्कुराहट उभरी और उन्होंने बेगम नुसरत भुट्टो से कहा, "आप तो उस ज़माने में भुट्टो साहब से नहीं मिली थीं जब मैं उनसे मिला था। वह 'अन्दाज़' के सेट पर नर्गिस को देखने आया करते थे।"

छोटी-सी मुलाक़ात का प्रभाव बहुत गहरा था। दिलीप कुमार को इस बात का दुख था कि पण्डित नेहरू के बराबर का आदमी न केवल पाकिस्तान की राजनीति से बल्कि, ज़िन्दगी से भी वंचित कर दिया गया।

मैंने दिलीप साहब को बताया कि एक बार लाहौर के नासिर बाग़ के एक बड़े समारोह को सम्बोधित करते हुए ज़ुल्फ़िकार अली भुट्टो ने कहा था कि यह क़ौमी इत्तेहाद वाले कहते हैं कि अब भुट्टो को देखने के लिए कोई भी नहीं आयेगा। मैं उन जाली लीडरों से पूछता हूँ कि मैं कोई दिलीप कुमार हूँ जो मुझे लोग देखने आयेंगे?

"मेरी बात सुन कर दिलीप कुमार ने कहा, "अच्छा, भुट्टो साहब मुझे जानते थे?" और मैं उनके चेहरे पर फैली हुई मासूम हैरत में गुम था।

दिलीप कुमार की कहानी उनकी ज़बानी

"देखें जी! मैं तीसरे दशक के शुरू में पेशावर के सामान्य घराने में पैदा हुआ। हमारे यहाँ बहुत ज़्यादा ग़रीबी थी। या बहुत अधिक ख़ुशहाली नहीं थी। वह ज़माना रिश्तों की बारीकियाँ ढूँढ़ने का नहीं था, मुरव्वत और मुहब्बतें निभाने का ज़माना था। मुहल्ले के बुज़ुर्गों का ही नहीं, शहर भर के बुज़र्गों का आदर ऐसे ही किया जाता था जैसे ख़ून के रिश्तों का, और उसी तरह बड़े लोग भी स्नेह का सम्बन्ध रखते थे। अगरचे पेशावर में मेरा रहना मेरी छोटी उम्र के बहुत छोटे-से ज़माने पर था फिर भी जन्म स्थान के रिश्ते की जड़ें बहुत गहरी और सर्वप्रिय होती हैं। इतनी दुनिया देखने के बाद भी उस मिट्टी की महक मुझे नहीं भूलती। इतने लोगों के साथ उम्र भर बिताने के बावजूद अपने सरहद के सादा लोग, उनकी ख़ुशियाँ, ग़म, मुस्कुराहटें याद आती रहती हैं और अगर उसे मेरी लफ़्फ़ाज़ी न समझा जाये तो मैं ये कहूँगा कि मैं अपनी ज़िन्दगी में प्राप्त होने वाले नाम, शोहरत और दौलत के बावजूद अगर कभी कोई कसक और कोई कमी या अतृप्ति महसूस करता हूँ तो सिर्फ़ इस बात की कि काश, मुझे पेशावर में कुछ और वक़्त गुज़ारने का मौक़ा मिल जाता। शायद ये भी होता कि अगर मैं पेशावर में ही रहता तो आज ये शब्द नहीं कह रहा होता।

उस वक़्त के पेशावर को याद करते वक़्त मेरी आँखें अन्तरिक्ष में कुछ ढूँढ़ती हैं जो आजकल के पेशावर को देख कर नहीं मिलता है। वैसे तो हर व्यक्ति को अपना अतीत बड़ा सुन्दर लगता है शायद इसीलिए मुझे भी पेशावर शहर का वह माहौल एक सुन्दरतम ख़्वाब के रूप में महसूस होता है। एक ऐसा ख़्वाब, जिसे मैं फ़ुर्सत के समय में अक्सर देखता रहता हूँ। पेशावरियों के रहन-सहन, रीति-रिवाज़ और खाने-पीने के विवरण को तो छोड़िए, सिर्फ़ उस बुनियादी चीज़, भाषा के ज्ञान का ही ज़िक्र किया जाये तो मुझे यह कहने में कोई संकोच नहीं है कि आज के पेशावर में बोली जाने वाली हिन्दी का ढंग 20वीं सदी के शुरू में बोली जाने वाली हिन्दी से भिन्न था। हम लोग घरों में ज़रा भिन्न प्रकार की हिन्दी बोला करते थे जो हिन्दी या पेशावरी ज़बान लगभग पचास वर्ष बाद मुझे पेशावर जाकर सुनने को मिली। वह हमारे ज़माने में सिर्फ़ बाज़ारों या दुकानों पर बोली जाती थी। उसे हम

टकसाली लहजा कहते थे अगरचे लहजा भी उतना ही प्यारा है जितनी मेरी अपनी हिन्दी, मगर हमारी हिन्दी और थी। हमारे पिता बड़ी सफ़ाई से पश्तो और फ़ारसी बोलते थे। मेरे पूर्वज का सम्बन्ध ग़ज़नी (अफ़ग़ानिस्तान) से था। मैं आज भी पश्तो पूरी तरह से समझ लेता हूँ और टूटी-फूटी बोल भी लेता हूँ मगर लहजे में रवानी और सलासत नहीं है।

मेरे पिता अपने फलों के व्यापार को बढ़ाने के लिए दूर-दराज़ के इलाक़ों यानी क्वेटा, बम्बई और कलकत्ता जाते रहते थे। इस सम्बन्ध में उन्होंने महसूस किया कि कारोबार को पूरी तरह से बम्बई ले जाने में ज़्यादा आर्थिक फ़ायदा है तो उन्होंने अपने पिता यानी मेरे दादा से अपने बाल-बच्चे समेत बम्बई जा कर बस जाने की इजाज़त चाही। मेरे दादा परम्परागत पठान थे और घर की महिलाओं के बाहर जाने के सख़्त ख़िलाफ़ थे। उनके इनकार पर वालिद साहब अकेले ही बम्बई में रहने लगे मगर उन्हें हमारी याद बहुत सताती थी। एक दिन वहाँ उन्होंने एक पारसी बच्चे को देखा। उसमें उन्हें मेरी झलक दिखायी दी। बेताब होकर उन्होंने उस बच्चे को गोद में उठा लिया। उस बच्चे की आया यह देख कर घबरा गयी और चिल्लाने लगी कि पठान बच्चे को उठाए लिये जा रहा है। वालिद साहब ने उन्हें समझाया कि उन्हें उनका अपना बच्चा याद आ गया था। यह घटना जब दादा को मालूम पड़ी तो वह मोम हो गये और वालिद साहब को बीवी-बच्चे बम्बई ले जाने की इजाज़त दे दी। हमारे वालिद साहब ने यह महसूस किया कि कारोबारी मसरूफ़ियत की वजह से वह बम्बई में घर में बच्चों को ज़्यादा वक़्त नहीं दे सकते तो उन्होंने हम सबको अपने बड़े बेटे नूर मोहम्मद (जिनका हाल ही में निधन हुआ है) के पास देवलाली भेज दिया, जहाँ मुझे पहले मुस्लिम स्कूल और बाद में किसी दूसरे स्कूल में दाख़िल किया गया।

एक बार हमारी दादी पेशावर से हमें मिलने आयीं। उन्हें अपने सब पोतों से प्यार था मगर मुझ पर ख़ास मेहरबान थीं। कहते हैं, बचपन में मेरे बाल बहुत ख़ूबसूरत थे। मेरी दादी कहा करती थीं कि यूसुफ़ के बाल इतने लम्बे हैं कि उसको किसी की नज़र लग जायेगी। इसलिए बाल ज़्यादा लम्बे होने से पहले मेरी दादी मेरे बाल अक्सर कटवा देतीं। मैं इसी बात से बहुत चिढ़ता कि सब बच्चों में से मेरी ही टुण्ड क्यों की जाती है। मेरी दादी बहुत धार्मिक महिला थीं वह अक्सर नमाज़-रोज़े में लगी रहती थीं। मुझे अच्छी तरह याद है कि एक बार गर्मियों में वह देवलाली आयीं और नियमित रूप से एक कमरे में बैठ कर क़ुरान शरीफ़ पढ़ना शुरू किया तो मैंने पलँग के नीचे छुप कर ग्रामोफ़ोन बजाना शुरू कर दिया। मेरी दादी सिटपिटा गयीं और ज़ोर-ज़ोर से क़ुरान की आयतें पढ़ने लगीं और माँ को कहना शुरू कर दिया, कि इस घर में जिन्न-भूत बसते हैं। मेरी माँ जो पहले ही हम बच्चों से तंग थीं, ने मुझे पलँग के नीचे से घसीट कर बाहर निकाला और कहा कि सही में इस घर में हर उम्र के जिन्न-भूत बसते हैं।

बम्बई में हमारा रहना पहले-पहल क्रॉफ़ेड मार्केट में पिताजी के फलों के स्टोर के क़रीब ही स्थित पाटका मन्शन में था। पहली बार जब मेरे दादा वहाँ हमसे मिलने आये तो वह आदमियों की भीड़, डबल डेकर बसें और ऊँची-ऊँची इमारतें देख कर घबरा गये और मेरे वालिद से कहने लगे कि बेटा, तूने बड़ी भारी ग़लती की कि इन मासूम बच्चों को इस शहरे-जंजाल में ले आया। उनका दिल यहाँ नहीं लगेगा और अच्छा यही है कि तू इनको भी वापस पेशावर भेज और ख़ुद भी आ जा। मेरी शिक्षा बम्बई के अंजुमन इस्लामिया स्कूल में पूरी हुई जबकि कॉलेज का कुछ समय विल्सन कॉलेज और फिर ख़ालसा कॉलेज में गुज़रा। ख़ालसा कॉलेज में दाख़िला लेने का बड़ा कारण फ़ुटबाल था। उस वक़्त ख़ालसा कॉलेज की फ़ुटबाल टीम बड़ी मशहूर हुआ करती थी। मुझे भी फ़ुटबाल के अच्छे खिलाड़ियों में गिना जाने लगा। मैंने कई ज़ोनल और इन्टरस्टेट मैच में बम्बई मुस्लिम यंग टीम की ओर से खेले। कॉलेज के उस्तादों से मैं बड़ा प्रभावित था और मेरी चाहत थी कि मैं भी व्यावहारिक जीवन में शिक्षा के पेशा अपनाऊँ। मेरे उस्तादों में प्रोफ़ेसर समीउर्रहमान (मर्हूम), ज़ियाउद्दीन साहब, वकील साहब, निकहत साहब, इरफ़ान साहब और मिस्टर वस्तवी (स्वर्गीय) मेरे आइडियल थे। ज़िन्दगी में मैं आज जो भी बोल-पढ़ और लिख सकता हूँ, वह उन्हीं महान इनसानों की शिक्षा-दीक्षा का नतीजा है। कॉलेज के अनगिनत दोस्तों में से क़ाबिल सिंह, वियतपुरी, नसीम और मुक़री से मिलना आज भी बड़ा भला लगता है।

मैंने 1940 में इन्टर साइंस की परीक्षा ख़ालसा कॉलेज से पास की। आगे पढ़ना चाहता था मगर उस वक़्त वालिद साहब के कारोबारी हालात अच्छे नहीं थे। इतने ज़्यादा भाई-बहनों की परवरिश और हर दिन बढ़ती हुई महँगाई से घर का माहौल प्रभावित होनें लगा था। मेरे एक भाई अय्यूब सरवर बड़े पढ़े-लिखे और शायर क़िस्म के आदमी थे। हमारे घर का सारा माहौल बहुत अदबी क़िस्म का था। हम सब भाई-बहन, उर्दू, अंग्रेज़ी और फ़ारसी साहित्य से ख़ास लगाव रखते थे। भाई अय्यूब फ़ालिज गिरने से बिस्तर में सिमट कर रह गये थे। ऐसे में मुझे नौकरी की तलाश के लिए बी. ए. करने का ख़याल दिल से निकालना पड़ा और मैंने छत्तीस रुपये माहवार पर पूना में एक कैन्टीन पर स्टोर कीपर की नौकरी भी की। कैन्टीन पर कई बार आने वाले लोगों को मैं चाय भी पेश किया करता था। उसके बाद क़िस्मत मुझे फ़िल्मी दुनिया में ले आयी। किस-किस बात का ज़िक्र करूँ? माता-पिता की ज़िन्दगी यानी 1950 तक की बम्बई का ज़िक्र करना अच्छा लगता है। फ़िल्मों में तो आ गया था लेकिन घर का यह हाल था कि मेरी हमेशा ये कोशिश रहती थी के मेरे नये पेशे की ख़बर वालिद साहब को न हो, क्योंकि उन्हें फ़िल्मों से सख़्त नफ़रत थी और उस ज़माने के रवायती मुसलमानों की तरह वह भी किसी शरीफ़ ख़ानदान के लड़के का फ़िल्म के पेशे से जुड़ा होना बड़ा बुरा समझते थे मगर ख़ुदा को कुछ और ही मंज़ूर था।

हुआ यूँ कि एक बार वालिद साहब क्वेटा और चमन कारोबार के सिलसिले में गये हुए थे तो उनके बिज़नेस के लोगों लाला गोपाल दास, हाजी फ़क़ीर मोहम्मद ने मजबूर किया कि तफ़रीह के लिए सिनेमा में फ़िल्म 'मेला' देखी जाये। मुझे वालिद साहब के दोस्त फ़क़ीर मोहम्मद ने बाद में बताया कि आग़ा गुलाम सरवर बड़ी दिलचस्पी से फ़िल्म देखते रहे मगर फ़िल्म के आख़िरी सीन पर आँखों में आँसू आ गये, जहाँ मैं मरता हूँ। वह बम्बई वापसी तक बड़े गुमसुम रहे। वालिद साहब जब घर आये तो उन्होंने अचानक मेरी ख़ैर-ख़ैरियत पूछी। इत्तेफ़ाक़ से मैं दूसरे कमरे में था। उन्होंने मुझे बुलाया मैं समझ गया कि कोई-न-कोई शामत आयी है। सर झुकाए उनके सामने खड़ा हुआ तो कहने लगे, "यूसुफ़ जान, मैंने तुम्हारी फ़िल्म 'मेला' देखी है और इस नतीजे पर पहुँचा हूँ तुम्हें उस लड़की से बहुत प्यार है। वह लड़की कौन है? उसके माँ-बाप कैसे हैं? तुझे पसन्द हो तो उसे ले आ, मैं तुम्हारी शादी करवाता हूँ।" मैं डर के मारे चुप खड़ा रहा। वह कहने लगे कि पठान का बच्चा होकर तू भी बेग़ैरतों की तरह मुँह छुपाए क्यों खड़ा है? अगर तुममें हिम्मत नहीं तो मैं उसे उठा लाता हूँ और तुम्हारा निक़ाह उससे करवा देता हूँ। मैंने डरते-डरते कहा, "आग़ा जी, वह तो सिर्फ़ अदाकारी थी। सच नहीं था" कहने लगे, "तो फिर रोते क्यों थे?" अर्ज़ किया कि डायरेक्टर के कहने पर। कहने लगे कि इतने अच्छे अदाकार हो तो मुझे रोकर या हँस कर दिखाओ। मेरे जवाब न देने पर गुस्से से बोले कि डॉयरेक्टर के कहने पर रोते हो और अपने बाप के कहने पर नहीं।

आधी शताब्दी से ज़्यादा बम्बई में रहने के दौरान अपनी निजी और फ़िल्मी ज़िन्दगी की अनगिनत ख़ुशगवार और कुछ धीमी यादें हैं जिन्हें सुनाने के लिए भी एक उम्र चाहिए, पल भर में नहीं।

मैं वास्तव में अपने-आपको बड़ा भाग्यशाली समझता हूँ कि अशोक कुमार, मोतीलाल और पृथ्वीराज जैसे मँझे हुए कलाकारों का साथ मेरी कई फ़िल्मों में रहा और आज के कुछ ख़ूबसूरत काम करने वाले भी मेरे साथी कलाकारों की सूची में शामिल हैं। वैसे तो सभी अपनी जगह बड़े महत्त्वपूर्ण और कुछ कर दिखाने वाले अदाकार हैं लेकिन मुझे ज़ाती तौर पर जिस आर्टिस्ट के साथ फ़िल्म में अदाकारी करने का शौक़ और ख़्वाहिश है वह है—जया भादुड़ी।

अक्सर लोग मुझसे यह सवाल करते हैं कि किसी एक अदाकार का नाम बताऊँ जो हर दौर में मेरा फ़ेवरिट रहा हो। इस सवाल का जवाब शायद उस वक़्त मुमकिन था जब मैं बीस साल का था। उस समय शायद मेरी पसन्द किसी एक व्यक्ति के बारे में होती लेकिन आज बीतती उम्र के पचास बरस रंग, साये और आवाज़ की दुनिया में गुज़ार कर यह कहना बड़ा मुश्किल लगता है कि मेरा सिर्फ़ एक पसन्दीदा आर्टिस्ट फ़लाँ है। जैसे आप ग़ालिब या इक़बाल के हर शे'र को किसी भी कारण से पसन्द नहीं कर सकते, वैसे ही किसी बड़े आर्टिस्ट को पूर्णतौर पर

अपना फ़ेवरिट क़रार देना मेरे लिए सम्भव नहीं है। कभी-कभी अप्रसिद्ध अदाकार अपने छोटे-से रोल में ही अदाकारी के उस शिखर तक पहुँचता नज़र आता है जहाँ बड़े-से-बड़ा आर्टिस्ट तीस-चालीस साल गुज़ारने के बाद भी नहीं पहुँच पाता। वैसे ज़ाती तौर पर मुझे हॉलीवुड के गैरी कूपर, पॉल म्युनि, जेम्स स्टीवर्ट ने प्रभावित किया है। भारत में अशोक कुमार, मोतीलाल, नलिनी जयन्त, अमिताभ, जया भादुड़ी और अनुपम खेर अच्छे लगे हैं।

मैंने हर युग में विभिन्न विषयों पर बनाई गयी फ़िल्मों में काम किया है। शुरू के दौर में जहाँ आपको मेरी रूमानी और सामाजिक क़िस्म की फ़िल्में जैसे 'प्रियतमा,' 'घर की इज़्ज़त' और 'जुगनू' देखने को मिलेंगी, वहीं उस दौर में आपको मेरी ऐसी फ़िल्में भी मिल सकती हैं जिन्हें आज आर्ट फ़िल्में कहा जाता है। मेरा तात्पर्य फ़िल्म 'जोगन,' 'मुसाफ़िर' और 'शिकस्त' से है। मेरे फ़िल्मी कैरियर के बीच के दौर में अगर कहीं 'आन' के बाद 'आज़ाद,' 'कोहिनूर' और 'मुग़ले-आज़म' जैसी कास्ट्यूम फ़िल्में बन रही थीं तो दूसरी तरफ़ 'देवदास,' 'गंगा जमना' और 'पैग़ाम' जैसी बामक़सद फ़िल्में भी रिलीज़ हुईं। 1970 के बाद का दौर सारी दुनिया की फ़ीचर फ़िल्मों के लिए ड्रग माफ़िया और प्रेतात्माओं को एकत्रित करके तफ़रीह पैदा करने की कोशिश का दौर था। कुछ फ़िल्में जैसे 'आग का दरिया' और 'कलिंगा' ज़्यादा तो नहीं लेकिन थोड़ी भिन्न ज़रूर होंगी और शायद आपको पसन्द भी आयें।

जहाँ तक आज नसीरुद्दीन शाह, ओमपुरी और अनुपम खेर जैसे अदाकारों की कुछ अच्छी फ़िल्मों का मामला है, मैं यह कहना चाहूँगा कि यह सब बड़े अच्छे और नेचुरल अदाकार हैं लेकिन इनका फ़िल्मों में प्रवेश बीसवीं शताब्दी के अन्तिम दशकों में हुआ जबकि मेरी उम्र गुज़री है इस दश्त की सैयाही में। इसलिए मेरी अदाकारी का स्टाइल और मेरी इमेज भिन्न है। मैं यह नहीं कहता कि मैं उन लोगों से बड़ा अदाकार हूँ। कहने का मक़सद सिर्फ़ यह है कि वे लोग अपने ढंग की फ़िल्मों में काम करते हैं और बढ़िया काम करते हैं और मैं कोशिश करता हूँ कि चालीस के दशक से बनायी हुई अपनी पहचान को साथ ले कर अलग-अलग प्रकार के पात्र को निभाऊँ। आर्ट फ़िल्में कम बजट से बनती हैं जबकी फ़ीचर फ़िल्म का व्यावसायिक आयाम फ़िल्म निर्माता के लिए सबसे महत्त्वपूर्ण होता है। वह मेरे जैसे बड़े नाम को लेकर प्रयोगात्मक फ़िल्म बनाने का रिस्क नहीं ले सकते।

हाँ, ख़ुदा ने मुझे मौक़ा दिया और कोई ऐसी कहानी मेरे सामने लायी गयी जो मेरे आर्ट के बोध से मिलती-जुलती हुई तो मैं भी ऐसा किरदार ज़रूर करूँगा। इसी प्रकार भविष्य में किसी फ़िल्म में अधेड़ उम्र के सामाजिक व्यक्ति का पात्र भी कर सकता हूँ।

जो कुछ भी करना चाहता हूँ, उसमें से बहुत कम करने को मिला है। वास्तव में एक अभिनेता के पास वह सहूलतें नहीं होतीं जो एक शायर, लेखक या चित्रकार

के पास होती हैं। एक लेखक या शायर अपने स्टाइल और अपने लेखन के जादू से ज़िन्दगी के हर पहलू को बहुत आसानी के साथ उभार सकता है। एक चित्रकार एक ही दृश्य की विभिन्न दिशाओं से चित्र उतारने पर सक्षम है। वह एक मामूली से चेहरे का चित्रण ब्रश के हल्के-से बदलाव से कर सकता है। हाँ, यह ज़रूरी नहीं कि उसका यह चित्र शाहकार हो। फिर भी वह अपने ब्रश और रंगों की मदद से देखने वालों के दिमाग़ पर एक अमिट याद छोड़ जाता है। लेकिन एक अदाकार का हर काम मुकम्मल हो, यह भी ज़रूरी नहीं। हाँ, उसके काम में संजीदगी और लगन को ज़रूर पहचाना जा सकता है।

जहाँ तक शोहरत, क़ामयाबी और दौलत का तआल्लुक़ है, तो उनसे एक और बड़ी और क़ीमती चीज़ है और वह है–अपने–आपको पहचानने की सलाहियत, अपनी पहचान की ताक़त और ईमानदारी से अपनी आलोचना। प्रायः मुझे ऐसे महसूस होता है जैसे मैं समुद्र के किनारे पर बैठा एक छोटा-सा मासूम बच्चा हूँ। ऐसा भोला-भाला बच्चा, जो समुद्र के किनारे बिखरे मोती, ख़ुशरंग पत्थर और रंग-बिरंगी सीपियाँ चुन रहा हो, और कभी हरी-भरी वादियों और पहाड़ों या दूर तक फैले हुए मैदानों में आहिस्ता-आहिस्ता बहते हुए दरिया की ख़ामोशी मेरे अन्दर एक हलचल-सी पैदा कर देती है। इतने बड़े विश्व के सीने पर प्रकृति का यह अनमोल खेल जब अनगिनत सवाल बन कर मेरे ज़ेहन में उभरता है तो अपनी कमी और अपने कम ज्ञान का एहसास मुझे रौंदने लगता है और तब मुझे अपनी शोहरत, दौलत, शिखर और क़ामयाबी के सारे क़िस्से, बुद्धिमत्ता और ज्ञान के सारे प्रमाण-पत्र उसके सामने तुच्छ लगने लगते हैं।

यह मुझ पर अल्लाह का ख़ास एहसान और उसका करम है कि मुझे इतने चाहने वाले मिले कि उन्होंने मुझे हमेशा अपनी दुआओं में याद रखा। जवानी का दौर किसे अच्छा नहीं लगता मगर जब पीछे मुड़ कर देखता हूँ तो उस हवाले से आज के परस्तारों (चाहने वालों) की मोहब्बत ज़्यादा लाभदायक लगती है कि यह श्रद्धा और आदर का रूप लिये हुए है। जबकि पहले दौर की प्रसिद्धि उस समय तो बहुत अच्छी लगती थी लेकिन आज महसूस होता है कि उसमें हीरोशिप और आइडियलिज़्म तो शायद बहुत थी लेकिन वह अदब, लिहाज़ और आदर-भाव नहीं था जो इस उम्र में आ कर मुझे अपने चाहने वालों से मिला है।"

दिलीप कुमार का एक पुराना लेख

अनुवाद : सईद अहमद

दिलीप कुमार के अंग्रेज़ी भाषा में लिखे लेख My Two Worlds का हिन्दी में अनुवाद–

'तुम दूसरों की तरह क्यों नहीं रहे,
हवा से बातें करती गाड़ियों के आराम में डूब जाओ,
एक पत्रिका के पन्ने से दूसरी पत्रिका के पन्ने तक छा जाओ और
ख्याति की नयी ऊँचाइयों तक पहुँच कर
चालीस करोड़ इनसानों के दिलों पर राज करो।
किसी ने मुझसे कहा और मैंने सोचा,
ख्याति की नयी ऊँचाइयों...
और फिर मैंने ज़मीन और आसमान के फैलाव की ओर देखा और कहा–
लेकिन मैं अपने-आप से अप्रिय नहीं होना चाहता और
यह कैसे हो सकता है
कि कोई अपने आप को तो पसन्द न करे और चाहे कि
चालीस करोड़ इनसान उसको पसन्द करें।
मैं नहीं हूँ जो कुछ मैं हूँ।
तन्हाई के क्षणों में कुछ देर अपने आप की ओर देखते हुए
विभिन्न प्रकार की चीज़ों में समानता तलाश करता हूँ,
भिन्नता के राज़ समझने की कोशिश करता हूँ,
और यह खोज करता हूँ कि
मैं अभी तक एक आधी लिखी हुई किताब हूँ।
बर्लिन बिलकुल मेरी तरह है,
दो भागों में विभाजित।
क्या यह इनसानी समाज पर एक दाग़ है?

लोग क्यों इसको ट्रेजडी का नाम देते हैं और
कभी-कभी अपने आप से भी।
इसमें कोई ट्रेजडी नहीं है।
यह दीवार दो विभिन्न विचारधारा रखने वालों का प्रतिनिधित्व करती है।
लेकिन यह घरों को भी विभाजित करती है और,
यह दिलों को भी काटती है।
मैं यह दीवार देखने के लिए नहीं जाना चाहता,
मुझे यह दीवार इनसानों का मज़ाक़ उड़ाती दिखती है।
यह दीवार मानव सोच की प्रगति को नकारती है,
लेकिन इस तथ्य से कैसे इनकार करें कि,
यह दीवार हमारी आँखों के सामने खड़ी है,
हम एक हठ नस्ल से हैं और
विश्व में हर जगह अपनी-अपनी दीवारें उठाए फिरते हैं,
बर्लिन की दीवार टूट चुकी है, बर्लिन की दीवार गिरा दी गयी।
यह दीवार फ़ासीवाद की शैतानी करतूत थी।
इनसान ने हिटलर और मुसोलिनी जैसे शैतानों और उनके विचारों को नष्ट कर दिया।"

अमरीकी अनथक काम करने वाले हैं। मुझे उनकी गर्मजोशी और मेहमान -नवाज़ी का एहसास बहुत पसन्द है। मुझे न्यूयार्क वॉल स्ट्रीट के मालिकों में बहुत-से लोगों ने यह प्रश्न किया था कि मैंने चुनाव में कृष्णा मेनन की हिमायत क्यों की? यह प्रश्न मुझसे बर्लिन, न्यूयार्क और विभिन्न पत्रकार सम्मेलनों में लगभग हर जगह किया गया।

मैंने बताया था कि सकारात्मक निष्पक्षता ज़िन्दा रहने के लिए बेहतरीन पॉलिसी है। उसका मतलब हरगिज़ यह नहीं कि हम जिसको ठीक समझते हैं उससे बेपरवाही दिखाएँ।

यह पॉलिसी तर्क के दरवाज़े हर समय और हर जगह खुले रखने की अहमियत पर ज़ोर देती है, चाहे हम किसी भावनात्मक तूफ़ान में घिरे हों या किसी बड़ी दुर्घटना के ख़तरे हमारे सरों पर मँडरा रहे हों। लेकिन अमरीका और यूरोप वालों की सूई कृष्णा मेनन पर अटक गयी थी। मैंने उन्हें कह दिया कि मेनन आपको इसलिए पसन्द नहीं कि वह आपका विरोध करता है और आपको चापलूस और जी हज़ूर कहने वालों की ज़रूरत है। जो आपका विरोध करे वह आपका दोस्त नहीं हो सकता।

अमरीका और यूरोप के सोचने का अन्दाज़ ख़ौफ़ की पैदावार है।

मैंने उन्हें कहा, "तुम लोग कम्युनिज़्म से डरते थे। हम हिन्दुस्तानी कम्युनिज़्म से नहीं डरते और सच तो यह है कि एक राज्य में कम्युनिस्ट सरकार भी है।"

मुझे शंग्रीला की याद आती है।

शंग्रीला, जहाँ मिथ्य और तथ्य के बीच कोई पर्दा नहीं होता और यह रहस्यमयी जगह हिमालय के पहाड़ों में किसी जगह स्थित है। यहाँ पर मुहब्बत अपनी पूरी शान के साथ राज करती है। इनसान के शरीर और उसकी आत्मा के लिए यह एक स्वर्ग है। हर इनसान के जीवन में एक शंग्रीला होता है, उसका अपना शंग्रीला। मैं दो दुनिया के किनारों पर खड़ा हूँ। कौन-सी दुनिया मेरी है? अपने बाप के सीने से चिपट कर रोता हुआ भूख से निढाल बच्चा या सिर्फ़ चमकदार रंगों से चमचमाती दुनिया?

मैं कौन हूँ? क्या मैं मूक दर्शक हूँ? क्या यह औरत जिसका बच्चा भूखा है, मेरे लिए कोई अर्थ नहीं रखता? सिर्फ़ एक दर्शक। मुझे इन सब लोगों के लिए क्या करना है...

मैं उस बच्चे की ओर देखता हूँ जो ज़िन्दगी और मौत के बीच ख़तरनाक संघर्ष कर रहा है।

लेकिन अपने दिल के अन्दर गहरे तहख़ानों में मैं ही जानता हूँ कि जीवन की जीत होगी। मैं मुस्कुराता हूँ और मेरी यह मुस्कुराहट हालात के सन्दर्भ में कितनी तुच्छ और बेमौक़ा है। भावुकता के एहसास के महान क्षण में मुझे अपनी दो दुनिया का ज्ञान और बोध प्राप्त होता है। मेरी अपनी दो दुनिया है। पहली की तरह दूसरी भी सच्चाई है। और मुझे लाखों और करोड़ों बनना है। मुझे ख़ुशी और ग़म में ढलते जाना है। अपनी दो न विभाजित होने वाली दुनिया में। एक बड़ा अदाकार और दर्शक बनने के लिए। मुझे हर पल नया जन्म लेना पड़ेगा।

दिलीप कुमार का एक प्रशंसक

—**सईद अहमद**

स्टीफ़ेन हेनरी के बारे में अजीब-सी ख़बरें सुनने में आ रही थीं। वह बीमार पड़ा लेकिन डॉक्टर के पास नहीं गया। दिलीप कुमार का फ़ोटो देख कर ठीक हो गया।

अचानक अपेंडिक्स के दर्द से चीख़ उठा। हस्पताल पहुँचाया गया, डॉक्टरों ने ऑपरेशन की सलाह दी। उसने ज़िद की कि उसे दिलीप कुमार की फ़िल्म 'दाग़' दिखायी जाये। फ़िल्म देख कर उसका अपेंडिक्स का दर्द ख़त्म हो गया। वह किसी मुश्किल में फँसा, उसने दिलीप कुमार को याद किया और उसकी परेशानी दूर हो गयी। उसने अपना कारोबार शुरू किया, अपने ऑफ़िस में दिलीप कुमार की तस्वीर लगायी और उसका कारोबार चमक उठा।

मैं ऐसे बहुत-से लोगों से परिचित हूँ जिन्हें कुन्दनलाल सहगल, पृथ्वीराज कपूर, दिलीप कुमार, लता मंगेशकर, नूरजहाँ, मधुबाला और अपने युग के कलाकारों से अत्यधिक प्रेम था लेकिन स्टीफ़ेन हेनरी का मामला बहुत संगीन और अविश्वसनीय लगता था।

एक दिन अचानक मेरी उससे मुलाक़ात हो गयी। स्टीफ़ेन हेनरी की ज़ुबान से दिलीप कुमार के बारे में एक ऐसा वाक्य निकला जिसे सुन कर मुझे यूँ लगा कि जैसे मेरी रगों में बहता हुआ ख़ून रुक गया है।

अपने आप पर क़ाबू पाने के बाद मैंने उसकी ओर देखा। मेरी पहली प्रतिक्रिया यह थी कि वह आदमी मुझे अपने बहुत क़रीब लगा। उसमें ज़िन्दगी की आग थी और भावना और संवेदना के शोले भड़कते हुए नज़र आते थे। उसकी आँखों में मुझे तेज़ रोशनी नज़र आयी और जब उसने ठहाका लगाया तो उसके काले चेहरे पर सफ़ेद मोतियों की तरह चमकते हुए दाँतों से किरणें फूट रही थीं। वह दीवानों की तरह खुश था और अपनी ख़ुशी पर क़ाबू नहीं पा रहा था। उसकी असीम ख़ुशी ने मुझे परेशान कर दिया।

"तुम इतने खुश क्यों हो?" वह मुस्कुराया और उसने दिलीप कुमार की एक तस्वीर की ओर इशारा करते हुए कहा, "ये प्रश्न आप उनसे कीजिए। ये मुझे ख़ुशियाँ

देते हैं, दुःख पहुँचे तो सुख देते हैं! तकलीफ़ हो तो उनको याद करके आराम मिलता है! और मैं दिन-रात हर लम्हा, हर घड़ी उनके स्वास्थ्य और कुशलता के लिए ईसा मसीह के सामने हाथ उठा कर दुआ करता हूँ।"

स्टीफ़ेन हेनरी में मेरी दिलचस्पी बढ़ चुकी थी। उससे मुलाक़ातों का सिलसिला शुरू हो चुका था। कभी राह चलते हुए, कभी किसी पान-सिगरेट वाली दुकान पर, कभी किसी रेस्तराँ में और कभी उसके दफ़्तर में...मैं उन मुलाक़ातों में उसको जानने की कोशिश करता रहा।

कई बार मुझे उसकी अन्धी प्रशंसा पर उलझन होती थी लेकिन उसके अन्दर की नेकी और सच्चाई की हलचल देख कर ख़ामोश होना पड़ता। स्टीफ़ेन हेनरी दरअसल उन लोगों में से है जो अपने जीवन में अफ़साना बन जाते हैं। वह कभी-कभी मुझे आदमी से ज़्यादा किसी कहानी का पात्र मालूम पड़ता। राजेन्द्र सिंह बेदी के पात्रों की तरह गहरा, मुश्किल और मासूम।

स्टीफ़ेन हेनरी को किसी नियम या चौखटे या किसी फ्रेम और किसी क्रम में देखा ही नहीं जा सकता। वह ज़िन्दगी की तरह है, बेमक़सद और बेमानी। वह उन लोगों में से है जो सिर्फ़ होते हैं और उनके लिए यह सवाल कोई महत्त्व नहीं रखता कि वे क्यों हैं और उन्हें क्या होना चाहिए और क्या नहीं होना चाहिए। स्टीफ़ेन हेनरी है और अपने होने पर या अपने न होने की कोई परेशानी नहीं है। उसके पास अपनी ज़िन्दगी से पूछने का कोई सवाल नहीं है, कोई शिकायत नहीं है। उसको अपना जन्म दिन याद नहीं लेकिन हर वर्ष ग्यारह दिसम्बर को वह दिलीप कुमार का जन्मदिन मनाने के लिए अपने घर को रौशनियों से सजाता है। अपने दोस्तों को शानदार दावत पर बुलाता है। बड़े शौक़ और गर्मजोशी से वर्षगाँठ का केक ऑर्डर पर बनवा कर उस पर Happy Birthday to Dilip Kumar लिखवाता है। दिलीप कुमार की फ़िल्म 'तराना' वाली मुस्कुराती हुई तस्वीर केक के पास रख कर सब दोस्तों को केक के चारों ओर खड़ा करता है और दुआ के लिए हाथ उठा कर बाईबल और क़ुरान मजीद की तिलावत करके दिलीप कुमार को सालगिरह की मुबारकबाद देता है।

उस वक़्त स्टीफ़ेन हेनरी के चेहरे पर एक अमर खुशी झलकती है जो मनुष्य की कल्पना में नहीं आ सकती। स्टीफ़ेन हेनरी अपने हाथों से अपने सारे दोस्तों को केक खिलाता है और हर बार Happy Birthday to Dilip Kumar कहता है। उसका दिल चाहता है कि वह दिलीप कुमार से बात करे। वह टेलीफ़ोन पर कॉल बुक करता है और बार-बार टेलीफ़ोन करता है लेकिन मुम्बई में दिलीप कुमार के टेलीफ़ोन की घण्टी नहीं बजती। वह आकाश की ओर देखता है और दुआ पढ़ कर अपना सन्देश हवाओं के परों से बाँध कर दिलीप कुमार को भेज देता है और बहुत ख़ुश होता है। वर्षगाँठ के केक के बाद वह अपने मेहमानों को तरह-तरह के खाने खिलाता है जो दिलीप कुमार को पसन्द हैं। वर्षगाँठ के समारोह के अन्त में वह फ़िल्म 'दाग़'

दिखाना कभी नहीं भूलता। दरअसल शंकर के साथ स्टीफ़ेन हेनरी का रिश्ता और लगाव बहुत पुराना है। प्राथमिक विद्यालय के दिनों में स्टीफ़ेन की दोस्ती शंकर से हो गयी थी। बच्चों के आपस में मिल कर खेलने के सुनहरे दिन स्टीफ़ेन ने शंकर के साथ गुज़ार दिये।

वह रोशनी से घबरा कर अँधेरे कमरे में पनाह लेता और शंकर के साथ अपना समय बिताता। वह बड़ी तीव्रता के साथ महसूस करता था कि रोशनी में वापस आने के बाद भी शंकर उसका साथ नहीं छोड़ता। शंकर उसके साथ रहता है। शंकर उसकी आँखों के सामने से एक लम्हे के लिए भी ओझल नहीं होता।

दिन चढ़ने पर स्टीफ़ेन रात भर ख़्वाबों में शंकर के साथ गुज़ारा समय याद करता और अपनी तबीयत में एक अजीब-सी बेक़रारी और बेचैनी महसूस करने लगता। वह स्कूल जाने के लिए घर से निकलता और मैटिनी शो देखने के लिए सिनेमाघर पहुँच जाता। घर से सिनेमाघर के रास्तों पर उसका बचपन गुज़र गया।

स्टीफ़ेन अनारकली में धनी रोड के सामने एक गली में स्थित सेंट फ्रांसिस स्कूल में पढ़ता था। उसके टीचर और उसके प्रिंसिपल उसको नापसन्द करते थे। वे उसको स्कूल से निकाल देना चाहते थे। स्टीफ़ेन परीक्षा में पास हो जाता और उसके शिक्षक अपनी योजना में फ़ेल हो जाते। स्टीफ़ेन सबकी आँखों में धूल झोंक कर स्कूल से भाग निकलता और अनारकली से लोहारी दरवाज़े की ओर जाते हुए वह मशहूर पैसा अख़बार वाली गली से होकर भाटी चौक में अपने छोटे-से स्वर्ग में पहुँच जाता। स्टीफ़ेन के इस स्वर्ग में तीन सिनेमाघर थे। निगार में 'अन्दाज़,' मलिक थियेटर में 'बरसात' और पैरामाउण्ट में 'दाग़' लगी होती थी। एक दिन स्टीफ़ेन के पास फ़िल्म देखने के लिए पैसे नहीं थे उसने अपनी किताबों को एक रुपये चार आने में बेच दिया। उस दिन स्टीफ़ेन ने फ़िल्म 'दाग़' के तीन शो देखे। वह बहुत ख़ुश था। उसने सारा दिन और आधी रात शंकर के साथ गुज़ारी थी। स्टीफ़ेन को किताबें बेचने की कोई परेशानी नहीं थी। उसको दुःख इस बात का था कि पारो ने अपनी चूड़ियाँ उतार कर शंकर को दी थीं कि वह उन्हें बेच कर माँ के लिए दवाई लेकर आये लेकिन शंकर शराब पीने चला जाता है और माँ मर जाती है।

शंकर के कुछ दुःख ऐसे थे कि स्टीफ़ेन से बरदाश्त नहीं होते थे। वह हर दिन यह फ़िल्म देखता और सोचता रहता कि शायद आज शंकर माँ के लिए दवा लेकर आ जाये लेकिन ऐसा कभी न होता।

शंकर की परेशानियों में स्टीफ़ेन का बचपन गुज़र गया। फ़िल्म 'आन' लाहौर में रिलीज़ हुई तो स्टीफ़ेन ने सुख की साँस ली। लाहौर की मशहूर सड़क मैकलोड रोड पर स्थित रतन सिनेमा में 'आन' दिखायी जा रही थी और 1953 में 'आन' का टिकट पचास रुपये ब्लैक में हाथों-हाथ बिकता था। लोग अपनी-अपनी चारपाई और बिस्तर लेकर रात ही को रतन सिनेमा पहुँच जाते और अगले दिन लाइन में खड़े

होकर टिकट का इन्तज़ार करते। 'आन' ने बॉक्स ऑफ़िस के सारे रिकॉर्ड तोड़ दिये थे। 'आन' में जिस प्रकार का कपड़ा दिलीप कुमार पहनता है, उसी तरह का कपड़ा स्टीफ़ेन ने भी सिलवाया। रेशमी क़मीज़, खुले बाज़ू, तंग पाईंचों वाली पतलून और लाँग शूज़ पहन कर स्टीफ़ेन दिलीप कुमार बन चुका था। 'आन' में एक दृश्य है जिसमें दिलीप कुमार पेड़ की लता से झूल कर कमरे में आता है जहाँ नादिरा बिस्तर पर लेटी होती है।

स्टीफ़ेन को उन दिनों एक लड़की से मुहब्बत हो गयी थी। उसका नाम रुक़ैय्या था। वह उसके पड़ोस में रहती थी। उससे मिलना बहुत कठिन था। स्टीफ़ेन ने दिलीप कुमार वाला रास्ता अपनाया। वह बड़ी मुश्किल से छत पर चढ़ कर, दीवार से छलाँग मार कर उस लड़की के कमरे तक पहुँचने में सफल हो गया लेकिन लड़की ने उसको देख कर शोर मचा दिया और लड़की के भाई भागते हुए आये। स्टीफ़ेन ने छत से गली में छलाँग लगा दी। उसकी टाँगें ज़ख्मी हो गयीं।

उसका दिल टूट गया। फ़िल्म दाग़ देख कर अपना ग़म भुलाता रहा। समय बीतता गया। एक दिन वही लड़की अचानक उसके कमरे में आयी। स्टीफ़ेन उसे देख कर हैरान रह गया। वह शरमा रही थी, स्टीफ़ेन भी शरमा रहा था। लड़की ने मुश्किल से सिर्फ़ इतना कहा और भाग गयी, "मैंने फ़िल्म आन अब देखी है।"

'आन' ने डायमण्ड जुबली मनायी। लाहौर के रेलवे स्टेशन के सामने रिवोली सिनेमा में राजकपूर की 'बरसात' ने दौलत की इतनी बरसात की कि सिनेमा का मालिक बोरियों में नोट भर कर घर ले कर जाता था और आख़िरकार थक कर उसका हार्ट फ़ेल हो गया।

1964 ई. में पाकिस्तान में हिन्दुस्तानी फ़िल्मों के प्रदर्शन पर पाबन्दी लगा दी गयी। स्टीफ़ेन परेशान हो गया। उसने दिलीप कुमार की तस्वीरें तलाश कीं और उनसे अपना दिल बहलाता रहा। वह दिलीप कुमार की तस्वीर के सामने खड़ा होकर दुआ माँगता है।

"ऐ ख़ुदाबन्द यीशू मसीह, इस चेहरे को सलामत रखना।

ऐ बादशाहों के बादशाह, इस तस्वीर के रंग चमकते रखना।

ऐ ख़ुदाबन्द यीशू मसीह, जो दूसरों को सुख देता है उसके सारे दुख मेरी झोली में डाल दे।"

बचपन से उसने हर रात बिस्तर पर जाने से पहले यह दुआ सीखी थी और वह आज भी यह प्रार्थना करना कभी नहीं भूलता।

स्टीफ़ेन संवेदना से ओत-प्रोत हो कर बहुत-सी ऐसी बातें करता है जिनको किसी प्रकार के लेखन में नहीं लाया जा सकता है। वह प्रायः इस बात को स्वीकार करता है कि अगर वह दिलीप कुमार के बारे में अपने दिल की बातें बता दे तो लोग उसे पागल क़रार देंगे। वह लोगों के पत्थरों से नहीं घबराता। उसको बचपन में एक

चेहरे से मुहब्बत हुई थी। उसने सारी ज़िन्दगी उस चेहरे से मुहब्बत करते हुए गुज़ार दी। शायद मोहब्बत की कोई हद होती है, जुनून की कोई मंज़िल होती है। दिल की घबराहट की कोई जगह होती है। स्टीफ़ेन हेनरी इन तमाम सीमाओं, मंज़िलों और जगहों को फलांग कर एक ऐसी सीमा से आगे निकल चुका है जिसकी कोई सीमा नहीं। वह उस मंज़िल तक पहुँच चुका है जिसके आगे कोई मंज़िल नहीं और वह अपनी वहशतों के उस मक़ाम को पार कर चुका है जिस के बाद अब कोई मक़ाम नहीं। उसके लिए ज़िन्दगी की सिर्फ़ एक सम्भावना है। एक चेहरा और वह दिलीप कुमार का चेहरा है। जिस चेहरे को देख कर वह ख़ुश होता है, स्वस्थ होता है सफल होता है। उसने ज़िन्दगी से कुछ नहीं माँगा, कभी कोई ख़्वाहिश नहीं की लेकिन अपने जीवन की साठ बहारें देखने के बाद अब सिर्फ़ उसकी एक ख़्वाहिश है। वह दिलीप कुमार को देखना चाहता है और वह कहता है कि जब मैं उनके सामने जाऊँगा तो मैं उनके पाँव पर गिर कर अपनी जान दे दूँगा।

'मैं उनके क़दमों पर गिर कर मरना चाहता हूँ।'

कुछ साल पहले दिलीप कुमार अपनी बेग़म सायरा बानो के साथ पाकिस्तान आये तो कराची में उनके ठहरने के दौरान बड़ी भावनात्मक घटना हुई। मैंने स्टीफ़ेन को वह घटना सुनायी।

कराची के स्टेट गेस्ट हाउस में सुबह के समय एक महिला अपनी जवान बेटी के साथ दिलीप कुमार से मिलने आयी। दिलीप कुमार को ख़बर दी गयी तो उन्होंने कहा कि मेहमानों को आदर के साथ वेटिंग रूम में बैठाया जाये। दिलीप कुमार के सेक्रेटरी ने अच्छे वस्त्रों में आदरणीय महिला से मुलाक़ात के बारे में पूछा तो उन्होंने कहा कि वह निजी तौर पर उन से नहीं मिलना चाहती हैं बल्कि वह किसी का सन्देश और कुछ तोहफ़ा पहुँचाने के लिए सिन्ध के दूर-दराज़ इलाक़े से सफ़र करती हुई स्टेट गेस्ट हाउस पहुँची है। महिला ने एक रूमाल और दो सोने की अँगूठी की डिबिया सेक्रेटरी को देते हुए कहा कि वह दिलीप कुमार को यह चीज़ें अपने सामने देना चाहती हैं।

दिलीप कुमार कमरे में आये। महिला ने उन्हें बताया कि कराची से कई मील दूर सिन्ध के एक दूर-दराज़ गाँव में एक महिला ने बड़ी राज़दारी के साथ यह ज़िम्मेदारी उनको सौंपी है कि वह आपको यह चीज़ें पहुँचा दे।

'दो सोने की अँगूठियाँ हैं। एक दिलीप कुमार के लिए और दूसरी सायरा बानो के लिए। एक ख़त में लिखा यह पैग़ाम है कि आपको शादी मुबारक। आपको तो सायरा बानो मिल गयी लेकिन मुझे पूछा नहीं है।'

कपड़े के रेशमी रूमाल पर ख़ून से दिल बनाया गया था और दिलीप कुमार के लिए मोहब्बत का कोई सन्देश था। महिला ने बताया कि उस बदनसीब औरत को उसके रिश्तेदारों ने कमरे में बन्द कर रखा है कि कहीं वह आपसे मुलाक़ात के

लिए न भाग जाये। महिला ने यह भी बताया कि वह स्त्री शादी से इनकार करती है और खुल्लम-खुल्ला इस बात का इक़रार करती है कि उसने सारी ज़िन्दगी दिलीप कुमार की मोहब्बत में गुज़ार दी है।

स्टीफ़ेन ने बड़े ध्यान से यह घटना सुनी और ख़ामोश रहा।

इस्लामाबाद के सिन्ध हाउस में एक बड़े और कुशादा लॉन में पेड़ों के नीचे छाँव में बैठे हुए दिलीप कुमार के गहरे दोस्त आसिफ़ अली ने स्टीफ़ेन हेनरी की कहानी उन्हें सुनायी। दिलीप कुमार ने स्टीफ़ेन से बात करने की इच्छा प्रकट की। स्टीफ़ेन हेनरी का फ़ोन नम्बर मिलाया गया।

दिलीप कुमार ने कहा, "स्टीफ़ेन, मैं आपके जज़्बात की बेहद क़द्र करता हूँ।"

स्टीफ़ेन हेनरी ने कहा, "आप...आप...मेरे...मैं कैसे यक़ीन करूँ की...आप ...हैं?"

स्टीफ़ेन हेनरी कोई बात न कर सका। वह ख़ामोश हो गया। उसकी ज़बान से कोई शब्द न निकल सका।

एक दुआ बचपन से उसके होंठों पर थी। उसके होंठ थरथराने लगे और कोई आवाज़ दूसरी तरफ़ न पहुँच सकी। ख़ुदाबन्द आपको सेहत और लम्बी उम्र अता करे। आमीन।

अहदनामा-ए-मोहब्बत

–सईद अहमद

यह किताब जिसका नाम मैंने अहदनामा-ए-मोहब्बत रखा है, दिलीप कुमार की मुहब्बतों से भरी हुई है। यह मुहब्बतें हम अँधेरे कमरे में बैठ कर, सफेद पर्दे पर देखा करते थे और जिनसे हमारे अन्दर कोई रोशनी-सी पैदा हो जाती थी, जैसे कोई सुहाना सपना देखने के बाद आँख खुलने पर पैदा होती है।

दिलीप कुमार की फ़िल्में ख़्वाब दिखाती थीं। फ़िल्म के ख़त्म हो जाने पर किसी चीज़ के अधूरा रह जाने का आभास होता था। यूँ लगता था कि जैसे आँख खुलने पर सपना टूट गया हो।

दिलीप कुमार की फ़िल्में ऐसे ख़्वाब थे जो टूट जाते थे और एक चाह बाक़ी रह जाती थी। दिल चाहता था कि काश, यह सपना पूरा देख सकते। काश! ऐसा न होता, काश...लेकिन ऐसा कभी न होता।

जिस तरह काग़ज़ की नाव थोड़ी दूर तक पानी पर चलने के बाद डूब जाती है, दिलीप कुमार की मुहब्बत भी काग़ज़ की नाव की तरह होती थी। थोड़ी दूर चलने के बाद डूबने लगती थी। ऐसा प्रतीत होता था जैसे अँधेरी रात में कोई जुगनू पास से गुज़र जाए या कोई तितली अपने रंगों की सुगन्ध बिखेरती हुई नज़रों से दूर हो जाये, या जैसे कोई बच्चा नींद में मुस्कुराए या कोई पत्ता डाली से टूट कर एकाएक गिर पड़े।

ख़्वाहिशों की अतृप्ति की प्रक्रिया चलती रहती थी और अन्त में काग़ज़ की नाव के समान नाज़ुक और क्षणभंगुर मोहब्बत की नाव डूब जाती, लेकिन जीवन?

मुहब्बत की नाव डूब जाये तो जीवन की नाव कैसे तैर सकती है? जीवन में क्या बाक़ी रह जाता है?

क्या जीवन बाक़ी रह जाता है ?

मुहब्बत के बिना जीवन!

ऐसा जीवन गुज़ारने के लिए फिर हम देखते हैं कि काल्पनिक कथा से निकल कर कोई घनेरी पलकों, घने बालों और गहरी आँखों वाला व्यक्ति आता है और अपनी झोली दुःखों से भर लेता है। वह दुःख उठाता है, दुःख झेलता है, दुःख सहता है,

दुःख बर्दाश्त करतां है, कराहता है, रोता-बिलखता है और अपना सिर फोड़ता है। दुःख कभी समाप्त नहीं होते, जीवन की नाव डूब जाती है।

मुहब्बत, महरूमी और मौत!

मुहब्बत होने से मुहब्बत की महरूमियत के बीच का समय बहुत छोटा होता है। दुःखों के पथ पर मौत की मंज़िल तक की दूरी बहुत लम्बी...!

मिलन के क्षण कम, कभी न ख़त्म होने वाला इन्तज़ार, जुदाई की लम्बी घड़ियाँ और अन्त में मृत्यु।

प्रारम्भिक युग से मध्य युग तक की लगभग सभी फ़िल्मों में यही भाव देखने में आता है जोकि किसी व्यक्ति विशेष की कल्पना को उभारता है। एक ऐसा व्यक्ति जो मुहब्बत करते हुए अपनी जान दे देता है। यह व्यक्ति विशेष एक ख़ास कल्पना को लेकर सामने आता है, यह ख़ास कल्पना ज़ेहन में एक बड़े कोलॉज (Collage) के रूप में उभरती है जिसमें बहुत-से पात्र दुःख-दर्द के रिश्ते में जुड़े हुए मुहब्बत की भावनाओं से ओत-प्रोत जीवन को मृत्यु से जोड़ते हुए दिखते हैं, या कभी ऐसा होता है कि कल्पना किसी मोज़ेक (Mosaic) की ओर जाती है जिसमें हमें वह व्यक्ति विशेष मुहब्बत के समक्ष अपने जीवन की आहुति देता दिखता है।

मोज़ेक बनने की प्रक्रिया में आधी शताब्दी बीत चुकी है, मुहब्बत के चमकते लाल रंग के नगीनों, महरूमी के काले बादलों, मौत की परछाइयों, ग़म की आँधियों और आँसुओं के रक्त-रंजित शरीर के कण-कण को जोड़ कर एक उदास, मुन्तिज़िर, दुःखी-सी तस्वीर बनती है।

मुहब्बत, महरूमी और मौत

मुहब्बत या मौत!

यह मुहब्बत या मौत का समय है, यह मुहब्बत या मौत का युग है, मुहब्बत के ख़िलाफ़ फ़ैसला हो चुका। मुहब्बत की सज़ा मौत है, यह एक निर्णायक घड़ी है, कोई तीसरा रास्ता नहीं है। मुहब्बत के ख़िलाफ़ नफ़रत ने जंग का ऐलान कर रखा है। मुहब्बत के मैदान में जो उतरेगा, मौत के घाट उतार दिया जायेगा। मुहब्बत एक चुनौती है। हर व्यक्ति यह चुनौती स्वीकार नहीं कर सकता। यह व्यक्ति विशेष की परीक्षा का समय है। वह पौराणिक कथा से निकल कर आता है और मुहब्बत करने का साहस दिखाते हुए रणभूमि में उतरता है। नफ़रत तैयार खड़ी है। कभी ऊँच-नीच का रूप धार कर, कभी अमीरी और ग़रीबी की चादर ओढ़ कर, कभी रीति-रिवाज़ और वर्गों की बुनियाद पर, कभी ज़ात-पात, कभी छोटा-बड़ा, रंग और नस्ल, दीन-धर्म, दौलत-रुतबा, सामाजिक हैसियत और कभी दुश्मनी की आड़ बन कर, कभी ग़ैरत और इज़्ज़त के नाम पर और कभी पारिवारिक गुटबन्दी, क्षेत्रीय, जातीय, भाषीय, देशी, परम्परा और संस्कृति के नामों पर और कभी राष्ट्रीय, सरकारी और बादशाही आदेश और फ़रमान के उल्लंघन और विरोध के नाम पर।

मुहब्बत को कहीं पनाह नहीं है!

कुछ देशों में राजसत्ता किसी व्यक्ति के प्रेम सम्बन्धों के मामले में एक विरोधी के तौर पर सवैधानिक और क़ानूनी हैसियत हासिल कर लेता है।

मुहब्बत एक ज़ुर्म है। मुहब्बत एक ज़मानत न दिये जाने वाला ज़ुर्म है। मुहब्बत के ज़ुर्म की सज़ा मौत है।

'जुगनू,' 'नदिया के पार,' 'मेला,' 'शहीद,' 'अन्दाज़,' 'हलचल,' 'देवदास,' 'उड़न खटोला,' 'मुसाफ़िर,' 'गंगा जमना,' 'जुगनू,' 'सूरज' की बाँहों में जान दे देती है, वह भी अपना वादा पूरा करता है। मुहब्बत की नाव नदिया के पार नहीं उतरती, काग़ज़ की नाव की तरह डूब जाती है। आत्मा से आत्मा उसी समय मिल सकती है जब जीवन की दीवार रास्ते से हट जाए, देशभक्त का भाग्य फाँसी का फन्दा!

"तुम मुझे नहीं मार सकती, इसलिए कि तुम मुझसे मुहब्बत करती हो," नर्गिस गोली चला देती है।

"पारो, मैं आ गया हूँ!"

"जब धरती मुहब्बत करने वालों को मिलने नहीं देती है तो आसमान के द्वार उसके लिए खुल जाते हैं।"

'मुसाफ़िर' दीवार के साथ लग कर न जाने रात किस समय अपने जीवन की आहुति दे चुका है।

"हम जा रहे हैं मुन्ना...अपने बड़े भाई को माफी दई दो!"

इन फ़िल्मों में आग़ाज़ मुहब्बत है, अंजाम मौत है। इन सभी फ़िल्मों का कुल प्रभाव ज़ेहन के कैनवास पर एक ऐसा कोलॉज बनाता है जिसके गहरे, स्पष्ट रंग महरूमी, दुःख, आँसू और मृत्यु के हैं। यह एक बड़ी उदास कर देने वाली तस्वीर है।

ज़ाहिद डार की एक कविता की कुछ पंक्तियाँ हैं :

'यहाँ के गीत में, संगीत में और दास्तानों में
यहाँ के नाच में और चित्रकारी में
ग़रज़ कल्चर की सारी सूरतों और नक्शों में
उदासी-ही-उदासी है
ग़रज़ इस शहर को, हम जिसमें रहते हैं
उदासी का नगर कहिये तो अच्छा है'

घनेरी पलकों, घने बालों, और गहरी आँखों वाले उस आदमी की निरन्तर दुःख की स्थिति, निरन्तर प्रतीक्षा की स्थिति, घोर तनहाई और आन्तरिक दर्द को महसूस करते हुए मुझे एक उदास आदमी याद आ रहा है।

यह रास्कॉल्निकॉव है। यह दुःख भी झेलता है, उसके दुःख कभी ख़त्म नहीं होते। यह एक दुःख के एक दीप से कई और दीप जलाता है और यह सिलसिला

कभी ख़त्म नहीं होता। उसके स्नायु शिथिल पड़ चुके हैं उसका ज़ेहन थकान से चूर है। वह बड़ी गहरी आत्मिक पीड़ा में है।

दोनों पात्रों में दुःख उठाने की असमान योग्यता का एक समान भाव है। इसके अलावा उनके रास्ते, मंज़िलें और उद्देश्य भिन्न हैं और उनके बीच कोई समानता नहीं पायी जाती है।

रास्कॉल्निकॉव का ज़ुर्म यह था कि उसने ज़ुर्म के आधार पर नये जीवन की इमारत खड़ी करनी चाही थी और परिणामस्वरूप वह एक बहुत बड़े आध्यात्मिक और दिमाग़ी प्रतिद्वन्द्व का शिकार हो गया। हमारे उदास आदमी का ज़ुर्म मुहब्बत है और वह इस ज़ुर्म के आधार पर नये जीवन का सपना देखता है और नतीजे में उसको मौत मिलती है। हमारे उदास आदमी का ज़ुर्म शायद रास्कॉल्निकॉव के ज़ुर्म से ज़्यादा बड़ा है, वह किसी की जान लेकर अपने जीवन को नया अर्थ देने की कोशिश नहीं करता, वह अपनी जान दे कर प्रेम-परीक्षा में खरा उतरता है।

दोस्तोयेव्स्की के सेंट पीटर्सबर्ग पर रूस के ज़ार का राज्य है। ज़ारवाद का प्रेत पूरे रूप पर छाया हुआ है। रास्कॉल्निकॉव दो स्त्रियों का वध कर देता है। उसको आठ वर्ष की कैद-ए-बामशक्क़त की सज़ा दी जाती है।

कालीदास की धरती पर दो इनसान प्रेम करते हैं और उनको मुहब्बत के ज़ुर्म की सज़ा के रूप में मौत मिलती है।

दोस्तोयेव्स्की के पीटर्सबर्ग में एक लड़की सोनिया है। रास्कॉल्निकॉव जेल में उसके पाँव पर गिर कर फूट-फूट कर रोता है और उससे लिपट जाता है। सोनिया इस अचानक परिवर्तन से घबरा जाती है, लेकिन वह जल्द ही महसूस कर लेती है कि आख़िरकार रास्कॉल्निकॉव के दिल में उसके प्रति प्रेम पैदा हो गया है।

मुहब्बत दुखों का इलाज और नये जीवन की रोशनी है।

कालीदास की धरती पर दो इनसानों की मुहब्बत ज़ुर्म है। मौत, दुखों का इलाज है।

उदास आदमी और रास्कॉल्निकॉव एक-दूसरे के बहुत क़रीब हैं। दुख-दर्द के रिश्ते में बँधे हुए हैं, ज़िन्दगी से शिकायत भी नहीं करते। रास्कॉल्निकॉव उदास आदमी के विभिन्न पात्रों के समझने के लिए एक व्यापक परिप्रेक्ष्य प्रदान करता है। एक बहुत मज़बूत दार्शनिक आधार प्रदान करता है। मनुष्य के सम्बन्धों की अस्थिरता और निजी मनोभाव के ऐसे प्रयोग से हमें गुज़रना पड़ता है कि उदास आदमी के कुछ पात्रों की वास्तविकता और सच्चाई पर ईमान लाने को मन करता है।

रास्कॉल्निकॉव कितना थका हुआ और कितना परेशान है। हर समय सोचता रहता है, हर घड़ी उसका ध्यान कल्पनाओं और विचारों में खोया रहता है। उपन्यास पढ़ते हुए मेरा मन हुआ था कि अगर रास्कॉल्निकॉव कहीं मिल जाये तो मैं उसको चाय पिलाऊँ और दो घड़ी आराम करने की सलाह दूँ। लाहौर के रीगल चौक पर जहाँ ताज़ा फूल बेचने वाला बैठता है, उसके सामने एक समय में होटल डीमोड़ा हुआ

करता था। वहाँ एक मोड़े पर रात देर तक एक नवयुवक बैठा हुआ नज़र आता था। उसने एक ओवरकोट पहन रखा था, उसके गले में काले रंग का मफ़लर हुआ करता था और उसकी शेव बढ़ी होती थी।

उसके बाल लम्बे और बिखरे थे। वह सिगरेट-पर-सिगरेट पीता रहता और वह किसी से बात नहीं करता था। मुझे विश्वास था कि वह रास्कॉल्निकॉव है।

एक दिन डरते-डरते मैंने उसे चाय ऑफ़र की, उसने चाय पी ली। मैंने जल्दी में केक भी मँगवाया वह भी उसने खा लिया। वह ख़ामोश रहा, उसके चेहरे पर कोई भाव नहीं था, वह किसी गहरी पीड़ा में था। मैंने सोचा कि शायद अभी-अभी सूदख़ोर बूढ़ी औरत को क़त्ल करके आया है, वह आँखें नहीं मिलाता था। चाय पी कर वह चला गया। थोड़ी दूर जाने के बाद वापस आया और उसने चाय के लिए शुक्रिया अदा किया। उस दिन मैं कितना ख़ुश था कि मैंने रास्कॉल्निकॉव को चाय पिलायी थी।

इसी प्रकार जब देवदास की ट्रेन लाहौर के रेलवे स्टेशन से गुज़री तो मैंने सोचा था कि देवदास को लाहौर उतार लेना चाहिए था। मेरा दिल चाहा कि मैं देवदास की चाय-पानी से सेवा-ख़ातिर करूँ मगर जो चीज़ देवदास को पसन्द थी, वह पाने के लिए मैं बहुत देर तक परेशान रहा। ट्रेन चली गयी और देवदास नहीं उतरा।

सेल्युलाईड के टुकड़े पर मैंने आज तक नहीं देखा जो इतना संवेदनशील (Sensitive) है जितना दिलीप कुमार का चेहरा! पलक झपकने भर की देर में दिलीप कुमार के चेहरे पर कई प्रकार के रंग, मध्यम, हल्के, फीके साये की तरह झिलमिलाते, बुझते-मिटते हुए ग़ायब हो जाते हैं और नज़र आते रहते हैं, आँखों में उतर आते हैं।

मैंने दिलीप कुमार का उल्लेख किसी अभिनेता के तौर पर नहीं किया। यह अभी सम्भव नहीं है। यहाँ लाहौर में gone with the wind लगी सबने देखी। Vivien Leigh के अन्दर जो मुहब्बत की आग है क्या वह उसके विपरीत Clark Gable में देखने में आती है? यूँ लगता है कि हमारे सामने जो आदमी है, बज़ाहिर बन-ठन कर खड़ा है लेकिन उसमें जीवन ज्योति महसूस नहीं होती। लम्बे क़द-काठी और अच्छी शक्ल की एक प्रतिमा है जिसमें मनोभाव और भावना की गर्मी नहीं है। एक यान्त्रिक प्रक्रिया या अभिनय, जो सिर्फ ऊपरी स्तर पर की जाती है।

अभिनय बहुत बाद की प्रक्रिया है। पहले तो इनसान है, उसकी ज़िन्दगी है, ज़िन्दगी के हालात हैं और हालात में गिरफ़्तार इनसान है और उसका स्वभाव और सृष्टि, उसका ज़मीर, उसकी आदत और ख़सलत, उसका रवैया, उसकी चेतना और अचेतना, उसका मिज़ाज और उसके अन्दर का शैतान, मानवीय भावनाएँ, उसकी इच्छाएँ, उसका दूसरे इनसानों से सम्बन्ध, मेल-जोल, उसकी मुहब्बत, नफ़रत...इसीलिए मैंने दोस्तोयेव्स्की का उल्लेख किया था। वह इनसान को जानता है, दूसरों को अपने तजुर्बों में शामिल करता है और स्वयं वह भगवान की तलाश में परेशान रहता है।

इनसान और ज़िन्दगी से मुलाक़ात के बिना क्या अभिनय किया जा सकता है? इसीलिए मैंने कहा कि अभी अभिनय का विषय समय से पूर्व की बात है...वापसी!

ट्रेन चली गयी और देवदास नहीं उतरा। मेरा सारा कार्यक्रम धरा-का-धरा रह गया। इंग्लिस्तान में एक डॉक्टर ब्लेक (Blake) हुआ करते थे। वह फ़िल्म देखने के बाद अपने होम्योपैथिक क्लिनिक में आते और फ़िल्म के पात्रों के लक्षण (symptoms) अपने दोस्तों के साथ डिस्कस करते और पात्रों के लिए दवा नियत करते। डॉक्टर ब्लेक का विचार था कि नियत दवाओं से पात्रों का व्यक्तित्व, उनके रवैये और उनके मिज़ाज में बदलाव सम्भव है।

देवदास की ट्रेन चली गयी और वह लाहौर में नहीं उतरा। मैं अपने दोस्तों के साथ डॉक्टर के पास गया था। देवदास के लिए तन्हाई, महरूमी और मुहब्बत के रोग का एक नुस्ख़ा लिखवाया था, सो वह मेरे पास पड़ा रहा। मैं क्या, उसका इलाज तो चन्द्रमुखी भी नहीं कर सकी!

चन्द्रमुखी डॉक्टर को बुला कर लायी थी। डॉक्टर ने जिगर की बीमारी के तहत परहेज़ करने का सुझाव दिया था। चुन्नी लाल के पास दवा थी उसने अपने दोस्त का इलाज कर दिया।

शरतचन्द्र चटर्जी ने साहित्य की रचना की और साहित्य ने देवदास की रचना की। रवीन्द्रनाथ ठाकुर (रवीन्द्रनाथ टैगोर) की उपन्यास 'नाव डूबी' पर 'मिलन' बनायी गयी।

उपमहाद्वीप के अकेले साहित्यकार जिन्हें नोबेल पुरस्कार दिया गया, टैगोर के बाद पूरी बीसवीं शताब्दी बीत गयी और यह सम्मान फिर इस क्षेत्र को नसीब नहीं हुआ।

'मिलन' में रवीन्द्रनाथ टैगोर ने 1903 के शहरी बंगाली समाज को दिखाया है। रमेश बाबू बड़ा भोला-भाला, सीधा-सादा, नेक-शरीफ़ नौजवान है। नाव डूबने से उसकी मुहब्बत डूबने लगती है। कोई दूसरी औरत पानी पर तैरती हुई उसके जीवन में आती है। बड़ा जटिल और मुश्किल पात्र है। दिलीप कुमार का प्रारम्भ अपने चरम को छू रहा है।

फ़िल्म देखने वालों के चित्त के कैनवास पर कोलॉज बनने की प्रक्रिया शुरू हो जाती है। एक व्यक्ति विशेष की कल्पना उभरने लगती है, 'दास्तान' बनने की शुरुआत। पौराणिक कथा का प्रारम्भ, नयी देवमाला की शुरुआत, दुखान्त अभिनय के बादशाह सलामत बनने की तैयारी की ओर पहला क़दम।

दिलीप कुमार के पहले निर्देशक अमिय चक्रवर्ती थे। अपने ज़माने के सक्रिय राजनैतिक कार्यकर्ता नमक सत्याग्रह में जेल गये। 1935 में उन्हें ज़बरदस्ती बंगाल से निकाल दिया गया। देविका रानी ने फ़िल्मिस्तान का कार्यभार सँभाला तो उन्होंने अमिय चक्रवर्ती को फ़िल्म 'अन्जान' में अपने और अशोक कुमार के लिए निर्देशन की ज़िम्मेदारी दी। 'ज्वार भाटा' में उन्होंने दिलीप कुमार को कास्ट किया।

पहली ही फ़िल्म में इतने बड़े राजनीतिक और सामाजिक परिप्रेक्ष्य रखने वाले जोशीले बंगाली के साथ काम करने का मौक़ा, मेरे ख़याल में, दिलीप कुमार के लिए बहुत ही लाभदायक अनुभव है।

'मिलन' में एक और बड़े बंगाली निर्देशक के साथ काम करने का मौक़ा मिला। कलकत्ता के नितिन बोस प्रसिद्ध कैमरामैन, निर्देशक और निर्माता थे, सत्यजीत रे के कज़िन। उन्होंने फ़ोटोग्राफ़ी अपने पिता से सीखी थी। न्यू थियेटर्स के एक महत्त्वपूर्ण व्यक्ति, उनके शागिर्दों ने आगे चल कर फ़िल्म निर्माण में अपने गुरु से ज़्यादा नाम कमाया–बिमल राय और मृणाल सेन। नितिन बोस के साथ दिलीप कुमार का साथ 'गंगा-जमना' तक रहा।

बिमल राय का दिलीप कुमार के कलात्मक सृजन में बड़ा हिस्सा है। बिमल राय ढाका में पैदा हुए, कलकत्ता में शिक्षा प्राप्त की, नितिन बोस के सहायक कैमरामैन की हैसियत से न्यू थियेटर्स के लिए बहुत सारी फ़िल्मों में काम किया जिनमें पी. सी. बरुआ की 'देवदास' है, जिसमें के. एल. सहगल ने 'देवदास' का रोल किया था। न्यू थिएटर्स के बाद उन्होंने बिमल राय प्रोडक्शन बनायी और तेरह वर्षों में ग्यारह ऐसी फ़िल्में बनायीं जो भारत के फ़िल्म उद्योग में हमेशा इतिहास का भाग रहेंगी।

अमिय चक्रवर्ती, नितिन बोस, बिमल राय और संगीतकार अनिल बिस्वास जैसे तज़ुर्बाकार राजनीतिक पकड़ और सामाजिक प्रेक्षण, इनसानी तज़ुर्बा, तकनीकी और कला पर महारत रखने वाले बंगालियों ने पठान बच्चे में अभिनय की अद्भुत सलाहियतों को पहचान लिया था। अक़्लमन्द के लिए इशारा ही काफ़ी होता है। मेरे विचार में दिलीप कुमार ने 'ज्वार भाटा' और 'मिलन' से इतना कुछ सीख लिया था कि इस पाठ ने हमेशा सीखते रहने के लिए एक ठोस नींव का काम किया।

सीखने की प्रक्रिया हमेशा चलती रहती है। फ़नकार अपने कर्म और तज़ुर्बे से सीखता है। यह बयान जारी कर देना काफ़ी नहीं है कि दिलीप कुमार ने मोतीलाल के पद-चिह्नों पर चल कर अदाकारी सीखी। मोतीलाल के पद-चिह्न कहाँ तक जाते है, उस से आगे क्या है, मैं यह जानता हूँ कि अदाकारी या अभिनय कैसे सीखा जाता है और मुझे पता है कि दिलीप कुमार ने अदाकारी कैसे सीखी और यह भी कि दिलीप कुमार की अदाकारी का क्या मूल्य है और वह इस महान कला के कितने माहिर उस्ताद और तज़ुर्बाकार अदाकार हैं और उनका विश्व स्तर पर क्या मक़ाम है?

मैंने दिलीप कुमार की अदाकारी पर एक लम्बा लेख Dilip Method में लिखा था ...Stanislavsky के The method की रोशनी में और उनके निजी और विशिष्ट स्टाइल पर बहस की थी, लेकिन प्रकाशक के अनुरोध पर इस किताब की मोटाई देखते हुए उस लेख को इस किताब से निकाल दिया गया।

प्रकाशक के फ़ैसले और मेरी ज़िद का परिणाम यह निकला कि किताब के प्रकाशन में डेढ़ साल का समय नष्ट हो गया। अब यह तय पाया कि दिलीप मेथड और दिलीप विशेषज्ञों के बीच के दो आलेख अलग से किताब के रूप में प्रकाशित होंगे।

यही कारण हैं जो मुझे आध्यात्मिक रूप से अदाकारी की कला पर बात करने से रोकते हैं। मैं अपने असली विषय की ओर वापस आता हूँ। दिलीप कुमार की फ़िल्मों की कहानियों की ज़ेहनी और मनोवैज्ञानिक फ़िज़ा, माहौल और किरदार (पात्र)!

मुहब्बत के भव्य खेल के लम्बे दौर का प्रारम्भ होता है। आधी शताब्दी पर आधारित दास्तान-ए-मुहब्बत शुरू होती है।

सेल्युलाईड पर एक नया इतिहास रचा जाता है। एक तन्हा और अकेला आदमी अपने कन्धों पर मुहब्बत की सलीब उठाए हुए सबसे अलग, जुदा और अलाहिदा नज़र आता है। कहीं भी कोई दूसरा आदमी मुहब्बत के इतने महान और विशिष्ट कार्य और तज़ुर्बे से गुज़रता हुआ नज़र नहीं आता।

क्या इनसान मुहब्बत के बिना ज़िन्दा रह सकता है?

क्या मेरी मुहब्बत कुछ भी नहीं?

क्या तुमने किसी से मुहब्बत की है?

मैं मुहब्बत किस तरह उससे करूँ?

दिल में जो है, किस तरह उससे कहूँ?

मुहब्बत की कली खिलती है, मुरझाती है। मुहब्बत तड़पती है सुलगती है। मुहब्बत दम तोड़ती है, मुहब्बत मजबूर है, मुहब्बत लाचार है, मुहब्बत बेबस है, मुहब्बत बेइख़्तियार है, मुहब्बत क़ैद है, गुलाम है, रुसवा है, बदनाम है, ज़ुर्म है, गुनाह है। अतृप्त है, प्यासी है, उदास है, ग़मगीन है, बेहिस है और मुहब्बत ख़ुदग़र्ज़ है। मुहब्बत ज़हर है, सौदाई है, दीवानी है, जुनून है, फरेब है, धोखा है, दर्द है। मुहब्बत सज़ा है, ख़लिश है, ज़ख्म है, तन्हाई है। मुहब्बत अमर है और मुहब्बत मुहाल है।

दोस्तोयेव्स्की का विचार है कि मुहब्बत नहीं तो कुछ भी नहीं। टैगोर के विचार में मुहब्बत सदैव ही मिथ्या है। टॉमस मान कहता है कि अक़्ल की बजाय यह मुहब्बत है जो मृत्यु से ज़्यादा शक्तिशाली है। नीत्शे समझता है कि मुहब्बत बर्बाद हो जाना क़बूल कर लेती है लेकिन बदलाव से भयभीत है। बाइबिल में लिखा है कि समुद्र भर पानी भी मुहब्बत की प्यास नहीं बुझा सकती और न ही कोई सैलाब उसको डुबा सकता है। अंग्रेज़ी की एक मशहूर कहावत है—वह बेपनाह मुहब्बत करते हैं जो मुहब्बत में जान दे देते हैं। फ़ारसी की एक कहावत है—टूटा हुआ हाथ काम करता है लेकिन टूटा हुआ दिल नहीं। स्पेन वासी कहते हैं—जहाँ मुहब्बत है, वहाँ दर्द ही दर्द है। स्टैन्ढाल का विचार है कि उम्मीद की नन्ही-सी किरण मुहब्बत होने के लिए काफ़ी है। वॉल्टेयर कहता है कि मुहब्बत को पर लगे होते हैं—जल्दी में आती है और उड़ जाती है। काउण्ट कहता है कि मुहब्बत घातक है, वह लोग झूठ बोलते हैं जो यह कहते हैं कि मृत्यु अधिक घातक है। समरसेट मॉम का विचार है कि मनुष्य के जीवन की महान ट्रेजडी यह नहीं कि मनुष्य मर जाता है बल्कि यह कि वह मुहब्बत करना छोड़ देता है।

जब मुहब्बत को दबाया जाये तो नफ़रत अपनी जगह बना लेती है। मुहब्बत करने वाले आमतौर पर बेआराम रहते हैं। इमरसन का विचार है कि सारी

इनसानियत आशिक़ से मुहब्बत करती है। शेक्सपियर लिखता है—मुहब्बत का जज़्बा आग से भरा होता है, सच्ची मुहब्बत का रास्ता हमवार नहीं होता।

मुहब्बत का उल्लेख हो और सिग्मण्ड फ्रॉयड का नाम न आये यह तो बड़ी नाइनसाफ़ी है। उनका नज़रिया यह है कि हम मुसीबतें उठाने में कभी भी उतना मजबूर नहीं होते जितना मुहब्बत में, और न ही कभी नाख़ुश रहने पर इतना मजबूर होते हैं, जितना मुहब्बत से महरूम होने पर। अल्फ्रेड टेनिसन यह समझता है कि मुहब्बत करके उससे महरूम (वंचित) हो जाना मुहब्बत न करने से बेहतर है। एरिख़ फ्रॉराम का बयान है कि शायद ही कोई ऐसा काम, आन्दोलन या जंग हो जो इतनी अधिक उम्मीदों और आशाओं के शुरू किया जाये। फिर भी बार-बार नाकाम (असफल) हो जैसा कि मुहब्बत!

पश्चिमी विद्वानों के इन विचारों से उदासी के नगर की हदें दूसरे महाद्वीपों तक फैल गयी हैं। मुहब्बत नाकाम है, मुहब्बत को कहीं कामयाबी नहीं, आर. डी. लैंग चीख़ता है कि क्या मुहब्बत मुमकिन है?

ज्याँ पॉल सार्त्र यह कहने पर मजबूर है कि मुहब्बत मुहाल है!

मुहब्बत के बारे में दार्शनिक व्याख्या की शायद कोई हक़ीक़त हो लेकिन यह वह आग है जो एक बार भड़क उठे तो 'मिलन' से 'सौदागर' तक का सफ़र जल कर तय करना पड़ता है...है ये वो आतिश ग़ालिब...। मुहब्बत की आग, शौक़ की आग, कला की आग, साज़ो-आवाज़ की आग, शे'रो-अदब (कविता और साहित्य) की आग, अदाकारी की आग। फ़िल्म आग का खेल है, कोई जल कर राख हो जाता है, कोई ख़ुद आग बन जाता है। आग से आग लगती है, आग फैलती है।

मौजों में है नाव हमारा बेड़ा कैसे पार हो...यहाँ बदला वफ़ा का बेवफ़ाई के सिवा क्या है ...याद रखना चाँद तारो इस सुहानी रात को...दुनिया मिटानी थी तो दुनिया बसाई क्यों थी...ऐ इश्क़ के मारो तुम ही कहो दुनिया ने किसे आबाद किया ...उजड़ा उम्मीदों का चमन, हाय हम कहाँ तुम कहाँ...तोड़ दिया दिल मेरा, ख़ूब ये बदला दिया...तुम्हारे लिए हुए बदनाम...ऐ दिल मुझे ऐसी जगह ले चल जहाँ कोई न हो...मेरा जीवन साथी बिछुड़ गया, लो ख़त्म कहानी हो गयी...ऐ री मैं तो प्रेम दीवानी...लगी है आग दिल में, आँख से आँसू बरसते हैं...एक मैं हूँ एक मेरी बेकसी की शाम है...मेरे गीत सुने दुनिया ने मगर मेरा दर्द कोई न जान सका...उल्फ़त न सही नफ़रत ही सही, इसको भी मुहब्बत कहते हैं...ऐ मेरे दिल कहीं और चल...कहाँ हो कहाँ हो मेरे जीवन सहारे...शामे ग़म की क़सम आज ग़मगीं हैं हम...मैं अपने आपको समझा लूँ पर दिल को मनाना मुश्किल है...दुख दर्द मिले जिसमें वही प्यार अमर है...मितवा लागी रे ये कैसी अनबुझ आग...ओ दूर के मुसाफ़िर हमको भी साथ ले ले...लागी छूटे ना चाहे जाये जिया, तेरी क़सम। दिल तड़प-तड़प के कह रहा है...तुझे चाँद के बहाने देखूँ...ये मेरा दीवानापन है या मुहब्बत का सुरूर...मधुबन में राधिका नाचे रे...इश्क़ में जीना, इश्क़ में मरना

और हमें अब करना क्या...रात गयी आस गयी दिन का सहारा भी गया...नशे में हूँ लेकिन मुझे यह ख़बर है...मैं टूटी हुई एक नैया हूँ...सुनो तो ज़रा धड़कनें मेरे दिल की, इन्हीं में तुम्हारी कहानी मिलेगी...तुम्हरे संग तो रैन बिताई कहाँ बिताऊँ दिन...तुम हो तो हर रात दीवाली, हर दिन मेरी होली है...माँगी थी एक दुआ.. .तक़दीर है क्या मैं क्या जानूँ, मैं आशिक़ हूँ तदबीरों का...इस जंगल में हम दो शेर, चल घर जल्दी हो गयी देर।

रंजो-ग़म की आंधियाँ चलती रहीं। आग चारों ओर फैल गयी। जलते हुए बदन, सुलगते अरमान, भीगी आँखें, तड़पते दिल और बिखरते हुए लम्बे बालों वाली जादूगरनियाँ आती हैं।

ग़ालिब कहते हैं—

मेरी क़िस्मत में ग़म अगर इतना था
दिल भी यारब कई दिये होते

एक दिल कामिनी कौशल के लिए, एक नर्गिस के लिए...कई दिल मधुबाला के लिए, मीना कुमारी के लिए, निम्मी के लिए, एक दिल नलिनी जयन्त के लिए, सुचित्रा सेन के लिए, वैजयन्ती माला के लिए, वहीदा रहमान, मुमताज़ और सायरा बानो के लिए।

कामिनी कौशल ने गिरेबान से पकड़ा। वह कहता है, "अपने दिल को टटोलो। क्या उसके किसी कोने में मेरे लिए जगह नहीं है?" वह कहती है, "दिल चीर के कैसे दिखाऊँ बाबू?"

नर्गिस कहती है, "यह किस किताब का सबक सुनाने लगे महाराज?"

"है एक किताब!"

"क्या नाम है उसका?"

"दिल।"

मधुबाला कहती है, "ऐसा दिया ही क्या था जो वापिस माँगने लगे हो!"

"अपना दिल दिया था तुझ को, वापिस दे दे।"

"दिल?"

"हाँ!"

"वापिस दे दे दिल मेरा। तुझी को दिया था, तुझी को..."

वह कहता है, "क्या तुम्हारा दिल तुम्हें कुछ नहीं कह रहा?"

मधुबाला कहती है, "मैं दिल की बात नहीं सुनूँगी। वह आपके प्यार में पागल है।"

अगर बहुत-से लोग हैं, दिमाग़ भी बहुत-से हैं। यक़ीनन दिल भी बहुत-से हैं, मुहब्बतें भी क़िस्म-क़िस्म की हैं—यह बात टॉलस्टाय ने कही!

मुहब्बत की फ़िल्में, मुहब्बत की कहानियाँ, मुहब्बत की मुख़्तलिफ़ (विभिन्न) क़िस्में, मुहब्बत की मुख़्तलिफ़ शक्लें, मुहब्बत के तज़ुर्बे, मुहब्बत की मुख़्तलिफ़

हालतें, मुहब्बत के मुख़्तलिफ़ अन्दाज़, मुहब्बतों के मुख़्तलिफ़ वाक़िआत और हादसात, पहली नज़र की मुहब्बत, पहली मुहब्बत, मुख़्तसर मुहब्बत, नयी-नयी पैदा मुहब्बत, नयी-नयी मुहब्बत, आख़िरी मुहब्बत!

मुहब्बत इनसान को क्या-से-क्या बना देती है, मोहम्मद सनाउल्लाह से मीरा जी बना देती है, मीराजी कहते हैं—

हाँ, आज तुम्हें मैंने अपने ग़मगीं दिल से रुख़सत दे दी
और ख़ाना-ए-दिल के दरवाज़े पर ये लिखा मैं भूल गया
गर आये कोई पूछे क्या मीरा रहती है यहाँ पर?
मैं कह दूँगा क्या कहता है मैं बात नहीं समझा तेरी

मोहम्मद सनाउल्लाह को सत्रह वर्ष की आयु में लाहौर के फ़ोरमैन क्रिश्चन कॉलेज की एक बंगाली लड़की से मुहब्बत हुई। उसका नाम मीरा सेन था। यह मुहब्बत एकतरफ़ा थी। मोहम्मद सनाउल्लाह ने पढ़ाई छोड़ दी, आवारागर्दी शुरू कर दी। बंगाली लड़की की मुहब्बत में बुरी तरह मुब्तिला होने के बाद वह मीराजी बन गये। बाप ने किसी लड़की से मँगनी करनी चाही तो बह घर छोड़ कर चले गये और मृत्यु तक घर से दूर रहे। मुम्बई में मौत के वक़्त कोई रिश्तेदार भी मौजूद नहीं था।

बंगाली लड़की के जादू ने उनका हुलिया ही बदल दिया। लम्बी-लम्बी ज़ुल्फ़ें, गले में माला, नहाना-धोना छोड़ दिया। मैले कपड़े और दर-ब-दर ज़िन्दगी... नगरी-नगरी फिरा मुसाफ़िर घर का रास्ता भूल गया!

अख़्तर शीरानी कहते हैं—

ये रोग लगा है जबसे हमें, रंजीदा हूँ मैं, बीमार है वो
वक़्ते तपिश, हर वक़्त, बेख़्वाब हूँ मैं, बीमार है वो
जीने से इधर बेज़ार हूँ मैं, मरने को उधर तैयार है वो
और ज़ब्त कहे फ़रियाद न कर
ऐ इश्क़, हमें बरबाद न कर

मुहब्बत ऐच्छिक जज़्बा नहीं है, मुहब्बत में गिरफ़्तार होना किसी योजना का नतीजा नहीं है। टेनीसन की ओर वापिस जाना पड़ेगा। मुहब्बत करके उससे महरूम हो जाना मुहब्बत न करने से कहीं बेहतर है—इस विवाद पर तो बहुत बात हो चुकी लेकिन अगर...यहाँ वफ़ा का बदला वफ़ा हो, मुहब्बत के बदले इनसान को मुहब्बत मिले तो यह ज़िन्दगी की सबसे बड़ी रूहानी ख़ुशी हो सकती है। 'देवदास' को पारो मिल जाये और नास्तिक के जीवन में 'जोगन' आ जाये तो ज़िन्दगी एकदम बदल सकती है, लेकिन प्रारम्भिक रूमानी दास्तानों के हीरो से लेकर हमारे उदास आदमी तक मुहब्बत से महरूम हो जाना उनका मुक़द्दर है। औरत और मर्द में विभाजित समाज और जकड़े हुए समुदाय में मुहब्बत की सम्भावना संदिग्ध है।

मुहब्बत महज़ ख़्वाहिश नहीं, एक सहज प्रक्रिया है। समाज, संस्कृति और व्यवहार, स्वभाव के रास्ते की दीवार नहीं बन सकते। इनसानी ज़िन्दगी मुहब्बत के बिना नहीं कट सकती। इनसानी ज़िन्दगी कभी दुखों से आज़ाद नहीं होती...इनसान मुहब्बत करता है और दुःख उठाता है। 'देवदास' को पारो नहीं मिल सकती और नास्तिक के जीवन में 'जोगन' नहीं आ सकती!

हकीम बू अली सीना की चिकित्सा पर प्रसिद्ध किताब 'क़ानून' 19वीं शताब्दी के आख़िर तक यूरोप के विश्वविद्यालयों में चिकित्सा की प्राथमिक पाठ्य पुस्तक के तौर पर पढ़ाई जाती थी। इस किताब में एक जगह वह लिखते हैं :

'इश्क़ एक शंका रोग है, जो मालीख़ोलिया से मिलता-जुलता है। इस बीमारी में इनसान को कुछ सुन्दर चेहरों या अच्छे स्वभाव वाले लोगों का ध्यान हो जाता है।

हकीम बू अली सीना इश्क़ के रोग के लक्षण बयान करते हुए लिखते हैं :

'आँखों का अन्दर धँस जाना, सूख जाना, आँसुओं का नहीं निकलना, पलकों का बराबर हिलना मानो किसी प्यारी चीज़ को देख रही हों। इस रोग में एक इनसान दूसरे इनसान से बेगाना और अलग हो जाता है। न किसी के पास उठता-बैठता है, न किसी से मिलना पसन्द करता है। ख़ुशी और हँसी के मौक़े पर ग़म महसूस करता है और रोने से उसकी स्थिति नाज़ुक हो जाती है। ख़ास कर जब कोई अच्छी ग़ज़ल सुनता है। मिलन और जुदाई का बयान हो तो अपने-आप पर क़ाबू नहीं रख सकता। उसे नींद कम आती है। आराम करने की ओर झुकाव नहीं रहता, न ही किसी नियम का पाबन्द होता है। उसके सामने जब उसके महबूब का नाम लिया जाये या उसका ज़िक्र किया जाये तो उसकी नब्ज़ और हालत बदल जाती है। अगर उसे महबूब से मुलाक़ात का मौक़ा हाथ लग जाये तो भी उसमें अचानक यही स्थिति पैदा हो जाती है।'

मुझे अपनी ज़िन्दगी में ऐसे बहुत-से लोगों से मिलने या उन्हें जानने का इत्तफ़ाक़ हुआ है जिनकी शारीरिक, दिमाग़ी, दिली और आत्मिक कैफ़ियत और हालत वैसी ही थी जैसी हकीम बू अली सीना ने लिखी है। कुछ केस हिस्ट्रीज़ (Case Histories) में तो ऐसे पात्रों के हालात का उल्लेख मिलता है जिन्हें पढ़ कर अक़्ल दंग रह जाती है। मुहब्बत से वंचित हो जाने के बाद लोग सामान्य जीवन में वापिस नहीं आ सके। कुछ ख़ुदकुशी (आत्महत्या) करके मर गये और कुछ कई जानलेवा रोगों से ग्रस्त होकर काफ़ी भयानक मौत मरे। कई ऐसे लोग थे जिनकी हालत बहुत ख़राब थी, जैसे पगला बाबू...या जैसे रेहड़ी वाले का बेटा मोहन नज़र आता है... या कविराज, जो अपनी आँखें फोड़ लेता है...या डाक बाबू की वह कैफ़ियत, जब बेला पेड़ से गिर कर उसके हाथों में दम तोड़ती है...नास्तिक सीमा पार नहीं कर सकता...'हलचल' का क़ैदी सदमे से निढाल सीढ़ियों से गिर कर जान दे देता है...बादल और मोती के चेहरे पर तन्हाई की परछाईं...शंकर तो हमारे इर्द-गिर्द ही

रहता है...शराब के सहारे मौत तक पहुँचने की कोशिश में मुब्तिला...'शिकस्त' में राम बाबू वह बात नहीं समझते जो सुषमा जानती है...दैनिक समाचार-पत्र 'धरती' का पत्रकार दौलत के लिए भाई की मौत ख़रीदता है...अमरनाथ वकील का ज़ुर्म का एहसास...'देवदास' की अन्तिम यात्रा...मौत का सफ़र...'मधुमती' की आवाज़ के पीछे भागता हुआ एक परदेसी...शहज़ादा भी मुहब्बत नहीं कर सकता...जमना जी का भाई गंगा...'लीडर'...'राम और श्याम'...राजेश...कुन्दन...'सगीना' महतो... 'क्रान्ति'...'विधाता' और 'सौदागर'...और सफ़र जारी है।

मुहब्बत की यह कहानियाँ मुहब्बत का अध्ययन हैं। कुछ कहानियों के पात्र केस हिस्ट्री के तौर पर मनोविज्ञान की क्लास में पढ़ाने के लिए रेफ्रेंस हैं जैसे मोहन, नास्तिक, कविराज, शंकर, राम बाबू, देवदास और पगला बाबू...

पात्रों का जीवन मुहब्बत, दुःख और महरूमियत के एहसास की हक़ीक़त ने अभिनेता (अदाकार) के व्यक्तित्व पर गहरे प्रभाव डाले, बार-बार मृत्यु की प्रक्रिया से गुज़रने पर अदाकार के व्यक्तित्व पर गहरी प्रतिक्रिया हुई। अदाकार को इस बात की ज़रूरत महसूस हुई कि वह मनोविज्ञान विशेषज्ञ से मशविरा करे!

अदाकार पर उदासी छा गयी, पात्रों की हालत क्या होगी?

वह किसके पास जाये?

अन्दर का उदास आदमी बाहर निकलता है। 'गंगा जमना,' 'लीडर,' 'राम और श्याम,' 'आदमी' और बाहर की ज़िन्दगी और हालात का मुक़ाबला करने के लिए सगीना महतो आता है...बचपन से सीखा लड़ना होगा, लड़ते ही रहना होगा।

'देवदास' के मरने की ख़्वाहिश एक तरफ़ और 'सगीना' के लड़ने-मरने की ताक़त दूसरी तरफ़...'या तो हम मिट जायेंगे नहीं तो हमारा दुश्मन मिट जायेगा। इसके अलावा कोई दूसरा रास्ता नहीं।'

आशिक़ और क्रान्तिकारी, दोनों एक ही आदमी है, मुहब्बत क्रान्तिकारी पैदा करती है।

बीसवीं शताब्दी की अन्तिम छह दहाइयाँ इस्तेमाल हो गयीं।

जीवन-भर की जमा पूँजी मुहब्बत, दोस्ती, इनसानियत, नेकी, शराफ़त, गौरव, आज़ादी और मानव संकल्प की यह तस्वीरें, उनके रंग, फूल-बूटे, तात्पर्य और अर्थ, आवाज़ और अक्षर, सुर और ताल, संगीत और कविता, रोशनी और साये, नृत्य और अभिनय, धैर्य को आज़माने वाली मेहनत, लगन, हुनर, महारत और परिश्रम का नतीजा है।

उदास आदमी चलते-चलते थक गया है उसने अपना मेकअप बदल लिया है। घनेरी पलकों, घने बालों और गहरी आँखों वाला आदमी अब काले रंगों का प्रयोग छोड़ कर सफ़ेद रंगों के पीछे पड़ गया है। उसके पास एक दिल था, अब भी उसके पास एक दिल है। पहले उसके दिल में कोई पार्वती थी, अब उसके दिल में इनसान है, कोई अन्धा बच्चा है, कोई अपंग है, किसी को ख़ून की ज़रूरत है, कोई फ़ुटपाथ

पर सोने वाला है, कोई हाथ फैला कर रोटी माँगता है। पहले उसके पास आँखें थीं, अब भी उसकी आँखें गहरी हैं। पहले उन आँखों में कोई जादूगरनी थी, अब उन आँखों में ज़माने का टूटता हुआ जाल है, सच्चाइयों और तथ्यों के बदलते हुए रंग हैं, सामाजिक और मानव आदर्शों की टूट-फूट के साये हैं।

इनसानी किरदार और शख़्सियत के ग़ायब हो जाने का एहसास। पहले भी उसके हाथ हरकत में रहते थे, अब भी आराम से नहीं रहते। पहले उसके ज़ेहन में पूर्ण होने की आरज़ू थी, इरादा था, सोचते रहने की आदत थी। अब यादें हैं, तज़ुर्बा है, नज़रिया है, फ़लसफ़ा है। जीवन-भर होश का दामन नहीं छोड़ा, व्यावहारिक जीवन की स्मिता के साथ जीने का रास्ता चुना, लोगों से बेपनाह प्यार, बेपनाह मुहब्बत और इज़्ज़त मिली, शोहरत की कोई सीमा नहीं, आदर और पुरस्कार की कोई गिनती नहीं। उससे बड़ा सौभाग्य क्या है कि वह हर पल लोगों के दिलों में रहता है। एक झलक पाने के लिए लोग बेताब रहते हैं। कुछ उसके प्रेम में देवदास बन गये, कई शंकर बने और कई ऐसे भी हैं जो पगला बाबू बने, ऐसा भी हुआ की लड़कियाँ मधुबाला की उदासी अपने दिल में लिये मुन्तज़िर रहीं और अपने लहू से सफ़ेद रूमालों पर मुहब्बत के सन्देश भेजती रहीं।

एक दिन ख़याल में मेरे पास एक पन्ना आकर गिरा। मैंने वह उठा लिया। उस पर मेरे हाथ से कुछ लिखा हुआ था, मुहब्बत की कोई कहानी थी। मैंने सोचा, उदास आदमी मेरे ख़यालों में रहता है, मुझे उदास करता रहता है। उसने मुझे बहुत सी उदासी दी, मुझे उदासी का ख़ज़ाना मिल गया। एक और पन्ना गिरा। मैंने एक और कहानी लिखी। एक और पन्ना, कितने बहुत से पन्ने, कितने बहुत-से शब्द, कितनी काली लकीरें...मैं पन्ना-पन्ना जमा करता रहा। दिन, हफ़्ते, महीने और साल गुज़रते गये। उदास आदमी बिलकुल अकेला अपने कन्धों पर मुहब्बत की सलीब उठाये चलता रहा। हज़ारों, लाखों, करोड़ों इनसान उसको देखते रहे और उनके दिलों ने गवाही दी कि यह वह व्यक्ति है जिसने मुहब्बत के लिए अपनी जान दी है। उसने मुहब्बत का नाम रौशन रखा है। उसने मुहब्बत की स्मिता और गरिमा की रक्षा की है। यह दौर, यह ज़माना, यह युग उस व्यक्ति के नाम किया जाये जो आधी 20वीं शताब्दी पर फैला हुआ दिलीप कुमार का युग है।

एक और पन्ना गिरा। मैंने उसको ज़मीन से उठा कर, उस पर पड़ी ग़र्द झाड़ी और उस पर लिखा :

अहदनामा-ए-मुहब्बत

MILAN
मिलन

मिलन

"मेरी एक इल्तिजा है हेम। तुम मुझ पर विश्वास रखना। मैं ईश्वर की सौगन्ध खा कर कहता हूँ तुम्हें कभी धोखा नहीं दूँगा।"

वह दरवाज़े के पास खड़ा है। एक युवक जो पारम्परिक बंगाली लिबास पहनता है अपनी वेश-भूषा और बातचीत से काफ़ी सभ्य दिखाई पड़ता है। उसके बात करने का ढंग बहुत आकर्षक है। उसके विचारों से नयी रोशनी की झलक नज़र आती है। उसकी आवाज़ में ठहराव है। उसके लहजे में मुहब्बत है। उसकी आँखों में हया और शर्म है। उसके चेहरे पर बेचैनी है। उसके दिल में तड़प है और उसके दिमाग़ में बहुत से प्रश्न हैं।

वह दरवाज़े के पास खड़ा है। वह हल्का-सा आगे की ओर झुकता है। उसके बायें हाथ की उँगली लरज़ते हुए उस लड़की की ओर उठी हुई है जिससे वह प्रेम करता है। वह कहता है, "मेरी एक इल्तिजा है हेम।"

उसका सारा वजूद (अस्तित्व) इल्तिजा कर रहा है।

यह कौन आदमी है, यह कैसा युवक है?

उसने तो सबको हैरान कर दिया है। कैसी गहरी स्याह आँखें, धनुष की तरह खिंची हुई घनी भँवें, मूँछों पर बारीक-बारीक बाल न हों तो जवानी से एक क़दम पीछे दिखे। चौड़ी पेशानी, बाल घनेरे, मुख पर कहीं-कहीं यह आभास होता है कि अभी समय ने पूरा रंग नहीं भरा, अभी होंठों के पास कोई चीज़ अधूरी है।

लेकिन इसके अस्तित्व का एहसास कितना तीव्र, कितना गहरा और कितना पूर्ण है...

वह जहाँ क़दम रखता है, उस जगह और उस पल को अपने वजूद में समेट लेता है।

उसका वजूद समय और स्थान (Time and Space) को अपने घेरे में ले लेता है। लोगों को अपनी ओर आकर्षित करने के पुराने ज़माने से बहुत-से तरीक़े प्रयुक्त हैं। ऐलान करना हो तो ढोल बजाया जाता है। ढोल की आवाज़ सुन कर सब लोग ध्यान देते हैं। उस युवक का तरीक़ा मगर बिल्कुल उलट है। यह ख़ामोश रहता है।

यह अपने होने का ऐलान ख़ामोशी से करता है और अपने उपस्थित होने को अनुपस्थित बनाते हुए अपने अस्तित्व का उस पल के साथ बड़ा गहरा रिश्ता बना लेता है। वह अपने आप को अमहत्त्वपूर्ण बनाते हुए बेहद महत्वपूर्ण बनाए रखता है। वह पीछे-पीछे रह कर बहुत आगे-आगे निकल जाने की कोशिश कर रहा होता है। वह किसी की ओर देखता भी नहीं। वह पूरी तरह इस तथ्य से अवगत है कि जो किसी की ओर न देखे उसकी तरफ़ देखने की उत्सुकता बढ़ जाती है। वह जानता है कि ख़ामोशी के अन्दर कितने ढोल पीटे जा रहे हैं।

वह कहता है, "मेरी एक इल्तिजा है हेम।"

उर्दू के कवि फ़ैज़ अहमद फ़ैज़ का एक शे'र है–

'हिम्मत इल्तिजा नहीं बाक़ी
ज़ब्त का हौसला नहीं बाक़ी'

शायर स्वीकार करता है और इल्तिजा (अनुरोध) भी करता है। अभिनेता का स्वर इस शे'र के अर्थ को प्रदर्शित करता है।

शायरी और दिलीप कुमार के अभिनय में बहुत गहरा सम्बन्ध है। शायरी में बड़े नाज़ुक और कोमल जज़्बों को शब्दों की माला में पिरोना पड़ता है। अभिनय में बड़े नाज़ुक और कोमल जज़्बों को आवाज़ और तस्वीर के रंगों में ढालना पड़ता है। दोनों बहुत महीन, बड़े सटीक और बड़े नर्म और कोमल रचनात्मक प्रक्रियाएँ हैं।

अभी जिस सीन (दृश्य) की हम बातें कर रहे हैं उसमें एक नौजवान का पूरा वजूद कुछ कहना चाहता है। कभी उँगली के इशारे से, कभी चेहरे के भाव से, और कभी आवाज़ के साये से वह यह विश्वास दिला देना चाहता है कि उसको ग़लत न समझा जाए। क्षण भर में जितना देर में तितली के साए पर नज़र ठहरती है, वह उतनी देर में आँखों और आवाज़ के साये द्वारा बहुत कुछ कह कर अपना काम पूरा करता है।

हैरत है कि यह सारी आश्चर्यजनक बातें वह प्रारम्भ से ही जानता था। यह नौजवान जिसने फ़िल्म 'मिलन' के इस छोटे-से सीन में देखने वालों को अपने वश में कर लिया है अभी उसके नाम की spelling भी तय नहीं हुई। फ़िल्म के टाईटिल Ttitle) पर उसका नाम Dileep लिखा हुआ है लेकिन वह अभिनय के बहुत महत्त्वपूर्ण प्रश्न पूरे करके हमारे सामने खड़ा है। उसको देखने वाले उसके वश में हैं और वह ख़ुद एक घटना के वश में है।

मैं हूँ भी और नहीं भी, अजीब बात है ये
ये कैसा जब्र है, मैं जिस के एख़्तेयार में हूँ

अदाकारी (अभिनय) के इस जब्र (अत्यन्त रुचिकर) और वश का नाम है दिलीप कुमार। कला एक जब्र है और वश भी। शायरी से अधिक जटिल और पेचीदा और नाज़ुक रचनात्मक प्रक्रिया है। शायर शब्द लिख कर छूट जाता है। अदाकार

शब्द के अर्थ की शबनम में जज़्बे और एहसास के अक्स को रोशनी और साए के द्वारा अपने पूरे शारीरिक अस्तित्व के हर कण को प्रयोग में लाकर अपने आपको अभ्यास की भेंट चढ़ाता है और कभी छुटकारा नहीं पाता है। अदाकारी में शब्द रूप बनता है और बहरूप भी। इक़बाल साजिद का एक शे'र है–

ये ख़ुद भी आसमान की वुस्अत में क़ैद है
क्या देखता है चाँद को छत पर पड़ा हुआ

अदाकार अपनी कला के आसमान के फैलाव क़ैद है। शायर शब्दों से तस्वीरें बनाता है। अदाकार ख़ुद एक तस्वीर है और चित्रकार! शायरी और दिलीप कुमार की अदाकारी में बहुत गहरा सम्बन्ध है!

'मिलन' में रमेश बाबू के पात्र ने अपने अभिनय का सफ़र तय कर लिया है और मंज़िल भी निश्चित कर दी है। अदाकार अपने पात्र जब्र में है। पात्र अपने अदाकार के वश में है।

तीसरी फ़िल्म 'मिलन' दिलीप कुमार की अदाकारी का पहला क़दम है और यह समझना कोई मुश्किल नहीं कि उसका पहला क़दम ही मंज़िल को छू गया है।

इक़बाल साजिद ने कैसी ख़ूबसूरत बात कही है–

पहली सीढ़ी पर क़दम रख, आख़िरी सीढ़ी पे आँख
मंज़िलों की जुस्तुजू में रायगां एक पल न हो

महाकवि रवीन्द्रनाथ ठाकुर (रवीन्द्रनाथ टैगोर) जब कोई शब्द लिखते हैं तो वह शब्द साँस लेने लगता है। उनकी कहानियों में हमारा मिलन बांग्ला से इस प्रकार होता है जैसे हम अपनी महबूबा से मिल रहे हों।

'मिलन' रवीन्द्रनाथ टैगोर की कहानी 'नाव डूब गयी' पर बनायी गयी है। इस कहानी में नाव डूब जाती है। उपमहाद्वीप भारत और पाकिस्तान के अकेले नोबेल पुरस्कार पाने वाले लेखक रवीन्द्रनाथ टैगोर हमें यह बताते हैं कि जब नाव डूबती है तो सभ्यता तैरना सीखती है। पुराने रिश्ते टूट जाते हैं और नये सम्बन्ध बनते हैं। बहुत कुछ पुराना डूब जाता है और बहुत कुछ नया उभर आता है। घटना के बाद इनसानी सम्बन्ध प्रभावित होते हैं और उन्हें अपने बीच सम्बन्धों का सन्तुलन बनाये रखना मुश्किल हो जाता है।

तूफ़ान, आँधी और नदी–सब मिल कर मनुष्य के साथ कैसा खेल खेलते हैं और मनुष्य दूसरों के साथ कैसा खेल खेलता है? यह सब हम फ़िल्म 'मिलन' में देखते हैं।

रमेश बाबू फ़रियाद (अनुग्रह) बन कर खड़ा है। उसकी आवाज़ में इल्तिजा है और लहजे में मुहब्बत को, हेम समझती है। वह अपने भाई से कहती है, "मुझे रमेश पर पूरा भरोसा है। वादा करो उन्हें किसी तरह का दुःख नहीं पहुँचेगा।"

लेकिन रमेश बाबू के दुःख कौन जाने? उसके दिल के दरिया में मुहब्बत की नाव डूब गयी है। रमेश बाबू ने हेम का हाथ पकड़ कर उसको अपनी मुहब्बत की

नाव में बठाया था। अभी यह नाव कुछ ही दूर तक गयी थी कि कोई उस मुहब्बत की नाव को देख कर अपनी ईर्ष्या के भँवर में डूब कर मर गया था। एक गुमनाम पत्र पढ़ कर रमेश के पिता उसकी शादी का फ़ैसला करते हैं। वह अपने पिताजी से कहता है। "मेरे लिए किसी और लड़की से शादी करना अन्याय होगा पिताजी। उसके पिताजी कहते हैं, और न करना उस से भी बड़ा अन्याय होगा।"

इस कथन पर बिस्मिल्लाह ख़ान की शहनाई ओवरलैप होती है। निर्देशक नितिन बोस का मूड और इरादा बड़ा मज़बूत दिख रहा है कि वह रवीन्द्रनाथ टैगोर के शब्दों को शॉट्स में बदलने को कला समझते हैं।

आज से 50 वर्ष पूर्व नितिन बोस का दरिया के अन्दर तूफ़ान, आसमान पर बिजली, और नाव के यात्रियों का यह दृश्य Low key photography का एक शाहकार है। रोशनी, साए, अँधेरा, मौजें, माँझी, बिजली की चमक, पानी की लहरें, यह सब कुछ तो शब्दों के द्वारा सम्भव है लेकिन निर्देशक नितिन बोस ने अपने कमाल के शॉट डिवीज़न के ज़रिए स्क्रीन पर Fiction को प्रदर्शित किया है।

नितिन बोस, अनिल बिस्वास, आरज़ू लखनवी और संतोषी ने तूफ़ान का सीन यादगार बना दिया है।

ऊपर है बदरिया काली
मौजों में है नाव हमारी
बेड़ा कैसे पार हो
एक पार बाबुल की नगरी
एक पार साजन का द्वार

लालटेन हिलती है। तूफ़ान आता है, नाव डूब जाती है। मौजें इनसानों को साहिल तक ले आती है। रमेश अँधेरे में सुशीला को ढूँढ़ रहा है। एक लुटा-हारा मुसाफ़िर अपनी दुल्हन को लेकर घर आता है। औरतें शोक मना रही हैं, "जो चले गुज़र गये उनको रोने के लिए उम्र पड़ी है। यह जो ज़िन्दा हैं उन्होंने क्या बिगाड़ा है?"

दुल्हन गहने उतार कर रखती है। रमेश कमरे में आता है। वह कहता है, "सुशीला क्रिया-कर्म और श्राद्ध तो पूरी हुई।" दुल्हन बात काट कर कहती है, "अच्छा यह बताइए, आप मुझे सुशीला कह कर क्यों पुकारते हैं।" मेरा नाम कमला है। आप समझते हैं कि नाम बदलने के साथ मेरे नाम की रेखाएँ भी बदल जायेंगी?

रमेश के जीवन की नाव हिचकोला खाती है। वह चौंक जाता है। रोशनी और अँधेरे में दो पात्र एक-दूसरे के जीवन का सुराग़ ढूँढ़ रहे हैं। कमला कहती है, "मैं जन्म से ही अभागिन हूँ, चिता में जा कर ही...ताने सुन-सुन कर पली-बढ़ी, आपने चरणों में जगह दी और उसके बाद आप देख ही रहे हैं कि मेरे चरण पड़ने के बाद क्या हाल हुआ?"

नाव डूब गयी और अपने पीछे-पीछे कैसे-कैसे हादसात छोड़ गयी! रमेश की मुहब्बत, उसकी इंसानियत के आईने में अपना चेहरा ढूँढ़ रही है। रमेश के हाथ की उँगलियाँ भिंची हुई हैं। उसके हाथ उसके जीवन की डूबती हुई नाव को सँभाल रहे हैं। नीम-रौशन (अर्ध प्रकाशित) कमरे में रमेश की आवाज़ उभरती है। यह मेरी स्त्री नहीं है। यह कौन है?

उसका पति कौन है, कहाँ है?

रमेश धोबी घाट के चटर्जी के नाम ख़त लिखता है। वह कमला के पति को ख़बर देना चाहता है। रमेश के जीवन की नाव अब परिस्थिति की मौजों पर बह रही है। हालात की हवा उस को जिधर ले जाती है। उसके पिताजी ने कहा था कि शादी न करना, अन्याय होगा।

बंगाल की डूबती हुई ज़मींदारी व्यवस्था के नैतिक मूल्य उभरती हुई मुहब्बत के मूल्यों को अपने साथ लेकर डूब जाना चाहते हैं। रमेश ने पिताजी के कहने पर शादी की और भरी बारात की नाव डूब गयी।

वह शहर में हेम से शादी का वादा कर के आया था। उसके पिताजी ने अपने दोस्त की बेटी सुशीला से उसकी शादी कर दी और तक़दीर ने उसे कमला के सामने ला खड़ा किया।

एक रमेश बाबू और कितने दुःख ...! दिलीप कुमार ने आगे बढ़ कर सारे दुःख अपनी झोली में डाल कर रमेश बाबू के दिल का बोझ हल्का कर दिया।

"नींद आ रही है कमला। सो जाओ।"

"आप नहीं सोएँगे?"

"मैं यह किताब ख़त्म करके सोऊँगा।"

घड़ी का पेण्डुलम दोनों के दिलों की आवाज़ बन गया है। रमेश चुपके से बाहर दालान में आ कर सो जाता है। कमला उठ कर देखती है अँधेरे में कुछ नज़र नहीं आता है। सवेरा होता है तो रमेश आँखें खोल कर देखता है, कमला उसके पास ज़मीन पर सोई हुई है।

रमेश का कमला से रिश्ता एक ऐसे इनसानी ड्रामे को पेश कर रहा है कि जिस में सबसे बड़ा ख़तरा इनसानी रिश्तों के टूटने का होता है। रमेश अपनी इनसानियत को मज़बूती से थाम कर खड़ा है। कमला मगर अपने पति से विवाहित सम्बन्ध बाँधना चाहती है और दूर कहीं शहर में किसी के दिल में रमेश की मुहब्बत की नाव विरह और जुदाई की तेज़ हवाओं से साहिल से दूर होती जा रही है।

रमेश कहता है, "सुबह-सुबह मैंने अजीब सपना देखा। कमला, तुम स्कूल जा रही हो। हँस-खेल कर दिन काट रही हो। तुम लिखना-पढ़ना सीखोगी कमला।"

कमला कहती है, "आपका क्या विचार है।"

"मेरा विचार है कि बिना पढ़े-लिखे इनसान, इनसान नहीं कहलाता, दुनिया की तमाम ख़बरों से दूर रहता है।"

"कमला कहती है, अगर आप इसमें खुश हैं तो मैं स्कूल चली जाऊँगी।"

रमेश कमला को बोर्डिंग में दाख़िल करा देता है। वह शहर आता है।

शहर में यह आनन्द बाबू का घर है। शहर की बड़ी सड़क और भरे बाज़ार में यह घर विक्टोरियन काल का सुन्दर नमूना है। घर की अन्दरूनी सजावट अपने काल के शहरी समाज को दर्शाती है। क़ालीन, सोफ़े, कुर्सियाँ, डाइनिंग टेबुल, करारी, फूलदार परदे, दीवारों पर फ्रेम की हुई तस्वीरें और पेंटिंग्स, दीवार घड़ी और हिरन का सिर।

रवीन्द्रनाथ टैगोर 1903 की शहरी सोसाइटी की तस्वीर हमें दिखा रहे हैं। 1903 में बंगाल के शहर के एक पढ़े-लिखे घराने में आनन्द बाबू शौक़ से अख़बार पढ़ते हैं। उनके ड्राइंगरूम में औरतों के विषय पर बहस हो रही है।

अक्षय बाबू कहता है, "आप औरतों की तरफ़दारी कर रहे हैं लेकिन उनकी अक़्ल की बड़ाई कोई अक़लमन्द नहीं करेगा।"

रमेश बाबू वकालत की परीक्षा पास कर चुका है। वह कहता है, "जब बात छिड़ ही चुकी है अक्षय बाबू तो मुझे भी यह कहना पड़ता है कि औरत को मर्द ने हमेशा सिर्फ़ अपनी जिस्मानी ताक़त के बल पर दबाए रखा।" हेम रमेश बाबू के कप में चाय डाल रही है। रमेश बाबू उसकी ओर प्यार भरी निगाह से देखने का अवसर नहीं गँवाता। वह अपनी बात जारी रखता है, "यह औरत की अनथक सब्र और मेहनत का नतीजा है कि जो आप इनसानियत को आज भी ज़िन्दा देख रहे हैं।"

रमेश बाबू आज बहुत दिनों के बाद इस घर में आया है। अक्षय बाबू पियानो पर हज़रत आरज़ू लखनवी का कलाम (रचना) सुना रहे हैं—

छँट गये रंजो मुसीबत के बरसते बादल
हँसता सूरज नज़र आता है दरे-बाम मुझे

अक्षय बाबू को सूरज हँसता हुआ नज़र आता है, वह यह राज़ जानता है कि रमेश बाबू की शादी हो चुकी है। वह समझता है कि हेम को पाने के लिए मैदान ख़ाली है। अक्षय बाबू यह नहीं जानता कि रवीन्द्रनाथ टैगोर की कहानियों में फ़ैसला मैदान नहीं, दरिया करते हैं।

अक्षय हेम के भाई को लेकर रमेश के घर आता है, रमेश कमला के साथ बातें कर रहा है। हेम का भाई कहता है, "अगर हेम से तुम्हारी शादी का मामला न होता तो मैं कभी भी यह राज़ जानने की कोशिश नहीं करता।" रमेश कहता है, "मैं सिर्फ़ इतना कह सकता हूँ कि दुनिया में मेरा ऐसा किसी से कोई रिश्ता नहीं जो मेरी और हेम की शादी में रुकावट डाले। तम्हें मेरी हर बात पर यक़ीन करना ही होगा।"

"तुम्हारी बीवी कमला को देख कर भी तुम पर यक़ीन करूँ?" जोगन और अक्षय चले जाते हैं।

रमेश कहता है, "कमला, मैं तुमसे नाराज़ नहीं हूँ। मैं अपने आप से बेज़ार हो गया हूँ। अब मेरा मन यहाँ नहीं लगता, चलो कहीं और चलें। पटना, मुंगेर, दानापुर, बक्सर, ग़ाज़ीपुर, काशी। कहीं तो..."

स्टीमर पर एक यात्री कहता है, "आप लोग जहाज़ पर स्वार हो जाते हैं और यह नहीं जानते कि जाना कहाँ है।"

हेम का भाई वापिस घर पहुँच कर रमेश की शादी के राज़ को फ़ाश करता है, हेम बेहोश होती है।

रमेश कमला को कहानी सुना रहा है, "पुराने राजाओं में रिवाज़ था कि शादी-ब्याह में जाने के बजाय अपनी तलवार भेज दिया करते थे। इसी रस्म से रानी चन्द्रावती और राजा रणजीत सिंह की शादी हो गयी। क़िस्मत से उसी दिन अमर सिंह की रानी वीणा सिंह की शादी राजा चीत सिंह से हो गयी। इत्तिफ़ाक़ से दोनों की बारातों की मुलाक़ात जंगल में हो गयी। रात गये डाकुओं ने उन पर धावा बोल दिया। दोनों तरफ़ ऐसी भगदड़ मची कि कोई कहाँ और कोई कहाँ। बड़ी मुश्किल से दोनों बारातें अपनी-अपनी राजधानियाँ पहुँचीं। कुछ दिनों बाद अचानक राजा चीत सिंह को मालूम हुआ कि दोनों दुल्हनें डाके की गड़बड़ से एक-दूसरे से बदल गयी थीं।"

सारी कहानी सुनने के बाद कमला कहती है, "उसके बाद क्या हुआ?"

रमेश की आवाज़ मायूसी की अथाह गहराइयों से उभरती है, "उसके बाद मुझे नहीं मालूम।" वह अपने आप पर क़ाबू पाते हुए कहता है, "कमला, अगर मैं चीत सिंह होता और तुम चन्द्रावती?"

कमला कहती है, "ऐसी अशुभ बातें मुँह से न निकालिए।"

"बताओ कमला। ऐसी हालत में तुम क्या करती, मैं क्या करता? यह सब सोचना पड़ेगा कमला। सोचना पड़ेगा।"

"मैं सोच नहीं सकती मुझे जाने दीजिए।" वह कमला को पकड़ लेता है, "कमला इस पहेली को हल कर के जाओ, कमला। सोचो। सोचो।"

कमला चली जाती है। रमेश अपने सवालों के भँवर में चक्कर लगाता रहता है।

यह सीन जो हमने अभी देखा है, अभिनय के दृष्टिकोण से बेहद मुश्किल है। रमेश बाबू एक मुश्किल हालत में है। वह अपनी स्वयं की ट्रेजडी से ग्रसित है। वह हक़ीक़त से फ़रार और उसकी अभिव्यक्ति के बीच उलझ कर रह गया है। वह कमला को दुःख पहुँचाना नहीं चाहता। कमला उसकी स्थिति को समझने में अक्षम है। दूर शहर में हेम का उस पर से विश्वास उठ गया है। इतने भिन्न और परस्पर विरोधी मनोभावना ने रमेश को घेर रखा है, रमेश उससे भाग भी रहा है और एक पहल भी। कैसी भयानक परिस्थिति में वह फँस गया है। वह एक क़दम आगे बढ़ाता

है और परिस्थितियाँ उसको दो क़दम पीछे ले जाती हैं। वह हेम को किसी परेशानी में डालने की सोच भी नहीं सकता। कमला मगर इन परिस्थितियों से बेख़बर है। रमेश के जीवन की नाव मँजधार में है।

दिलीप कुमार अपने पात्र की परिस्थिति से पूरी तरह अवगत है। उसकी मानसिक स्थिति, दिल की कैफ़ियत, कमला के साथ उसकी बेचारगी और बेबसी, हेम से दूरी, विश्वास के टूटने का भय। इन सब नाज़ुक-नाज़ुक परिस्थितियों का ख्याल रखते हुए उसने अभी जो सीन किया है और जिस प्रकार कमला को सच्चाई से अवगत करने की कोशिश की है, वह बेहद प्रभावशाली है।

रमेश बाबू एक तरफ़ हेम से प्रार्थना करता है तो दूसरी ओर कमला के सामने स्वतः फ़रियाद बन कर खड़ा है। हेम उस पर भरोसा करती है। कमला का भी क्या क़सूर है। उसको बचपन से अभागिन समझा जा रहा है।

बंगाल की टूटती हुई ज़मींदारी व्यवस्था में पारिवारिक बन्धन किसी भी मजबूर और लाचार मनुष्य के जीवन को उसके लिए श्राप और दूसरों के लिए अज़ाब बना रहे हैं। कमला की एक ख़ास Psyche ख़ानदानी व्यवस्था का नतीजा है। वह अपने जीवन को अभिशाप समझती है। रमेश बाबू के पास आकर वह अपने जीवन की किसी नयी यात्रा की अभिलाषा रखती है। यह उसके जीवन की कैसी अविश्वसनीय घटना है कि वह जिसको अपना पति जानती है उसका पति नहीं है और उससे अपनी जान छुड़ाना चाहता है।

रमेश बाबू की Humanism भी बहुत तीव्र है। रमेश बाबू की मुहब्बत भी बहुत गहरी है।

मैंने पहले यह कहा था कि घटना के बाद इनसान के सम्बन्ध प्रभावित हुए हैं। नाव डूब चुकी है लेकिन इनसानों के जीवन अभी तक उसी घटना की लपेट में हैं। नए रिश्ते बने हैं और पुराने रिश्ते टूटे हैं। नाव दुर्घटना ने मनुष्य के सम्बन्धों को उलझा दिया है।

रमेश बाबू इस परिस्थिति से बेज़ार भी है और उससे भाग भी रहा है। उसको उलझे हुए धागों को सीधा करने के लिए कोई छोर नज़र नहीं आ रहा है। सारे पात्रों के जीवन परिस्थिति की धारा पर सवार हैं। ऐसी परिस्थिति में कवि मुनीर नियाज़ी याद आता है–

सारे किरदारों में बेरिश्ता तआल्लुक़ था कोई
उनकी बेहोशी में ग़म सा होश आ जाने का था

रमेश क्या करे...? वह कमला को सच्चाई कैसे बताये। उसकी आत्मा उसको कहती है, जिसे भगवान ने तुम्हारे हवाले किया है उसी से तुम इस तरह मुँह छिपाना चाहते हो? कमला क्या करे...? वह बेख़बर है और उसको अपने ज़ीवन पर भरोसा नहीं है।

हेम क्या करे? उसने रमेश बाबू पर भरोसा किया था। रमेश बाबू ने ईश्वर की सौगन्ध खा कर कहा था कि वह उसको धोखा नहीं देगा।

दिलीप कुमार, मीरा मिश्रा और अंजना...तीनों अदाकार इनसानी सम्बन्धों के उलझे हुए धागों को सुलझाने में खुद उलझते जा रहे हैं।

आनन्द बाबू का पात्र कितना ज़ोरदार है। मुणी चटर्जी नये युग के नौजवानों के बीच अपने वैचारिक नियमों को मजबूती से थाम कर खड़े हैं।

"हेम कहती है, बत्ती बुझ गयी है। मैं दूसरी लेकर आती हूँ।" पिताजी कहते हैं, "नहीं बेटा। बत्ती की कोई ज़रूरत नहीं। मेरी ज़िन्दगी इतनी क़ीमती नहीं बेटा।" बाप से बेटी की हालत नहीं देखी जाती। वह चाहता है कि अँधेरा रहे और उसकी आँखों के आँसू कोई न देख सके।

हेम गीत गाती है–

जिसने बनाई बांसुरी
गीत उसी के गाए जा
साँस जहाँ तक उठाई जाए
एक ही धुन बजाए जा

एक हैं डॉक्टर हरिनाथ चटर्जी। वह लेक्चर दे रहे हैं और हेम उनके विचार सुन कर खो गयी है। डॉक्टर चटर्जी दान देने की बात कर रहे हैं। वह चीज़ जिसे मनुष्य छोटी समझता है, दान के रूप में बड़ी बन जाती है। मन मन्दिर के देवता के सामने पूजा बन जाती है। हेम डॉक्टर चटर्जी के विचारों से प्रभावित हुई है। एक बहुत ही ज़ोरदार डायलॉग अदा किया है अक्षय बाबू ने। 'काँटे को काँटे से ही निकाला जाता है।' वह अब इस कोशिश में हैं कि हेम के लिए कोई उचित रिश्ता मिल जाये तो उसका विवाह कर दिया जाये। हेम के विचलित मन को डॉक्टर चटर्जी के विचार सुन कर चैन मिला है। वह डॉक्टर के शब्दों को याद कर रही है। जिसने कुछ खोया नहीं, उसने कुछ पाया भी नहीं। डॉक्टर के यह शब्द उसके ज़ख़्मों पर रुई के नरम फाहे की तरह उसको सुकून पहुँचा रहे हैं।

डॉक्टर चटर्जी काशी जाने की तैयारी कर रहा है। हेम के पिताजी कहते हैं, "हम भी पश्चिम की ओर जा रहे हैं।"

कमला एक ख़त पढ़ती है जो रमेश बाबू ने हेम को तथ्य से अवगत कराने के लिए लिखा था लेकिन पोस्ट नहीं किया था–

'नाव डूबने के बाद मुझे मालूम हुआ कि कमला मेरी बीवी सुशीला नहीं, बल्कि किसी और की पत्नी है। तब मैंने तलाश करना शुरू किया। अब तक सिर्फ़ इतना जान सका हूँ कि उसका विवाह रंगपुर के डॉक्टर हरीनाथ चटर्जी से हुआ था। कमला मेरी ज़िन्दगी की पहेली बन गयी है। मैं क़िस्मत के आगे बेबस हूँ, मुझे माफ़ कर दो।'

कमला ख़त पढ़ रही है। दिलीप कुमार की आवाज़ ओवरलैप हो रही है। उर्दू

का स्वर और उच्चारण आवाज़ में कसक और एक-एक शब्द, जैसे मोती झड़ रहे हों। शुरू से ही भाषा और आवाज़ पर इतना कण्ट्रोल कि जैसे कोई बहुत अनुभवी ब्रॉडकास्टर हो कि जिसने भाषा और उसकी ऊँच-नीच और Intonation का बाक़ायदा कोर्स कर रखा हो।

मिलन में दो ख़त हैं। उन पत्रों के पाठ से यह निष्कर्ष निकालना आसान हो गया है कि भाषा और आवाज़ पर पकड़ दिलीप कुमार के अभिनय के प्रारम्भ में ही उसका बहुत बड़ा Asset थे।

कमला पत्र पढ़ कर ज़ेवर उतार कर रखती है और आँखों में आँसू लेकर घर चली जाती है। उसके जीवन की नैय्या बीच मँझधार में है। वह नहीं जानती कि उसको कहाँ जाना है?

रमेश बाबू घर आता है। कमला नहीं है। वह उसको तलाश करता है। वह नदी के किनारे पहुँचता है। कमला नहीं मिलती है। वह यह समझता है कि कमला ने अपना जीवन ख़त्म कर दिया है। रमेश शहर आता है। हेम नहीं है। वह ख़ाली घर के दरो-दीवार देखता है। दरवाज़े के पास रुक कर परदे को जैसे अपनी आँखों से लगा रहा है। वह चीज़ों को देखता है। बुद्धादत्त मुखर्जी का सितार एक-एक पल अतीत से खींच-खींच कर उसकी आँखों के सामने ला रहा है। नौकर बताता है कि काशी चले गये हैं।

बिखरे हुए रिश्ते, उलझे हुए बन्धन, टूटे हुए दिल अब एक ही मंज़िल की ओर बढ़ रहे हैं। हरिनाथ चटर्जी का घर बिछड़े हुए चित मिलन का मन्दिर है। हेम और उसके पिताजी यहाँ पहुँच गये हैं। कमला अपने मन मन्दिर के देवता डॉक्टर हरिनाथ चटर्जी के चरणों की धूल अपने माँग में सजाती है।

डॉक्टर चटर्जी की माताजी कहती हैं, "यह कमला है कि मेरी माँ हरिदासी का रूप लेकर वापस आ गयी है।"

डॉक्टर की माताजी अपने बेटे के पागलपन से परेशान हैं। डॉक्टर यह समझता है कि कमला अभी ज़िन्दा है। डॉक्टर डूबी हुई नाव का एक और victim, एक और खोया हुआ मुसाफ़िर है।

डॉक्टर की माताजी अपने बेटे के लिए हेम को पसन्द कर लेती है, और उसके पिताजी से रिश्ते की बात तय कर लेती है। माताजी हेम को कंगन पहनाती हैं, हेम उनके चरणों को छूती है। अगले दिन दोपहर के भोजन पर सब लोग आमन्त्रित हैं।

हेम अपने बाज़ू पर कंगन देखती है। इस अवसर पर एक बहुत ही रस भरा गीत है—अनिल बिस्वास ने जैसे कानों में शहद टपका दिया है—

मैं किसकी लाज निभाऊँ
ये जग की प्रीत का बन्धन
और प्रीत की है ये निशानी

एक में हाथों की शोभा
एक में मनमानी
धर्म भी प्यारा प्रेम भी प्यारा
किस से करूँ किनारा
एक मन्दिर की नींव पड़े
जब एक मन्दिर को ढाऊँ
मैं किसकी लाज निभाऊँ

हेम और उसके पिताजी डॉक्टर चटर्जी के घर जाने के लिए अपने घर से बाहर आते हैं तो एक तांगा आकर रुकता है। हेम का भाई नीचे उतरता है। तांगे की पिछली सीट से यह किसने अपने पाँव धरती पर रखे कि हेम के पाँव के नीचे की ज़मीन काँपने लगी।

यह रमेश बाबू है। घबराया हुआ, परेशान, थका-हारा मुसाफ़िर, नज़रें झुकाए। पिताजी को 'नमस्ते' कहता है। वह सर से पाँव तक शराफ़त। हेम उसको देखती है और पिताजी सारे समाचार सुना देते हैं।

डॉक्टर हरिनाथ चटर्जी के साथ हेम की शादी तय हो गयी है। बिजली गिरती है लेकिन रमेश बाबू के पास क्या बाक़ी है जो जलकर राख हो जायेगा? रमेश बाबू के पास से हेम गुज़र कर चली जाती है।

एक दिन रमेश बाबू ने कहा था, "मेरी एक इल्तिजा है हेम, तुम मुझ पर विश्वास रखना, मैं ईश्वर की सौगन्ध खाकर कहता हूँ, तुम्हें कभी धोखा नहीं दूँगा।"

रमेश ने धोखा नहीं दिया। भाग्य ने रमेश को धोखा दिया। हेम यह बात नहीं जानती। रमेश बाबू के पास से वह गुज़र कर चली गयी है...अब क्या बाक़ी रह गया है?

डॉक्टर चटर्जी के घर के मिलन मन्दिर में, हेम और कमला एक फ्रेम में हैं...यह क़िस्मत का कैसा खेल है? नाव डूब चुकी है और लोग अभी तक एक दूसरे को ढूँढ़ रहे हैं। कौन जानता है कि कल क्या होगा? किसने जाना है कि कौन कहाँ से कहाँ तक पहुँच गया है, यह कैसा स्थान है, यह कौन सी घड़ी है, यह कौन सा क्षण है?

हेम और कमला आमने-सामने हैं।

रमेश बाबू नहीं हैं।

वह भला मानुष, मुहब्बत भरे दिल वाला युवक कितनी बहादुरी से अपने टूटे हुए दिल को सँभाल कर देखता रह गया है। दिलीप कुमार के अभिनय का प्रारम्भ रमेश बाबू के पात्र का चरम है।

प्रारम्भ अपने चरम को छू रहा है। प्रारम्भ और चरम एक ही तो चीज़ हैं, जीवन की शुरुआत अपने अंजाम से जुड़ी होती है। हर शुरुआत अपने अन्त तक पहुँचती है। मनुष्य के जीवन की-विडम्बना...!

अभिनय का प्रारम्भ अपने चरम तक फैला हुआ है। लम्बा सफ़र पहले क़दम से ही शुरू होता है। पहले क़दम का मंज़िल से भी एक सम्बन्ध होता है। पहला क़दम, पहली मुहब्बत, पहली नज़र।

पहले-पहल की मुहब्बतों में 'अदम'
बड़ा जोशो - ख़रोश होता है

नाव डूब गयी थी। रिश्ते उलझ गये थे। नेक दिल और नेक नीयत लोगों ने अपने दिलों में खोट और मन के अन्दर नफ़रत नहीं आने दी। उनके जीवन की नाव अब तैरने लगी है।

माताजी कमला से कहती हैं, "दो किताबें पढ़ के हर कोई पण्डित हो सकता है लेकिन तेरे जैसी लक्ष्मी कर किसी के भाग्य में नहीं।"

हरिनाथ चटर्जी को अपनी खोई हुई कमला मिल जाती है।

हेम कहती है, "पिताजी, आप नाराज़ हो रहे थे कि मैं कंगन पहन कर क्यों नहीं आयी। मैं यह कंगन साथ लेकर आयी थी और जिन हाथों में उनकी शोभा बढ़े और मर्यादा हमेशा बनी रहे, उन्ही हाथों में पहनाए देती हूँ।"

हेम कमला को कंगन पहनाती है।

क़िस्मत के खेल निराले हैं। नाव डूबती है तो कितने नए रिश्ते उभरते हैं!

रमेश बाबू पत्र लिख रहे हैं–

'यह कह देना भी मेरा फ़र्ज़ है। कमला को कभी अपना स्त्री नहीं समझा, न उससे ऐसा सम्बन्ध रखा। आज नफ़रत से मजबूर होकर तुमने मुझसे मुँह मोड़ लिया। अब मैं अपने आप को बहुत अकेला पा रहा हूँ। लेकिन तुम्हारे लिए मेरी ईश्वर से हर वक्त यही प्रार्थना है कि वह तुम्हें हमेशा-हमेशा के लिए सुखी रखे। आख़िरी इल्तिजा है हेम। मुझे अपनी नज़रों में इतना गिराओ नहीं, मैं इतनी कड़ी सज़ा के लायक़ नहीं।'

रमेश बाबू के हाथ से ख़त गिरता है, हेम कमरे में आती है। अनिल बिस्वास का बैकग्राउण्ड संगीत अन्त पर प्रारम्भ की याद ताज़ा करता है।

मुनीर नियाज़ी का एक शे'र है-
फ़िराक़ आग़ाज़ है उन साअतों का
है आख़िर जिनका वस्ले-यार होना

एक शे'र अदम ने लिखा है वह भी सुन लें–

रे रब्तहाए दिल-आवेज़ जावेदानी हैं
तअल्लुक़ात मुहब्बत के ग़ैर-फ़ानी हैं

A GOLDEN
CLASSIC
ENGLISH
SUBTITLES
Mela

मेला

नर्गिस के पास चार आने हैं।

दिलीप कुमार के पास आठ आने हैं।

वे दोनों मेले में हैं। मोहन और मंजू।

"आओ, तुम्हें मेला दिखाऊँ। ज़िन्दगी का मेला।"

"हमारी ज़िन्दगी के मेले से तुम्हें क्या वास्ता?"

"अलग जाने की कोशिश न करो मंजू। ये मेला है। यहाँ कितने हाथ एक-दूसरे से मिलते हैं और कितने हाथ छूट जाते हैं।"

"मेरे पास पैसे कहाँ हैं। बापू ने चार आने दिये थे।"

"मेरे पास आठ आने हैं। सब तुम पर लुटा दूँगा। तुम नहीं जानती कि तुम को देख कर कितना ख़ुश होता हूँ मैं।"

वे हँसते-मुस्कुराते मेला देख कर बैलगाड़ी में वापस जा रहे हैं। दोनों गीत गा रहे हैं।

"...मैं भँवरा तू है फूल
ये दिन मत भूल
जवानी लौट के आये ना..."

मंजू ने फूलों वाली साड़ी पहनी हुई है। बाज़ू पर दो कँगन। मोहन ने काले और सफ़ेद डिज़ाइन वाली क़मीज़ पहनी हुई है।

"फिर कब मिलोगी?"

"कल।"

"...धरती को आकाश पुकारे
आजा आजा प्रेम द्वारे
आना ही होगा..."

दूसरी तरफ़ से जवाब आता है।

इस दुनिया को छोड़ कर प्यारे
झूठे बन्धन तोड़ कर सारे
जाना ही होगा प्रेम द्वारे..."

वे पहुँच गये हैं।

"इतनी देर कहाँ रही मंजू?"

"क्या करूँ मोहन? माताजी का मन पत्थर का बना है। जब मिलने की घड़ी आती है, वो दीवार बन कर सामने आ जाती हैं।"

"दीवार आँगन का पानी रोक सकती है मंजू, सागर का तूफ़ान नहीं रोक सकती।"

"ये किस किताब का सबक़ सुनाने लगे महाराज?"

"है एक किताब।"

"क्या नाम हैं उसका?"

"दिल।"

"ये किताब तो बड़ी भयानक होती है। सुना है, पढ़ने वाला फ़ौरन ख़ाक उड़ाने लगता है।"

"जिस किसी को मद-भरी आँखों का सहारा हो वो सर तो धुन लेता है ख़ाक नहीं उड़ाता।"

"किसकी मद-भरी आँखों का सहारा है तुम्हें?"

"नहीं बताता।"

"रोग लगा सकते हो, हाल नहीं बता सकते?"

"कैसा रोग?"

"नहीं बताती।"

"हमारी क़सम।"

"वो देखो, बहुत दूर एक पंछी उड़ा जा रहा है। जानते हो, कहाँ जा रहा है?"

"कौन जाने!"

"ठीक उसी तरह तूने भी पर लगा दिये हैं मुझे। जी चाहता है उड़ती जाऊँ, दूर, बहुत दूर। इतनी दूर कि किसी की निगाह भी नहीं पहुँच सके वहाँ तक।"

"ज़मीन पर ही बुलन्दियाँ होती हैं मंजू। घर-बार की इज्ज़त, पढ़ाई, माँ-बाप का नाम, गाँव की बड़ाई। जो लोग इन बुलन्दियों तक पहुँच जाते हैं, उन्हें चाँद-सितारे भी नहीं छू सकते।"

"फिर वही दौरा पड़ गया। मैं कहती हूँ किसी हकीम या डॉक्टर को दिखाओ।"

"हक़ीम या डॉक्टर मेरा इलाज़ नहीं कर सकते मंजू। सिर्फ़ तुम कर सकती हो।"

"अच्छा, घर आना। सौंफ़ पीस कर पिला दूँगी। सारी बदहज़मी दूर हो जायेगी।"

"एक बार मेरे कलेजे पर..."

"देखो मोहन, धूप कहाँ से कहाँ चली गयी। अब मैं जाती हूँ।"

"फिर कब दर्शन दोगी?"

"कल दशहरे का त्योहार है। तुम भी आना। मैं भी आ जाऊँगी।"

मोहन देखता रह जाता है। मंजू भाग जाती है।

इस एक सीन में दिलीप और नर्गिस ने स्वाभाविक अभिनय के जो कमाल दिखाये हैं उनसे अभिनय सीखा जा सकता है। मुहब्बत का यह सीन, अभिनय की कला का प्रैक्टिकल था। ऐक्टिंग का क्लास रूम। ऐक्टिंग के दो माहिर और अनुभवी शिक्षक।

एक टीले पर उनका love spot है। प्रेम द्वारे।

नर्गिस कहती है, "क्या नाम है उसका?"

"दिल।"

'दिल' शब्द दिलीप कुमार के होंठों से निकल कर दिल की तस्वीर बनाता है। दिलीप का लहजा शब्दों की तस्वीरें बनाता है।

"किसकी मद-भरी आँखों का सहारा है तुम्हें?" नर्गिस सवाल करती है। वह अपनी आँखों से जो कुछ कह जाती है, उसको शब्दों में व्यक्त नहीं किया जा सकता है। वह अपनी आँखों की अदा से और होंठों की मुस्कुराहट से ग़ज़ल की कई पंक्तियाँ कह जाती है।

'उसके सामने ये जग वीरान लगा
उसकी आँखों में ऐसा जहान दिखाई दिया'

दिलीप का जो लहजा है, उसमें मुहब्बत भरी हुई है। वह नरमी से बात करता है। उसके शब्दों को उसका लहजा चुम्बक बना देता है। चुम्बक दिल को सीने से खींच कर ले जाता है। दिलीप के लहजे का चुम्बक बदन के कण-कण को अपनी ओर खींचने लगता है। जब वह अपने लहजे के चुम्बक को आँखों के जादुई आकर्षण से मिला देता है तो कोई उपाय नहीं रहता कि इनसान उसके चरणों की धूल में सितारों पर अपना माथा न टेक दे।

पाकिस्तान की एक शायरा परवीन शाकिर का एक शे'र इस मौक़े पर याद आता है।

ज़बान चुप है मगर आँख बात करती है
नज़र उठाई है जब-जब तो बोलता ही लगा

नर्गिस कहती है, "नहीं बताती" और उसके होंठों से शब्दों के साये फैल रहे हैं। एक मद्धिम-से साये में आवाज़ की एक हल्की-सी तस्वीर उभर रही है। बहुत ग़ौर से देखने पर यह शब्द नज़र आते हैं लेकिन सुनायी नहीं देते।

"हमारी क़सम!"

"अरे पगली, हलचल का दूसरा नाम है जीवन। जिस ज़िन्दगी में दुःख के बादल और ग़म की घटाएँ न हों वह ज़िन्दगी नहीं, मौत है।"

"भगवान जाने तुम कल की बात क्यों नहीं सोचते? हवा उल्टी चलने लगी है। कहीं बेड़ा न डूब जाये।"

"इसकी फ़िक्र बेकार है। कभी-कभी हवा बेड़े को पार लगा देती है।"

दिलीप के माथे पर बाल हैं। नर्गिस के दाँतों में उसकी उँगली है।

बचपन बीता, जवानी आयी। दिल की धड़कनें कोई न गिन सका। "इस दबी हुई चिनगारी को या तुम जानते हो या मैं।" नर्गिस के दिल के अन्दर दबी हुई चिनगारी उसके चेहरे पर शर्म के रंग बिखेर रही है। वह शरमाती है और दाँतों में उँगली दबाती है। दिलीप कहता है कि एक और भी जानता है। भगवान।

दोनों को एक और आवाज़ हिला कर रख देती है।

एक और भी जानता है। महकू।

बचपन की मुहब्बत है। बचपन की रक़ाबत (दुश्मनी) है। मुहब्बत और रक़ाबत के साथ-साथ जवान हुए हैं। मोहन, मंजू और उनका रक़ीब (दुश्मन) महकू।

ये सब एक स्कूल में पढ़ते थे। एक दिन मास्टरजी ने सवाल किया था, "इस दुनिया में सबसे अच्छा काम कौन-सा है?"

मोहन ने जवाब दिया था, "मुहब्बत"।

मास्टर ने मंजू से पूछा था कि सबसे अच्छा कौन है तो उसने कहा था कि मोहन। उन दोनों की मुहब्बत का दुश्मन महकू बचपन में ही सिगरेट पीने लगा था। वह सिगरेट के लम्बे-लम्बे कश लेकर धुआँ बिखेर रहा था। मास्टरजी ने उसको डाँटा था तो उसने जवाब दिया था कि गर्म-गर्म खिचड़ी खाई थी, मास्टरजी। "खिचड़ी घर में खाई थी धुआँ स्कूल में निकल रहा है? बचपन से जिसके करतूत ऐसे थे वह बड़ा होकर क्या क्या रंग दिखाएगा?"

मास्टरजी एक बड़ा ही वास्तविक पात्र है। इस पात्र को निभाने वाले अभिनेता का नाम है अलाउद्दीन। पाकिस्तान की फ़िल्म इण्डस्ट्री में अलाउद्दीन ने तीस साल अपने अभिनय का जौहर दिखाया।

मामूली ख्वांचे वाले का बेटा मोहन। स्कूल मास्टर की बेटी मंजू। एक टीले पर मिट्टी से घर बनाया करते थे। घर तो बन गया। डर है, तूफ़ान न आ जाये। तूफ़ान उसको नहीं गिरा सकता। "दो छोटे घरों में हम तुम भी बस गये। तुम भी अकेली। मैं भी अकेला।" महकू पत्थर मार कर घर तोड़ देता है।

"मेरा घर कहाँ है? मोहन उसको मार कर भगा देता है।"

गाँव के उन्हीं रास्तों पर और टीले के ऊपर ढलवाँ रास्तों पर मोहन और मंजू भागते-खेलते, एक दूसरे को पकड़ते, हँसते और बातें करते जवान हो गये।

घर भी मौजूद है और घर में छुपा हुआ बचपना भी।

"क्या ज़माना था जब हम इन खिलौनों से खेला करते थे? भगवान क़सम मंजू, जब तक तुम्हें देख नहीं लेता मालूम होता है, गाँव में सूरज नहीं निकला।"

"अजीब बात है। जिस दिन मैं तुम्हें नहीं देखती ऐसा मालूम होता है कि सवेरा ही नहीं हुआ।"

"तुम सूरज और मैं सवेरा। अच्छा मंजू, तेरा-मेरा साथ तो नहीं छूटेगा कभी? अच्छा बताओ कल वाली बात।"

"कल आने दो, बता दूँगी।"

"देखो, ये रोज़ कल कल मुझे अच्छा नहीं मालूम होता। आज ही बताना पड़ेगा।"

"तुम्हें देख कर अपनी सुध-बुध गँवा बैठी हूँ। तुम बहुत ही सुन्दर हो, बहुत ही ख़ूबसूरत हो। जी चाहता है मैं तुमसे लगन कर लूँ।"

(मंजू theatrical अन्दाज़ में संवाद बोलती है)

"बन्द करो ये नाटक!"

"तुम्हारे सर में भेजा नहीं, बाजरे का आटा भरा हुआ है। तुम कभी नहीं समझोगे मेरी बातों को। अपना मुँह देखा है? शीशे में पकड़ो तो मैं जानूँ?"

नर्गिस ने काली साड़ी, गले में माला, छोटे बाज़ू वाली तंग चोली, एक चूड़ी पहनी हुई है। दिलीप कुमार ने धोती और कुर्ता। गले में रूमाल, मुँह में घास का तिनका। वे दोनों भाग रहे हैं।

मंजू को वह पकड़ नहीं सकता। बिजली को भी कोई पकड़ सकता है?

"...मैं हवा में खो जाऊँगी
मैं पंछी बन कर आऊँगा
फिर भी पकड़ न पाओगे
मैं बिना पकड़े तुम्हें नहीं छोड़ूँगा..."

निर्देशक एस. यू. सनी की फ़िल्म 'मेला' लेखक अज़्म बिज़ादपुरी ने लिखी है। अंग्रेज़ी में लिखे हुए इस नाम को उर्दू में कैसे लिखा जायेगा, मैं नहीं जानता। इतने ख़ूबसूरत संवाद लिखने वाले लेखक का नाम मुझसे ठीक से नहीं लिखा गया तो मैं इस ज़ुर्म के लिए अपने-आप को माफ़ नहीं कर सकता।

मुहब्बत की नाज़ुक-नाज़ुक, नर्म-नर्म, धीमी-धीमी, मद्धम-मद्धम, कोमल-कोमल और शबनम की तरह साफ़-शफ़्फ़ाक़ बातों को और कौन लिखेगा? मुहब्बत की कोई ज़बान नहीं है। मुहब्बत की ज़बान ख़ामोशी है। ख़ामोशी में आवाज़ें हैं। ख़ामोशी में इशारे हैं। मुहब्बत निगाहों की ज़बान और धड़कनों की आवाज़ में की जाती है। मुहब्बत का संवाद लिखना मुश्किल काम है।

अज़्म ने लेकिन उसको कितना सरल बना दिया है।

नर्गिस कहती है, "मैं हवा में खो जाऊँगी।"

दिलीप कहता है, "मैं पंछी बन कर आऊँगा।"

फ़िल्म देखने वाले यह महसूस करते हैं कि जैसे वह हवा में खो गयी है और वह पंछी बन कर उड़ गया है।

बचपन की मुहब्बत जवानी की सीमा को पार कर गयी है। अब तो उनके लगन का समय है। मोहन का बाप जानता है कि बेटा मास्टरजी की बेटी मंजू को चाहता है। वह मोहन से पूछता है कि मंजू के लिए उसके रिश्ते की बात करे?

मोहन कहता है कि वो तो परमात्मा की गाय है। मोहन का बाप मंजू के पिता मास्टरजी से मोहन के रिश्ते की बात कहता है। मास्टरजी शरीफ़ इनसान हैं। अपनी बेटी का दर्द महसूस करते हैं। वे दोनों इस रिश्ते पर रज़ामन्दी ज़ाहिर करते हैं। मंजू को पता चलता है तो वह भागती है। मोहन को पता चलता है तो वह भागता है। दोनों एक-दूसरे को पुकारते हैं। नर्गिस गा रही है–

"...धरती को आकाश पुकारे
आजा-आजा प्रेम द्वारे
आना ही होगा..."

दिलीप की आवाज़ उभरती है।

इस दुनिया को छोड़ कर प्यारे
झूठे बन्धन तोड़ के सारे
जाना ही होगा"

वे दोनों प्रेम द्वारे में मिलते हैं। दोनों एक-दूसरे को खुशख़बरी सुनाने में बाज़ी मारना चाहते हैं। मोहन कहता है, "छह दिनों बाद शनिवार के दिन मैं तुम्हें फूलों की हथकड़ी पहनाऊँगा।" मंजू शरमा जाती है, "मैं भी यही कहने आयी थी।" जीवन मन्दिर के द्वार खुल गये हैं। बिल आश्रम के दरवाज़े क्यों बन्द हैं। उन्हें भी खोल दो" वे दोनों बचपन के बनाये हुए घरों के दरवाज़े भी खोलते हैं। मोहन गुड़िया की मूर्ति निकाल कर अपने पास रखता है और एक मूर्ति मंजू को देते हुए कहता है, "इसको तुम सँभाल लो, महाशय को।"

वह शहर जा रहा है। मंजू कहती है, "अपना देस, देस है बाक़ी सब परदेस।" वह अपने मोहन की आँखों से ओझल होने पर उदास है। वह गीत गा रही है।

"...परदेस बलम तुम जाओगे
कहो मेरी क़सम कब आओगे?"

छह दिनों के बाद दोनों की शादी है। मोहन बैलगाड़ी दौड़ाता हुआ चला जाता

है। मंजू अपने घर में मैनटिल पीस पर मूर्ति रखते हुए कहती है, "अब यही तुम्हारा घर है। यहीं रहना है तुम्हें।"

मोहन ज़ेवर ख़रीद रहा है। मंजू आँख-मिचौली खेल रही है। निर्देशक एस. यू. सनी inter-cutting में दोनों ओर का हाल दिखा रहा है। मंजू की आँखों पर पट्टी बँधी हुई है। तूफ़ान आ रहा है। मोहन ज़ेवर ख़रीद कर बैलगाड़ी पर बैठता है। डाकू हमला करता है। मंजू गिरती है। पेड़ गिरता है। मोहन घोड़े के पाँव में गिरा होता है। घर में मूर्ति गिर कर टूटती है। मंजू मूर्ति को सीने से लगा लेती है। मोहन को हस्पताल लेकर जा रहे हैं। डॉक्टर पूछ रहा है कि मरीज़ का नाम पता मालूम हुआ।

मंजू इन्तज़ार करती रहती है। मोहन के पिता इन्तज़ार करते रहते हैं। यह समय है जब सिर्फ़ दुश्मन फ़ायदा उठाते हैं। महकू कहता है कि मोहन किसी और के साथ भाग गया है। मंजू की आँखों में आँसू हैं। यह सब क्यों हो रहा है? ऐसा क्यों हो रहा है? अब तो शायद उसका दीदार भी नहीं कर सकूँगी वह अपनी सहेली को कहती है। अगर वो कभी नज़र आयें तो मेरा प्रणाम दे देना। मंजू, "आँसू न बहा तू।" ये आँसू नहीं गुज़री ख़ुशी का जुर्माना है। ख़ुशी का जुर्माना आँसुओं से ही अ़दा किया जाता है। मुझे रोने दो बसन्ती। मंजू की आँखों से आँसू बोल रहे हैं। मंजू के होंठ बन्द हैं। मंजू की आँखें तस्वीर बन गयी हैं। मंजू का चेहरा आवाज़ बन गया है। मंजू कहती है, "उस देश में लड़कियाँ यही आँसू पीने के लिए जवान होती हैं। इस अवसर पर परवीन शाकिर का एक शे'र याद आ रहा है–

लड़कियों के दुख अजीब होते हैं, सुख उससे अजीब
हँस रही हैं और काजल भीगता है साथ-साथ

नर्गिस का क्लोज़अप है। माथे से ठूरी तक। उसकी बायीं आँख के किनारे पर एक आँसू जम गया है।

"...मैं भी चुप हूँ तू भी चुप है
दुनिया है पत्थर की बस्ती..."

आज मास्टरजी की बेटी की शादी के लिए पंचायत फ़ैसला कर रही है। महकू साज़िश तैयार करता है और पंचायत फैसला करती है। महकू ठेकेदार साहिब के लिए मंजू के रिश्ते की बात तय करता है।

नर्गिस गा रही है–

ग़म का फ़साना किसको सुनाएँ
टूटा हुआ दिल कैसे दिखाएँ
तेरा भला हो तड़पाने वाले
दिल दे रहा है तुझ को दुआएँ

नर्गिस का profile होंठ और माथा। आँख में आँसू। एक बड़े क्लोज़अप में नर्गिस की आँखों का राज़ खुला। उसके होंठों पर गीत के यह बोल हैं–

"...तुझको क़सम है ऐसे में आजा
फिर ये ज़माने शायद न आयें..."

मोहन अचानक जागता है। "आज क्या दिन है, शनिवार आज मेरी शादी का दिन है। मुझे जाना चाहिए।"

मंजू दुल्हन बनी हुई है। उसने झूमर पहन लिया है। उसने कानों में झुमके पहन लिये हैं। बाजे बज रहे हैं। वह अग्नि के सामने बैठी है। यह उसके बन्धन का समय है। उसको फूलों के हार से सजाया गया है। वह अपनी सहेली के गले से लग कर रो रही है। "ये क्या हो गया?" सहेली कहती है। "क़िस्मत के लिखे को कौन मिटा सकता है?" मंजू दुल्हन बनी हुई है और उसके हाथ में मोहन की मूर्ति है। डोली कहार लेकर जाते हैं। मोहन बैलगाड़ी दौड़ाता हुआ आ रहा है।

ऐसे समय में गीत ही सफ़र को आसान बनाते हैं। मोहन गा रहा है, मुकेश की आवाज़ में–

"...गाए जा गीत मिलन के
तू अपनी लगन के
सजन घर जाना है..."

मोहन की दाढ़ी बढ़ी हुई है। उसके चेहरे पर मुस्कुराहट है।

"...बालम तेरा तुझको पुकारे
याद आने वाले सुन
साथ मिलेंगे बचपन के
खिलेंगे फूल मन के
सजन घर जाना है..."

मंजू डोली में अपने कानों पर हाथ रखती है। बैलगाड़ी में गाता हुआ वह गाँव की ओर जा रहा है। मंजू डोली में गाँव से दूर जा रही है।

मोहन प्रेम द्वारे जाने के लिए अपनी मंजू को पुकार रहा है–

"...धरती को आकाश पुकारे
आजा आजा प्रेम द्वारे
आना ही होगा..."

बसन्ती आती है। मोहन सहसा कहता है, "मंजू कहाँ है?" बसन्ती उसको बताती है कि मोहन ने तो किसी लाल परी को अपने पल्लू से बाँध लिया था। "अरी पगली" वह मुस्कुरा कर कहता है "आसमान पर चाँद भी निकलता है और सूरज भी, लेकिन पतंगा अपना दीप छोड़ कर किसी की तरफ़ नहीं देखता। मैं तो शहर में गाड़ी के नीचे आ गया था। पाँच दिन हस्पताल में पड़ा रहा, आज इजाज़त मिली है तो भागा आया हूँ।"

"तुम्हारा संसार लूट लिया है गाँव वालों ने।" "क्या हुआ बसन्ती, क्या हुआ, क्या हुआ?"

"वो परायी हो गयी।"

उसके बाद मोहन की हालत को सँभालने के लिए दिलीप कुमार काम आता है। दिलीप का हाथ मुँह से सर तक जाता है अभी जैसे कोई रग फट जायेगी। मुँह खुला है। आँखें अन्धी हैं, न देखती हैं। शायद पत्थर हो गयी हैं। "ये क्या हो गया? ये क्या हो गया बचपन के साथी? वो सब वादे, ये क्या हो गया?"

वह बाल आश्रम को तोड़ता है। "ये क्यों रह गया है?"

बसन्ती उसको बताती है, "ये आग महकू ने लगायी है।"

अँधेरा और रोशनी। चेहरा आधा दिखायी देता है। एक आँख नज़र आती है। उसके हाथ में ख़ंजर है। "महकू, अब तेरे मरने का वक़्त आ गया है।"

मोहन चकित है। ख़ंजर उसके हाथ से गिरता है। सामने महकू उसके पाँव में पड़ा है। मोहन कहता है, "तूने मेरे चरणों की पनाह ली है। उस गाँव में पनाह लेने वाले पर कोई हाथ नहीं उठाता।"

मोहन की Moral Commitment...!

और गाँव वालों की morality यह है कि उन्होंने मोहन की पीठ पर पीछे से वार किया है। आस्तीन के साँप!

मोहन घर आता है। बाप मृत्यु द्वार पर खड़ा है।

"बापू, ये सब कैसे हो गया? ये सब क्या हो गया?"

"तू रो रहा है पगले, रोने से क्या होता है? आज मैं हँसूँगा ऐसी हँसी जो बाप और बेटे, दोनों का घाव भर दे।"

"ऐसी हँसी दुनिया में कहाँ है बापू?"

यह वाक्य शब्दों में नहीं, आँसुओं में बयान हुआ है। इस वाक्य में दिलीप कुमार की आवाज़ के आँखों से ख़ून के आँसू गिर रहे हैं। आवाज़ आँख बन गयी है। आँख पत्थर बन गयी है। पत्थर पिघल कर आँसू बन गये हैं।

"एक बार हँस दे अपने बाप की ख़ातिर बेटा।"

"हँस रहा हूँ। मैं हँस रहा हूँ तुम्हारी ख़ातिर बापू। हँस रहा हूँ।"

"यूँ ही हँसते रहना मेरे लाल।"

आँसू हँसते हैं। हँसी रो रही है। दिलीप का चेहरा है या कोई प्रयोगशाला?

कौन-सा प्रयोग अब बाक़ी रह गया है। आँसुओं को उसने हँसना सिखा दिया। हँसी को रोने का सलीक़ा बता दिया।

"बेटा, वही गाना सुना।"

"गाना सुनोगे?"

"...धरती को आकाश पुकारे
आजा आजा प्रेम द्वारे
आना ही होगा..."

बाप मरता है। मोहन की आँखों में जीवन तड़पता है। एक बड़े क्लोज़अप में दिलीप का चेहरा। आँसू, आँखें और सन्नाटे का तूफ़ान!

इस मौक़े पर परवीन शाकिर का शे'र याद आता है।

मेरे दिल, आँसुओं से हाथ उठा
कैसी बारिश से ज़ख़्म धोता है

"ऐसी हँसी दुनिया में कहाँ है बापू?"

फ़िल्म आगे की तरफ़ चल रही है। दिलीप कुमार का वाक्य हमें पीछे की ओर ले जा रहा है। इस वाक्य का प्रभाव बहुत तीव्र है और उसकी प्रतिक्रिया असहनीय है। यह छोटा-सा सीन दुखद अभिनय का प्रैक्टिकल है। सिर्फ़ इस सीन को देख कर अदाकारी सीखी जा सकती है।

"ऐसी हँसी दुनिया में कहाँ है बापू?"

आवाज़ दिल में उतरती है तो चेहरा आँखों में समा जाता है।

किसी में हिम्मत है तो इस घटना से बच कर दिखाए!

"फूल खिलेंगे बरसात में जैसे
आज ज़रा हँस-हँस कर रो लो"

मोहन ज़ेवर ख़रीदने गया था। मोहन के ख़्वाब टूट गये। मंजू सुहागन बन कर बैठी है। एक आदमी उसका घूँघट उठाता है। वह चीख़ उठता है। "ये मैं क्या देख रहा हूँ? एक मुँह बन्द कली को बाग़ से तोड़ कर मेरे रास्ते में डाल दिया गया है। ये लगन नहीं, अत्याचार है। महकू और मेरी बहन ने धोखा दिया है।"

मंजू कहती है, "ये अत्याचार नया नहीं, बहुत पुराना है। अब इस धोखे का कोई उतार धर्म और समाज में नहीं। ये जीवन और मरन की डोर है। अब डोर कोई नहीं तोड़ सकता।" बूढ़ा आदमी कहता है, "देवी, मैं निर्दोष हूँ। मैंने चार बच्चों के लिए ब्याह करना चाहा था। ये मैले-कुचैले और घिनावने बच्चे भारत माता की गोद के चमकदार मोती हैं। तुम माँ बन कर उनके सर पर मुहब्बत का हाथ रख दो, यही मेरी अन्तिम कामना है।"

मंजू की अन्तिम कामना क्या है, कोई नहीं जानता। मोहन दीवार के साथ लग कर बैठा हुआ है। उसके चेहरे का साया दीवार पर पड़ रहा है। मोहन का चेहरा ख़ामोश है और साया बोल रहा है। मोहन एक साया ही तो है। मंजू एक परछाईं ही तो है। मोहन एक बूढ़े की जान बचा कर उसको घर छोड़ने आता है। "देवा, आज तो भगवान आदमी के रूप में आ गया।"

"आपकी जान बचाई है तो हमारे भी भगवान हैं।" सफ़ेद साड़ी में सर को ढाँपे हुए एक देवी दूध का गिलास लेकर आती है।

"उसे वापस ले जाओ। भगवान चले गये।" बच्चे एक पिटारी लाकर देते हैं, उसमें मूर्ति है। मंजू मूर्ति को थाम लेती है। वह क्या बात कह देती है, "वह आदमी जो मूर्ति भूल गया उसके बाल तो नहीं उलझे हुए हैं?"

मंजू के होंठों के पास एक आँसू रुक गया है। होंठ बन्द हैं। आँसू बोल रहा है। मोहन अचानक देखता है कि बैलगाड़ी में उसकी मूर्ति वाली पिटारी नहीं है। वह पागलों की तरह रेलवे लाइन पर, सड़कों पर जिधर-जिधर से गुज़रा है, वह उस मूर्ति को ढूँढ़ता है, देवी के घर तक आता है। बूढ़ा आदमी उसको अन्दर आने को कहता है। "बैठने का वक़्त नहीं है मेरे पास, उस पिटारी में मेरी आख़िरी पूँजी थी। उसके खो जाने से मेरा बहुत कुछ खो जायेगा।"

मंजू अपनी मुहब्बत की निशानी वापस लेकर मोहन की मुहब्बत की निशानी उस मूर्ति की पिटारी में रख कर भेजती है।

मोहन टूटी हुई मूर्ति को देखता है। "मैं देवी का एहसान कभी नहीं भूलूँगा। उनसे कहिए कि खिलौने से खेलने वाले पागल ने उन्हें प्रणाम किया है।"

मोहन गाना गा रहा है–

"...मेरा दिल तोड़ने वाले
मेरे दिल की दुआ लेना..."

मंजू भी गा रही है–

"...मुहब्बत की क़सम तुमको
दिल की लगी बुझा देना
हमारी याद जब आये
तो दो आँसू बहा लेना..."

मंजू का सुहाग उजड़ता है। मंजू के पिताजी अपनी पत्नी से कहते हैं, "तुमने मेरी बच्ची को ऐसी नाव में बिठाया था जो किनारे पर पहुँचने से पहले डूब जाये।" मंजू पर अब उस घर में क़यामत टूट पड़ी है। उसको धक्के दे कर घर से निकाला जाता है। लेकिन वह अपने पति की अन्तिम कामना पूरी करने के लिए घर से बाहर क़दम नहीं रखती है।

बसन्ती मोहन को कहती है, "कितना दुःख सहन करोगे?" "जितना भाग्य में लिखा है" "उसका पति मरा है, उसकी इज़्ज़त तो नहीं मरी?" "मुझे उससे मुहब्बत है। मैं उसकी रुस्वाई नहीं देख सकूँगा। चाँद आसमान से दूर रह कर भी नदी की गोद से दूर नहीं होता।"

जब कोई शब्द दुःख का सहारा बने तो कबीरदास का दोहा ज़रूरतमन्दों के होंठों तक पहुँच जाता है।

प्रीतम ये मत जानो तुम बिसरे मोहे चैन।
जैसे मन की लाकड़ी में सुलगत हों दिन रैन॥

मंजू की आँखों से आँसू और होंठों से शब्द जैसे ख़ुद-ब-ख़ुद झड़ने लगे हों। "बिदाई देने आयी हूँ। सगाई जो हो रही है तुम्हारी।"

"सगाई जीने वालों की हुआ करती है मंजू। मैं तो उसी दिन मर गया था जब तुम डोली में बैठ कर इस गाँव से चली थी। मुझसे कहा था कि मर कर भी साथ न छूटेगा, और तुमने तो जीते-जी ही दामन छुड़ा लिया मंजू। ऐसा क्यों किया? ऐसा क्यों किया?"

"मैंने अपनी ज़िन्दगी तुम्हें सौंपी थी, तुम सँभाल न सके। अब शरीर दूसरे का हो गया है, सिर्फ़ आत्मा तुम्हारी है। आत्मा से आत्मा तब ही मिल सकती है जब जीवन की दीवार रास्ते से हट जाये।"

"मंजू!" मोहन की आवाज़ दिल से निकल कर होंठों से हवा में उड़ती हुई नज़र आती है।

"वो देखो, तूफ़ान आ रहा है। मुझे वापस जाना चाहिए। मुझे वापस जाना चाहिए।"

"तुम चली जाओगी मंजू?"

"हाँ मोहन, मुझे जाना ही होगा। मुझे जाना ही होगा। हमारा तुम्हारा मेल इस दुनिया के लिए नहीं है।

"मोहन।"

"मंजू।"

"मत जाओ मंजू।"

"नहीं मोहन, अब हमारे रास्ते दो हो चुके हैं। तुम्हें उस तरफ़ और मुझे इस तरफ़ जाना है।"

तूफ़ान! आँधी!! पेड़ टूट कर गिर रहे हैं। मोहन और मंजू एक-दूसरे की ओर देख रहे हैं। उनके अन्दर का तूफ़ान बाहर के तूफ़ान से बेख़बर है। मंजू कहती है, "अब हमारे रास्ते दो हो चुके हैं।"

बेबसी के रास्ते पर
क्या अजब दोराहा है

पेड़ टूट कर गिरता है। मंजू गिरती है। "ज़िन्दगी की डोर टूट गयी मंजू।"

लकड़ी जल कोयला भई, कोयला जल भई राख
मैं पापिन ऐसी जली कोयला भई न राख

बसन्ती गाँव से मंजू के दिल की राख कुरेदने आयी है, "मोहन को क्यों भूल रही है?"

मंजू कहती है, "एक स्त्री, एक माँ, एक विधवा, एक चिन्गारी से तीनों धर्मों का दामन जलाने आयी हो?" बसन्ती मंजू को दोष देती है "तुमने गाँव के सबसे ख़ूबसूरत फूल को पैरों से कुचल दिया।"

मंजू गीत गा रही है–

"...तकदीर बनी बन कर बिगड़ी
दुनिया ने हमें बरबाद किया
ऐ इश्क़ के मारो तुम ही कहो
क़िस्मत ने कैसे आबाद किया..."

मंजू अपने ही प्रश्नों के भँवर में फँस कर रह गयी है। उसके कमरे में रोशनी और अँधेरा है। लैम्प हिल रहा है। वह अँधेरे और उजाले में डूबती और उभरती है।

एक आवाज़ की आँधी उसको उड़ा कर ले जा रही है।

"...धरती को आकाश पुकारे
आजा आजा प्रेम द्वारे
आना ही होगा..."

मंजू प्रेम द्वारे खड़ी है। मोहन टूटी हुई मूर्ति को जोड़ रहा है। उसके कानों में आवाज़ आती है। वह भागता है जैसे कोई अन्धा हो। गिरता-टकराता वह प्रेम द्वारे पहुँचता है।

"मंजू, तुम कहाँ?"

लेकिन मुहब्बत की डोर नहीं टूट सकती। मोहन अपनी मंजू को अपनी बाँहों में लिये बैठा हुआ है।

"तुम दुनिया के लिए मर गयी हो मंजू, मगर मेरे लिए ज़िन्दा हो। हमेशा ज़िन्दा रहोगी। अब तुम्हें कोई और नहीं पा सकता। आज से तुम मेरी हो, सिर्फ़ मेरी। हमेशा मेरी रहोगी।"

"...धरती को आकाश पुकारे
आजा आजा प्रेम द्वारे
आना ही होगा..."

बैकग्राउण्ड संगीत बज रहा है।

मोहन के हाथों में मंजू की लाश है। ऐसी विपदा जीवन में किसी के साथ नहीं घटी होगी जो मोहन के साथ हुई। उस पर मंजू के क़त्ल का इल्ज़ाम है।

मोहन ख़ामोश है। अदालत फ़ैसला सुनाती है–बीस वर्ष क़ैद बामशक्क़त का हुक्म। मिलनपुर का मेला हर साल लगता है। मेला लगा हुआ है।

"...ये ज़िन्दगी के मेले
दुनिया में कम न होंगे

अफ़सोस हम न होंगे
कोई न साथ देगा
सब कुछ यहीं रहेगा
जायेंगे हम अकेले
ये ज़िन्दगी के मेले...”

एक बूढ़ा आदमी जिसको पहचानना मुश्किल है, मेले में खड़ा है। अभी-अभी उसको जेल से रिहाई मिली है। एक पेड़ की सूखी हुई टहनी है और उन पर शकील बदायुँनी का यह शे'र ओवरलैप हो रहा है।

वही ज़िन्दगी, वही मरहले, वही कारवाँ, वही रास्ते
मगर अपने-अपने मक़ाम पर कभी तुम नहीं, कभी हम नहीं

बूढ़े के जीवन की कहानी पीछे जाती है। हम कहानी के अन्त पर खड़े हैं।

मोहन बूढ़ा हो गया है। मंजू के सिवा उसको कौन पहचान सकता है? मोहन के कान उसकी आवाज़ सुन रहे हैं।

“...धरती को आकाश पुकारे
आजा आजा प्रेम द्वारे
आना ही होगा...”

मोहन प्रेम द्वारे पर आ गया है। सामने मंजू की आत्मा खड़ी है।

“मैं आ रहा हूँ।” वह मंजू की आत्मा की ओर बढ़ रहा है। वह चलता जा रहा है।

मंजू की आत्मा के पास जा रहा है। मंजू ने कहा था, “आत्मा से आत्मा जब ही मिल सकती है जब जीवन की दीवार रास्ते से हट जाये।”

मोहन जीवन की दीवार रास्ते से हटा देता है। वह मंजू के पास पहुँच जाता है। प्रेम द्वारे के ऊँचे टीले से वह नीचे गिरता है और जीवन की दीवार ढह जाती है।

“...ये ज़िन्दगी के मेले
दुनिया में कम न होंगे
अफ़सोस हम न होंगे...”

मोहम्मद रफ़ी का यह गाना पृथ्वी पर शायद ही कोई ऐसी जगह हो जहाँ न सुनायी दिया हो।

EROS
INTERNATIONAL
B U
ANDAZ

अन्दाज़

'अन्दाज़' का दिलीप नैना से कहता है,

"आज कितनी मुद्दत के बाद तुम्हें मुस्कुराते हुए देख रहा हूँ। वो मुस्कुराहट, जो पत्थर में भी ज़िन्दगी की लहर दौड़ा दे।"

अन्दाज़ की नैना जो नर्गिस है, दिलीप को जवाब देती है, "ये तो पूछिए कि आज मेरी ज़िन्दगी में ख़ुशी के चिराग़ क्यों जल रहे हैं।"

"आप से पूछने की ज़रूरत नहीं। मैं अपनी आँखों से इस मुस्कुराहट में अपनी तक़दीर को जगमगाता हुआ देख रहा हूँ।" दिलीप के चेहरे पर ख़ुशी, आँखों में सपने और होंठों पर मुस्कुराहट है। वह अपनी मुहब्बत को पा लेने की कल्पना से अपनी भावनाओं पर क़ाबू नहीं पा रहा है।

नैना अपने ख़्वाब में खोई हुई उसको कहती है, "यूँ कहिए कि आज मुद्दत के बाद मेरी क़िस्मत मुस्कुराई है।"

"फिर तो आज आसमान से फूल बरसेंगे, ज़मीन नाचेगी और हम दोनों ख़ुशी के तराने गाते हुए आकाश में उड़ते हुए जाकर चाँद से मिलेंगे।" दिल में ख़ुशी हो तो पूरा अस्तित्व उस ख़ुशी का इज़हार करता हुआ नज़र आता है। दिलीप कुमार को देखते हुए यह बात बड़ी तीव्रता के साथ महसूस होती है।

फ़िल्म 'अन्दाज़' के इस दृश्य में दिलीप के चेहरे पर ख़ुशी और मुस्कुराहट की यह आख़िरी झलक थी। उसके बाद अगले संवाद में नैना दिलीप के वजूद से ख़ुशी की भावना को हमेशा के लिए ख़त्म कर देती है। एक संवाद और एक शॉट में फ़िल्म की कहानी ज़मीन से उड़ कर आसमान तक पहुँचती है और वह आदमी जो आकाश पर उड़ने के लिए पर तोल रहा था, धड़ाम से धरती पर आ गिरता है।

नैना नहीं जानती कि दिलीप के वजूद पर कैसा आसमान टूट पड़ा है जब वह उसको कहती है, "चाँद हमसे मिलने के लिए ख़ुद ज़मीन पर उतर आयेगा।"

निर्देशक महबूब ने इस संवाद के बाद सीन बदला है। अगले एक शॉट में कहानी को उलट कर रख दिया है। सुलगते हुए अंगारों जैसी भावना पर बर्फ़ गिरा दी। सब कुछ ख़त्म हो गया। दिलीप की मुहब्बत बढ़ने से पहले क़त्ल कर दी गयी।

'चाँद हमसे मिलने के लिए ख़ुद ज़मीन पर उतर आयेगा!'

एक जहाज़ ज़मीन पर उतरता है और उसमें से नैना का चाँद ज़मीन पर क़दम रखता है। यह राजन है। नैना का राजन, जिसकी प्रतीक्षा में वह प्रतीक्षा का मज़ा लेना सीख गयी थी।

मक़तूल मुहब्बत को दिल की अर्थी में लिये हुए दिलीप एयरपोर्ट पर खड़ा है। निर्देशक महबूब ने दिलीप की एक insertion में उसके चेहरे पर उड़े हुए रंग दिखा कर उसकी आन्तरिक भावनाओं को बड़ी सुन्दरता के साथ बयान कर दिया है।

एक नज़र वह राजन को देखता है और एक नज़र नैना पर डालता है। उसके बाद दुनिया में उसके देखने के लिए कुछ बाक़ी नहीं रहता।

इस अवसर पर मुनीर नियाज़ी याद आता है–

मैं तो उसको देखते ही जैसे पत्थर हो गया
बात तक मुँह से न निकली बेवफ़ा के सामने

प्यानो पर उसकी उँगलियाँ उसके अस्तित्व के दर्द का गीत छेड़ती हैं। दिलीप के सामने नैना और राजन हैं। वह गा रहा है।

"टूटे न दिल टूटे ना
साथ हमारा छूटे ना"

टूटे हुए दिल के टूटे हुए अहंभाव को बचाने के लिए कभी कोई हल्की-सी मुस्कुराहट की परछाईं उसके चेहरे पर उभर कर मिट जाती है। इस गीत के दौरान एक सिंगल फ्रेम में हिन्दुस्तान के एक महान निर्देशक महबूब ने तीन बड़े कलाकारों दिलीप, राज और नर्गिस को एक साथ दिखाया है। यह फ्रेम एक ऐतिहासिक दृश्य प्रस्तुत करता है।

नर्गिस के कानों में बुन्दे और गले में सफ़ेद मोतियों की माला है। उसका महबूब घर आया है। वह ख़ुश है। उसको अपनी मुहब्बत मिल गयी है। राजन को अपनी महबूबा का साथ मिल गया है। दिलीप ने उन दोनों के बीच अपने टूटे हुए दिल की लाज बचाने की नाकाम कोशिश करते हुए कामयाब अभिनय का ऐसा प्रदर्शन किया है जो असम्भव दिखता है। यह वो मानसिक, हार्दिक और आत्मिक स्थिति है जिसमें कि इनसान अपने पाँव ज़मीन पर नहीं रख सकता है। ऐसे क्षण में इनसान को किसी दीवार की ज़रूरत होती है जिसका सहारा लेकर अपने अस्तित्व में समाप्त होती हुई ऊर्जा को वह बचा सके। एक ऐसी परिस्थिति को अभिनय के द्वारा व्यक्त करना एक बहुत ही कठिन काम है। संगीत एक माध्यम है जिसके द्वारा इनसान अपनी सबसे कोमल संवेदना और भावना को दूसरों तक पहुँचाने की कोशिश कर सकता है। चित्रकला, मूर्तिकला, और गद्य लेखन के माध्यम द्वारा बहुत हद तक यह कोशिश की जा सकती है। नृत्य और अभिनय की कलाओं के विस्तार की कोई

गिनती ही नहीं। इस बात का सबूत 'अन्दाज़' में दिलीप कुमार के अभिनय के ऊँचे स्तर से मिलता है। दिलीप के वजूद में जो conflict है वह इतना तीव्र है कि ऐसी स्थिति में शरीर के अंग भी काम करना बन्द कर देते हैं। एक ऐसी परिस्थिति को अपने काबू में रखने के लिए जो ताक़त प्रयोग हो सकती है वह स्वयं इनसान को बेक़ाबू कर देती है। यह वह परिस्थिति है जिसके द्वारा हम अभिनय की कला को सीख सकते हैं। अभिनय एक बौद्धिक प्रक्रिया है जिसके द्वारा अदाकार अपने वजूद के अन्दर होने वाले तूफ़ान पर क़ाबू पाने और उसी समय उस तूफ़ान को दूसरों तक पहुँचाने की प्रक्रिया से गुज़रता है।

दिलीप को हम बड़ी ही सफलता के साथ इस बौद्धिक प्रक्रिया द्वारा अपनी भावनाओं की अभिव्यक्ति करते हुए देखते हैं। एक जगह वह नर्गिस को कहता है, "आपने पहले क्यों नहीं मुझसे ज़िक्र किया?" नर्गिस कहती है, "आपको याद होगा जब आप पहली मर्तबा हमारे घर आये थे तो मैंने कहा था इन्तज़ार का लुत्फ़ वही जानता है जो इन्तज़ार करता है।"

नर्गिस इशारों और बातों में दिलीप को बताती रही और दिलीप उसकी मुहब्बत में दीवाना होता रहा। नर्गिस ने उसको कहा कि आप कोई मेरी सहेली थे कि मैं अपनी प्रेम कथा लेकर सुनाने बैठ जाती, लेकिन अब आप मेरे दोस्त बन गये हैं। अब मैं आप को सुनाती हूँ।

अब नर्गिस क्या सुनाएगी? ...सुनाने को क्या बाक़ी रह गया है?

फ़ैज़ का एक शे'र है–

'इक तेरी दीद छिन गयी मुझसे
वरना दुनिया में क्या नहीं बाकी'

जब मुहब्बत लुट चुकी तो मुहब्बत की अभिव्यक्ति हुई। एक जगह नर्गिस दिलीप को ढूँढते हुए उसके पास आती है। वह उसको कहता है, "आज दुनिया की हर चीज़ बेक़रार है। मैं भी अपने बेक़रार दिल को चैन देने के लिए उसे दूर ले जा रहा हूँ। आप मुझे अब नहीं रोक सकती।"

नर्गिस कहती है, "मुझसे कोई ग़लती हुई?"

"नहीं, ग़लती मुझसे हुई। यही कि मैं आपसे मुहब्बत करता हूँ।"

संगीतकार नौशाद के प्लेबैक संगीत ने जो धुन बजाई है उसने इस सीन में तूफ़ान मचा दिया है। यह तूफ़ान नर्गिस को अपनी लपेट में लेने लगता है तो वह तेज़ी से पाँव उठाते हुए चली जाती है।

"मैंने हमेशा आपको अपना दोस्त समझा। चले जाइए। आप यहाँ से चले जाइए। मैं राजन के सिवा किसी से मुहब्बत नहीं करती।"

नर्गिस अपनी मुहब्बत का ऐलान करके चली जाती है और दिलीप अपनी मुहब्बत के इज़हार पर हैरान खड़ा है–

'और क्या देखने को बाक़ी है
आप से दिल लगा के देख लिया'

राज और नर्गिस की शादी पर वह प्यानो पर गीत गाता है। नौशाद का संगीत, मजरूह सुल्तानपुरी के बोल, कुकू का नृत्य और दिलीप की टूटी-हारी हुई मुहब्बत की भावना की अभिव्यक्ति फ़िल्म के सीन को यादगार बनाता है–

"...झूम-झूम के नाचो आज गाओ ख़ुशी के गीत
आज किसी की हार हुई है आज किसी की जीत..."

नर्गिस अपने पति के चरणों में सिर रखती है। राज उसको अपने सीने के साथ लगा कर कहता है, "तुम्हारी जगह मेरे चरणों में नहीं, मेरे दिल में है।"

राज और नर्गिस की मुहब्बत के शान्त दरिया में दिलीप का वाक्य कंकर बन कर गिरता है और उसमें हलचल मचाता रहता है। वह अपनी कल्पना में, अपने ख़्वाब में दिलीप का यह वाक्य सुन कर परेशान रहने लगती है। एक बार वह राज को कहती है, "डरना कोई मेरे बस की बात है?" नर्गिस के ज़ेहन पर दिलीप का यह वाक्य–'मैं तुमसे मुहब्बत करता हूँ', गूँजता रहता है।

दिलीप उसको कहता है, "तुम मुझसे मुहब्बत करती हो। ऐसी मुहब्बत को कभी-कभी इनसान ख़ुद नहीं समझता, समझने की कोशिश करो" नर्गिस उसको जवाब देती है कि राजन मेरा भगवान है।

भयभीत नर्गिस इस बात से परेशान है कि अगर राजन को पता चल गया कि दिलीप उससे मुहब्बत करता है तो...

वह डरती है लेकिन यह नहीं जानती कि अपनी बच्ची की सालगिरह पर जब बिजली ऑफ़ हो गयी थी तो उसने अँधेरे में जो बात दिलीप से कहनी चाही थी वह राज को सुना दी थी।

राज उस पर शक करने लगता है। वह राज के कोट के कॉलर पर फूल लगाती है। राज कहता है, "इसमें ख़ुशबू नहीं है।"

"क्या वाक़ई तुम्हें इस फूल में ख़ुशबू मालूम नहीं होती?"

नर्गिस के सवाल पर राज उसको कहता है, "मुझे नज़ला हो गया है" वह फूल फेंक देता है। दिलीप कमरे में प्रवेश करता है और फूल को दोनों हाथों में पकड़ लेता है। वह राज के कॉलर पर फूल लगाता है।

शक की आग में जलता हुआ राज कहता है कि वह जानता है कि यह फूल कहाँ सजता है।

दिलीप ग़लतफ़हमी दूर करने की कोशिश करता है लेकिन राज किसी व्याख्या की आवश्यकता महसूस नहीं करता और गुस्से की हालत में बैडमिन्टन का रैकेट दिलीप के सर पर दे मारता है। दिलीप सीढ़ियों से नीचे गिरता है। उसके सर पर

चोट आती है और वह हस्पताल में है। नर्गिस डॉक्टर से विनती करती हुई कहती है, "डॉक्टर बाबू, इसे बचा लो। इसको मरना नहीं चाहिए डॉक्टर। मेरी ज़िन्दगी ले लो लेकिन इसे मौत के मुँह से छीन लो। अब उसकी ज़िन्दगी में मेरी ज़िन्दगी है।"

निर्देशक महबूब ने इस संवाद को काफ़ी नाटकीय अन्दाज़ में नर्गिस से करवाया है। नर्गिस वीरान आँखों, ग़म में डूबे हुए चेहरे और बिखरे हुए बालों से दिलीप को देखते हुए कहती है, "दिलीप, तुम नहीं मर सकते" दिलीप होश में आता है, "मैं कभी नहीं मर सकता" उसके सीने में भी बदले की आग भड़क रही है। वह नर्गिस पर आक्रामक होता है लेकिन निढाल होकर गिर पड़ता है।

राज अपनी बच्ची को लेकर अपनी माँ के घर चला जाता है। नर्गिस उससे मिलने जाती है। शक और ईर्ष्या की आग में जलता हुआ राज उसको कहता है, "तुम्हारे पास दौलत है, सुन्दरता है, मुहब्बत करने वाला दिल है। एक राजन नहीं तो क्या हुआ?"

नर्गिस एक उदास गीत गा रही है–

'...तोड़ दिया दिल मेरा
ख़ूब ये बदला दिया...'

नर्गिस के हाथ में पिस्तौल है और वह दिलीप को कहती है, "कभी तुम्हारी दोस्ती पर नाज़ था। मैं एक शादीशुदा औरत हूँ।" वह दिलीप को निशाना बनाती है।

दिलीप उसको कहता है, "चलाओ। तुम मुझे नहीं मार सकती। इसलिए कि तुम मुझसे मुहब्बत करती हो। तुम झूठ बोलती हो।"

नर्गिस गुस्से में जवाब देती है कि वह राजन के सिवा किसी से मुहब्बत नहीं करती।

दिलीप बार-बार यह बात दोहराता है, "तुम मुझसे मुहब्बत करती हो।

निर्देशक महबूब की फ़िल्म 'अन्दाज़' का यह सीन मुहब्बत के स्टेज पर दो मुहब्बत करने वालों के बीच जुर्मो-सज़ा की कहानी में बदल रहा है। मुहब्बत की तीव्रता अन्त में नफ़रत और इन्तक़ाम में ढल जाती है। यह एक नाटकीय दृश्य है।

मुहब्बत से भयभीत औरत और मुहब्बत में ठुकराया हुआ एक इनसान, दोनों एक-दूसरे की जान लेने पर तुले हैं।

नर्गिस गोली चला देती है।

दिलीप मरता है।

राज अदालत के कटघरे में खड़ा बयान दे रहा है।

यह है मॉडर्न समाज की जीती-जागती तस्वीर, जो अपने पति की तसल्ली के लिए अपने प्रेमी को दोस्त के नाम से पुकारती है।

नर्गिस कटघरे में खड़ी है। अपना बयान दे रही है,

"मैंने दुनिया की कभी परवाह नहीं की। कभी अपने डैडी की बात नहीं मानी। दिलीप मेरा दोस्त था। मैने उसका ख़ून किया है। मुझे सज़ा मिलनी चाहिए।"

दिलीप का ख़त राज पर यह भेद खोलता है कि हिन्दुस्तानी औरत सिर्फ़ एक बार और एक इनसान से मुहब्बत करती है और वह है—राजन।

अदालत नर्गिस को काले पानी की सज़ा सुनाती है। आख़िरी सीन में नर्गिस राज से मिलती है और उसको कहती है, "तुम्हारी जगह कोई भी होता वह इसी तरह शक करता। मेरी बच्ची को ऐसे माहौल से दूर रखना।"

फ़िल्म 'अन्दाज़' मुहब्बत का एक त्रिकोण (Triangle) थी। मुहब्बत की कहानी।

निर्देशक महबूब और लेखक ने मुहब्बत की कहानी को जुर्मो-सज़ा की कहानी बनाना क्यों ज़रूरी समझा, यह बात समझ में नहीं आती।

फ़िल्म अपने climax की ओर बढ़ती जा रही है और ऐसा लगता है कि निर्देशक के लिए परेशानी का कारण बनती जा रही है। निर्देशक अपने विषय और मॉडर्न सोसायटी के बारे में कन्फ़्यूज़्ड है। वह मॉडर्न सोसायटी के बारे में उथली और अवास्तविक विचारधारा का प्रचार करने की कोशिश में मुहब्बत के त्रिकोण की वास्तविक लीक से बहुत दूर हट गया है। यह कितनी अवास्तविक बात है कि नर्गिस अपने पूरे जीवन को नकारते हुए अपनी बच्ची को इस माहौल से बहुत दूर रखने का भाषण देती है।

मुहब्बत के मूल्यों को सामाजिक मूल्यों के प्रभाव से जोड़ने में फ़िल्म 'अन्दाज़' बुरी तरह असफल हुई है। ऐसा लगता है कि निर्देशक को और कोई रास्ता नज़र नहीं आया कि वह अपने पात्रों को किस तरह उसके तार्किक अन्त तक पहुँचा कर फ़िल्म के दर्शकों से विदा ले।

दिलीप कुमार, राज कपूर और नर्गिस की अदाकारी, नौशाद के संगीत, मजरूह सुल्तानपुरी के यादगार गीतों और निर्देशक महबूब के बेहतरीन कैमरा वर्क ने फ़िल्म 'अन्दाज़' को कामयाब बनाया लेकिन फ़िल्म 'अन्दाज़' में Affluent class की वास्तविकताओं की अनदेखी की गयी।

'अन्दाज़' में वास्तविकता नज़रअन्दाज़ हो गयी।

IT'S A SPARK PRESENTATION
RANJIT PRESENTS
JOGAN
U
CHANDULAL J. SHAH
KIDAR SHARMA
BULO C. RANI

जोगन

दिलीप कहता है। अब समझा। आपकी आँखों में जो ये दर्द है घोर निराशा है। मीठे सपनों की एक समाधि है। एक सहमी हुई फ़रियाद है।

नर्गिस कहती है। तुम मुझे एक खुली किताब की तरह पढ़ लेते हो! बीती बातें मैं याद करना नहीं चाहती और उससे लाभ भी क्या!

दिल खोल कर बातें करने से मन का बोझ हलका होगा!

जिन लोगों ने जोगन में दिलीप कुमार को यह संवाद कहते हुए देखा है वह जानते हैं कि यह संवाद सुन कर दिल का बोझ कैसे हलका होता है। बड़े कलाकार का यह काम है कि वह अपनी कला से दूसरों का बोझ हलका कर दे।

दिल खोल कर बातें करने से मन का बोझ हलका होगा।

नर्गिस कहती है तुमसे मिलने से पहले मेरे मन में शान्ति थी।

प्रेम और धर्म का यह खेल।

जोगन और नास्तिक का यह यादगार ड्रामा, यह कभी नहीं भूलने वाला नाटक। केदार शर्मा की जोगन जैसी फ़िल्म तो फिर नहीं देखी!

वह मुहब्बत के फूल हाथों में लिए फिरता है,
वह मुहब्बत को छुपाए फिरती है,
वह बार-बार दिल के दरवाज़े खटखटाता है,
वह बन्द करती रहती है,
वह सामना नहीं कर सकती,
वह दूर नहीं कर सकता,
वह मन्दिर के अन्दर बैठी है,
वह मन्दिर के बाहर खड़ा है,
वह भगवान को मानती है,
वह भगवान से भागा हुआ है,
वह आँखें बन्द रखती है,
वह पलक नहीं झपकता,

उसकी आँखें कुछ कहना चाहती हैं,
वह जानना नहीं चाहती,
वह और आगे बढ़ता है,
वह और पीछे हटती है,
प्रेम से डरकर वह गाँव छोड़ जाती है,
वह आख़िरी सीमा पर बैठा रहता है।

आख़िरी मुलाक़ात आख़िरी सीमा पर होती है। यह क्या कर दिया जोगन ने, मुहब्बत के बीच एक लकीर खींच दी, मुहब्बत की हद स्थापित कर दी, मुहब्बत की सीमा खड़ी कर दी। दुनिया में आज तक जितनी फ़िल्में देखीं, जितनी कहानियाँ पढ़ीं, जितने क़िस्से सुने, कभी जोगन जैसी लड़की नहीं देखी। रोमन पोलेन्की की फ़िल्म में जोगन से मिलती-जुलती एक नन देखी थी। जोगन की तरह प्रेम से डरी हुई, लेकिन जोगन के दिल का बोझ तो नास्तिक के फूलों से भी हलका नहीं हुआ।

हर कहानी, दास्तान और कथा का कोई न कोई लेखक होता है। जोगन का लेखन एक प्रश्नचिह्न ने किया है। जोगन का लेखक प्रश्नचिह्न है। इसलिए इस कहानी की ज़िम्मेदारी हम सब की है। हम सब लोग इस कहानी के लेखक हैं। हमारा समाज, हमारा धर्म, हमारे रीति-रिवाज, हमारे बन्धन इस फ़िल्म के असल लेखक हैं। जोगन समाज और धर्म ने लिखी है। केदार शर्मा ने तो यह कहानी हमें दिखायी है। आर्ट फ़िल्में बनाने वालों को केदार शर्मा की जोगन देख लेनी चाहिए। पचास वर्ष पूर्व जब यह शब्दावली भी नहीं थी तब यह जोगन बनी थी।

अपने विषय की जटिलता और बेबाकी के हवाले से जोगन पहली आर्ट फ़िल्म है। क्या ऐसे विषय पर आज कोई फ़िल्म बनाने की हिम्मत कर सकता है?

मैंने जोगन के लिए भी आर्ट फ़िल्म की शब्दावली का प्रयोग किया है। मैं All Art is Commercial की statement से सहमत हूँ। आर्ट में विभिन्न स्तर और दरजे उसको उच्च और निम्न कोटि में रखते हैं। इस बहस में फँस कर मैं जोगन के दुख और नास्तिक की बेचैनी को भुलाना नहीं चाहता।

जोगन गाँव छोड़ कर जा रही है। नास्तिक उसके चरणों में फूल रखता है। फूल भी उसका रास्ता नहीं रोक सकते। नास्तिक उसको कहता है।

गाँव छोड़ने का यकायक इरादा कर लिया।

क़दम क़दम पर मेरी शान्ति भंग होती है।

क्यों?

जब किसी वस्तु से मोह होने लगे उसे छोड़ना ही हमारा धर्म है।

जगह बदलने से मन दशा बदलेगी क्या?

जब चित्त चंचल होता है, मन गिरने लगता है तो इसे वश में लाने के लिए प्रायश्चित्त करना ज़रूरी है।

प्रायश्चित्त करके मन को बस में कर लेंगे उसके बाद?

उसके बाद जिस जगह, जिस विचार से मन की शान्ति भंग हो उससे सदा दूर रहना होगा। नास्तिक के दिल से एक आह निकलती है! सदा के लिए! तो क्या फिर कभी दर्शन नहीं होंगे?

कभी नहीं! यह दो शब्द जोगन कैसे कह गयी!

अगर तुम चाहते हो कि मेरा मन शान्त रहे तो उस तरफ़ जाके कभी क़दम न रखना ...समझ लो कि ये आख़िरी सीमा है! आख़िरी सीमा!

बड़े पेड़ के उस पार वह चली जाती है। इस पार नास्तिक उसको जाते हुए देखता रहता है। उन दोनों के बीच अब एक सीमा है।

जोगन कैसी डरी हुई है? अपने मन की शान्ति के लिए वह किसी को अशान्त भी कर सकती है!

धर्म के जिस रास्ते पर वह चल निकली है शायद अब उसका धर्म वही है। अपने मन की शान्ति के लिए हम दूसरों को आज़माइश में डालने के लिए कैसे तैयार हो जाते हैं?

नास्तिक का धर्म मुहब्बत का धर्म है। जोगन का धर्म प्रभु चरण में मन लगाना है।

जोगन कहती है, संसारी जिसे प्रेम कहते हैं उसे हम बैरीगी लोग मोह कहते हैं। मोह एक बन्धन है जिसे तोड़ना हमारा धर्म है।

नास्तिक कहता है, बेचैनी मेरा चैन है। अगर मेरे मन की अशान्ति दूर हो गयी तो मेरे जीवन में रहेगा क्या?

जोगन कहती है, मेरा एक काम करना!

वह अँगुली के इशारे से किताब की ओर देखती है। जोगन का अँगुली उठा कर किताब की ओर देखना यूँ लगता है कि जैसे उसकी ज़िन्दगी उस किताब में लिखे हुए सपनों का वह क़र्ज़ है जो वह उतार नहीं सकी! वह एक लड़की से कहती है!

मेरा एक काम करना। करोगी न। देखो वह पुस्तक है। उसे लेकर काले नगरी की ओर जाना, गाँव की सीमा पर एक बहुत बड़ा पेड़ है। वहाँ तुम्हें कोई बैठा हुआ मिलेगा। उसे दे देना।

उसका नाम?

नाम। नाम तो मुझे भी नहीं मालूम!

यह पुस्तक आप के लिए है! लड़की गाँव की सीमा पर आती है।

मेरे लिए! वह पुस्तक हाथों में लिए हुए उसको देखता है, उसमें मुरझाए हुए फूल भी हैं।

देवी की आज्ञा थी कि आपको सौंप दी जाये!

देवी की और क्या आज्ञा है।

चेहरे पर ख़ुशी के फीके रंग हैं। और नास्तिक कहता है।

क्या उनके दर्शन हो सकते हैं।

वह कहाँ हैं?

ओम प्रभु शान्ति।

अब तो आप उनकी समाधि के दर्शन कर सकते हैं।

नास्तिक समाधि के पास बैठा है। उसकी बाईं आँख से एक आँसू उभर कर पलक की सीमा पर रुक गया।

नास्तिक ने एक बार कहा था। अब समझा। आपकी आँखों में जो ये दर्द है। घोर निराशा है। मीठे सपनों की एक समाधि है। एक सहमी हुई फ़रियाद है।

वह अपने जीवन के सबसे मीठे सपने की समाधि पर बैठा हुआ है।

एक आँसू पलक पर है।

ख़ून के कई आँसू दिल में हैं।

मुहब्बत का दुःख कितना गहरा है। प्यार की कितनी कड़ी सज़ा है।

जीवन भर की पूँजी बस दो-चार मुलाक़ातें, दो-चार नज़रें, चन्द एक बातें, फूलों की भेंट और एक लम्बी जुदाई!

उसका प्रारम्भ कितना सम्मोहन था!

सुबह की वेला है, मन्दिर के पास परिन्दे उड़ कर गये हैं। वह नदी किनारे खड़ा है। मन्दिर में से मीराबाई का भजन एक जोगन के होंठों से निकल कर पूरे वातावरण पर छा गया है।

घूँघट के पट खोल रे
तोहे पिया मिलेंगे

सफ़ेद साड़ी और धर्म के बंधन में लिपटी हुई जोगन मन्दिर के अन्दर गा रही है। वह बाहर खड़ा सुन रहा है। नास्तिक सोचता है। गाने वालियों के घर जाने से जो क़दम डगमगाते नहीं वह मन्दिर में प्रवेश करने में क्यों संकोच कर रहे हैं। कोई देख ले और हँस कर कह दे कि यह नास्तिक और यहाँ।

नास्तिक रात सपनों में व्यतीत करता है। दिन चढ़ता है तो जोगन की आवाज़ कानों में पड़ती है।

मैं तो गिरिधर के घर जाऊँ
मेरी उनकी प्रीत पुरानी

नास्तिक मन्दिर में बैठी हुई जोगन को गहरी नज़रों से देख रहा है। माथे पर पसीना आ गया है। जोगन बाहर निकलती है। वह कहता है।

देवी!

अजनबी मालूम होते हो।

नहीं तो इसी गाँव में मेरा जन्म हुआ है।

दोपहर की कथा में किसी भी पुरुष का आना मना है!

ये मुझे मालूम नहीं था।

क्यों आये ...कथा सुनने?

नहीं। आप से बात करने ...!

पुरुषों के साथ मैं बात नहीं करती। क्या जानना चाहते हो?

इस उम्र में बैराग लेने का कारण!

संसार असार मालूम हुआ!

माफ़ कीजिए। साधु-सन्त के उपदेश से आपने संसार छोड़ा ये बात मेरा दिल नहीं मानता।

न मानने का कारण!

आपकी आँखों में छुपा हुआ दर्द!

आज भूल की है, फिर नहीं करना।

जोगन आगे बढ़ कर अन्दर चली जाती है और वह दरवाज़ा बन्द कर लेती है। ऐसा प्रतीत होता है कि अजनबी की बातों ने उसके दिल पर प्रभाव किया है। नास्तिक बाहर खड़ा है। उसके हाथ में कबूतर है। कबूतर के पर फड़फ़ड़ा रहे हैं।

केदार शर्मा ने दिखा दिया है कि जोगन के दिल की हालत भी कुछ ठीक नहीं है। उसके दिल में कबूतर नृत्य कर रहे हैं। वह बाहर आती है।

तुम क्यों? तुम किसलिए? यहाँ से चले जाओ तो उपकार होगा।

जोगन भजन रच रही है—

अरी मैं तो प्रेम दिबानी
मेरो दर्द न जाने कोय
घायल का गत घायल जाने
और न जाने कोय

घायल जोगन घायल की गत जानती है लेकिन नास्तिक के घायल मन को नहीं जानती। वह रास्ते में बैठा है। वह कहती है।

यहाँ आना बन्द कर दो तो उपकार होगा।

आपका भजन सुनने तो सारा गाँव आता है।

तुम्हारा आना मेरी शान्ति भंग कर रहा है। आज पहली बार मैंने भजन गाते हुए आँख उठा कर देखा।

अगर मेरे आने से आपको दुःख होता है तो मैं नहीं आऊँगा।

कितने दिन रहोगे गाँव में?

जाना तो मुझे एक-दो दिन में था मगर आपको देखने के बाद और आपके भजन सुनने के बाद कुछ दिन और ठहरने का इरादा है।

तो फिर सब के साथ क्यों नहीं बैठते। छुप कर क्यों सुनते हो ?

सारा गाँव जानता है कि मैं नास्तिक हूँ।

तो फिर क्या संगीत सुनने आते हो?

जी नहीं आपके दर्शन करने।

कल से नहीं आना।

ये आपका हुक्म है।

नहीं। विनती, देखते नहीं, पग-पग पर तुम मेरे नियम तोड़ रहे हो, पुरुषों के साथ न बात करने का मेरा नियम है।

आपके नियम और आपकी शान्ति में ख़लल डालने का मेरा इरादा नहीं। आपके सामने आये बग़ैर अगर मैं अपनी शान्ति के लिए कुछ करूँ तो आपको एतराज़ नहीं होगा।

नहीं! धीरे से वह कह कर चली जाती है। ऊँ प्रभु शान्ति। ऊँ प्रभु शान्ति। ऊँ प्रभु शान्ति का जाप करती है और नास्तिक प्रेम के जाप में मग्न है।

वह जोगन की चौखट पर फूल रखता है।

जोगन वह फूल उठा लेती है और एक शाम वह टूट कर रोती है, उसके दिल के शान्त पानी में यह फूल के नाज़ुक कंकर लहरें उत्पन्न कर रहे हैं। वह फूलों को हाथ में लिये नदी पर आती है।

तुम यहाँ इस वक़्त!

मैं हमेशा रात को यहाँ आता हूँ आपके भजन सुनने के लिए। मेरी चौखट पर ये फूल क्यों रख जाते हो?

आप इन्हें लिये-लिये क्यों फिरती हैं?

मैं इन्हें नदी में बहाने लायी हूँ। जोगन एक ऐसा वाक्य बोलती है कि जी चाहता है कि फ़िल्म रुक जाए और जी-भर कर इस अति सुन्दर संवाद का लुत्फ़ लिया जाये। मुहब्बत की ऐसी अभिव्यक्ति जोगन ही कर सकती है। नर्गिस अपनी कला की जोगन ही तो थी। अपनी कला की तपस्या करते-करते कलाकार बैरागी तो हो जाता है। जोगन कहती है।

तुम तो नहीं। मगर तुम्हारे ये फूल मेरी शान्ति भंग करते हैं!

इसलिए आप शान्ति मन्त्र का जाप करती हैं।

बरसों की कठिन तपस्या के बाद प्रभु भक्ति में सहम होता हुआ ये मन जब अशान्त होने लगे तो शान्ति मन्त्र का जाप करती हूँ।

देवी, तपस्या करने से सब कुछ मिल जाता है क्या?

सब कुछ। भगवान भी। मगर एक चित्त, एक ध्यान, एक लगन से तपस्या करो तो। तुमने तो ख़ूब क़ाबू किया अपने दिल को, तीन दिन तक मेरे सामने नहीं आये।

प्रेम और धर्म एक स्थान पर खड़े हैं।

तपस्या करने वाली दिन भी गिनती है।

और भगवान को न मानने वाला नास्तिक अपने मन पर क़ाबू भी रखता है।

नास्तिक सर झुका कर खड़ा है। आपकी इच्छा थी ना!

मन्दिर में आना चाहो तो आ सकते हो।

एक बात पूछ सकता हूँ।

मैं इस तरह इस वक़्त तुमसे बातें कर रही हूँ कोई देखे-सुने तो!

आप भी लोगों से डरती हैं।

लोगों से नहीं तुमसे, न जाने क्यों बार-बार तुमसे बातें करने को जी चाहता है और मेरे नियम टूटते जाते हैं।

आदमी आदमी से बात करे तो पाप होता है क्या?

मेरी तुम्हारी बातें धर्म शास्त्र की नहीं!

दुखियों से हमदर्दी जताना इनसान का फ़र्ज़ नहीं क्या?

संसार छोड़े हुए बैरागी को अनुकम्पा और दया की ज़रूरत नहीं। सुख-दुख कर्मों के अधीन हैं। उसके बग़ैर छुटकारा नहीं।

मैं जानना चाहता हूँ कि आपने संसार क्यों छोड़ा। ये बैराग क्यों लिया?

जान कर क्या करोगे?

मेरे मन को शान्ति मिलेगी। दिन-रात आठों पहर मुझे यही ख़याल सताता रहता है।

तो सुनो! मैं एक जागीरदार की सुपुत्री थी। पिताजी दिन-रात क़र्ज़ की चिन्ता में और भाई शराब में डूबा रहता था। मैं सपनों की दुनिया बसाती। बाग़ की कोयल, बन की हिरनी, और सागर की लहरों की तरह भागती गाती-उछलती। संगीत मेरा साथी और कविता मेरी सहेली थी। नर्गिस को देख कर फ़िराक़ गोरखपुरी का शे'र याद आता है।

वो आकाश की देवी उतरी
चन्द्रकिरण पर गाती राग

प्रेम से भाग कर जिसने धर्म में पनाह ली थी, नास्तिक के फूलों ने उसके मन में आग लगा दी है। वह भी पीछे मुड़ कर देखने को तैयार हो गयी और उसको अपनी कहानी सुनाने लगी।

द्वार खुले मन्दिर के
चितचोर नहीं आये
सखी रे चितचोर नहीं आये

इस गीत में नर्गिस ने आँखों से जो अदाएँ दिखायी हैं, जो नाज़ और नख़रे किये हैं, वह देखने योग्य हैं। ठाकुर शे'र सिंह की बेटी सावन के गीत गा रही है,

नाच रही है और वह समझती है कि सावन थम जायेगा और साजन आ जायेंगे। उसको ख़बर भी नहीं और भाई ने सौदा भी तय कर दिया। पाँच लाख की रक़म और रिश्ता मंज़ूर। वह दरवाज़ा खोल कर अन्दर आती है और अपने भाई को कहती है कि यह शादी नहीं होगी। वह अपने पिता के पास जाती है। पिता लाचार और बेबस है। वह घर से भाग जाती है। भागती रहती है। भाग-भाग कर थक कर निढाल होती है।

केदार शर्मा ने सुन्दरता की लाचारी का एक गीत भी सुनाया है–

सुन्दरता के सभी शिकारी
कोई नहीं है पुजारी

और जब पुजारी मिला तो मन पहले ही मर चुका था।

जंगल में महात्मा ने कहा जब दिल पर चोट लगती है तो संसार असार मालूम होता है।

मगर तुम जवान हो, अधूरी आशाएँ और सहमी हुई तमन्नाएँ रह-रह कर तुम्हें सताएँगी और बेचैन बना देंगी।

सपनों में साजन की प्रतीक्षा करने वाली ने जवाब दिया।

न कोई आशा है मेरे मन में और न कोई तमन्ना है मेरे दिल में।

तुम्हें मन मारना होगा!

वह तो पहले ही मर चुका!

महात्मा ने कहा बारह महीनों के लिए तुम्हें छोटी दीक्षा दी जाएगी, अगर तुमने मन पर क़ाबू पा लिया, कोई मोह माया तुम्हें हिला न सकी, तो बारह महीने के बाद तुम्हें बड़ी दीक्षा दी जाएगी।

जोगन नास्तिक को अपनी कहानी का अन्तिम भाग सुना रही है।

थोड़े दिन महात्मा के आश्रम में रही। उनके उपदेश से मन को शान्ति मिली। संसार असार मालूम हुआ और बैराग ले लिया। तब से शहर से दूर गाँव-गाँव फिरती हुई भजन सुनाती हूँ और अपने मन को प्रभु भक्ति में लगाती हूँ!

नास्तिक जिसका नाम विजय है और विजय जो दिलीप कुमार है।

एक आवाज़ आती है स्क्रीन पर। अब समझा! उस आवाज़ में यूँ लगता है जोगन ने अपने दिल का दर्द भी भर दिया है।

वह कहता है। आँखें लाल, बुख़ार ज़्यादा है क्या, मालूम होता है कि बहुत रोये हैं।

जोगन कहती है। मेरी आँखें बन्द हैं और तुम्हारी आँखें मुझे देख रही हैं।

फ़ायदा आपका है। हृदय की भावना और मन का मंथन आँखों द्वारा पढ़ा जाता है। मेरी आँखें जो आप से कहना चाहती हैं।

मैं जानना नहीं चाहती।

आपकी आँखों में जो मैं पढ़ना चाह रहा हूँ वह आप मुझसे छुपा रही हैं।

अपनी हर कमज़ोरी पर क़ाबू पाना हमारा धर्म है। वह आगे बढ़ती है।

वह पीछे आता है। उभरती भावनाएँ दबाने से और नहीं उभरतीं!

ये तुम्हारी भूल है। हम तो उन्हें कुचल देते हैं। रौंद डालते हैं।

मालूम होता है महात्मा ने थोड़े ही दिनों में बहुत सारा ज्ञान दे दिया है। संयम लेकर स्त्री जन्म लेती है। इस तरह वैश पुरुष को बेबस कर देता है।

नास्तिक ज़हीन है और चालाक भी। वह कहता है।

मेरी गुरु बनेंगी। मुझे दीक्षा देंगी।

संसार असार मालूम हुआ?

आपका संबल प्राप्त करना चाहता हूँ।

भगवे कपड़े पहनने से नहीं मिलता, इसके लिए बहुत बड़ा बलिदान देना पड़ता है।

तैयार हूँ!

तो निराशा को पी जाओ और आशा को मिटा दो।

तो फिर जीवन में क्या रहेगा।

परम शान्ति!

अधूरी आशाएँ सताती नहीं।

ऐसी हालत में हमें और तपस्या करनी होती है।

ये तो बैरागी का धर्म है, संसारी क्या करे?

कमज़ोरियों से दूर रहे वरना गिरता है।

नास्तिक आगे आ कर जोगन के सामने खड़ा हो जाता है और कहता है।

आप कभी कविता लिखती थीं?

अब भजन रचती हूँ!

मैं आपके संसार छोड़ने से पहले की बात कर रहा हूँ।

लिखती थी!

वह कविताएँ आपके पास हैं।

हैं।

मुझे पढ़ने के लिए देंगी।

अभी नहीं। अब तुम जा सकते हो!

जोगन भजन सुना रही है—

चंचल चित को मोह ने घेरा
पग पग पर है पाप का डेरा

जोगन गाँव छोड़ कर जा रही है। सफ़ेद साड़ी, स्याह चादर, हाथ में लाठी। पग उठ रहे हैं। मंगू सामने आती है। छोटी बच्ची रो कर कहती है। फिर कब दर्शन होंगे मय्या। मुझे भी साथ ले चलो।

देखा मोह कितना दुःख देता है। जोगन मंगू को माला देते हुई कहती है। इतना मोह अगर भगवान से हो तो बेड़ा पार हो जाये।

सारा गाँव जोगन को विदा करने के लिए खड़ा है। वह चली जा रही है। गाँव से दूर एक बूढ़े पेड़ को पार करते हुए वह उस व्यक्ति को जिसका वह नाम भी नहीं जानती अपना यह आदेश सुनाती है!

उस तरफ़ जा कर कभी क़दम न रखना। समझ लो कि ये आख़िरी सीमा है आख़िरी सीमा!

जोगन ने प्रेम के रास्ते पर धर्म की सीमा खड़ी कर दी।

केदार शर्मा एक अत्यधिक संवेदनशील और महत्त्वपूर्ण इनसानी समस्या को समझने की कोशिश कर रहे हैं।

केदार शर्मा शायद अकेले हिन्दुस्तानी निर्देशक हैं जिन्होंने फ़िल्मों में प्रेम को धर्म को किनारे खड़े होकर देखने की कोशिश की है। वह कभी मन्दिर की सीढ़ियों पर खड़े होकर प्रेम करने वालों को ग़ौर से देखते हैं और कभी प्रेमी की नज़र से धर्म की शक्ति को महसूस करते हैं।

जोगन और नास्तिक।

दो भिन्न रास्तों के मुसाफ़िर।

दोनों की मंज़िल एक है।

जोगन धर्म के रास्ते पर प्रेम की मंज़िल तक पहुँचती है।

नास्तिक का प्रेम ख़ुद धर्म में ढल जाता है।

जोगन जब गाँव छोड़ कर महात्मा के पास जाती है तो वह उसको कहती है।

गाँव छोड़ कर बहुत अच्छा किया।

अब मेरे लिए क्या आज्ञा है।

ऊँ प्रभु शान्ति मन्त्र का जाप करो और प्रभु चरणन में मन लगाओ!

जोगन प्रभु चरणन में मन लगाती है। लेकिन यह कैसा व्याकुल मन है कि भूलता ही नहीं उस आदमी को जो हाथों में गुलाब के फूल लिये फिरता था।

जोगन दिन-रात तपस्या में मग्न है। महात्मा ने मना किया है कि उपवास न करना। थोड़ा-सा दूध और फल खा लिया करो। जोगन इनकार करती है। वह सिर्फ़ तपस्या करना चाहती है। वह तीन-तीन दिन कुछ नहीं खाती और उसका शरीर साथ छोड़ रहा है। जोगन कहती है।

संसारी जिसे प्रेम कहते हैं, उसे हम बैरागी लोग मोह कहते हैं। मोह एक बन्धन है जिसे तोड़ना हमारा धर्म है!

एक लड़की कहती है! संसार छोड़ कर एक बैरागी का हृदय तो पत्थर नहीं हो जाता।

जोगन की आँखें बन्द हैं। दिल के दरवाज़े से अभी किसी की बेचैन आँखें

झाँक रही हैं। जोगन जल्दी में है। वह अपनी मुहब्बत को पा लेना चाहती है। जोगन को अपनी मुहब्बत को पाने का तरीक़ा आता है।

मृत्यु की सीमा पार करने से वह अपने प्रेम को पा लेगी।

प्रेम की सीमा, धर्म की सीमा और अब मौत की सीमा पर खड़ी जोगन एक क़दम आगे बढ़ायेगी तो वह मुक्त हो जायेगी।

नास्तिक बेचैन और बेक़रार है। वह कहता है।

ये अशान्ति अब कहीं जाने से दूर नहीं होगी। नास्तिक के चेहरे पर उसके प्रेम धर्म की सच्चाई से एक मुस्कुराहट खिलती है। वह कहता है।

भगवान को मानने वाले का भी कितना फ़ायदा है!

मन्दिर में गये। मूर्ति के सामने गिड़गिड़ाए और शान्ति मिल गयी।

मगर नास्तिक किस के सामने जाकर गिड़गिड़ाए। किस से शान्ति माँगे ?

नास्तिक के चेहरे पर प्रश्न है।

प्रेम और धर्म चुप हैं।

वह गाँव के बड़े पेड़ के सामने खड़ा है। उसके क़दम सीमा की ओर बढ़ते हैं। एक आवाज़ आती है।

मत जा मत जा जोगी
पाँव पड़ूँ मैं तोरी

सितारे टूट कर गिरते हैं। जोगन की आख़िरी साँस है। महामिया मुँह पर हाथ रखकर साँस गिनती है। प्रभु तुम्हारे चरणों में!

नास्तिक मृत्यु की सीमा पार करने वाली के चरणों में अपना सर करके बैठा है।

जोगन मौत की सीमा पार करके नास्तिक से दूर और नास्तिक के पास पहुँच जाती है। नास्तिक समाधि पर बैठा उसके क़रीब और उससे बहुत दूर है!

फ़िराक़ कहते हैं–

मौत का भी इलाज हो शायद
ज़िन्दगी का कोई इलाज नहीं

जोगन मुहब्बत की कसक, चुभन और सुलगती हुई चिंगारी, अतृप्त ख़्वाहिश, मरती हुई आरज़ू, और दम तोड़ती मुहब्बत का खेल है।

भगवान को मानने वाली और भगवान से भागने वाले दो पात्रों में मुहब्बत की सम्भावना को केदार शर्मा ने तलाश करने की कोशिश की है। नास्तिक इस शे'र का पूरा चित्रण है।

न कोई वादा, न कोई यक़ीन, न कोई उम्मीद
ख़बर नहीं मुझे क्यों तेरा इन्तज़ार है आज

नास्तिक के पात्र में दिलीप कुमार को एक भिन्न प्रकार की चुनौती का सामना है। नास्तिक की समस्या यह नहीं कि वह मुहब्बत कैसे करे बल्कि यह है कि वह मुहब्बत कैसे न करे!

अपनी मुहब्बत को कैसे रोके! जोगन मर्दों से बात नहीं करना चाहती। वह उससे मुहब्बत कैसे करे!

वह स्पष्ट शब्दों में कह देती है कि तुम मेरे सामने न आया करो।

मुझसे बात न किया करो, यहाँ से चले जाओ और इधर कभी मत आना।

वह मुहब्बत के ख़ौफ़ में जकड़ी हुई है। मुहब्बत करने से डरती है। नास्तिक के लिए एक चुनौती बनती जा रही है।

नास्तिक एक असाधारण आन्तरिक परिस्थिति में घिरा हुआ है। वह यह समझता है कि उसकी मुहब्बत का ख़लूस और अपने मन पर क़ाबू पाने की शक्ति जोगन को अपना रास्ता बदलने पर मजबूर कर देगी। नास्तिक का किरदार अभिनय के हिसाब से बहुत ही मुश्किल और जटिल है। बात करने के लिए भी इजाज़त की आवश्यकता है। चुप रहना होगा। मुस्कुराने और ख़ुश होने की गुंजाइश नहीं। अन्दर ही अन्दर सुलगना और जलना होगा। हर बात को मानना होगा। इनकार की कोई सूरत नहीं। यह पूर्ण रूप से एक आन्तरिक परिस्थिति है जिसको अदाकार ने अपने ज़ाहिर से दूसरों तक पहुँचाना होता है।

दिलीप कुमार के चेहरे की मांसपेशियाँ बहुत ही प्रशिक्षित हैं।

दिलीप कुमार अपने अन्तरमन और अपनी आन्तरिक भावनाओं को अपने चेहरे की तस्वीर के बदलते हुए रंगों अपनी आँखों के विशेष कोण, अपना भावों के सिकुड़ने और फैलनी की प्रक्रिया, अपने दिल पर बीतने वाली नाज़ुक से नाज़ुक स्थिति से लेकर बड़े से बड़े तूफ़ान और प्रलय को बर्दाश्त करने की प्रतिक्रिया को अपने हाथों, अपने पूरे शरीर और अपने पूरे वजूद की मुकम्मल presentation की सहायता से एक विशेष परिस्थिति का अभिनय करने का गहरा अनिभव रखते हैं।

दिलीप कुमार का चेहरा उनके दिल की स्थिति, भाव और स्वास्थ्य बताने वाला एक Electrocardiogram है।

उनको देख कर उनके चेहरे से दिल का सारा हाल मालूम हो जाता है।

दिल की धड़कन कितनी तेज़ है।

साँस डूब रही है।

ग़म का दरिया कितना गहरा है।

इन्तज़ार की थकन कितनी जान लेने वाली होती है।

जुदाई का समय कैसा भयानक होता है।

दुःख का आँसू कैसे पलक पर रुक जाता है।

कोई आरज़ू दिल में कैसे टूटती है।

और किसी ख़्वाहिश का दिया कैसे बुझता है। यह सब कुछ हम उनके चेहरे के Electrocardiogram पर पलक झपकते ही पढ़ लेते हैं।

दिलीप कुमार के चेहरे पर ग़म, दुःख, दर्द, मुसीबत, मायूसी, तन्हाई और तड़प की भावनाएँ और मनोभाव फबते हैं।

यह वह मौसम है जो उनके चेहरे पर खुल कर अपनी बहार दिखाते हैं और यह वह सावन है जो बरसता है तो थमता ही नहीं।

उनकी फ़िल्मों के पहले लम्बे दौर में उनके चेहरे पर ख़ुशी का कोई प्रभाव एक हवा के झोंके की तरह अजनबी ही रहता है।

जोगन की समाधि पर यह जो आदमी ग़म की मूरत बन कर बैठा है, और वह जो गाँव की सीमा पर अपने क़दमों को रोके खड़ा था, वह कैसा अजीब व्यक्ति है जो रास्तों का इन्तज़ार करता है, मन्दिर के अन्दर झाँक कर देखते हुए वह कितना उदास दिखता है। वह उसकी हर बात मान जाता है। मुहब्बत करते हुए हम अपना आप, सब कुछ, अपनी ख़्वाहिशात, अपने जज़्बे, अपने भाव और यहाँ तक कि अपना जीवन भी निछावर कर देते हैं। वह यह समझता है कि वह जोगन को धर्म से प्रेम की ओर ले आयेगा।

प्रेम ऐसी शक्ति है जो प्रेम को जन्म देती है।

मुहब्बत ऐसी ताक़त है जो दूसरों में मुहब्बत पैदी करती है और अगर मुहब्बत ऐसा करने में असफल रहे कि वह दूसरे इनसान में अपने लिए मुहब्बत को न जगा सके तो यह एक बहुत ही भयानक परिस्थिति है।

जोगन के अन्दर मुहब्बत की कली खिलने लगती है तो वह उसको मसल देती है।

वह अपने धर्म की शक्ति से अपनी कमज़ोरी पर क़ाबू पाना जानती है।

नास्तिक का यह ख़याल है कि जोगन के दिल के बोझ को हलका करके वह अपने प्रेम के लिए कोई रास्ता निकाल सकेगा।

जोगन उसकी किसी भी कोशिश को कामयाब नहीं होने देती।

दो इनसानों के बीच यह मुहब्बत की एक अद्‌भुत घटना है।

धर्म ने उसको कैसी कन्या, कैसी साध्वी, कैसी जोगन बना दिया है कि वह प्रेम से भागती है। यह कैसी ट्रेजडी है कि उसको विश्वास है कि वह आदमी गाँव की सीमा पर बैठा हुआ होगा। क्या यह विश्वास जोगन की बेबस और बेक़ाबू मुहब्बत है?

जोगन बहुत से महत्त्वपूर्ण और मनोवैज्ञानिक प्रश्नों को जन्म देती है।

वह एक केस हिस्ट्री (case history) है और मैं समझता हूँ कि यह बहुत गम्भीर समस्या है जिस पर गहरी नज़र से अध्ययन की आवश्यकता है। यह सिर्फ़ धर्म की समस्या नहीं है। एक औरत मुहब्बत करने की क्षमता से वंचित क्यों है?

क्या यह सचमुच धर्म की समस्या है। क्या यह सम्भव है कि मनोवैज्ञानिक दृष्टि से इस पात्र को समझने की कोशिश की जाये।

मुहब्बत करने की क्षमता से वंचित औरत बाँझपन का शिकार हो सकती है।

एक लड़की जोगन को कहती है। संसार छोड़ कर बैरागी का हृदय तो पत्थर नहीं हो जाता।

जोगन कोई जवाब नहीं देती लेकिन वह उस लड़की के हाथों पुस्तक भेज कर यह स्थापित करती है कि वह नास्तिक में विश्वास रखती है।

यह विश्वास उसके हृदय के किसी कोने में मौजूद है।

जोगन एक नास्तिक पर विश्वास करती है, जोगन प्रभु चरन में मन लगाना सीख चुकी है लेकिन वह नास्तिक को भी नहीं भुला सकी।

जोगन का पात्र अपने अर्थ और व्याख्या में बहुत ही गहरा है और व्यक्तित्व के एक ऐसे द्वन्द्व में फँसा हुआ है जो धर्म और प्रेम के आपस के टकराव से पैदा होता है। धर्म के रास्ते पर चलती हुई वह आख़िरी मंज़िल पर खड़ी हुई है।

प्रेम के रास्ते पर उसे चलने नहीं दिया गया। कोई प्रेमी जब उसकी ओर बढ़ा तब बहुत देर हो चुकी थी।

जोगन के पास नास्तिक देर से पहुँचा लेकिन जोगन ने देर नहीं की वह पास से होकर गुज़र गयी।

केदार शर्मा की यह फ़िल्म बहुत से सवालों को उठाती है। यह केदार शर्मा की बहुत बड़ी कामयाबी है। जोगन देखते हुए यह मालूम नहीं होता कि समय कैसे बीत गया।

फ़िल्म के ख़त्म होने पर ऐसा प्रतीत होता है जैसे कि हम अपनी-अपनी सीमा के इस पार खड़े हैं और किसी ने हमें रोक दिया है कि उससे आगे नहीं बढ़ना!

DAAG

दाग़

"मुश्किल तो यही थी कि फिर हम क्या करते?"

राजेन्द्र सिंह बेदी और दिलीप कुमार जब एक दृश्य की रचना में इकट्ठे हो जाते तो उस दृश्य के गहरे प्रभाव की प्रतिक्रिया से बचना मुहाल होता। हमारे पास कोई चारा न था सिवाय इसके कि हम रघुनाथ के पास जाते। शंकर को देखने के लिए रघुनाथ के पास जाना और भी आवश्यक हो जाता है।

फ़िल्म 'दाग़' का शंकर हमारे स्नायु पर छा गया था। लालाजी, तारिक़, किशोर और मैं उन दिनों रघुनाथ के बिना रहते ही नहीं थे। लालाजी शंकर के संवाद उसके अन्दाज़ में सुनाते और हम रघुनाथ की ओर फ़रियाद भरी नज़रों से देखते। ज़ुल्फ़िकार रिज़वी और आरिफ़ वक़ार हमारे ग्रुप में शामिल हुए। ज़ुल्फ़िकार रिज़वी ने शंकर से पहली बार हमारी बाज़ाब्ता मुलाक़ात कराई और बताया कि वह कितना बड़ा कलाकार है। आरिफ़ वक़ार पात्रों की श्रेणी उसके रोल और उसके संवाद की भाषा में उलझा रहता। ग़नी अदनान ऊँची आवाज़ में यह एतराज़ करते हुए पागलों की तरह ख़ुश होता कि यह आदमी जिसका नाम दिलीप कुमार है, उसने हमें बरबाद कर दिया। हमारी जवानी हमसे छीन ली।

अदनान रघुनाथ के पास नहीं जाता था। उसने दर्शन की मज़बूत दीवार को थाम रखा था और दिल की बात नहीं सुनता था लेकिन दिलीप कुमार के प्रभाव से अपने-आप को कैसे बचाता? उसके अन्दर भी एक कलाकार तड़प रहा था। उन्हीं दिनों में नसरुल्लाह ईरान से आया था। उसने दिलीप कुमार की नयी फ़िल्में देखी हुई थीं। मैं उससे उन फ़िल्मों की कहानियाँ सुनता और जब वह दिलीप कुमार का कोई सीन सुनाता तो मैं उसकी आँखों की ओर देखता रहता। उन आँखों में मुझे दिलीप कुमार की झलक नज़र आती थी।

तारिक़ शकूर ने रघुनाथ का साथ नहीं छोड़ा। उसके जीवन में कोई पारो नहीं थी। उसके जीवन की कहानी किसी राजेन्द्र सिंह बेदी ने नहीं लिखी थी। वह ज़िन्दगी से घबरा कर रघुनाथ के पास गया और फिर कभी वापस नहीं आया।

ज़ुल्फ़िक़ार रिज़वी रघुनाथ से आगे की मंज़िलें पार कर गया। जो ज़हर उसको मिला, उसने हँस कर पी लिया। एक रात ज़ुल्फ़िक़ार रिज़वी के घर रघुनाथ और शंकर

की याद में जो घटना घटी वह अपने-आप में खुद 'दाग़' का एक दृश्य था कि रात शंकर, रघुनाथ और हीरा भी हमारे पास आये हुए थे।

हम सब दोस्तों ने ज़िन्दगी में आगे चल कर फ़िल्म कला में अपने भविष्य के ख़्वाब देखे थे और हमारे प्रारम्भिक दिनों के जुनून की आग को दाग़ के दिलीप कुमार और राजेन्द्र सिंह बेदी ने बहुत भड़काया था। ज़ुल्फ़िक़ार रिज़वी अब इस दुनिया में नहीं हैं और मैं उसके बिना अपने-आप को अकेला पाता हूँ।

हम फ़िल्में बहुत देखते थे। जेम्स मेसन, रिचर्ड बर्टन, ग्रीगेरी पेक, पीटर अटवल, मार्लिन ब्राउन, गैरी कूपर, सर लॉरेंस ओलिवियर, जेम्स डीन, ऐन्थोनी, परकिंज़ और ऐन्थोनी क्वीन—यह सब लोग हमें अत्यधिक प्रभावित करते थे।

'दाग़' का दिलीप कुमार हमें पागल कर देता था। ऐसा प्रतीत होता था कि वह कहीं हमारे आस-पास ही रहता है।

भागता हुआ घर आता है, गलियों में झूमता-फिरता।

उसके पाँव लड़खड़ाते हैं।

वह बाहर निकलने लगता है तो उसकी माँ जानती है कि वह कहाँ जायेगा।

वह काली और सफ़ेद चेक की क़मीज़ पहने रहता है।

अपने लकड़ी के घर में उसने छत के नीचे अपने लिए एक जगह बनायी हुई है।

वह लकड़ी की सीढ़ी पर चढ़ कर वहाँ बैठ जाता है और लकड़ी के खिलौनों में जान डालता रहता है।

पारो भागती हुई आती है वह उसको जली-कटी सुनाता रहता है।

शराब पीता है और कुत्ते से बातें करता है।

जो भी फ़िल्म देख कर निकलता, शंकर के संवाद सुनाता। पैदल चलते हुए या साइकिल पर या तांगे पर बैठ कर वापस जाते हुए प्रायः लोग यह गीत गाया करते थे।

> **"...ऐ मेरे दिल कहीं और चल**
> **ग़म की दुनिया से दिल भर गया..."**

वह कैसा अजीब लगता था हमें? हम सब शंकर को अच्छी तरह जानते थे। हमें कभी यह विचार नहीं आया कि शंकर कोई ऐसा व्यक्ति है जिसके लिए कोई और आदमी अभिनय कर रहा है। हमें दिलीप कुमार का ख़याल नहीं आता। शंकर दिलीप कुमार को देखने ही नहीं देता था।

ऐसा लगता था कि शंकर अभी दिलीप कुमार से कह देगा कि भाई परे हट जाओ न, माना कि तुम बड़े कलाकार हो लेकिन मैं भी तो कोई कुत्ता नहीं हूँ। शंकर हूँ और हमें विश्वास हो जाता कि शंकर अब दिलीप कुमार को क़रीब नहीं फटकने देगा। क्या कोई अभिनेता इस हद तक कामयाब हो सकता है कि वह अपने पात्र में ढल कर अपना वजूद, अपनी पहचान और अपनी ज़ात—सब कुछ खो दे?

शंकर को देख कर हम यह सोचने पर मजबूर थे कि दिलीप कुमार और शंकर के बीच के फ़र्क़ को कैसे महसूस करें?

शंकर जहाँ से शुरू होता है, दिलीप कुमार वहाँ ख़त्म हो जाता है।

दिलीप कुमार अपना आप शंकर के हवाले कर के ख़ुद ग़ायब हो जाता है।

शंकर को गलियों में छोड़ कर रघुनाथ के पास शराब पीने के लिए, माँ के दुखों को सीने से लगाने के लिए और पारो को रुलाने के लिए? लगता है कि दिलीप कुमार शंकर को अपना आप देकर कहीं चला जाता है और बाद में शंकर जो चाहे करता रहता है, उसको दिलीप कुमार की कोई परवाह नहीं रहती कि वह कोई बड़ा कलाकार है और शंकर तो जैसे मनुष्य नहीं, कुत्ता है।

शंकर कैसे देखता है रघुनाथ की ओर?

उसकी नज़रों में प्यास किस प्रकार तस्वीर में बदल जाती है। वह घास का तिनका मुँह में ले कर और अपने हाथ से क्या-क्या चित्र बनाता है।

शराब पी कर अपनी ज़बान की हकलाहट पर कैसे क़ाबू पाता है?

वह कैसे चलता है? उसके क़दम किस प्रकार उठते हैं?

वह झूमता है, लहराता है। अपने दोस्त के कन्धे पर हाथ रख कर सहारा लेता है और गाना गाता है।

शराब पी कर उसके चेहरे पर किसी बात से मुस्कुराहट अचानक फूट पड़ती है।

"...कितनी छोटी सी दुनिया में रहता है वह।
उसके घर की तरह उसकी दुनिया छोटी है।..."

माँ के दुःख, पारो का प्रेम, रघुनाथ की इनसानी दोस्ती और लकड़ी के खिलौने उसकी कुल कायनात है।

दिलीप कुमार की कला की यह चरम सीमा है जिसका नाम शंकर है।

अभिनेता अपने पात्र का पूरा ज्ञान और समझ रखता है। अदाकार अपने किरदार की मानसिकता से पूर्ण रूप से परिचित है। अदाकार अपने किरदार की सोच, उसके रवैये, उसके ख़्वाब और उसके जीवन पर गहरी पकड़ रखता है।

दिलीप कुमार ने शंकर का पात्र करने के लिए अपने-आप को गीली मिट्टी बना कर चाक पर इस प्रकार चढ़ा दिया है कि ख़ुद अपनी अनुभवी उँगलियों की हल्की-सी कम्पन से वह शंकर के वजूद में ढल जाता है।

अदाकार को किरदार में ढलने के लिए इस प्रक्रिया से गुज़रना पड़ता है।

दिलीप कुमार से शंकर बनने की प्रक्रिया अभिनय है।

शंकर बन कर दिलीप कुमार की इमेज, पहचान को समाप्त करने का नाम अदाकारी है।

कोई मुड़ कर यह न देख सके और पहचान सके कि शंकर कौन है!

शंकर, शंकर है और छोटी-सी बस्ती में लकड़ी के घर में रहता है और बादलों से ऊपर जाने के ख़्वाब देखता है और जानता है कि वह पारो को कभी नहीं पा सकता और माँ के दुःख कभी ख़त्म नहीं हो सकते। वह रघुनाथ के आगे शराब के लिए गिड़गिड़ाता है।

शंकर बम्बई के ख़ूबसूरत इलाक़े में किसी बड़े घर में रहने वाला कोई अभिनेता दिलीप कुमार नहीं हो सकता।

उर्दू का महान कहानीकार 'अपने दुःख मुझे दे दो', 'लाजवन्ती', 'एक चादर मैली-सी', 'ग्रहण,' 'दाना व दाम,' 'भोला,' और कई यादगार कहानियों के लेखक राजेन्द्र सिंह बेदी 'दाग़' का संवाद लेखक है। बेदी से अधिक शब्द रचने का हुनर और कौन जानता है? दिलीप कुमार से अधिक शब्दों को अदा करने की कला कौन जानता है। बेदी शब्द लिखता है और दिलीप कुमार उस शब्द को अदा करता है।

दो बड़े रचनाकार डॉक्टर चक्रवर्ती ने एक जगह इकट्ठे करके साधारण और सीधी कथा शैली narrative में फ़िल्म 'दाग़' बनायी।

शैलेन्द्र और हसरत ने गीत लिखे। शंकर जयकिशन ने शंकर की धुन-से-धुन मिलायी। एक ही गीत तीन अलग-अलग परिस्थितियों में शंकर-जयकिशन का संगीत इनसान को कल्पनाओं की दुनिया में कहाँ-कहाँ उड़ाये फिरता है। लता मंगेशकर की आवाज़ शंकर के ख़्वाबों के साथ बादलों तक उड़ती हुई जाती है।

"ऐ रघु। कहाँ गया यार? ऐ, तेरे ग्राहक प्यासे बैठे हैं।" वह उसको टाँगों से पकड़ कर कहता है,

"यार, एक और पिला दे।" रघु उसको कहता है। "अब तू बहुत पी चुका है।" वह शराब के नशे में मस्त है गुनगुना रहा है। और एक शे'र गुनगुनाता हुआ उठ कर दरवाज़े के शहतीर को पकड़ कर खड़ा हो जाता है।

'लाश ही जाएगी इक रोज़ यहाँ से साक़ी
हम कहाँ जाएँगे उठ कर तेरे मैख़ाने से'

रघु कहता है, "तू अपनी सेहत का सत्यानाश करेगा।"

रघु के उपदेश सुन कर उसके चेहरे पर एक ऐसी मुस्कुराहट फैलती है जिसको शब्दों में व्यक्त नहीं किया जा सकता।

उस मुस्कुराहट के बारीक पर्दे के पीछे उसका दिमाग़ जो बातें सोच रहा है। यह मुस्कुराहट उस बात की सच्चाई से उभर कर उसके चेहरे पर फैल गयी है।

"अरे यही तो बात है रघु। तू शरीर से परे देख ही नहीं सकता। अरे बुद्धू। इनसान के जिस्म में एक आत्मा है जो उसको ऊपर, बादलों से भी ऊपर ले जाती है। जहाँ लोग ग़रीबी और तकलीफ़ से कराहते नहीं रघु और जहाँ ऐसा मालूम होता है कि तू कोई मामली आदमी नहीं तू कोई बड़ा इनसान है।"

रघु उसको जवाब देता है, "मगर तेरे पाँव इस धरती में गड़े हुए हैं शंकर। तू बादलों से परे नहीं रह सकता।"

वह रघु को देखता है। रघु की इस बात ने उसका आधा नशा उतार दिया है। वह उँगली के इशारे से उसको ग़ौर से देखते हुए कहता है "ठीक कह रहे हो। बादलों में नहीं रह सकता। मगर जब वहाँ से वापस आता हूँ न रघु, फिर ये दुनिया मुझे इतनी बुरी नहीं लगती है। फिर जब मैं किसी लकड़ी या मिट्टी के गोले को लेकर बैठता हूँ तो मुझे ऐसा मालूम होता है कि मैं उनमें जान डाल सकता हूँ। उसे एक ऐसा शरीर दे सकता हूँ रघु, जिसकी रग-रग में खौलता हुआ ख़ून दौड़ रहा हो।"

यह वाक्य अदा करते हुए उसके चेहरे पर एक मुस्कुराहट है जो लाफ़ानी है, अमर है। यह मुस्कुराहट उसकी सृष्टि या रचना करने के हुनर और उसकी सच्चाई और उसके ज्ञान से फूटती है।

यह नवयुवक रचनाकार जो शराब पी कर अपने अन्दर के भाव को शब्दों में बेयान कर रहा है, उसका नाम शंकर है। वह खिलौने बनाता है और उनमें जान डाल देने की कला जानता है। वह खिलौनों को ऐसा शरीर दे सकता है जिसकी नस-नस में खौलता हुआ ख़ून दौड़ रहा हो।

शंकर और रघुनाथ बातें कर रहे हैं।

यह फ़िल्म 'दाग़' का एक सीन है। निर्देशक अमिय चक्रवर्ती, लेखक राजेन्द्र सिंह बेदी और अभिनेता दिलीप कुमार उस छोटे-से शराबख़ाने में रचना के विषय पर बहस कर रहे हैं।

रघुनाथ शरीर से परे नहीं देख सकता।

बादलों से परे ख़्वाब हैं। मुहब्बत और रचना करने के ख़्वाब।

शंकर जब बादलों से हो कर वापस आता है तो उसको दुनिया बुरी नहीं लगती। वह यह महसूस करता है कि वह लकड़ी के टुकड़े या मिट्टी के गोले में जान डाल सकता है।

शंकर खिलौने बनाता है।

उसके जीवन के अनुभव और उसकी उँगलियों में रचना करने के जादू ने उसको बुद्धिजीवी बना दिया है। एक दार्शनिक इनसान अपने जीवन के अनुभव के हवाले से बुद्धिजीवी या ज्ञानी होता है।

बुद्धि शिक्षा से प्राप्त नहीं होती।

रचना के विषय पर अभी शंकर ने फ़िल्म के पर्दे पर जो बातें की हैं, यही बातें बड़े शहरों के रेस्तराँ में और शराबख़ानों में और साहित्यिक गोष्ठियों में साहित्यकार और बुद्धिजीवी कर रहे होते हैं। रचनात्मक प्रक्रिया और रचनाकार?

बादलों से ऊपर जाने और ख़्वाब देखने की बातें।

शब्दों, चित्रों और मूर्तियों में जान डाल देने की बातें।

मैंने पेरिस के लिटन शराबख़ानों और रेस्तराओं में भी यही बातें सुनी हैं।

फ्रांसीसी बुद्धिजीवी तो बातें ही शंकर की तरह करते हैं।

सारी बातें शरीर से परे की हैं।

महात्मा बुद्ध से लेकर ज्याँ पॉल सार्त्र तक शरीर से परे देखने की कोशिश है।

रघुनाथ की छोटे-से शराबख़ाने में शंकर की रचना के विषय पर statement ने बातचीत के दायरे को फैला कर उसका सम्बन्ध समसामयिक आलोचना से जोड़ दिया है। शंकर ने जो बात कही है, वह कोई उसने शराब के नशे या अपनी धुन में नहीं कह दी। शंकर ने रचनात्मक प्रक्रिया से जो अनुभव प्राप्त किया, वह उसका वर्णन कर रहा है। रघुनाथ का शराबख़ाना उसके लिए वही महत्त्व रखता है जो बड़े बुद्धिजीवियों के लिए टी हाउस का होता है। क्या सआदत हसन मण्टो, असरारुल हक़ मजाज़, ज़हीर काशमीरी, अब्दुल हमीद अदम, साग़र सिद्दीक़ी और इक़बाल साजिद के जीवन में रघु के शराबख़ाने नहीं थे?

मैं यहाँ एक घटना का वर्णन ज़रूरी समझता हूँ। एक समय था जब ज़हीर काशमीरी इनसानी महत्ता और ऐतिहासिक पुस्तकों के लेखन साहित्य में पदार्थ के विचार के समर्थक अपना दिन शराब से शुरू करते थे और यह सिलसिला उनकी मृत्यु तक चलता रहा।

मैंने एक दिन उन्हें सड़क पर गिरते हुए देखा। लोग उनको उठाने के लिए आये। मुझे उनका यह वाक्य कभी नहीं भूलता। उन्होंने कहा, "छोड़ दो मुझे और जाओ, मेरे जिस्म को देख कर मुझे पहचानने वालो। मैं अपने जिस्म में नहीं, अपने विचारों में ज़िन्दा हूँ।" ज़हीर काशमीरी का एक शे'र सुनिए–

मुज़महिल होने पे भी ख़ुद को जवाँ रखते हैं हम
एक सर है जिस पे सातों आसमाँ रखते हैं हम

अब्दुल हमीद अदम के शे'र याद आ रहा है–

इक लम्हा जो मैकदे में हम लोग आ गये
कुछ बातचीत कर गये कुछ हँस-हँसा गये

रघुनाथ के शराबख़ाने में एक नौजवान रचनाकार शंकर भी वही बात कह रहा है कि तुम शरीर से परे देख ही नहीं सकते। शरीर से परे देखने की उसकी योग्यता और बादलों से ऊपर उसके ज़ेहन की उड़ान और लकड़ी के टुकड़ों में जान डाल देने की उसकी कला की क्षमता ने हमें बहुत-से सवालों पर विचार करने की प्रेरणा दी है।

शंकर खिलौने बनाता है, शराब पीता है। पारो से मुहब्बत करता है। माँ से बड़ा कोई नहीं–वह यह बात समझता है। वह अपने कला की शक्ति से लकड़ी के

टुकड़ों में जान डाल सकता है। वह उन खिलौनों की रग-रग में खौलता हुआ ख़ून दौड़ा सकता है। वह रचयिता है। वह ऐसा कर सकता है।

ग़लती तो उस तथ्य से शुरू होती है कि रचनाकार एक इनसान है और इनसान को ज़िन्दा रहने के लिए अपने जिस्म में जान की ज़रूरत है और रग-रग में खौलते ख़ून की भी ज़रूरत है। वह यह ज़रूरत कैसे पूरी करे? यही विडम्बना फ़िल्म 'दाग़' की कहानी है कि एक रचनाकार कैसे ज़िन्दा रहे?

शंकर कैसे जीवन व्यतीत करे?

रचनाकार के लिए अपनी रचना की बुनियाद पर ज़िन्दा रहने की कोई गुंजाइश नहीं है।

एक शंकर की कहानी में पूरे उपमहाद्वीप के समाज के कलाकारों का सामूहिक दुख शामिल है। हमारी आँखों के सामने शब्दों के शरीर में जान डालने वाले ऐसे कितने शंकर थे जो मैख़ानों के रास्तों पर अपनी सारी कला मिट्टी में बिखेर कर मिट्टी में सो गये।

वह शराबी है, यह कहना आसान है। वह क्यों शराब पीता है, यह समझना मुश्किल है। मृत संस्कृति की सड़ी-गली नैतिक व्यवस्था सिर्फ़ इल्ज़ाम लगाने की क्षमता रखती है। उपमहाद्वीप का आर्थिक ढाँचा रचनाकार को भूख और नैतिक व्यवस्था, रुसवाई और बदनामी के सिवा कुछ नहीं दे सकता।

शंकर रघुनाथ के शराबख़ाने से झूमता हुआ बाहर निकलता है। गली में एक कुत्ता खड़ा है। वह गुर्राते हुए उसके पास आता है। अपने दोनों हाथों से कुत्ते के मुँह को पकड़ता है। कुत्ते से बातें करता है,

"तू जानता है इनसान का सबसे बड़ा दोस्त कौन है? कुत्ता है, कुत्ता!"

वह उठता है, झूमता है। गाता है और लड़खड़ाते हुए क़दमों से चलता हुआ घर आता है।

"शंकर!" माँ की आवाज़ आती है।

बड़ी मुश्किल से आँखें खोल कर देखते हुए कहता है, "माँ।"

वह माँ के पास आता है। उसके चरण छूता है और उसको कहता है, "माँ, तू जानती है इस दुनिया में माँ से बड़ा कोई नहीं। माँ, इस दुनिया में माँ के सिवा कुछ भी नहीं।"

माँ उसको सँभालते हुए कहती है, "शंकर, तूने आज फिर पी ली? तूने वादा किया था माँ फिर नहीं पियूँगा।

"हाँ, वादा किया था" सोचते और अपनी हालत पर हँसते हुए वह कहता है, "शराबी कभी अपना वादा पूरा करते हैं माँ?"

वह माँ से बाक़ी के पैसे माँगता है। अभी उसकी शराब की प्यास नहीं बुझी।

वह माँ को कहता है, "तेरे जैसी माँ इस दुनिया में कोई नहीं।"

माँ कहती है, "एक बात कहूँ बेटा, तेरे जैसा लाल भी इस दुनिया में किसी का न होगा। तू कितना अच्छा है शंकर, कितना खरा है, कितना प्यारा है।"

शंकर एकबारगी घूम कर कहता है, "तू झूठ बोलती है माँ। तेरा दिमाग़ सठिया गया है। तुझको शर्म नहीं आती मुझको अच्छा कहते हुए? मैं अच्छा नहीं हूँ। बहुत बुरा हूँ। मैं बेहूदा हूँ। एकदम शराबी हूँ।"

वह लकड़ी का सहारा लेता है और निढाल होकर गिरता है। माँ उसकी टाँगें उठा कर बिस्तर पर रखती है और उसके जूते उतारती है। माँ उसके कन्धे पर हाथ रखती है उसके बालों में हाथ फेरती है। वह शून्य में घूर कर देख रही है।

वह चुप है। उसकी आँखों में प्रश्न हैं।

इतनी बड़ी दुनिया में, एक छोटे-से घर में एक माँ अपने बेटे के कन्धे पर हाथ रख कर बैठी है और अँधेरे में देख रही है। वह कुछ नहीं कहती है। उसकी आँखें बहुत कुछ कह जाती हैं।

ललिता पवार कोई अभिनेत्री नहीं, अभिनय की कला की माँ है।

'दाग़' में ऐसे दृश्य हैं जो कभी नहीं भूलते।

'दाग़' में दिलीप कुमार है जो कभी भुलाया नहीं जा सकता।

'दाग़' का शंकर अविस्मरणीय है।

'दाग़' में दिलीप कुमार के अभिनय का स्तर बहुत ऊँचा है।

'दाग़' के शंकर को देख कर कोई कह सकता है कि यह कोई अदाकार है?

किसी अभिनेता के बस में नहीं कि वह शंकर बन कर दिखाये। शंकर की तरह सोचे, शंकर की तरह लड़खड़ाते हुए क़दमों से चले। रघुनाथ के शराबख़ाने में शराब के लिए गिड़गिड़ाए। मुँह में घास का तिनका लिये हुए रघुनाथ को देखे। माँ की चूड़ी बेच कर घर जाते हुए रास्ते में शराबख़ाना आ जाये तो वह क्या करे? शराबख़ाने के बाहर उसके पाँव रुक जाते हैं।

क्या यह कोई अदाकार है जिसके माथे पर लिखा हुआ दिखता है कि वह क्या करे? शराब पिये या माँ के लिए दवा लेकर घर जाये?

वह शराबख़ाने की ओर मुँह करके खड़ा है। उसकी कमर और सर नज़र आ रहे हैं। वह जाना नहीं चाहता लेकिन उसके पाँव उसको शराबख़ाने में ले जाते हैं।

अदम का एक शे'र है—

मैकदे के मोड़ पर रुकती हुई
मुद्दतों की तिशनगी थी, मैं न था

रघु उसको बड़े दुःख से कहता है, "अभी तो रात भी नहीं लगी शंकर। अभी तो सुबह है।"

शंकर क्या जवाब देता है, "सुबह के वक़्त ही तो इसकी ज़रूरत होती है

ज़ालिम। रात को तो यह शराब होती है। लेकिन दिन के वक़्त ये दवा होती है। रघु। दे दे अरे..."

अदम का एक शे'र है—

मैकदे में मुझे महसूस हुआ है अक़्सर
ये वो दुनिया है जहाँ ग़म की कोई रात नहीं

शराब पी कर और गली में झूम कर गाना गाते हुए—

"...जिया बेक़रार है आई बहार है,
आजा मोरे बालमा तेरा इन्तज़ार है..."

वह घर की ओर जा रहा है। घर में माँ को दिल का दौरा पड़ता है। माँ के पास पारो बैठी है। वह पारो से कहती है, "बेटी तू घर जा। मुझे तो अब आदत हो गयी है। चौखट पर आँखें लगाए बैठी रहती हूँ कि वह आयेगा भी या नहीं? फिर एक रोज़ ऐसा आयेगा कि वह कभी नहीं जायेगा।"

"तू कैसी बातें कर रही है चाची?" पारो कहती है।

"होनी मुँह से निकल ही जाती है, चाहे लाख मुँह में दबाने की कोशिश करो। उस माँ से पूछ जिसका बेटा ऐसा हो। उस पत्नी से पूछो जिसका पति ऐसा हो। सब यही दुखड़ा रोएँगे। तू घर जा बेटी।"

माँ की बातें सुन कर पल भर के लिए पारो सन्न हो गयी। उसकी साँस रुक गयी और उसकी आँखों से मुहब्बत का ख़्वाब टूट कर गिरा है। शंकर झूमता हुआ आता है। उसके हाथ में माँ की दवा की शीशी है। वह माँ की तरफ़ बढ़ कर उसे दवा देने लगता है और दवा की शीशी टूट कर गिरती है।

ख़्वाब टूट कर गिरते हैं। दिल टूट कर गिरता है। वह नीचे देखता है।

नज़रें टूट कर गिरती हैं।

वह अपनी टूटी हुई नज़रों को काँच के शीशों में से चुन कर अपनी आँखों में रखता है लेकिन किसी की तरफ़ देख नहीं सकता। पारो को कहता है—

"तू काहे को घूर-घूर कर देखती है मेरी तरफ़? दवाई तेरी थोड़ी ही थी? मेरी माँ की दवाई थी। तेरी दवाई थी न माँ। ये क्यों घूर-घूर कर मेरी तरफ़ देखती है?" वह दो क़दम चल कर दरवाज़े के पास गिरता है।

पारो उसको बालों से पकड़ कर खींचती है और कहती है, "तुम अपनी शक्ल अपनी आँखों से देखो तो थूकोगे अपने-आप पर।" वह उसको फ़र्श पर फेंक कर चली जाती है। पारो कहती है, "कल से शंकर शराब नहीं पियेगा।"

माँ कहती है, बेटा, शराब न पिया करो। शराबख़ाने का रघु कहता है वह उसको एक क़तरा शराब नहीं देगा।

रघुनाथ कहता है, "तू सचमुच पागल हो गया है शंकर। एक दिन आयेगा जब तुझे पता चलेगा और तब बहुत देर हो चुकी होगी।"

पारो कहती है, "कभी अपनी आँखों से अपनी शक्ल देखोगे तो थूकोगे।"

माँ कहती है, "शंकर, तू घर आने से पहले ढेर क्यों नहीं हो गया? रास्ता क्यों नहीं खा गया तुझे। तू मर क्यों नहीं गया। तू मर जाता तो अच्छा था।"

एक दिन पारो शराब पीने का ढोंग रचा कर उसको शराब पीने से मना करती है। पारो ख़ुश है कि शंकर ने उसको बहुत मारा। वह चाची से कहती है "हमारा शंकर अच्छा हो जायेगा। अब शंकर कभी शराब को हाथ नहीं लगाएगा।"

शंकर झूमता हुआ आता है। शराब पी कर आता है और शराब की बोतल साथ लाता है। वह पारो का हाथ चूमता है। उसको साथ लेकर चलता है। "हम दोनों एक हैं माँ। आज हम सब मिल कर पियेंगे।" पारो रोते हुए भाग जाती है। माँ शंकर को दो-तीन थप्पड़ मारती है और उसकी बोतल ज़मीन पर फेंक कर तोड़ देती है। शंकर टूटी हुई बोतल के पास आता है। बोतल का ऊपर का हिस्सा उठाता है और माँ को कहता है, "तूने मेरी बोतल तोड़ दी?" वह बोतल से माँ पर आक्रमण करता है। माँ को मारने लगता है, "तूने मेरी बोतल तोड़ दी?" माँ चीख़ती है, "मुझे मारने आया था? मार मुझे। मार।" शंकर सीढ़ी के सहारे खड़ा है। उसने माँ पर हाथ उठाया है। माँ दोनों हाथों से चेहरे को छुपाकर बैठी है।

माँ और बेटा।

दुःख का कोई अन्त नहीं।

माँ उसको गले से लगा लेती है, "मेरे लाल, मुझे इतना दुःख न दे।"

यह दृश्य किसी फ़िल्म का नहीं हो सकता।

यूँ लगता है कि हमने चलते हुए रास्ते में शंकर के घर झाँक कर देखा है।

शंकर के अन्दर की वहशत और माँ के अन्दर का सहन अब अपनी आख़िरी सीमा को छू रहे हैं।

बेटा माँ को टूटी हुई शराब की बोतल मार रहा है। माँ उसको बालों से पकड़ कर खींच रही है। दोनों निढाल हैं। दोनों हार चुके हैं। पारो के सर पर पट्टी बँधी है और वह गीत गा रही है–

"...बोल अरी ओ दुनिया बोल
देखूँ मैं एक सुन्दर सपना
ढूँढ तारों में घर अपना..."

वह पारो से कहता है, "मैं वादा करता हूँ मैं कभी ऐसा नहीं करूँगा। मैं इस गाँव से दूर, माँ से दूर, तुम से दूर चला जाऊँगा।"

हाय, यह कैसा दृश्य है। पारो उसको गले से लगा लेती है। पारो रूठती भी नहीं। पारो उससे नाराज़ भी नहीं होती। वह कहता है, "अब मैं सुधर कर ही वापस आऊँगा। तुमसे दूर जाकर मुझे पता चलेगा कि मैंने क्या खो दिया। फिर तो याद भी आयेगी तो मैं कह दूँगा कि शंकर, तू इस लायक़ ही नहीं था। अब मैं सुधर के

वापस आऊँगा। अगर न आ सका तो समझ लेना कि शंकर अब तुम्हारे लिए कहीं नहीं" पारो कहती है, "मैं तुम्हारा इन्तज़ार करूँगी।"

शंकर शहर जाकर दिन-रात मेहनत करता है। निर्देशक अमिय चक्रवर्ती ने एक मोनटाज द्वारा शंकर के छोटे-छोटे शॉट्स से उसको शहर में दिन-रात मेहनत मज़दूरी करते हुए दिखाया है।

शंकर शराब छोड़ देता है। शंकर सुधर जाता है।

लेकिन शंकर का समाज नहीं सुधरता। जगत नारायण और उसकी पत्नी नहीं सुधरते।

शंकर सुधर गया है। शंकर अब शराब नहीं पीता।

वह झूमता, गाना गाता हुआ अटैची केस हाथ में उठाये हुए भागता हुआ घर की तरफ़ आ रहा है।

माँ और बेटा एक बूढ़े बरगद के नीचे मिलते हैं। वह घर आता है। पारो और शंकर आमने-सामने खड़े हैं।

वह दोनों शरमा रहे हैं। पारो हँसती जा रही है। शंकर होंठों के पास उँगलियाँ रख कर उसे देख रहा है।

यह फ़िल्म 'दाग़' का एक अद्भुत दृश्य है।

शंकर बिना शराब पिये उसके सामने खड़ा है वह कहकहे बरसा रही है। वह कहता है,

"तू बड़ी चालाक है पारो।" "मैं चालाक नहीं, तू ही बुद्धू है।" पारो यह कह कर भाग जाती है।

शंकर बन-ठन कर पारो के भाई जगत नारायण से पारो के रिश्ते की बात करने जाता है। वह घर के अन्दर खड़ा है। जगत नारायण की बदमिज़ाज पत्नी कहती है, "गाँव के छँटे हुए बदमाश, निकल यहाँ से।" वह गुण्डे से उसे धक्के मार कर निकलवाती है। जगत नारायण कहता है, "शंकर, तूने अपनी इज़्ज़त मिट्टी कर दी है। दूसरों की इज़्ज़त का तो ख़याल किया कर।"

एक शराबी को कोई कैसे क़बूल करे?

पारो के घर जैसे बुरी तरह मार-पीट कर उसके भाई-भाभी और गुण्डों नें उसको निकाला, वह उस मार्मिक और नाज़ुक मनोभाव वाले शंकर के लिए क्या हादसा हो सकती है जो लकड़ी के खिलौनों में जान डाल सकता है।

जगत नारायण और उसकी बीवी इनसान को नहीं, एक शराबी को देख रहे हैं। शंकर ने एक बार रघुनाथ को कहा था कि तू शरीर से आगे देख ही नहीं सकता।

वह समाज जिसमें जगत नारायण और उसकी पत्नी जी रहे हैं, वह शरीर से आगे देख ही नहीं सकता। शंकर सुधर चुका है और शराब छोड़ चुका है।

शंकर की माँ भगवान से प्रार्थना करती है, "शंकर के पैरों को इतनी शक्ति

दो भगवान कि वह फिर न डगमगाए। मुझे और कुछ नहीं चाहिए। बस, यह सब मुझसे छीन न लेना।"

माँ भगवान से शंकर के पैरों के लिए शक्ति की प्रार्थना कर रही है और शंकर लड़खड़ाते हुए पैरों से घर में प्रवेश करता है। शंकर ने फिर शराब पी ली है। वह माँ के पास आता है और उसको कहता है, "माँ, तुझको अगर कुछ चाहिए तो जगत नारायण के पास बहुत धन है माँ, बहुत धन है। ये पत्थर की मूर्ति से क्या माँग रही है? तुझे कुछ नहीं मिलेगा। तुझे कुछ नहीं मिलेगा।"

माँ पर जैसे बिजली टूट कर गिरी। वह अपने बेटे को थाम कर कहती है। शंकर, "तूने ये क्या किया?"

अदम एक शे'र में कहता है–

नये ख़ुम और पैमाने ख़रीदे
मेरी तौबा ने मैख़ाने ख़रीदे

"मैंने आज फिर से शराब पी ली है माँ, और दस हज़ार गालियाँ दी मैंने उस बूढ़े को सड़क पर खड़े हो कर। क्या समझता है अपने आप को? क्या समझता है वो?"

माँ के पास आकर उसको गले से लगाता है, "उसने मुझे घर से निकाल दिया और तू रोती है? वह बड़े आदमी हुए तो क्या हुआ? शंकर भी तो कोई कुत्ता नहीं है। वो भी तो आदमी है आख़िर। मैंने दिन-रात शहर में पारो के लिए काम किया। मैंने दिन-रात काम किया और वह लोग मुझे उससे मिलने भी नहीं देते। क्यों नहीं मिलने देते मुझको? बताओ न, क्यों नहीं मिलने देते?"

माँ कहती है, "शंकर तुम्हारे भाग में यही लिखा है!"

"किसने लिखा है, मेरे भाग में ये?"

शंकर भगवान की मूर्ति की ओर इशारा करते हुए कहता है, "उसने लिखा है जिसके आगे तू हाथ जोड़-जोड़ कर रोती है?"

शंकर भगवान के पास आता है, "कान खोल कर सुन ले, आज तू इस घर में नहीं रहेगा, समझा?

ये बुढ़िया तो सठिया गयी है लेकिन शंकर नहीं सठियाया, "वह तुझे अच्छी तरह समझता है।" शंकर अपना सीना पीटते हुए कहता है। "माँ, ये जगत नारायण का दोस्त है। ये सब कुछ उसी को देता है। हमको कुछ नहीं देता। मुझे आज उसके घर से इसी ने निकलवाया है। इसी ने मुझे दर-दर की ठोकरें खिलवाई हैं। यही मुझको शराब पिलाने वाला है।"

माँ शंकर के सामने हाथ जोड़ती है। माँ उसको रोक रही है।

शंकर कहता है, "मैं आज नहीं हटूँगा माँ।"

वह चीख़ती है, लेकिन शंकर के दिल में दो आग है वह कैसे बुझे!

"मैं इसको गली में उठाकर फेंक दूँगा। मैं इसके टुकड़े-टुकड़े कर दूँगा और देखूँगा ये मेरा क्या बिगाड़ सकता है। क्या बिगाड़ सकता है?"

माँ शंकर के पाँव में गिरती है। रोती है, सर तोड़ती है।

वह माँ को उठाता है, "नहीं माँ ऐसा मत कह।"

माँ भगवान को कहती है, "ऐ भगवान, मेरे बच्चे को क्षमा कर।"

"वह हमारी क्यों नहीं सुनता माँ? हमने ऐसा क्या किया है माँ?" शंकर यह वाक्य दुहराते हुए कमरे से बाहर निकल जाता है।

तलत महमूद की आवाज़ उभरती है और शंकर-जयकिशन का संगीत उस तीव्र और अत्यधिक नाटकीय दृश्य को अपने अन्दर समाते हुए ऐसा साज़ छेड़ता है कि फ़िल्म देखने वालों की रुकी हुई साँसें फिर से चलना शुरू करती हैं।

"...हम दर्द के मारों का इतना ही फ़साना है
पीने को शराबे ग़म दिल ग़म का निशाना है..."

एक दिन वह पारो से कहता है, "बहुत से लोग ऐसे होते हैं जो अपनी मौत से पहले ही मर जाते हैं। मैं भी उनमें से एक हूँ शायद। तुम मुझे नहीं मिल सकती, मैं अच्छी तरह जान गया हूँ। तू मुझे नहीं मिल सकती। और इससे ये थोड़े ही होगा कि तू मर जायेगी या मैं मर जाऊँगा?"

"हम दोनों ज़िन्दा रहेंगे। इस दुनिया में वही होता रहेगा जो ये ईश्वर चाहता है। वही होता रहेगा। तुम्हें क्या हो गया है शंकर?"

"मैं उससे अकेला नहीं लड़ सकता। मैं अकेला नहीं लड़ सकता।"

पारो अपना सर शंकर के कन्धों पर रख कर रोती है। ऐसा भी कोई दृश्य होता है? दोनों का चेहरा स्क्रीन पर नहीं है। दोनों सारी दुनिया की निगाहों से मुँह मोड़ कर बैठे हैं। पारो ने उसके कन्धे पर हाथ रखा हुआ है। वह रो रही है।

शंकर कहता है, "मैं भी बहुत रोया हूँ पारो, मैं भी बहुत रोया हूँ। मगर उससे कुछ नहीं होता। उससे कुछ भी नहीं होता। उससे कुछ भी नहीं होता!"

पारो का भाई यह बात समझने में अक्षम है। पारो उसको कहती है, "कोई बीमार हो जाये तो उसको छोड़ कर अलग नहीं हो जाते। बीमारी का कारण दूर कर दो तो वह ठीक हो जायेगा।"

जगत नारायण कहता है, "पारो, उसे भूल जा। ये तेरे बस की बात नहीं है।"

माँ बिस्तर पर बीमार पड़ी है। शंकर भी दर्द से कराह रहा है। अत्यधिक शराब ने उसके जिगर को बरबाद कर दिया है। वह दर्द के कारण सीधा खड़ा नहीं हो सकता है। जिगर दर्द से फट जायेगा। वह अपने हाथ से जिगर को जैसे थामने की कोशिश करता है। उससे चला नहीं जाता है। माँ की दवा के लिए कहीं कोई पैसा नहीं मिलता। माँ का कँगन और एक चूड़ी पहले ही जा चुकी है।

वह घर आता है। पारो उसको अपना हार देती है। "नहीं पारो, मैं तेरा हार कैसे ले जाऊँ?" पारो कहती है, "वह मेरी भी तो माँ है।"

शंकर डॉक्टर को लेने जाता है। यह माँ का अन्तिम समय है।

मौत से पहले माँ की खुली आँखों में मौत दिख रही है लेकिन माँ शंकर की प्रतीक्षा कर रही है। माँ ने शंकर से अन्तिम मुलाक़ात के लिए मौत से थोड़ी-सी मोहलत माँग ली है। वह पारो से कहती है, "बेटी, तुझे याद है शंकर क्या गाया करता है? सुना दे बेटी, उसकी धुन पकड़ कर चली जाऊँगी।

पारो माँ को गीत सुनाती है–

"...ऐ मेरे दिल कहीं और चल..."

शंकर पारो का हार बेच कर रघुनाथ के शराबख़ाने में आता है और कहता है, "मुझे जल्दी दे दे। दर्द से जान निकल रही है। मुझसे सहा नहीं जाता। जल्दी से एक दे दे। मेरी माँ बहुत बीमार है। मैं डॉक्टर को लेने जा रहा हूँ।"

और फिर शंकर बोतलों पर बोतलें चढ़ा जाता है।

जब होश आता है तो वक़्त वापस नहीं आता।

वह घर आता है, माँ के पास आता है।

माँ की अन्तिम साँस बेटे की प्रतीक्षा में मृत्यु की दीवार से टकरा रही है। शंकर माँ का हाथ दोनों हाथों में लेकर चूमता है।

वह माँ को आवाज़ देता है, "माँ! माँ! माँ! माँ! पारो, मेरी माँ मर गयी। मेरी माँ मर गयी पारो।"

वह माँ के सर की ओर से माँ के पाँव की ओर आता है। माँ के पाँव चूमता है। "मेरी माँ मर गयी।"

वह कमरे से बाहर निकल जाता है। पारो बेहोश पड़ी है। जगत नारायण की बेटी पारो को कहती है। जो दाग़ शंकर ने लगाया है! पारो कहती है, "दाग़, चाँद के चेहरे पर भी तो दाग़ है, फिर क्या उसके कारण वह बुरा लगता है!"

शंकर माँ की ख़ाली चारपाई के पास बैठा confession कर रहा है।

"मेरी तरफ़ देख माँ, मैं कुछ भी नहीं कर सका। कुछ भी नहीं कर सका। मुझे अपने साथ ले चल। मेरा यहाँ कोई नहीं है माँ।"

पारो आती है वह उसको अपने गले से लगाती है। "हर वक़्त तेरी राह देखती रहती हूँ और तू कहता है मेरा यहाँ कोई नहीं है? मैं तुझसे प्यार करती हूँ। तुझसे ब्याह करूँगी। इस घर में रहूँगी। मैं तेरे बच्चों की माँ बनूँगी।"

पारो की मुहब्बत का सहारा शंकर को अपने पाँव पर खड़ा कर देता है। "पारो, तू मुझसे प्यार करेगी? तू इस घर में मेरे साथ रहेगी पारो? तू ठहर, मैं अभी आता हूँ।"

शंकर रघुनाथ के पास आता है और कहता है कि मेरी माँ के कँगन वापस दे अगर तू इस वक़्त मेरा हाथ थाम ले तो मैं।

रघुनाथ ने तो हमेशा शंकर का हाथ थामने की कोशिश की थी। शंकर रघुनाथ से माँ के कँगन वापस लेकर जाता है। पारो जा चुकी है। जगत नारायण अपनी बहन को ब्याह रहा है। शंकर शादी के समय पहुँच जाता है। बारात शंकर को पैरों तले रौंद कर चली जाती है। जगत नारायण के पास अब कोई चारा नहीं। वह पारो को कहता है, "उसका ख़याल रखना", मैं डॉक्टर को लेकर आता हूँ।

शंकर और पारो मिल जाते हैं। वह उसी घर में आते हैं जहाँ माँ ने अन्तिम साँस ली थी। वह अपने जीवन की शुरुआत करते हैं। हीरा शराब की बोतल लेकर आता है। शंकर शराब की बोतल तोड़ देता है और हीरा को पत्थर मार-मार कर गाँव से बाहर निकाल देता है।

पारो ने सच कहा था कि मैं शराब छुड़ाऊँगी उसकी।

"कोई जी-जान से कोशिश भी तो नहीं करता। यह भी एक बीमारी है। बीमारी का कारण दूर कर दो तो वह ठीक हो जायेगा। मैं अपने-आप को तबाह करके उसको बचा सकती हूँ तो मैं ये भी करूँगी!"

अदम कहता है–

कहते हैं उम्रे रफ़्ता कभी लौटती नहीं
जा, मैकदे से मेरी जवानी उठा के ला

Devdas
PG
DVD

देवदास

"बाहर कौन मरा है?"

"आपके गाँव का कोई देवदास मुखर्जी मरा है!"

"कौन?"

"आपके गाँव का देवदास।"

"कैसे पता चला?"

"जेब में दो चिट्ठियाँ थीं। एक देव जय दास मुखर्जी की!"

"हाँ-हाँ! उनके बड़े भाई थे।"

"दूसरी काशी से हरिमति देवी की!"

"हाँ, हाँ! उनकी माँ!"

"हाथ में नीलम की अँगूठी थी!"

"हाँ, हाँ! ताया जी ने दी थी। मैं जाती हूँ!"

पार्वती दरवाज़े की ओर भागती है।

मुहब्बत का अंजाम। मौत का प्रारम्भ। अन्तिम समय। अन्तिम यादें। अन्तिम साँस।

देवदास की आँखों की पुतलियाँ जल चुकी हैं। यादें राख का ढेर बन चुकी हैं। होंठों पर पारो का नाम ज़िन्दा है।

मुहब्बत मौत तक साथ देती है। मुहब्बत ने साथ नहीं छोड़ा। देवदास ने ज़िन्दगी का साथ छोड़ दिया।

इनसानी ज़िन्दगी का दुखान्त मुहब्बत!

मुहब्बत का दुखान्त। देवदास!

रात बड़ी गहरी है। एक ट्रेन वीरान स्टेशन पर आकर रुकती है।

"मानकपुर की सवारियाँ उतर जायें।"

"मानकपुर आ गया।" रेलगाड़ी के डिब्बे में सीट पर लेटे हुए देवदास के कानों तक आवाज़ पहुँचती है। "पण्डो स्टेशन, धीरपुर, मीर गंज, मानकपुर की सवारियाँ उतर जायें।"

"मेरी सेवा करने से तुम्हारा दुःख अगर कम होता है तो ज़िन्दगी में एक बार ज़रूर तुम्हारे पास आऊँगा।" देवदास ने पार्वती से कहा था!

वह अपनी चादर अपने नौकर धर्मदास के ऊपर डाल कर ट्रेन से उतर जाता है। गाड़ी सीटी बजाती है। इंजन की आवाज़ ख़ामोशी को चीर रही है। वह स्टेशन के बाहर सीढ़ियाँ उतर रहा है। उसके पाँवों में खड़े होने की शक्ति नहीं है। वह दीवार का सहारा लेकर क़दम उठाता है। स्टेशन के बाहर एक बैलगाड़ी वाला है और एक यह थका-हारा मुसाफ़िर!

नासिर काज़मी का एक शे'र है–

तेरे शहर का स्टेशन भी
मेरे दिल की तरह सूना था

"गाड़ी वाले, ओ भाई गाड़ी वाले! मानकपुर चलोगे?"

"मानकपुर यहाँ से बहुत दूर है। रास्ता भी बहुत ख़राब है। मैं तो इस अँधेरी रात में नहीं जाऊँगा।"

"मेरे पास इतना वक़्त नहीं है भाई। देखो, मुझे वहाँ जाना ही है। मैं तुम्हें बहुत-से पैसे दूँगा।"

बैलगाड़ी सफ़र के लिए चल पड़ती है। लालटेन हिचकोले खा रही है। ज़िन्दगी की नाव डूब रही है। बैकग्राउण्ड संगीत जिगर को चीर रहा है। अँधेरी रात और एक मुसाफिर!

नासिर काज़मी कहता है–

सन्नाटे में जैसे कोई
दूर से आवाज़ें देता था

"और कितनी देर है भाई गाड़ी वाले!"

"अभी तो बहुत दूर जाना है बाबूजी!"

लालटेन की रोशनी उसके चेहरे पर डगमगा रही है। एक आवाज़ दूर बचपन की सीमा से उसके कानों तक पहुँच रही है।

''देवदास!''

यह पारो की आवाज़ है। पारो भाग रही है। घोड़ा गाड़ी देवदास को बचपन में ही पारो से छीन कर ले गयी थी।

सफर उसका भाग्य था। बचपन से अपनी ज़िन्दगी के अन्तिम क्षण तक वह यात्रा में ही रहा।

नासिर काज़मी कहता है–

एक तवील सफ़र का झोंका
मुझको दूर लिए जाता था

एक और दृश्य का साया उसकी आँखों में लहरा रहा है। एक दिन उसने पारो से कहा था, "कितनी बड़ी हो गयी हो तुम!"

माँ भी उसकी आँखों के सामने से गुज़र गयी है।

यह चन्द्रमुखी है। फिर कब मिलना होगा?

उसके सूखे होंठों से एक आवाज़ उभरती है "अरे भई, ये रास्ता क्या कभी ख़त्म भी होगा।"

मुझे एक शे'र याद आ रहा है—

जिनका जवाब शायद मंज़िल पे भी नहीं था
रस्ते में अपने दिल में ऐसे सवाल आये

रास्ता ख़त्म होता है। मंज़िल आती है। एक बड़े पेड़ के पास गाड़ी रुकती है। गाड़ी वाला कहता है, "हम मानकपुर आ गये। आपको किसके घर जाना है? आप बोलते क्यों नहीं?"

देवदास के यह आख़िरी शब्द हैं, "पारो, मैं आ गया हूँ। मैं आ गया हूँ पारो।"

"कौन!" पारो के कमरे की खिड़की खुलती है। बाहर आती है।

"किसी ने मुझे पुकारा न!"

Extra sensory perception...!

देवदास के आख़िरी शब्द पारो ने सुन लिये थे !

दिन चढ़ता है। मन्दिर की घण्टियाँ बज रही हैं। दरख़्त के नीचे वह लेटा हुआ है। उसकी अन्तिम साँसें हैं।

"शानो की माँ, बाहर फाटक के पास इतने आदमी क्यों जमा हैं?" पारो बेचैन और बेक़रार है। "कोई बीमार परदेसी लेटा है, दो-चार साँसें और लेगा।" पारो के दिल से एक आवाज़ निकलती है। आह!

दो आदमी बातें कर रहे हैं। पारो ग़ौर से सुन रही है।

"न जाने पूर्व जन्म की मिट्टी ख़रीदी और सिर्फ़ मरने के लिए बेचारा यहाँ चला आया।"

"कहाँ का रहने वाला है?"

"सुना है, तालसरापुर का रहने वाला है।"

पारो आगे बढ़ कर उनसे पूछती है, "कौन तालसरापुर का रहने वाला है?"

"मालकिन, अभी-अभी बाहर एक आदमी मर गया है। उसी की बात कर रहे हैं।"

"क्या नाम था?"

"वो महेन्द्र बाबू वहीं से आ रहे हैं। उन्हें शायद पता हो।"

"महेन्द्र, बाहर कौन मरा है?"

"ठीक-ठीक तो पता नहीं चला माँ, लेकिन शक होता है आपके गाँव का कोई देवदास मुखर्जी मरा है!"

"कौन?"

"आपके गाँव का देवदास!"

वह तो पारो के दिल का देवदास था। उसके घर के फाटक के सामने मर गया।

वह भागती हुई फाटक तक पहुँच गयी थी। फाटक बन्द कर दिया गया।

सामने देवदास पड़ा है जो उसके दिल में कभी नहीं मर सकता।

पारो का घर उसकी मंज़िल थी। वह अपनी मंज़िल पर पहुँच गया।

अपने जीवन की अन्तिम यात्रा पर रवाना होने से पहले चन्द्रमुखी ने उसके चरणों की धूल से अपनी माँग में सिन्दूर भरा था।

"तुम रो रही हो चन्द्रमुखी?"

"नहीं तो।"

और वह आँखों में आँसू लिये और दुःख को अपने दिल में समेटते हुए कहती है, "मुझे बहुत फ़िक्र हो रही है। तुम्हारी तबियत अच्छी नहीं है। परदेस में कैसे जाओगे? कैसे रहोगे? मुझे एक वचन दो। अब कभी शराब नहीं पियोगे।"

"वादा तो नहीं करता चन्द्रमुखी, लेकिन तुम्हारी बात याद ज़रूर रखूँगा।"

"जहाँ भी रहो, अगर तुम्हारा शरीर ज़रा भी ख़राब हो तो इस दासी को ज़रूर ख़बर देना।"

वह सीढ़ियाँ उतर कर जाने लगता है तो चन्द्रमुखी उसके चरणों की धूल अपनी माँग में लगाती है, "अब फिर कब मिलना होगा?"

"कौन जाने! और जब तक मैं ज़िन्दा रहूँगा चन्द्रमुखी, मैं तुम्हें कभी भूल नहीं सकूँगा। तुम्हें देखने की प्यास कभी नहीं बुझेगी। न जाने पुण्य और पाप का विचार करने वाले तुम्हारे बारे में क्या फ़ैसला करेंगे लेकिन अगर मरने के बाद में मेल होता है तो मैं कभी भी तुमसे दूर न रह पाऊँगा।"

और देवदास चन्द्रमुखी से दूर चला गया। वह सिर्फ़ इतना कह सकी!

"इसी जन्म के इन्तज़ार में ये ज़िन्दगी गुज़ार दूँगी।"

चन्द्रमुखी खिड़की में से देख रही है। वह उसकी नज़रों से ओझल हो रहा है। एक गीत की आवाज़ कानों में सुनाई दे रही है।

"...अगर इस जहाँ का मालिक कहीं मिल सके तो पूछें
मिली कौन-सी ख़ता पर हमें इस क़दर सज़ायें..."

फ़ेड आउट पर ही गाड़ी की छुक-छुक की आवाज़ें आना शुरू होती हैं। देवदास अपने घरेलू मुलाज़िम धर्मदास के साथ गाड़ी में बैठता है। मुलाज़िम सवाल करता है, "कहाँ जाना है कुछ तय किया है?"

"नहीं अभी कुछ तय नहीं किया!"

"तो फिर काशी चलो न माँ के पास!"

"नहीं धर्मदास मैं काशी नहीं जाऊँगा। मैं बहुत दूर जाना चाहता हूँ।"

"मुझे तुम सिर्फ़ इतना बता दो कि तुम जाना कहाँ चाहते हो!"

"मैं अपने आप से कहीं भाग जाना चाहता हूँ?"

ट्रेन भाग रही है। स्टेशन गुज़र रहे हैं। दिल्ली, मद्रास, बम्बई और लाहौर!

स्क्रीन पर लाहौर का नाम पढ़ के यूँ लगा था जैसे देवदास मेरे पास से गुज़र कर गया है। एक स्टेशन पर चुन्नी लाल गाड़ी में सवार होता है। "अरे चुन्नी बाबू, तुम? अरे देवदास, ये क्या सूरत बना रखी है? पहचाने भी नहीं जाते। क्या ख़बरें हैं?"

"ख़बर बस यही है कि ज़िन्दा हैं।"

"तुम बताओ, कहाँ जा रहे हो?"

"ये अभी कुछ तय नहीं किया!"

"मक़सद?"

"ज़िन्दगी में अब कोई मक़सद ही नहीं रहा चुन्नी बाबू।"

"तुम रहे वही देवदास। अरे ठहरो। कितने दिनों बाद मिले हैं। क्यों न मुलाक़ात को रंगीन किया जाये?" चुन्नी बाबू जेब से बोतल निकालता है। "अब तो हम सोडा मिलाने के भी क़ायल नहीं रहे। तुम्हें तकलीफ़ होगी। थोड़ा-सा पानी मिला लो।"

"मैंने पीना छोड़ दिया है चुन्नी बाबू।"

"किसी ने अपने सर की क़सम तो नहीं दिला दी? अच्छा ये वही पुराना मर्ज़ है या नया रोग लगा लिया है।"

"क्या कहूँ चुन्नी बाबू? मुझे तो कुछ भी अच्छा नहीं लगता।"

सर पर हाथ रखते हुए वह कहता है, "अब तो यही अच्छा लगता है कि कुछ भी अच्छा न लगे।"

"तुम्हें क्या दुख है, मैं अच्छी तरह समझता हूँ देवदास। जब उस दुःख की आग सीने में भड़कती है तो इसी का सहारा लेना पड़ता है। इसी आग से उस आग को बुझाया जा सकता है और कोई चारा नहीं।" चुन्नी बाबू कहता है। ये मोतीलाल है, मुक़ाबले की टक्कर !

देवदास के सामने गिलास पड़ा है। वह हिल रहा है। इंजन का शोर उभरता है जैसे कोई तूफ़ान आ गया है। देवदास शराब का गिलास अपने अन्दर उँड़ेल लेता है। कोयला इंजन के अन्दर डाला जाता है। आग भड़कती है। आग ही से आग को बुझाया जा सकता है। धर्मदास कहता है–"डॉक्टर ने कहा था कि एक घूँट पियोगे तो मर जाओगे!"

"नहीं पिऊँगा तो भी मर जाऊँगा।"

ट्रेन तेज़ी से चलती जा रही है। देवदास के चेहरे पर मौत के साये फैल रहे हैं।

"मेरे जाने का वक़्त आ गया है धर्मदास।"

"कहाँ जाने का?"

"इस दुनिया से।"

"भगवान के लिए ऐसी बातें मत करो!"

"अभी से क्यों रोते हो?"

"तुम्हारे पाँव पड़ता हूँ देवा, लौट चलो।"

"कहाँ? किसके पास धर्मदास? कौन है मेरा इस दुनिया में?"

"तुम्हारा सब कोई है।"

"हाँ, मेरा सब कोई है। मैं ही किसी का नहीं धर्मदास।"

"ऐसे मत कहो, मुझसे नहीं सुना जाता। सामने मुग़लसराय है, वहीं से उतर कर काशी चले जायेंगे माँ के पास।"

"माँ? मैं एक शराबी, बदकार, बदचलन। माँ को ये काला मुँह नहीं दिखाऊँगा।"

"फिर गाँव ही लौट चलो।"

"गाँव? हाँ, ये ठीक है। ये खोखला बदन भी वहीं की मिट्टी है ना धर्म दा" ...अपने हाथों की उँगलियों को देखते हुए कहता है, "तुम वहीं ले चलो।"

ट्रेन स्टेशन की तरफ़ और देवदास की ज़िन्दगी मौत की तरफ़ भाग रही है। उसके पेट में दर्द उठता है। वह क़ै करता है। बेइख़्तियार उसके मुँह से निकलता है ख़ून...। उधर पार्वती के कानों से यह आवाज़ टकराती है "ख़ून!"

Extra sensory perception.....

देवदास की आवाज़ें वह कैसे न सुनें!

वह तो बचपन में पाठशाला के बाहर खड़ी रहती थी कि अभी छुट्टी होगी और देवा बाहर आयेगा। वे दोनों बाग़ में घूमते रहते थे। पेड़ पर चढ़ कर बुलबुल को पकड़ते थे। देवदास दरख़्त से तोड़ कर कोई अमरूद या आम पारो की छत पर फेंकता तो वह भागती हुई आती थी।

"...पंछी ओ अलबेले तेरा दूर ठिकाना है
उस डाली से नीचे आकर बात हमारी सुन ले..."

आकाश में दो परिन्दे उड़ रहे हैं। धरती पर दो पंछी एक-दूसरे के साथ हैं।

देवदास पाठशाला से भागता है। "मैं पढ़ना ही नहीं चाहता।" वह तो पार्वती की आँखों में मुहब्बत का पहला पाठ पढ़ रहा था। पाठशाला में उसका दिल कैसे लगता? ज़मींदार को मगर यह स्वीकार नहीं था। बाप उसको कमरे में बन्द करके मारता है। देवदास गाँव में ज़िन्दगी का जो चलन सीख रहा था, वह ज़मींदार साहब की उच्च ज़ात और ज़मींदारी प्रथा के नीच मूल्यों को कैसे भा सकता था?

देवदास को पढ़ने के लिए शहर भेज दिया गया। पारो से पहली जुदाई बचपन में हुई। पारो गाने वालों से गीत सुनती–

"...आन मिलो आन मिलो शाम साँवरे..."

श्री कृष्ण अलोप हो गये थे तो राधा ने व्याकुल होकर यह गीत गाया था। यह गीत पारो के दिल पर प्रभाव डालता है।

समय बीतता गया। मौसम बदलते रहे। ताल के पानी में कली खिल कर कमल बन गयी। बचपन में जो कली मन में खिली थी, अब वह बड़ी होकर पारो बन गयी है।

"सुना है, देवदास शहर से आया है।" यह ख़बर सुनकर वह श्रृंगार करती है और इन्तज़ार करती है..."अरी पारो देख देवदास आया है।" वह सुन कर भागती है। सीढ़ियाँ चढ़ कर ऊपर कमरे में जाती है। वह दीवार के साथ लग कर खड़ी है। उसके क़दमों की चाप सुनती है। दरवाज़े में देखती है। उसके पाँव पर नज़र पड़ती है। वह दिया जलाती है। वह सामने खड़ा है। उसके चेहरे पर मुस्कुराहट है। क्या हो रहा है?

"कितनी बड़ी हो गयी हो तुम!"

वह साड़ी का पल्लू लपेटती है।

"अच्छा, रात हो गयी है। मैं चलूँगा।"

ऐसी मुलाक़ातों पर तो शायरी के दीवान भरे पड़े हैं।

वह बोलता था लेकिन होंठ नहीं हिलाता था
इशारा करता था, जुंबिश न थी इशारे में

सदियों का इन्तज़ार, लम्हों की मुलाक़ात, देखने वाले मगर यह महसूस करते हैं कि दोनों के दिलों पर क्या-क्या बिजलियाँ कौंध रही हैं।

न वे मिल कर बैठे, न कोई बात हुई और पारो के ब्याह की बातें होने लगी। देवदास ज़मींदार का बेटा था। पारो सुन्दरता में सबसे ऊँची।

पार्वती की दादी ज़मींदार के यहाँ सन्देश लेकर जाती है। देवदास की माँ कहती है, "आज पार्वती की दादी ने ब्याह की बात कही थी, मैंने भी न कह दी। छोटी ज़ात के ब्राह्मण, दूसरा, पड़ोस में समधियाना!"

पारो का ब्याह एक सप्ताह के अन्दर-अन्दर तय हो जाता है। एक सहेली पारो से उसके वर की उम्र और नाम पूछती है। "मेरा खाया-पिया सब जानती हो और ये नहीं जानती...?" वह कान में बताती है "देवदास!"

पारो को ख़बर मिलती है कि उसका ब्याह मानकपुर के ज़मींदार से पक्का हो गया है!

रात के दो बजे हैं। पारो उसके कमरे में आती है। वह सोया हुआ है।

"इतनी रात गये अकेली ही आ गयी हो। रास्ते में डर नहीं लगा?"

"मुझे भूत से डर नहीं लगता।"

"भूत से न सही, पर आदमी से तो डर लगता है।"

"शायद इस वक़्त उससे भी नहीं।"

"घर के अन्दर कैसे आयीं। किसी ने देखा तो नहीं? दरबान थे, नौकर-चाकर थे। तूने ऐसा क्यों किया?"

"मेरी सारी लज्जा तुम ढक लोगे।"

"अरी, तू रो रही है?"

"नदी में कितना जल है। क्या उससे भी मेरा काजल नहीं..."

"मेरे माँ-बाप सहमत नहीं हैं।"

"तुम्हारे चरणों में...मुझे यही थोड़ी-सी जगह दे दो मेरे देवदास।"

"चलो, तुम्हें घर छोड़ आऊँ! अगर तुम अकेली आ सकती हो तो क्या मैं नहीं जा सकता?"

"बदनामी होगी न, तो अच्छा है। उसमें से हम दोनों के लिए कोई-न-कोई रास्ता निकल आयेगा।"

देवदास बाप से बात करता है। बाप कहता है, "एक लफ़्ज़ भी कहा तो, दूर हो जाओ मेरी नज़रों से।" देवदास का नसीब दूरी है!

देवदास ख़त लिखता है, "जब से मैं यहाँ आया हूँ तुम्हारा ही ख़याल सता रहा है। मेरे माँ-बाप की ख़्वाहिश नहीं। ये मेरे मन में कभी नहीं आया कि मैं तुम्हें चाहता हूँ। कोशिश करके तुम मुझे भूल जाना। भगवान से प्रार्थना है कि तुम्हें उसमें कामयाबी हो!"

ख़त लिख कर देवदास ने पोस्ट कर दिया। वह उस ख़त का बोझ अपने दिल पर महसूस कर रहा है। वह खिड़की में खड़ा है और सोच रहा है कि पार्वती कितनी हठीली और अभिमानी लड़की है। वह चुन्नी बाबू को कहता है, "मैं घर जा रहा हूँ। अगर मुझे मालूम होता कि यहाँ आने से मेरा सब कुछ खो जायेगा तो मैं यहाँ कभी नहीं आता।"

पार्वती ख़त पढ़ कर फाड़ देती है। वह नदी के किनारे बैठा उसका इन्तज़ार कर रहा है। वह पास से गुज़र जाती है। देवदास की भवें बोझिल हैं जैसे उन्होंने ख़त का बोझ उठाया हुआ हो। "ठहरो पारो, मैं आ गया हूँ।"

"क्यों? उस रात की बात याद नहीं की और वह चिट्ठी भी, जो तुमने लिखी?"

"मुझे माफ़ कर दो। न जाने मुझे क्या हो गया था। वो ख़त मैंने जल्दी में लिख दिया था। सोचने की ताक़त भी नहीं रही थी।"

"चुप रहो, मैं वो सब सुनना नहीं चाहती।"

"सुनो पारो। जैसे कैसे भी होगा, मैं अपने माता-पिता को राज़ी कर लूँगा।"

तुम्हारे माता-पिता हैं और मेरे नहीं हैं? उनके राज़ी होने न होने की ज़रूरत नहीं है?"

"क्यों नहीं, लेकिन उन्हें तो इस बात से इनकार नहीं?"

"बिलकुल इनकार है। जाने दो मुझे। रास्ता छोड़ दो फ़ौरन।"

"क्या मुझे बिलकुल भूल गयी हो?"

"तुम जैसे चंचल शेताबी पर मुझे कोई विश्वास नहीं। मेरे माता-पिता मेरी मंगल कामना करते हैं। उन्होंने जो कुछ किया, मेरी भलाई के लिए किया है। तुम रास्ता छोड़ दो।"

"इतना अहंकार!"

"क्यों न हो?"

"तुम अहंकार कर सकते हो, मैं नहीं कर सकती? तुम लोग बड़े आदमी हो तो मेरे माता-पिता भी भीख नहीं माँगते। तुम सोच रहे हो मेरी बदनामी करोगे, कर लो।

"मैं तुम्हारी बदनामी करूँगा? वो कैसे?"

"उस रात मैं तुम्हारे पास अकेली गयी थी न? यही बात चारों ओर फैला दो। तुम्हारे मन को शान्ति मिल जायेगी।"

"सुनो पार्वती, ये रूप तुम्हारा। इतना रूप अच्छा नहीं है। इससे अहंकार बहुत बढ़ जाता है। जानती हो न ये चाँद पर भी रूप सोहाया है। इसीलिए उसके चेहरे पर दाग़ है। आओ, तुम्हारे चेहरे पर भी ऐसा ही दाग़ बना दूँ।"

देवदास अपनी छड़ी पार्वती के चाँद से माथे पर मारता है और वहाँ एक दाग़ पड़ जाता है। शायर एक शे'र लिखता है—

जो सूरज में है दाग़े मलाल
वह चाँद में हो तो चेहरा है

"ये तुमने क्या किया देवदास?"

"डरो नहीं पारो। ये ज़ख्म तो जल्द ही भर जायेंगे। सिर्फ़ एक दाग़ रह जायेगा। इस आख़िरी जुदाई के दिन को याद रखने के लिए सिर्फ़ एक निशान बना दिया है ताकि ये चाँद-सा मुखड़ा कभी आईने में देखो तो शायद मेरी याद आ जाये!"

"मैं मूरख, तेरा-मेरा शायद जन्म-जन्म का यही रिश्ता है।"

"मुझे भूल जाओ।"

"तुम तो जानती हो कि मैं नादान हूँ। सोच-समझ कर कुछ बात नहीं कर सकता। तुमने अच्छा ही किया पारो। शायद मेरे साथ रहकर तुम कभी सुख नहीं पाती।"

पारो चली जाती है।

वह पत्थर बन कर खड़ा रह जाता है। पारो नज़रों से ओझल हो जाती है पर दिल से कभी ओझल नहीं होती।

गोरी साजन की हो गयी।

"जी चाहता है देवदास को एक बार बुला कर यह सोहनी मूर्ति दिखा दो।" पारो कहती है, "क्या ये हो सकता है? एक बार उनके चरणों की धूल माथे पर लगा सकती हूँ? भूल जाओ। मैंने तो सुना है वह कलकत्ते चला गया।"

देवदास के माथे पर पाँच गहरी लकीरें हैं। उनमें लिखी हुई उसके बचपन से जवानी तक की कहानी।

"चुन्नी बाबू! तुम जहाँ जाते हो, वहाँ सचमुच सब दुःख-दर्द दूर हो जाते हैं।"

"हो तो जाते हैं लेकिन वो जगह अच्छी नहीं।"

"अच्छा क्या है और बुरा क्या है, ये सब बेकार की बातें हैं। मुझे भी अपने साथ ले चलो, चुन्नी बाबू कहता है—

आ ऐ गुले फ़सुर्दा लगा लूँ गले तुझे
मेरी तरह से तू भी लुटा है शबाब पर

बाप कहता है, "पार्वती, पालकी पर चढ़ो बेटी!"

चुन्नी लाल कहता है, "अरे, उतरो न देवदास!"

दो वाक्य हैं।

दो शॉट हैं।

दो रास्ते हैं।

दो मंज़िलें हैं।

ज़िन्दगी भर की जुदाई है।

पार्वती पालकी पर चढ़ गयी, देवदास तांगे से उतर कर एक ऐसे रास्ते पर चल पड़ा कि जिस रास्ते से वापसी सम्भव नहीं होती।

उसी रास्ते पर चलते-चलते थक कर एक दिन वह पार्वती के घर के सामने पारो को आवाज़ें देता हुआ अपने शरीर का साथ छोड़ कर पारो के दिल में जाकर बस गया...वह रोती रही।

चन्द्रमुखी ने आकाश पर फैले चिता के धुएँ को देख कर समझ लिया होगा कि नये जन्म में वह उससे दूर रह ही नहीं सकता।

देवदास पार्वती के दिल और चन्द्रमुखी की आँखों में आबाद है और यह जो लकड़ियों में आग लगी है, लोग कहते हैं कि ये देवदास की चिता है। वह नहीं जानते कि मुहब्बत जल नहीं सकती। मुहब्बत मर नहीं सकती!

उन्नीसवीं शताब्दी के मध्य में बंगाल के एक महान लेखक शरतचन्द्र चटर्जी ने एक उपन्यास लिखा था—देवदास। शरतचन्द्रचटर्जी का बंगाली साहित्य में क्या स्थान है, मैं यह तो नहीं जानता लेकिन अन्तर्राष्ट्रीय साहित्य में मेरा जो अध्ययन है उससे मुझे यह पता चलता है कि वह एक महान उपन्यासकार थे।

'देवदास' में हमें जो उपन्यासकार दिखाता है वह न केवल अपने युग की एक बड़ी कहानी की रचना कर रहा था बल्कि आने वाले युग में किन्हीं महाकवि

रवीन्द्रनाथ ठाकुर (रवीन्द्रनाथ टैगोर) के पैदा होने की सम्भावना का मार्ग भी बना रहा था।

जिन दिनों में 'देवदास' लिखी जा रही थी, उन्हीं दिनों में टॉलस्टॉय War and Peace लिख रहा था। टॉल्स्टॉय ने जब दूसरा बड़ा उपन्यास Anna Karenina लिखा तो उस वक़्त शायद शरतचन्द्र चटर्जी अपने अन्तिम दिन गुज़ार रहे थे।

'देवदास' के प्रकाशित होने से पहले अन्तर्राष्ट्रीय स्तर पर कुछ बड़े उपन्यास लिखे जा चुके थे। विक्टर ह्यूगो का Les Miserable चार्ल्स डिकेन्स का Tale of Two Cities, दोस्तोयेव्स्की का Memoir from the House of Dead, और दुनिया ने जिसका सबसे बड़ा उपन्यास Crime and Punishment भी प्रकाशित हो चुका था और जॉर्ज इलियट का Adam Bead भी प्रकाशित हो चुका था।

फ़्लाबियर लगभग एक शताब्दी पूर्व 'मादाम बौवेरी' लिख चुके थे।

इधर हिन्दुस्तान में उसी दौर में ग़ालिब ने अपने विचारों की आग से दिल्ली को प्रकाशित कर रखा था–

बेख़तर कूद पड़ा आतिशे नमरूद में इश्क़!

बड़े-बड़े साहित्यकारों की यह अन्तर्राष्ट्रीय बिरादरी अपनी रचनाओं के द्वारा एक-दूसरे को प्रभावित कर रही थी और एक-दूसरे से प्रभावित हो रही थीं।

मजीद अमज़द का एक शे'र है–

अपने दिल की चट्टान से पूछो रेज़ा एक पंखुड़ी का कितना बोझल है
एक आँसू की बूँद में देख, दुनिया-दुनिया, आलम-आलम जल-थल है

शरतचन्द्र चटर्जी के बंगाल में ज़मींदारी व्यवस्था अपनी टूट-फूट के किस मरहले पर थी, यह कहना तो मुश्किल है लेकिन 'देवदास' पढ़ कर और देख कर यह जानना अधिक मुश्किल नहीं रहता कि बंगाल का आर्थिक ढाँचा ज़मींदारी की बेलगाम शक्ति के हाथों से निकलना शुरू हो चुका था। सामाजिक मूल्यों में बदलाव दिखता है।

देवदास की जाति ऊँची है तो पार्वती की सुन्दरता भी ऊँची है।

पार्वती Aesthetic की अलामत है।

एक अकेले देवदास ने ही नहीं, पूरी ज़मींदारी व्यवस्था ने सुन्दरता की शक्ति से टकरा कर देख लिया है !

शरतचन्द्र चटर्जी की क़लम तीव्र और गहरे एहसास के साथ इस विषय पर पकड़ बना चुका है। उनके आभास की प्रक्रिया बहुत ही नाज़ुक, नर्म और मुलायम है।

मुहब्बत के मूल्य एक ओर,
पार्वती का अहंकार एक ओर,

देवदास का चंचल मन एक तरफ़,
चुन्नी लाल की प्यास एक तरफ़,
धर्मदास का धैर्य एक ओर, और
चन्द्रमुखी की पूजा एक तरफ़,

उन्नीसवीं शताब्दी का बंगाल और उसमें गाँव और शहर में बदलते हुए सामाजिक ढाँचे और सामाजिक मूल्यों का बोध एक ऐसे उपन्यास को जन्म दे रहा है जिसमें मुहब्बत करने वाले का मुक़द्दर मौत है!

मुजरा करने वाली का मुक़द्दर तन्हाई, और अपनी सुन्दरता पर मान करने वाली का मुक़द्दर लौलिता के हीरो की बेबसी और प्यास है!

'देवदास' शरतचन्द्र चटर्जी ने अपने क़लम से शब्दों में लिखा है।

शब्दों को कैमरे से तस्वीर में गढ़ने की कला एक ही बंगाली ने सीखी थी और उस महान बंगाली सपूत का नाम है—बिमल राय।

पिछले एक सौ बरस के सिनेमा के इतिहास में बिमल राय से पहले कोई बड़ा नाम नहीं है और जो उनके बाद आये हैं वह बिमल राय की कला और ज्ञान के दरवाज़े से गुज़र कर ही आये हैं। यह सम्भव ही नहीं कि कोई निर्देशक बिमल राय की कला, उनकी गहरी दृष्टि और उनके अनुभव के द्वार से गुज़रे बिना फ़िल्म कला को समझ सके। सत्यजीत रे और मृणाल सेन इस इतिहास के नये अध्याय हैं और वह अपने पुरखों से उतना ही आगे हैं जितना कोई सन्तान अपने पुरखों से आगे हो सकती है।

मैंने बिमल राय से बड़ा निर्देशक हिन्दुस्तान की स्क्रीन पर नहीं देखा।

जिस प्रकार X-Ray की मशीनें हिन्दुस्तानी समाज को देख सकती थीं और, और दूसरों को दिखाने का सिनेमाटोग्राफ़ी की महान कला भी जानती थीं, वह एक-एक फ्रेम पर अपनी आँख से मुहर लगाते थे।

Direction, Editing, Acting और Music को वह एक ही समय में अपने क़ाबू में ऐसे रखते थे जैसे मेले में कोई माँ अपने, बच्चों को छाती से लगा कर रखती है।

अभिनेता तो वह ख़ुद भी रहे थे बल्कि Female अभिनय भी करते रहे थे। फ़िल्म 'देवदास' शुरू होती है। ऐसा लगता है जैसे किसी ने ख़ून के बोतल की सुई नस में लगा दी है, जिससे क़तरा-क़तरा ख़ून इनसान की रगों में उतरता है। इसी प्रकार फ्रेम-फ्रेम देवदास हमारी आँखों में उतर कर दिल को छलनी करता रहता है।

बाक़ी फ़िल्म पर बात होती रहेगी।

देवदास के गाड़ी में चढ़ने से लेकर चिता में जलने तक की कुल पच्चीस मिनट की यह फ़िल्म अन्तर्राष्ट्रीय सिनेमा में अपनी सिनेमा रिव्यु राइटिंग, निर्देशन, एडीटिंग, साउण्ड रिकॉर्डिंग, बैकग्राउण्ड संगीत, फ़ोटोग्राफ़ी, कैमरा वर्क,

शॉट डिविज़न और अभिनय के सन्दर्भ में एक पूर्ण, महान और बेहतरीन फ़िल्म आर्टवर्क है।

हर चीज़ अपनी जगह मुनासिब, सन्तुलित और फ़िट है। सारे भाग मिल कर एक पूरे अनुभव की रचना कर रहे हैं। यह unity of expression बिमल राय की कला का कमाल है। स्वर्गीय बिमल राय को नमस्कार!

मजरूह सुल्तानपुरी के गीत, एस. डी. बर्मन का संगीत, राजेन्द्र सिंह बेदी के संवाद फ़िल्म पर इस तरह छाए हुए हैं जिस तरह रेलगाड़ी का धुआँ आकाश पर छा गया है।

बेदी के संवाद कभी नहीं भूलते।

भाव और भावुकता से भरे हुए ऐसे पात्रों की भाषा राजेन्द्र सिंह बेदी के अलावा और कौन लिख सकता है?

"शराब पिओगे?"

"हाँ, हाँ। कहाँ मिलेगी?"

"मैं बन्दोबस्त कर दूँगी।"

"अरे तुम कहाँ से आ गयी मेरी मित्र? बहुत सुन्दर हो।"

"हाँ, सुन्दर हूँ!"

"तुम मुझे पहचानती भी हो सुन्दरी?"

"हाँ, पहचानती हूँ!"

चन्द्रमुखी देवदास को गली के एक कूड़े के ढेर से उठा कर अपने घर ले आयी है।

"अच्छा लाओ, शराब लाओ। जहाँ से भी हो।"

"तुम्हें पीनी नहीं चाहिए।"

"ये तुम मुझे नसीहत करने वाली कौन हो जी? लाओ, नहीं तो मैं यहाँ से चला।"

"मत जाओ। तुम्हारी तबीयत ठीक नहीं है।"

"अरे मर जाऊँगा, जहन्नुम में चला जाऊँगा।"

"तुमको इससे क्या?"

"तबीयत ठीक नहीं है।" (चन्द्रमुखी के शब्द दुहराता है !)

"तब तक मेरा नाच तो देखो!"

"हाँ, नाच देखूँ!"

तेरे दिल को जो लुभा दे वो सदा कहाँ से लाऊँ
जिसे तू क़बूल कर ले वो अदा कहाँ से लाऊँ
तुझे और की तमन्ना मुझे तेरी आरज़ू है

तेरे दिल में ग़म ही ग़म है
मेरे दिल में तू-ही-तू है

मजरूह सुल्तानपुरी एक शे'र में कहानी लिख रहे हैं।

देवदास, पार्वती और चन्द्रमुखी–तीनों पात्र एक शे'र में हैं और पूरी कहानी बयान कर दी है।

एक और शे'र में मजरूह कहते हैं–

जो दिलों को चैन दे दे
वो दवा कहाँ से लाऊँ

चन्द्रमुखी फ्रेम से 'आउट' होती है। देवदास फ्रेम में 'इन' होता है।

दोनों के जीवन में इन-आउट के सिवा और क्या है!

बिमल राय ने स्क्रीन पर कैमरे से उन दोनों को कभी मिलते और जुदा होते दिखाया है।

वे मिल रहे हैं और बिछुड़ रहे हैं।

यह मिलन और जुदाई की घड़ियाँ हैं जिन्हें इन-आउट करके बिमल राय ने साहित्य को कैमरे की भाषा में अनूदित कर दिया है।

राजेन्द्र सिंह बेदी संवाद लिख रहे हैं इसलिए अब मुझे लिखने की ज़रूरत नहीं!

"ये कल कहाँ से चुरा लायी तुम मुझे?"

"चुरा नहीं लाई, रास्ते में पड़ा पाया। सिर्फ़ उठा लायी हूँ। एक महीने से तुम्हारे लिए यहाँ आकर पड़ी हूँ। मकान लिया, किराया भरा, यह सब ज़ेवर ख़रीदे।

बेकार तुम पर कितने रुपये ख़र्च करने पड़े और एक तुम हो जो कल मुझे पहचान भी नहीं सके!"

"पहचान नहीं सका, लेकिन तुम्हारी आवाज़ सुन कर कभी-कभी शक ज़रूर हुआ और बार-बार यही सोचता रहा कि कौन मेरी इतनी सेवा कर सकता है, सिवाय चन्द्रमुखी के।"

"देवदास, क्या अब भी तुम मुझसे उतनी नफ़रत करते हो?"

"नहीं चन्द्रमुखी, बल्कि प्यार करता हूँ!" 'मेरी चन्द्रमुखी!' वह यह शब्द सुन कर बावली हो जाती है। वह खुशी से गुनगुना रही है, 'पिया घर आये री!'

वह उठ कर दरवाज़े तक आता है। उसके पेट में ऐसा दर्द उठता है कि वह अपने-आप को मुश्किल से सँभाल सकता है। चन्द्रमुखी मगर जानती है। यह जिगर का दर्द तो नहीं है। कुछ ऐसे ही मालूम होता है। चन्द्रमुखी डॉक्टर को लेकर आती है।

वह कहता है, "शराब आप के लिए ज़हर है। हो सके तो कलकत्ते से बाहर आबो-हवा के लिए चले जायें।"

"हाँ! तुम मेरी कौन हो चन्द्रमुखी, जो इतनी सेवा कर रही हो?"

"क्या अब भी यह नहीं समझ सके?"

"समझ तो लिया लेकिन उससे भी क्या होता है?"

"देखो न, मैं पार्वती को कितना चाहता हूँ। और वह भी मुझे कितना चाहती थी। लेकिन समाज ने नहीं चाहा। सिवाय दुःख के और क्या मिला?

इतना दुःख पा के सोचा था कि अब इन फँदों में नहीं फँसूँगा और अपनी मर्ज़ी से फँसा भी नहीं। तुमने ऐसा क्यों किया चन्द्रमुखी? क्यों इस तरह बाँध लिया मुझे? शायद तुम भी पार्वती की तरह दुख ही झेलोगी। तुम दोनों में कितना फ़र्क़ है, और फिर भी तुम कितनी एक-सी हो। एक बड़ी ख़ुद्दार, चंचल, और दूसरी गम्भीर वह कुछ भी नहीं सह सकती और तुम सब कुछ सह गुज़रती हो। उसकी कितनी इज़्ज़त है और तुम कितनी बदनाम हो। उसे सभी प्यार करते हैं और तुमसे नफ़रत लेकिन मैं तुमसे नफ़रत नहीं करता चन्द्रमुखी, कर ही नहीं सकता!"

चन्द्रमुखी सिर्फ़ इतना कहती है, "मेरे लिए यही बहुत है। मुझे और कुछ नहीं चाहिए।"

पार्वती आईने में देखती है। अपने माथे के चाँद पर हाथ रखती है। देवदास अपना समय बिताने के लिए चन्द्रमुखी के पास पहुँचता है।

पायल की झंकार में खो जा
सपनों के संसार में खो जा

शराब का गिलास तैयार है। देवदास माहौल से बेज़ार है। वह खिड़की खोलता है। हर तरफ़ एक जैसा माहौल है। शोर और हंगामा। उसमें गिलास उठाने की हिम्मत पैदा होती है।

'हाय'...देवदास की आवाज़ दिल से निकलती है और सुनने वालों के दिलों को चीर जाती है।

"और मत पियो देवदास!"

"क्यों?"

"कुछ ही दिन हुए पीना शुरू की है। इतनी ज़्यादा बर्दाश्त नहीं कर सकोगे।"

"कौन कमबख़्त है जो बर्दाश्त करने के लिए पीता है? मैं तो पीता हूँ कि बस साँस ले सकूँ और ऐसी जगह से उठ कर जाने की ताक़त नहीं है न! तभी तो यहाँ पड़ा रहता हूँ देखता रहता हूँ तुम्हारे मुँह की तरफ़ तो भी मैं बेहोश नहीं होता, कुछ होश रह जाता है। होश से कह दो कभी होश न आने पाए।"

यह एक सीन और दिलीप कुमार!

कुछ लिखने की ताक़त बाक़ी नहीं है।

यह सीन कभी भूलता ही नहीं।

यह एक सीन कितनी सैकड़ों फ़िल्मों में फ़िल्माया गया। वह कौन-सा हिन्दुस्तानी और पाकिस्तानी अदाकार है जिसने इस सीन को न किया हो?

चन्द्रमुखी कहती है, "यहाँ ऐसे लोग भी आते हैं देवदास, जो शराब को छूते भी नहीं।"

"छूते भी नहीं? मेरे पास बन्दूक़ हो तो मैं उन्हें गोली से उड़ा दूँ। वह मुझसे भी बड़े पापी हैं चन्द्रमुखी। पहले तो मैं शराब पीना छोड़ूँगा नहीं और अगर छोड़ दिया तो फिर यहाँ कभी नहीं आऊँगा, कभी नहीं आऊँगा।"

देवदास शराब के नशे में लड़खड़ा रहा है। वह सीढ़ी का सहारा लेकर खड़ा होता है।

"मेरा तो इलाज है, लेकिन उन लोगों का क्या होगा जो पीते भी नहीं और फिर भी यहाँ आते हैं। न जाने कितना दुख हुआ जब मैंने पीना शुरू किया।"

चन्द्रमुखी आगे बढ़ कर सहारा देती है।

"मत छुओ। हाथ मत लगाओ मुझे चन्द्रमुखी। अब भी कुछ होश बाक़ी है, तुम नहीं जानती मैं तुम लोगों से कितनी नफ़रत करता हूँ और हमेशा करता रहूँगा। फिर भी आऊँगा तुम्हारे पास बैठूँगा, बातें करूँगा। इसके सिवा और उपाय ही क्या है? तुम लोग क्या ये बात समझ सकोगी? हाँ...हाँ लोग अँधेरे में पाप करते हैं और मैं उजाले में यहाँ आकर शराब पीता हूँ और तुम सब सहनशक्ति की जीती-जागती तस्वीर हो।"

चन्द्रमुखी कहती है, "मैं तुम से प्यार करती हूँ।"

"मैं ये नहीं चाहता। लोग नाटक करते हैं। मुँह पर कालिख-चूना मलते हैं। राजा बनते हैं, रानी बनते हैं, प्यार करते हैं और प्यार के न जाने कितने ढोंग रचाते हैं और यूँ लगता है जैसे सब सच है। चन्द्रमुखी भी नाटक करती है और मैं देखता हूँ। फिर भी पारो बहुत याद आती है। पल भर में सब कुछ ख़त्म हो गया। वो शादी के रास्ते पर चल दी और मैं बर्बादी के रास्ते पर।"

अब कभी न ख़त्म होने वाला नाटक शुरू हो गया है।

चन्द्रमुखी की आँखों में आँसू हैं। वह कहती है; "देवदास"!

"कौन? पार्वती? तुम पारो नहीं हो तो फिर क्यों रोती हो? ओहो। एक छोटी-सी भूल और इसकी इतनी बड़ी सज़ा! क्यों पार्वती की याद हर वक़्त सताती है मुझे? क्यों मैं उसे नहीं भुला सकता?"

"देवदास, चलो चल के सो जाओ!"

"सो जाऊँ? मैं एक शराबी और ये एक...!"

"अच्छा होने दो, यही होने दो।"

"बुरा क्या है?"

"कोई उम्मीद नहीं, भरोसा नहीं। कोई सुख नहीं और कोई ख़्वाहिश नहीं।"

"वाह, बहुत अच्छे!"

वह दो-चार क़दम चल के गिरता है। अभी हमने जो सीन देखा है यह फ़िल्म का सीन नहीं है। यह ऐक्टिंग का क्लास रूम है। एक बहुत बड़ा माहिर, उस्ताद और अनुभवी कलाकार अभिनय पर लेक्चर दे रहा है। यह कोई सामान्य या मामूली उस्ताद नहीं है। यह अपनी कला के भेद और उसके ऊँच-नीच को जानने वाला बहुत बड़ा ज्ञाता (Scholar) है।

एक लम्बे सीन में शराब पीने से शराब के चढ़ने तक की प्रक्रिया में चलना कैसे है, क़दम कैसे उठाना है, बोलना कैसे है, शब्द किस प्रकार कहा जायेगा, लहजा कैसा होगा, चेहरे पर भाव कब और किस तरह बदलेगा, रुकेगा कैसे, हाथ और पाँव किस तरह हरकत करेंगे, डगमगाते हुए क़दमों को क़ाबू कैसे करना है, और ये सब एक गम्भीर परिस्थिति में होगा, जब सीने के अन्दर मुहब्बत की आग, दिल में जुदाई का दुःख और आँखों में यादों का तूफ़ान हो तो उन सब बारीक और नाज़ुक चीज़ों को एक अभिनेता इस क़दर सफलता से परफ़ार्म कर जाये तो वह अभिनेता दिलीप कुमार के सिवा कोई और नहीं होता। आप ज़रा उस बोझ का अन्दाज़ा लगाएँ जो एक अभिनेता के दिमाग़, nerves और शरीर पर लाद दिया गया है। वह ज़िन्दगी के बोझ को मौत के हाथों से उतारते-उतारते आख़िरकार अपनी अन्तिम साँसें मृत्यु के हवाले कर देता है।

पात्र के व्यक्तित्व की यह टूट-फूट हमारे सामने हो रही है।

एक बड़े साहित्यिक उपन्यास में एक बड़े इनसानी पात्र ने अदाकार को यह अवसर प्रदान किया है कि उस चुनौती को कैसे पूरा किया जाये।

हमें यह याद रखना चाहिए कि बड़ा अदाकार या अभिनेता बड़े किरदार या पात्र से पैदा होता है–

देवदास मरता है तो दिलीप कुमार पैदा होता है।

देवदास की मौत दिलीप कुमार के कला का जीवन है।

लोगों ने देखा कि देवदास स्क्रीन पर मरता है तो उनके दिलों में दिलीप कुमार ज़िन्दा होता है।

हम फ़िल्म के दृश्य की ओर वापस आते हैं।

देवदास की आदत है कि वह बहुत कम बोलता है। वह फुसफुसाता है, अभी शराब की बोतलें चढ़ा कर उसने जो बातें की हैं, वह न जाने उसने कब से अपने दिल के किसी कोने में सँभाल कर रखी हुई थीं। चन्द्रमुखी सामने है और उसको सिर्फ़ पारो नज़र आती है।

अपने पिता के देहान्त पर वह गाँव आया हुआ है। वह सीढ़ियों से उतर रहा है। पारो सामने आती है। ये कैसी मुलाक़ात है कि उसको देख कर एक कहानी और लिखने को जी चाहता है।

"पारो, मानकपुर से कब आयीं?"

"आज ही।"

"एक जुग हुआ तुमसे भेंट हुए। कहो, अच्छी हो ना? चौधरी महाशय और वो सब लोग अच्छे तो हैं न? अभी कुछ दिन रहोगी यहाँ? अच्छा तो फिर मिलूँगा।"

पारो कमरे में आती है।

"अब अगर मैं तुम्हें बदनाम करूँ तो? क्यों, लज्जा आती है ना पारो?"

"पर इसमें लज्जा की क्या बात है? दो जने मिल कर एक लड़कपन कर बैठे और देखो बीच में क्या कुछ हो गया।

"तुमने गुस्से में आकर जो चाहा सो कहा और
मैंने भी माथे पर वो निशान बना दिया।"

इक़बाल साजिद का एक शे'र है–

वही मैंने भी किया, जो मेरे दिल में आया
और उसने भी मेरी बात न मानी कोई

"एक यही निशान है। एक ही तो सहारा है!"

"तो फिर बोलती क्यों नहीं? मुझे तुम पर गुस्सा आता है। ये मेरे लिए कितने दुःख के दिन हैं। बाबू जी नहीं रहे। अगर तुम होतीं तो ये दुःख रहता? भाभी को तुम जानती हो, और भैया का स्वभाव तुम...। ऐसे में भला अपनी माँ को लेकर कहाँ जाऊँ? फिर मेरा क्या होगा, ये भी तो समझ में नहीं आता। होती तो सब कुछ तुझी को सौंप कर ख़ुद बेफ़िक्र हो जाता। तू रो रही है पारो? अच्छा जाने दो। ये बात यहीं ख़त्म हो गयी। सुना है, तू बड़ी पक्की गृहस्थन हो गयी है। बड़ा मकान, बड़ी ज़मींदारी, बड़े-बड़े लड़के-लड़कियाँ और चौधरी महाशय भी बड़े, एक उपकार कर सकेगी मुझ पर? उधर तेरी तरफ़ कोई लड़की मिल जाये तो जी चाहता है मैं भी गृहस्थ बन जाऊँ!"

पारो कहती है, "बहुत सुन्दर चाहिए न!"

"हाँ, बिलकुल तेरी तरह!"

"भली मानस हो?"

"नहीं, बल्कि दुष्ट, जो तेरी तरह मुझसे झगड़ा कर सके।"

पारो कहती है, "मेरे जैसी न जाने कई हज़ारों तुम्हारे चरणों में आकर...!"

"हज़ार नहीं, अभी तो एक ही काफ़ी होगी।"

"देवदास!"

"हूँ!"

"एक बात कहूँ?"

"कहो"

"तूने शराब पीने की आदत क्यों डाल ली। क्या ये सच है? और उसे कई हज़ार के गहने बनवा दिये!"

"अभी तो सिर्फ़ बनवाये हैं, दिये नहीं, तू लेगी?"

पारो हाथ उठाकर कहती है, "लाओ, दो। देखो, मेरे बदन पर गहने नहीं हैं।"

"तो क्या चौधरी महाशय ने नहीं बनाकर दिये? तुझे शायद उनकी ज़रूरत ही नहीं पारो और वो जो बात तूने सुनी है वह झूठ है पारो। मैं किसी औरत से प्यार नहीं करता।"

"अब भी तुम...? अच्छा, एक बात की प्रतिज्ञा करो। अब कभी शराब नहीं पिओगे।"

"मैं ये नहीं कर सकता पारो।"

"क्यों?"

"क्या तू प्रतिज्ञा कर सकती है कि एक बार भी मुझे याद नहीं करेगी?"

लम्बी, ठण्डी आह! और पारो दरवाज़ा बन्द करके खड़ी हो जाती है। उसका रास्ता रोक लेती है।

"नहीं, तुम पहले वादा करो!"

"मैं नहीं कर सकता पारो!"

"क्यों नहीं कर सकते?"

"क्या सभी लोग सब कुछ कर सकते हैं?"

"कोई करना चाहे तो ज़रूर कर सकता है।"

"तो क्या आज रात तुम मेरे साथ भाग कर जा सकती हो?"

"देवदास!"

मन्दिर की घण्टियाँ बजती हैं, पारो अपने सर पर चादर ओढ़ती है।

"पहले प्रतिज्ञा करो!"

"यूँ ज़बरदस्ती प्रतिज्ञा कराना कोई अच्छी बात है? मुमकिन है आज की बात न याद रख सकूँ। दरवाज़ा खोल दो पारो।"

"देवदास, मेरा दम घुट रहा है।"

"मैं क्या नहीं जानता? (आवाज़ और लहजे में दर्द का कोई अन्त नहीं) यहाँ तुम्हें देखने वाला कोई नहीं। तेरे घर चलूँ। तू मेरी सेवा करेगी?"

"ये तो मेरे जन्म भर की साध है मेरे देवता। मेरी ये साध पूरी कर दो। इसके बाद मैं मर भी जाऊँ तो कोई दुख नहीं। मेरे घर चलो!"

"अच्छा चलूँगा। मेरी सेवा करने से तेरे मन का बोझ हलका होता है तो मैं एक बार ज़रूर आऊँगा। मरने से पहले एक बार ज़रूर आऊँगा।"

पारो शराब पीने से मना करती है। पारो ज़ेवर देने से रोकती है। पारो सेवा करना चाहती है। पारो का दम घुट रहा है। देवदास को देखने वाला कोई नहीं। पारो

की देवदास के साथ यह अन्तिम मुलाक़ात है। एक शे'र याद आ रहा है–

हम ख़ुद भी जुदाई का सबब थे
उनका ही क़ुसूर सारा कब था

यह कैसी अभिनेत्री है सुचित्रा सेन?

किसी ने उसका नाम ग़लत लिख दिया है।

उसका नाम पार्वती के सिवा कुछ और नहीं हो सकता। तालसरा पुर की रहने वाली यह बंगाल की जादूगरनी बचपन में ही एक लड़के पर जादू कर गयी थी।

वह सारी उम्र सँभल न सका और यह ख़ुद भी अपने रूप में जादू के प्रभाव से बेसुध रही।

पार्वती रात की तन्हाई में देवदास के कमरे में आ गयी थी। देवदास ही आगे न बढ़ सका।

किशवर नीहीद का एक शे'र है–

मैं घर में भी उससे मिलती कैसे
दीवार खड़ी थी घर के अन्दर

पारो से मुहब्बत,
चन्द्रमुखी से नफ़रत।
मुहब्बत भी पीछा नहीं छोड़ती।
नफ़रत भी पीछा नहीं छोड़ती।
मुहब्बत और नफ़रत मौत तक साथ निभाती है।

चन्द्रमुखी कहती है, "तुम मुझसे नफ़रत करते थे ना? इतनी नफ़रत कभी और किसी ने मुझसे नहीं की। तुमसे पहले न जाने कितने लोग यहाँ आये और चले गये लेकिन मैंने किसी के अन्दर वो तेज न देखा जो तुममें था। तुमने आते ही न जाने क्या कर दिया देवदास? तब से मैं बिलकुल ही बदल गयी। इन आँखों से हर चीज़ और ही दिखायी देने लगी।"

(एस. डी. बर्मन ने अपने बैकग्राउण्ड संगीत से चन्द्रमुखी के अन्दर की भावना की आतिशबाज़ी दिखा दी है)

"तुमने फिर शराब पीना शुरू किया? शराब से मुझे भी नफ़रत है। कोई शराब पीकर मतवाला होता है तो मुझे बहुत गुस्सा आता है। लेकिन जब तुम मतवाले होते थे तो मैं रो देती थी। एक दिन तुमने कहा हम लोग कितना सहन कर सकते हैं। उसी दिन मुझे अपने आप पर अभिमान पैदा हो गया और मैंने सब कुछ छोड़ दिया।"

देवदास कहता है, "लेकिन औरतों का मन बड़ा चंचल होता है।"

"क्या पार्वती ने तुम्हारे मन को ठेस लगाई है?"

"ये क्यों पूछती हो?"

"मैंने ज़िन्दगी में प्रेम का कारोबार बहुत दिनों तक किया है देवदास लेकिन प्रेम सिर्फ़ एक बार। प्रेम करना कुछ और बात है, रूप का मोह कुछ और। तुम लोग आकर प्रेम जतलाते हो। बात-बात पर उसका ढिंढोरा पीटते हो। तब भी हम चुप रहते हैं और सर झुका कर उस नयी ज़िन्दगी को स्वीकार कर लेते हैं। लेकिन उस समय भी हमें प्रेम के अक्षर का ज्ञान नहीं होता। उसके बाद किसी आड़े वक़्त हमारे दिल की कोई भड़ास सिटपिटाती हुई बाहर आकर खड़ी हो जाती है। तब तुम लोग चिल्ला-चिल्ला कर कहने लगते हो। कलंकिनी! विश्वासघाती!! डरो नहीं देवदास। मैं तुम्हारी पारो की बात नहीं कह रही। शायद पार्वती बहुत ज़्यादा रूपवती है। पहले वही तुम्हारे प्रेम में पड़ी होगी। पहले उसी ने तुम पर यह बात ज़ाहिर की होगी। मैं यह सब कुछ अपनी तरफ़ से तुम्हें नहीं कह रही हूँ। मैं तो सिर्फ़ पारो की तरफ़ से वकालत कर रही हूँ। उससे बढ़ कर दुःख की बात और क्या हो सकती है? आदमी जिससे प्यार न करता हो, वही प्यार की कहानी सुनाने बैठ जाये।"

"अच्छा मैं चलूँगा देवदास कहता है।"

"ज़रा और बैठो। कभी तुम्हें होश में नहीं पाया। कभी इस तरह तुमसे बातें नहीं कीं। इससे पहले जब तुम शराब पीकर नशे में चूर नहीं हो जाते थे तब तक मेरा मुँह नहीं देखते थे।"

देवदास कहता है, "अब तो एक बरस तक मैं शराब को छू भी नहीं सकता। मेरे पिता की मृत्यु हो गयी है न।"

"फिर पियोगे?"

"कह नहीं सकता?"

"हो सके तो सदा के लिए छोड़ दो। देखो ऐसे सुन्दर..."

"अच्छा, मैं जाता हूँ!"

एक बार जब वह चला जाता है तो महीनों तक उसकी ख़बर नहीं मिलती। पारो की एक सहेली ख़त में लिखती है, "जब से तुम्हारी डोली गयी है पारो, गाँव का नक्शा ही बदल गया है। ज़मींदारनी काशी पधार गयी हैं। देवदास अक्सर यहाँ आता है लेकिन सिर्फ़ अपने भाई से झगड़ा करने और पैसे लेने। इधर रुपये मिलते हैं, उधर चल देता है। उसके पिता को मरे ढाई साल हो गये हैं लेकिन इतने समय में उसने आधी दौलत उड़ा दी। मैं तो कहती हूँ पारो, भगवान ने अच्छा ही किया जो उससे तेरी शादी नहीं हुई। वह इन दिनों फिर गाँव आया हुआ है। दिन-भर हाथ में बन्दूक़ लिये हुए चिड़ियाँ मारा करता है। जब बहुत धूप से सर बोल उठता है तो किसी पेड़ के नीचे बैठ कर सोचा करता है।

"...मितवा...मितवा
मितवा लागी रे ये कैसी अन बुझ आग

मितवा नहीं आये। लागी रे
व्याकुल जियरा ब्याकुल नैनां
एक-एक चुप में सौ-सौ बैनां
रह गये आँसू लुट गयी राह..."

देवदास गाना गा रहा है। वह पेड़ के नीचे खड़ा है। पेड़ का एक Pan Shot है। उसकी नज़रें ख़ाली दिशा में किसी को ढूँढ रही हैं।

पारो कहती है, "एक पालकी का बन्दोबस्त करो। मेरा जाना बहुत ज़रूरी है।" चन्द्रमुखी पूछती है कि गाँव कितनी दूर है। दोनों गाँव की ओर जा रही हैं। चन्द्रमुखी पैदल और पार्वती पालकी में, मंज़िल की चाह में राही के वास्ते—

कहीं घनी छाँव है कहीं कड़ी धूप है
ये भी एक रूप है, वो भी एक रूप है
कई यहाँ खोयेंगे, कई यहाँ पायेंगे
राही कई अभी जायेंगे, कई अभी आयेंगे

एक जगह दोनों का रास्ते में क्रॉस होता है। चन्द्रमुखी गाँव की ओर जा रही है। पार्वती गाँव से वापस जा रही है। दोनों एक ही आदमी की तलाश में हैं। और दोनों एक-दूसरे को नहीं जानती। देवदास वापस कलकत्ते जा चुका है! चन्द्रमुखी शहर में कोठों पर उसे ढूँढ रही है, "कोई देवदास नाम का आदमी यहाँ आता है? घनी भोंहें। खुला रंग।" चन्द्रमुखी ताँगे में बैठ कर सड़कों और गलियों में उसे तलाश कर रही है। वह एक जगह कूड़े के ढेर के पास बैठा है!

किसको ख़बर थी किसको यक़ीं था!
ऐसे भी दिन आयेंगे!

देवदास के चेहरे पर मुस्कुराहट है। यह मुस्कुराहट बयान से बाहर है!

थी यूँ तो शामे-हिज्र मगर पिछली रात को
वो दर्द उठा फ़िराक़ कि मैं मुस्कुरा दिया

चन्द्रमुखी उसको सड़क से उठा कर घर लाती है। उसके चरणों की धूल अपने माथे पर लगाती है। वह एक मुसाफ़िर है, उसको जाने की जल्दी है। चन्द्रमुखी उसकी जान बचाना चाहती है। एक पुराने लेख में लिखा है कि जो एक जान बचाये वह एक दुनिया बचाता है और जो एक जान मिटाये वह एक दुनिया मिटाता है। देवदास के पात्र बड़े विशाल फैले हुए और बड़े गहरे हैं।

एरिक फ्रॉम एक जगह लिखता है कि वास्तविक मुहब्बत वहाँ से शुरू होती है जहाँ आप किसी से मुहब्बत कर रहे हों मगर आपका महबूब आपका कोई मक़सद या मतलब पूरा नहीं करता। खुद से मुहब्बत हर उस व्यक्ति के लिए मुहब्बत जगाती है जो बेबस, कमज़ोर और असुरक्षित हो।

पवित्र तौरेत में एक पंक्ति है—

तुम जानते हो अजनबी के दिल पर क्या बीत रही है क्यों कि
मिस्र की धरती पर तुम ख़ुद भी अजनबी थे
इसलिए अजनबी से मुहब्बत करो!

चन्द्रमुखी का पात्र फैल कर ब्रह्माण्ड को अपने दामन में पनाह दे रहा है। वह एक असुरक्षित आदमी और एक रोमाँचक अजनबी को अपने दिल अपने घर में रखना चाहती है। चन्द्रमुखी मुहब्बत करती है, पारो भी मुहब्बत करती है, देवदास भी मुहब्बत करता है, लेकिन वे एक ऐसे समाज के पात्र हैं, जो इनसानों से मुहब्बत नहीं करता और जहाँ मुहब्बत के बदले मुहब्बत नहीं मिलती। अपने-आप से भागते हुए आदमी को कौन रोक सकता है? मानकपुर का स्टेशन, मुहब्बत का वादा, देवदास, चन्द्रमुखी और पारो—यह सब Metaphor हैं। मुहब्बत का विषय फैल रहा है।

मानकपुर का स्टेशन मुहब्बत का वादा याद दिलाता है। महबूब अपना वादा पूरा करना चाहता है। मुहब्बत अपनी अन्तिम यात्रा पर रवाना होती है। मानकपुर का स्टेशन मुहब्बत का एक वादा है और एक Metaphor भी है।

मुहब्बत का विषय फैल कर नये विस्तृत और विभिन्न आयामों से देखने की प्रेरणा दे रहा है। मुहब्बत सबसे ख़ूबसूरत, सबसे महान, सबसे विशाल, सबसे दिलचस्प विषय है।

दार्शनिक बातचीत की ओर खींचने की कोशिश कर रहा है।

देवदास मर जाता है। देवदास वादा पूरा करता है। देवदास मुहब्बत करता है और मुहब्बत के लिए अपनी जान दे देता है। हम यह बात जानते हैं मुहब्बत देने की प्रक्रिया है न कि पाने या हासिल करने की। देवदास ने मुहब्बत के लिए अपनी जान दे दी! मुहब्बत की यह भावना ज़रा रंग बदले तो पूरे विश्व पर फैल जाती है। एक व्यक्ति विशेष से मुहब्बत हमें सारे इनसानों से मुहब्बत करने पर प्रेरित करती है। मुहब्बत और इश्क़ के अपने तक़ाज़े हैं, बुद्धि और दर्शन का अपना मैदान है।

फ़ैज़ अहमद 'फ़ैज़' क़ा एक शे'र है—

बजुज़ दीवांगी वां और चारा ही कहो क्या है
जहाँ अक्लो-ख़िरद की एक भी मानी नहीं जाती

देवदास रात मुहब्बत और मौत!
रात का हश्र-ख़ेज़ ख़ामोशी
ख़ामुशी की अमीक़ सरगोशी

देवदास पारो के लिए ज़िन्दा रहा और पारो के लिए मर ग़या। उसने मुहब्बत की और उसको बदले में मुहब्बत के बजाय जुदाई, दुःख और तन्हाई मिली।

वह मौत की तरफ़ भागा, मौत ने उसको गले लगा लिया।

मौत एक अमानवीय समाज में सबसे आगे बढ़ कर मुहब्बत करती है। एक इनसानी समाज में यह भावना मुहब्बत के काम आती है। देवदास इस मुहब्बत का Metaphor है। और यह कोई इतना बेमानी नहीं होगा कि हम उसको ज़रा मुहब्बत की नज़रों से देखते हुए किसी और स्थान से भी देख रहे हों। वह एक व्यक्ति के प्रेम में मर गया, और वे लोग जो सारे इनसानों से प्रेम करते हैं, वह भी अपनी जान दे देते हैं। दोनों में एक मूल्य मिलता-जुलता है और वह है मौत! एक व्यक्ति के लिए, या पूरे विश्व के लिए या क्रान्ति के लिए मुहब्बत! एक इनसान को मुहब्बत मौत के किनारे तक ले जाती है तो लाखों-करोड़ों इनसानों को मुहब्बत की ताक़त क्रान्ति तक ले जाती है। मुहब्बत की बातें हों तो अदम की याद भी आती है।

हाँ, जानता हूँ इश्क़ नहीं है ये मौत है
पर क्या करूँ कि मिल गया ज़ौक़े फ़ना मुझे
एक व्यक्ति से मुहब्बत में इनसान रोज़ मरता है,
सब इनसानों से मुहब्बत में इनसान रोज़ जीता है।
एक व्यक्ति से मुहब्बत में इनसान एक रोज़ मरजाता है,
सब इन्सानों की मुहब्बत में इनसान कभी नहीं मरता

देवदास रोज़ मरता रहा और एक दिन वह पारो के घर के सामने मर कर पारो के दिल में ज़िन्दा हो गया। सब इनसानों से मुहब्बत करने वाला एक दिन मरता है और हमेशा ज़िन्दा रहता है। वास्तव में यह दोनों एक ही आदमी हैं। उनके रास्ते ज़रा अलग हैं। दोनों के जीवन में मानकपुर का स्टेशन है। एक के लिए यह वादा है दूसरे के लिए कमिटमेंट! अदम का यह शे'र सुन कर तो मुशायरे उलट जाते थे–

हिम्मते इश्क़ देख कर, जुर्रते इश्क़ देख कर
अक्ल भी शर्मसार है, मौत भी शर्मसार है

एक घटना सुनाने के लिए मैं अपने आपको रोक नहीं सका। अक्ल की चरम सीमा पर और दर्शन का अन्तिम सीमा पर मैंने देखा, बीसवीं शताब्दी का एक महान दार्शनिक पेरिस के एक हस्पताल में मर रहा था और पेरिस के समाचार-पत्र उसकी मौत को लेकर इस प्रकार रोमांटिक थे कि जैसे कि यह उनकी ज्याँ पॉल सार्त्र Jean Paul Sartre से पहली मुलाक़ात थी। उस दिन मुझे ख़याल आया कि पहली मुलाक़ात ही अन्तिम मुलाक़ात होती है। हस्पताल के कमरे में ज्याँ पॉल सार्त्र मर रहा था। उसके शरीर पर एक ख़तरनाक फोड़ा था। उसकी एक हमसफ़र और मित्र सीमोन दी बूरा Simone de Beauvoir डॉक्टरों के साथ ज़िद कर रही थी कि वह कमरे में ज्याँ पॉल सार्त्र की अन्तिम रात उसके साथ बिताना चाहती है। डॉक्टरों ने मना किया, वह मान गयी। दरवाज़े के पास बैठ कर शराब पीती रही और ज्याँ पॉल सार्त्र की बातें सुनाती रही। इनसान विभिन्न स्तरों पर ज़िन्दा होता है। कमरे के अन्दर

मरने वाला ज्याँ पॉल सार्त्र है। क्या वह देवदास नहीं? और दरवाज़े पर खड़ी एक दोस्त अपने जीवन के एक स्तर पर पार्वती है। सार्त्र को तो अपने देवदास होने पर कोई शक नहीं। वह तो इश्क़ के स्तर पर सम्बन्धों के सिवा कोई रिश्ता मानता ही नहीं था।

हस्पताल यहाँ मानकपुर का स्टेशन है। पार्वती मरते हुए देवदास का साथ देना चाहती है! सीमोन दी बूरा अपने सबसे प्यारे आदमी को Tribute पेश कर रही है। अपने युग के सबसे बड़े दार्शनिक की मौत पर वह भावुक होने का इख़्तियार रखती है। उनके बीच दोस्ती का रिश्ता मुहब्बत से भी गहरा है! देवदास मुहब्बत है, मुहब्बत हर इनसान के अन्दर है, सिवाये उन इनसानों के जिनके बारे में ज्याँ पाल सार्त्र ने हमें बताया कि वे मुहब्बत से महरूम थे और फ़ासिज्म ने उन्हें आदमख़ोर बना दिया था। वादा तो हिटलर ने भी किया था। दोपहर के समय बॉल रूम में उसने इवा ब्राउन को बुलाया। वह इवा को साथ लेकर कमरे में चला गया। उसने कहा, "मैंने तुम्हारे साथ शादी का वादा किया था।" हिटलर ने पिस्तौल निकाली और एक गोली इवा के सर पर और दूसरी अपनी खोपड़ी पर मार कर शादी का वादा पूरा कर दिया, मगर सुक़रात ने ज़िन्दगी से सबसे बड़ा रोमांस किया। उसने ज़हर का प्याला पी लिया। सुक़रात सच से मुहब्बत करता था। अनगिनत इनसानों ने मुहब्बत की और मुहब्बत में अपनी जान दे दी।

शरतचन्द्र चटर्जी ने शब्दों में 'देवदास' से हमारा परिचय कराया। बिमल राय ने उसकी तस्वीर हमारे दिल की दीवार पर लगा दी। यह तस्वीर दिलीप कुमार की है। फाटक के पीछे सुचित्रा सेन खड़ी है। वैजयन्तीमाला किसी को ढूँढ रही है। इन्तज़ार कभी ख़त्म नहीं होता...फ़िल्म ख़त्म हो गयी लेकिन एक ट्रेन है, जो हमारे दिमाग़ की स्क्रीन पर चलती रहती है। एक बूढ़े बरगद का पेड़ है जिसके नीचे एक आदमी सोया हुआ है। उसके होंठों से आख़िरी साँस शब्द बनकर गिरी है...पारो! हम सब जानते हैं कि अपना-अपना मानकपुर का स्टेशन होता है?

देवदास कहाँ दिल में बैठा होता है और पार्वती के पास तो एक रोज़ जाना ही है।

"मैं आ गया हूँ पारो!"

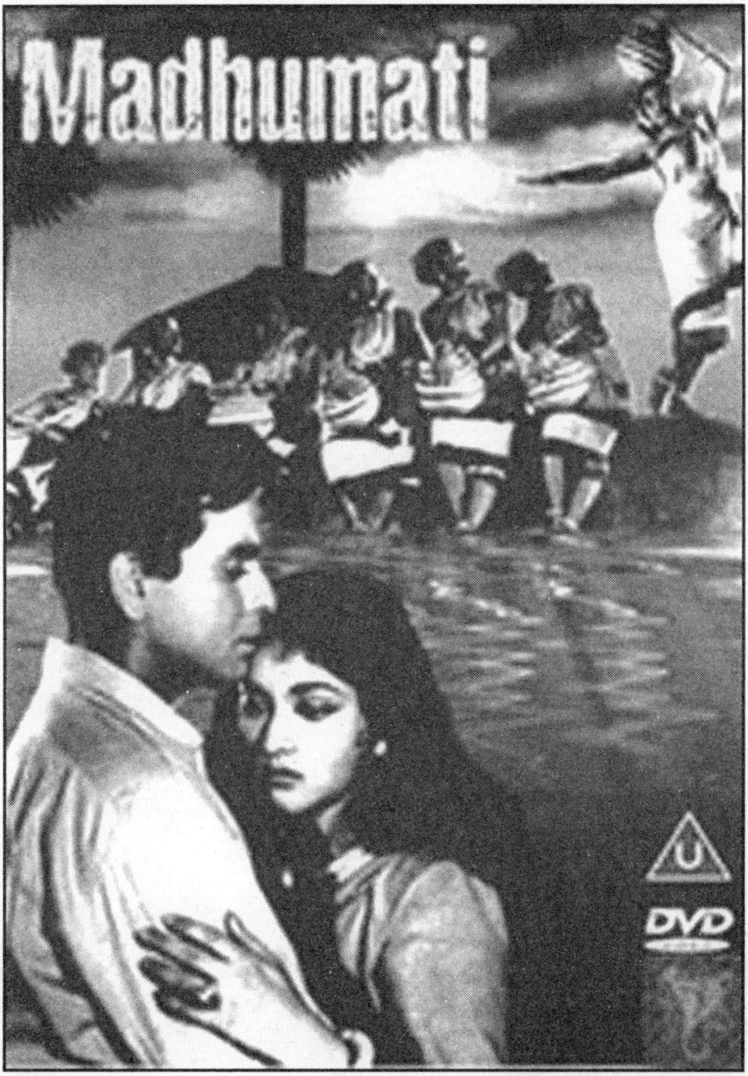
Madhumati
U
DVD

मधुमती

आनन्द बाबू कहता है,

"इतनी रात गये जंगल में डर नहीं आयेगा?"

मधुमती क़हक़हा लगाती है,

"मैं जंगली लड़की हूँ।"

मधुमती नहीं जानती वह क्या कह गयी है और यह कहते हुए अपने चेहरे पर क्या कुछ दिखा गयी है। आनन्द बाबू लेकिन जानता है कि हुस्न अपनी सुन्दरता के एहसास से आज़ाद है। हुस्न बेनियाज़ और बेपरवाह है। मधुमति जंगल की बेटी है और प्रकृति ने उसको पाल-पोस कर बड़ा किया है। आनन्द बाबू ने उसको देखा और अब आनन्द बाबू के लिए इस दुनिया में देखने के लिए कुछ बाक़ी नहीं रहा।

मधुमती जंगल के दरख़्तों के साथ कन्धे-से-कन्धा मिला कर बड़ी हुई है। वह जंगल में चौकड़ियाँ भरती हुई हिरनी है। नाचती उछलती-कूदती मधुमति सिर्फ़ देखने और चुपचाप महसूस करने के लिए है। किसी शब्द की क्या मजाल कि उसके बदन में कौंधती हुई बिजलियों का वर्णन कर सके?

मधुमती एक क़यामत है, जिसका नाम है—वैजयन्तीमाला। आनन्द बाबू क़यामत की मुहब्बत है, जिसका नाम है—दिलीप कुमार।

वैजयन्तीमाला और दिलीप कुमार किसी फ़िल्म में हों और उसको बिमल राय ने बनाया हो और लिखा राजेन्द्र सिंह बेदी ने हो तो यूँ लगता है कि सूरज डूबने से पहले ही किसी शराबी को जॉनीवॉकर की बोतल मिल गयी हो।

एक-एक फ्रेम एक-एक पैग।

जंगली लड़की ने कहा था, 'आना जरूर।' लेकिन वह आयी नहीं। आनन्द बाबू प्रतीक्षा करता रहा। वह नहीं आयी। बिजलियाँ कड़कीं, तूफ़ान आये, बादल गरजे, बारिश हुई और आनन्द बाबू गिरता-सँभलता और भीगता हुआ पहाड़ी रास्तों पर चला जा रहा है। यह तो कोई सोच भी नहीं सकता कि वह मधुमती के दरवाज़े पर पहुँच जायेगा। अभी कुछ रोज़ पहले मधुमती के बापू ने उसको घर से निकाला था।

आनन्द बाबू दरवाज़ा खोल कर अन्दर आता है। प्रतीक्षा की पीड़ा उसके चेहरे

पर लिखी हुई दिखती है। मधुमति सो रही है। मधुमति की मुहब्बत जाग रही है। वह सपने में आनन्द बाबू से बातें कर रही है। आनन्द बाबू उसके पास आकर बैठ जाता है।

मधुमति और आनन्द बाबू की मुहब्बत का यह सीन यादगार है। वैजयन्ती माला और दिलीप कुमार की अदाकारी का यह सीन कभी नहीं भुलाया जा सकता है। यह वह सीन है जो हमें नासिर काज़मी की शायरी में मिलता है।

रात की तूफ़ानी बारिश में
तू मुझसे मिलने आया था

दिलीप कुमार बहुत ही पास बैठा हुआ है। वैजयन्तीमाला को देख रहा है।

एक रुख़्सार पे ज़ुल्फ़ गिरी थी
एक रुख़्सार पे चाँद खिला था

वह नींद में कह रही है, "उस पेड़ पर मेरा भी नाम लिख दो न।" वह आँखें खोल कर देखती है।

आँख खुलते ही छुप गयी हर शै
आलमे-बेख़ुदी में क्या कुछ था

"तुम्हें देखने आया हूँ मधु।" दिलीप के लहजे में इन्तज़ार की पीड़ा और आवाज़ में दिल की तड़प सुनाई देती है। उसकी आँखों में मिलन की आस झलकती है। वैजयन्तीमाला ने उस रात अपने कमरे में तन्हाई में जिन नज़रों से दिलीप कुमार को देखा, उन नज़रों के रहस्य पर तो कहानियाँ लिखी जा सकती हैं।

मुनीर नियाज़ी तो शे'र लिख ही चुका है–

बस एक नज़र में हज़ार बातें
फिर उससे आगे हिजाब इतने

दिलीप कुमार की आवाज़...'तुम्हें देखने आया हूँ मधु!' का जवाब वैजयन्तीमाला ने अपनी नज़रों से दिया। उसके बाल खुले हुए हैं। वह दिलीप कुमार को कन्धे से पकड़ते हुए उसके सीने से लग जाती है।

"बाबूजी, तुम भीग गये हो सारे-के-सारे। बैठो" वैजयन्तीमाला कहती है, और उसके कन्धों पर शाल रख देती है।

दिलीप कुमार की आवाज़ आती है। उदासी और चाहत और मुहब्बत में भीगी हुई आवाज़, "फिर ऐसा कभी मत करना मधु!"

"क्या हुआ बाबूजी?" मधुमति सवाल करती है, और दिलीप कुमार की आवाज़ों की सरगम कानों में रस घोलती है।

"तुम नहीं आयीं ना, न जाने कैसी-कैसी बातें आयीं मेरे दिल में।"

वैजयन्तीमाला उसकी तरफ़ सरक जाती है। वह भी आगे बढ़ता है। वह सीने के साथ जुड़ जाती है। दिलीप कुमार का हाथ उसकी कमर पर है। वह कहता है, "दम घुटने लगा था मेरा। फिर तूफ़ान उमड़ आया। बिजलियाँ कड़कने लगीं। बारिश ने चारों तरफ़ से घेर लिया। इन सबने मिल कर मेरे दिल में तूफ़ान मचा दिया। मुझसे रहा नहीं गया। मुझे कोई होश नहीं था। फिर मैंने सर उठा कर देखा तो सामने तुम्हारा ही घर था।"

मधुमति एक जंगली लड़की है। आनन्द बाबू की आवाज़ और लहजे में मुहब्बत की ताब न ला कर इस प्रकार छलक पड़ती है जैसे पहाड़ों से झरने छलक पड़ते हैं। मधुमति की आँखों में आँसू हैं। वह लकड़ी के शहतीर के साथ लग कर खड़ी है।

आनन्द बाबू उसके बालों को हटा कर देखते हुए कहता है, "सच कहता हूँ। फिर कभी ऐसा मत करना।"

मधुमति को प्रकृति ने बनाया है। वह प्रकृति की तरह सच्ची है। उसकी आवाज़ में दुःख है। वह कहती है, "तुमने इतना दुःख उठाया बाबूजी मेरे लिए, और मैं मुँहजली यहाँ सोती रही।"

आनन्द बाबू की मुहब्बत प्रकृति की तरह शक्तिशाली है। वह कहता है,

"काश, हमेशा ऐसा ही हो। जितने तूफ़ान—जितनी बिजलियाँ आयें, सब मेरे हिस्से में आ जायें और तुम हमेशा चैन की नींद सोती रहो।"

आनन्द बाबू मधुमति को गले से लगाता है। यूँ लगता है जैसे आकाश ने पहाड़ को गले लगा लिया है, जैसे धरती और आसमान गले मिल रहे हैं।

बाज़ू खींच कर तीर बने थे
जिस्म कमाँ की तरह हिलता था

जंगली लड़की कहती है, "नहीं बाबूजी। तुमसे मिले बिना मैं कभी नहीं सोऊँगी। मैं तो कहती हूँ कि जियूँ भी तो तुम्हारे साथ और मरूँ..." वह उसके होंठों पर हाथ रख देता है। वह उसके कन्धे पर अपना सर रख देती है। वह कहती है, "मैं मर जाऊँगी तो भी तुम्हारे ही पास रहूँगी।"

मधुमति के होंठों पर मुहब्बत की प्यास के काँटे थे। आनन्द बाबू में मुहब्बत की लहरों का तूफ़ान था। इसी सीन में वैजयन्तीमाला को देख कर याद आता है।

दूरी के जगमग शीशे में
होंठों का साया पड़ता था

मधुमति और आनन्द बाबू की मुहब्बत का यह दृश्य दीवानगी की सीमा को पार कर गया है। मुहब्बत के किसी ऐसे सीन में दिल यह फ़ैसला सुना देते हैं कि उन्हें अब किसी की परवाह नहीं है। मधुमति और आनन्द बाबू एक कमरे में अकेले थे।

नासिर काज़मी भी अकेला रहा करता था–

दो रूहों का प्यासा बादल
गरज-गरज कर बरस रहा था

जंगली लड़की और उसके सच्चे प्रेम में दीवाना आनन्द बाबू मौत के साये में साँस ले रहा था। वे मौत के ख़ौफ़ से आज़ाद थे। मुहब्बत भय से मुक्ति का नाम है। मुहब्बत आज़ादी और बहादुरी का नाम है। जंगली लड़की मुहब्बत करना जानती है। मुहब्बत करते हुए वह पूरी तरह आज़ाद है।

मधुमति का बापू साथ वाले कमरे में दरवाज़े पर हवा की थाप से जाग गया था। उसने अपनी बेटी की ख़ामोशी से उनकी मुलाक़ात का राज़ भी जान लिया था। वह दरवाज़ा खोल कर बाहर गया था और उसने आनन्द बाबू पर ख़ंजर का वार किया था। मधुमति की चीख़ ने सोये हुए जंगल को जगा दिया था।

"बाबूजी, मैं आ गयी।" मधुमति की आवाज़ उभरती है। आनन्द बाबू देखता है। वह कहती है, "देखो बाबूजी, ये पेड़ कैसे हिल रहा है। यूँ। यूँ। यूँ।" वह पेड़ की तरह हिलती है। वह जंगली लड़की है। वह अपनी हक़ीक़त से परिचित है। वह शहर की उस लड़की की तरह नहीं जो अपनी हक़ीक़त से बेख़बर होती है। शहरों में हक़ीक़तों के चेहरे बिगड़ जाते हैं इसीलिए महान निर्देशक बिमल राय ने जंगल का रुख़ किया। ऋत्विक घटक की कहानी, राजेन्द्र सिंह बेदी के संवाद, सलिल चौधरी के संगीत का मधु, शैलेंद्र के गीतों का रस, ऋषिकेश मुखर्जी के जोड़े हुए सेल्युलाइड के टुकड़े–सब मिल कर वैजयन्तीमाला और दिलीप कुमार की अदाकारी की ताक़त पर जन्म-जन्म की कहानी सुना और दिखा रहे हैं।

मधुमति उछलती हुई आती है और यूँ लगता है कि जवानी बदन के किनारों से छलक कर बाहर गिरने वाली है। उसके चेहरे पर प्रकृति मुस्कुराती है। वह पेड़ को देख कर कहती है,

"कितना ख़ुश हूँ।"

जंगली लड़की को पेड़ों की ख़ुशी का भी एहसास है।

"मैं भी ख़ुश हूँ," आनन्द बाबू कहता है।

"तुम क्यों ख़ुश हो?"

"बस, ख़ुश हूँ।"

मधुमति पेड़ को बाँहों में लेकर उसके इर्द-गिर्द झूमती है। यह पहाड़ी इलाक़ा है। पहाड़ों पर चीड़ के दरख़्तों का ग़रूर देखने योग्य है। धरती पर पहाड़ियाँ अपना सीना तान कर आकाश की ओर अकड़ कर खड़ी हैं।

मधुमति के बदन की धरती पर जैसे प्रकृति ने कैसे सुन्दर उभार की रचना की है। उसके सीने पर यह क्या दृश्य है जैसे धरती पर पहाड़ियाँ शाम के धुँधलके में छिपी हुई नज़र आती हैं?

यह ढलवाँ रास्ते, ऊँचाई की ओर जाती हुई पगडण्डियाँ और यह कैसी गहराई है? यह प्रकृति का सबसे सुन्दर दृश्य है।

जंगली लड़की ने आनन्द बाबू को अपनी मुहब्बत में नहीं जकड़ लिया, उसने अँधेरे सिनेमाहॉल में बैठे हुए सब लोगों को अपनी चपेट में ले लिया है।

इक़बाल साजिद का शे'र है–

मैं ख़ुशबख़्त, सभी रंग मिले हैं मुझको
तितलियों ने मुझे तस्वीर बनाकर दी है

दिलीप कुमार उस जंगली लड़की से मुहब्बत करता है तो देखने वाले अपने-आप को उससे Identify करते हैं।

यह अपनी-अपनी पहचान की खोज है।

पहाड़ी इलाक़े के इस जंगल में मधुमति और आनन्द बाबू की मुहब्बत सब प्रेम करने वालों के लिए रुई के नर्म-नर्म गोले हैं उनकी मुहब्बत सबकी मुहब्बत है। उनके ख़्वाब सबके ख़्वाब हैं। फ़िल्म एक ख़्वाब ही तो है। देखने वालों का ख़्वाब और दिखाने वालों का ख़्वाब। दिलीप कुमार का ख़्वाब और वैजयन्तीमाला का ख़्वाब। बिमल राय का ख़्वाब और राजेन्द्र सिंह बेदी का ख़्वाब। सलिल चौधरी का ख़्वाब और शैलेंद्र का ख़्वाब। इस सीन में कैसे-कैसे ख़्वाब हैं। बिमल राय का ख़्वाब आपको दिखाऊँ?

दरख़्तों की झूमती हुई शाख़ों पर आवाज़ ओवरलैप होती है।

"मधुमति..."

"हाँ?"

बिमल राय के इस एक शॉट की अपनी एक कहानी है। यह शॉट एक अफ़साना है। यह बिमल राय का आवाज़, तस्वीर और कल्पना का ख़्वाब है।

मधुमति का व्यक्तित्व और उसके अस्तित्व का प्रभाव हर एक चीज़ पर है। पेड़ों की शाख़ें भी उसका नाम लेती हैं। बिमल राय कला की रचना के उस मक़ाम पर खड़े हैं जिस मक़ाम पर उन्होंने अपने दो पात्रों को दो पेड़ों के बीच खड़ा कर दिया है।

इस एक दृश्य में क्या-क्या ख़्वाब हैं। आनन्द बाबू की चित्रकारी का ख़्वाब। वह कहता है,

"मैं तुम्हारी एक तस्वीर बनाऊँगा।"

जंगली लड़की मॉडल नहीं है। वह कहती है, "तुम लड़की होते तो जानते क्या मुसीबत होती है। मुझे देर हो रही है।"

सलिल चौधरी का बैकग्राउण्ड संगीत भी एक ख़्वाब बुन रहा है।

मधुमति कहती है, "देखो बाबूजी, इधर आओ। वो देखो" दरख़्तों की ओर इशारा करती है "देखो, चींटियाँ घर की ओर जा रही हैं।"

जंगली लड़की को चींटियों के घर की ओर जाने की वास्तविकता का ज्ञान है।

शहर से आया हुआ आनन्द बाबू इस बात से बेख़बर है। वह कहता है, "चींटियाँ घर जा रही हैं तो क्या हुआ?"

मधुमति बादलों की ओर इशारा करती हुई कहती है, "पानी आ रहा है न?"

मधुमति के इस वाक्य में सभ्यता और संस्कृति झलकती है। वह ग़ाफ़िल नहीं है अपनी धरती और आकाश से और धरती पर बसने वाली नन्हीं चींटियों से, और वह शहर से आये हुए चित्रकारी के शौक़ीन बाबू को यह भी बता रही है कि चींटियाँ घर जाती हैं और लड़कियाँ भी घर जाती हैं। उसको देर हो रही है। वह सूरज डूबने और निकलने के भेद जानती है। वह आनन्द बाबू के सीने से लगने की ताक़त रखती है लेकिन उसके लिए मॉडल बनकर बैठना उसके इख़्तियार में नहीं है। वह कहती है–

"मैं कोई पेड़ या पत्थर हूँ जो एक ही जगह बैठी रहूँ।"

आनन्द बाबू अपने चेहरे पर हाथ रखे हुए उसको देख रहा है। वह कहती है, "क्या देख रहे हो?" "तुम्हें" वह शरमा जाती है और चादर का पल्लू ओढ़ती है। आनन्द बाबू कहता है, "मधु, भगवान ने तुम्हें इतना सुन्दर बनाया है कि मैं तुम्हारी तस्वीर बना ही नहीं सकता।"

वह अपना चेहरा चादर से ढाँप लेती है। वह शरमा जाती है। उसके शरमाने से पहली बार यह हक़ीक़त खुलती है कि जंगल कैसे शरमाता है।

वह पेड़ के साथ लग कर खड़ी है। उसकी अदाओं पर मरने वाला एक आदमी उसके पास खड़ा है। पेड़ पर पपीहा बोल रहा है। यह मधुमति के दिल की आवाज़ है जो सलिल चौधरी के संवेदनशील कान सुन रहे हैं और हमें सुना रहे हैं।

पहाड़ों में घिरा हुआ जंगल और उसमें एक मोरनी अपनी बाँहों के पंख खोले नाच रही है।

"घड़ी-घड़ी मोरा दिल धड़के
हाय धड़के क्यों धड़के"

दो पेड़ों को थाम कर और अपने दोनों हाथों का आँचल बना कर अपने चेहरे को ढांपते हुए जब गीतकार शैलेंद्र का यह बोल लता की आवाज़ में वैजयन्तीमाला के होंठों से अदा होता है तो यह क्षणभंगुर पल अमर हो जाता है।

यह लम्हा अमर है जो कभी मिट नहीं सकता।

"...प्यार मिला आँचल भरके
सारी उमर के बदले मैंने माँगी थी ये शाम
आज यहीं खो जाऊँगी उनकी बाँहें थाम..."

आनन्द बाबू नहीं आया। वह दफ़्तर के कामों में उलझा हुआ था। मधुमति अपने घर में आग के पास बैठी है। आनन्द बाबू नहीं जानता कि उसकी मधु पर

क्या क़यामत टूट पड़ी है। छोटे राजा साहब ने मधु का पीछा घोड़े पर बैठ कर किया। वह हिरनी की तरह भागी। एक बड़ी चट्टान के पीछे साँस रोक कर उसने अपनी जान बचाई। आनन्द बाबू गीत गा रहा है।

"दिल तड़प-तड़प के कह रहा है आ भी जा
तू हम से आँख न चुरा
तुझे क़सम है आ भी जा"

जंगल में पहाड़ों के पीछे से पेड़ों को चीरती हुई एक आवाज़ उभरती है। यह लता की आवाज़ की आरी है जो जंगल को काट कर फेंक रही है और वैजयन्तीमाला उछलती, कूदती और नाचती आ रही है,

"मुझको तुझसे प्यार है।"

दिलीप कुमार के चेहरे पर गीत के बोल ओवरलैप होते हैं तो चेहरे पर मुस्कुराहट का फूल खिलता है। यूँ लगता है कि मुस्कुराहट कोई बादल है जो बरस रहा है। दिलीप कुमार के चेहरे पर मुस्कुराहट लाफ़ानी है।

पन्द्रह सेकेंड का एक छोटा-सा सीन है।

वैजयन्तीमाला लेटी हुई है। फ्रेम में सिर्फ़ वही नज़र आ रही है दिलीप का हाथ उसके गालों पर है। वह उसकी नाक को छेड़ता है। वह आँखें खोल कर अपनी नज़रों के फूल उस पर लुटाती है। वह शरमाकर अपने चेहरे को हाथों से ढाँप लेती है।

बिमल राय ने स्क्रीन पर एक शे'र सुनाया है। यह शे'र शब्दों में नहीं लिखा गया है। ये कैमरे ने रोशनी और सायों की मदद से वैजयन्तीमाला के बदन से फूटती हुई शरम की किरणों से लिखा है।

मधुमति अपने बापू से कहती है, "मेले में से लाल चूड़ियाँ लाना।" बापू मेले में चला जाता है और आनन्द बाबू के साथ राजा जो खेल खेल रहा है, उसे आनन्द बाबू नहीं जानता है। मधुमति उसको कहती है, "बापू भी नहीं है। तुम भी बाहर जा रहे हो और तुम्हारे राजा साहब वो अच्छे आदमी नहीं हैं।" आनन्द बाबू कहता है कि राजा साहब की वापसी से पहले वह लौट आयेगा। जाने से पहले आनन्द बाबू उसको कहता है, "देखो, मैं जा रहा हूँ। थोड़ा-सा हँस दो न?" लेकिन आज मधुमति के चेहरे पर मुस्कुराहट नहीं उभरती। आज वह उदास है। जंगल साँय-साँय करता है।

"अच्छा, अगर तुम्हें जाना है तो पहले देवता का आशीर्वाद ले लो।

वे दोनों भगवान की मूर्ति के सामने खड़े हैं। आज मधुमति के मन में काली घटाएँ छाई हैं। वह अचानक कहती है, "फूल गिर गया!"

"फूल गिर गया तो क्या हुआ?" आनन्द बाबू कहता है।

जंगल की बेटी कहती है, "ये बहुत बुरा शगुन होता है। जिसका फूल गिर जाता है वह मर जाता है।"

इस सीन में यूँ लगता है कि मौत जैसे मधुमति की आँखों के सामने से गुज़र गयी है। आनन्द बाबू कहता है, "क्यों ऐसी मनहूस-मनहूस बातें करती हो?"

मधुमति कहती है,

"नहीं, ये सच है। मैं मरना नहीं चाहती।"

मधुमति क़रीब आती है और आनन्द बाबू के कन्धे पर हाथ रखती है। आनन्द बाबू की तरफ़ गहरी नज़रों से देखती है और कहती है, "तुम्हें देखने से पहले मौत से नहीं डरती थी। पर अब मैं जीना चाहती हूँ। तुम्हारे लिए जीना चाहती हूँ।"

मधुमति आनन्द बाबू को इस प्रकार देख रही है जैसे क्षण-भर में वह सदियाँ गुज़ार देना चाहती है। थोड़े-से वक़्त में वह आनन्द बाबू को बहुत ज़्यादा देखना चाहती है। आज उसका मन अच्छा नहीं है। वह भगवान से कहती है। "भगवान, अभी तो मैं सुहागन भी नहीं हो पायी।"

यह वाक्य सुन कर आनन्द बाबू की आँखों में आँसुओं की लहर उठती है। वह आगे बढ़ता है और उसका माँग में सिन्दूर भरता है और कहता है, "लो, अब तुम सुहागन हो गयीं। भगवान साक्षी हैं।"

मधुमति भगवान के चरणों में गिरती है और उठ कर अपने मन के भगवान के चरणों में सर रखती है। आनन्द बाबू की आँखों में आँसू सितारा बनकर चमकते हैं।

सुहागन, आँसू और जुदाई।

बिमल राय ने एक सीन फ़िल्माया है या कोई लघुकथा लिखी है। मधुमति के एक-एक शब्द में कई-कई कहानियाँ हैं। उसकी नज़रों में कई-कई कहानियाँ हैं।

अदम कहता है–

दर्द की तस्वीर खीची है सुकूते शाम ने
एक रिक्क़त ख़ेज़ मंज़र है नज़र के सामने

बापू मेले पर गया। बाबू काम पर गया। मधुमति के हाथ से फूल गिरा था तो वह काँप गयी थी। बाबू ने उसकी माँग में सिन्दूर भरा था तो वह अपने पाँव पर खड़ी हो सकी थी।

बापू मेले से आया तो उसने देखा चूल्हे पर चावल जले पड़े हैं। बापू ने जंगल छान मारा लेकिन मधुमति कहीं नहीं मिली। आनन्द बाबू वापस आया तो तांगे से उतर कर पहाड़ की ओर भागा। उसने बापू से पूछा। पहाड़ों को आवाज़ें दीं। दरख़्तों को पुकारा लेकिन उसकी अपनी आवाज़ ही लौट कर आयी। मधु-मधु की आवाज़ों से जंगल गूँज उठा और मधुमति की कहीं कोई आवाज़ नहीं आयी। मधुमति तो बाबू की आहट सुनकर दौड़ती हुई आती थी। यह क्या हो गया?

आनन्द बाबू जंगल में भागता है। वह अब धुन्ध में खो गया है। मधुमति की आवाज़ आती है। उसको मधुमति का मधुर गीत सुनाई देता है। मधुमति नहीं आती है।

"आजा रे परदेसी, मैं तो कब से खड़ी इस पार"

आनन्द बाबू अब सायों, आवाज़ों और सरग़ोशियों के पीछे भागता है। वह नहीं जानता, कोई नहीं जानता कि मधुमति के साथ क्या हुआ है? राजा साहब ने मधुमति को धोखे से अपने महल में बुला कर उसके बदन से अपनी हवस की आग बुझानी चाही लेकिन मधुमति तो सुहागन थी। वह तो जंगल की बेटी थी। वह जंगली लड़की मर गयी लेकिन उसने अपने पवित्र बदन को छूने नहीं दिया। तूफ़ानी बारिश में उसने महल की दीवार से छलाँग लगा दी। वह मर गयी। उसने कहा था, "मेरा फूल गिर गया है। ये बहुत बुरा शगुन होता है बाबूजी। जिसका फूल गिर जाता है वह मर जाता है।"

मधुमति मर गयी लेकिन वह बाबू के लिए मर नहीं सकी। उसने कहा था 'पर अब मैं जीना चाहती हूँ, तुम्हारे लिए जीना चाहती हूँ।' वह बाबूजी के सीने से लगकर अब भी ज़िन्दा थी।

आनन्द बाबू उसको ढूँढता रहता है, उसकी आवाज़ के पीछे भागता रहता है।

मुलाज़िम बताता है कि राजा साहब ने साज़िश की और धोखे से मधुमति को घर बुलाया था। आनन्द बाबू दीवानों की तरह राजा साहब पर हमला करता है। राजा साहब अपने गुण्डों से आनन्द बाबू को मरवा कर उसकी लाश ठेले पर लाद कर फेंकने के लिए भेज देते हैं। मधुमति का बापू आनन्द को बचाते हुए अपनी जान दे देता है। घरेलू मुलाज़िम आनन्द बाबू को हस्पताल लाता है और उसकी जान बचाता है। आनन्द बाबू की जान बच गयी है लेकिन आत्मा तड़प रही है। आनन्द बाबू की आत्मा मधुमति को ढूँढ रही है। आनन्द बाबू का यही क़सूर था न कि वह एक दिन 'उग्रनारायण टिम्बर स्टेट' का मैनेजर बन कर आया था? उसने बस्ती के मेले में मधुमति को देखा था। वह एक मुसाफ़िर था और मधुमति को देखकर अपना रास्ता भूल गया। वह उन पहाड़ी रास्तों पर गीत गाते हुए आया था।

"सुहाना सफ़र और ये मौसम हसीं
हमें डर है हम खो न जायें कहीं"

जंगल में आवाज़ गूँजती है। मधुमति गाती है तो सारा जंगल गाता है।

''आजा रे परदेसी मैं तो कब से खड़ी इस पार"
ये अँखियाँ थक गयीं पंथ निहार"

इस गीत में शैलेंद्र का एक शे'र है जिस को सुन कर और वैजयन्तीमाला को देखकर और लता की आवाज़ का अमृत पी कर इनसान के लिए बचाव की कोई सूरत बाक़ी नहीं रहती।

"मैं नदिया फिर भी मैं प्यासी
भेद ये गहरा बात ज़रा-सी"

भेद तो बस इतना था कि आनन्द बाबू और मधुमति की नज़रें आपस में टकरा गयी थीं। मधुमति गीत गा रही थी और नाच रही थी।

"जुल्मी संग आँख लड़ी, जुल्मी संग आँख लड़ी रे
सखी मैं कासे कहूँ, जाने कैसे ये बात बढ़ी..."

वैजयन्तीमाला नृत्य करती है तो फिर अपने दिल को थामना मुश्किल हो जाता है। आनन्द बाबू अपना दिल न थाम सका।

मधुमति ने आनन्द बाबू की ज़ख्मी उँगली पर नदी के पानी से गीला कपड़ा रखा था और वह उसको अपने साथ घर ले गयी थी कि बापू अच्छी तरह से दवा लगा देंगे। पहाड़ी रास्तों पर वे दोनों एक-दूसरे से टकराते हैं। दोनों के बदन एक-दूसरे को छूते हैं। दिलीप कुमार के चेहरे से साफ़ झलकता है कि अभी-अभी कोई बिजली उसके बदन से टकराई है और उसकी आँखों में बदन के स्पर्श का नशा चढ़ता हुआ दिखता है।

मधुमति के बापू ने ज़ख्म पर मरहम लगाते हुए बहुत ज्ञान की बात कही थी।

उसने कहा था, "देखूँ तो, कहाँ चोट आयी है?" आनन्द बाबू कहता है, "मामूली ख़राश है।"

"पहले तो मामूली ख़राश होती है फिर बड़ा ज़ख्म बन जाता है।"

बापू की बात ठीक थी। मामूली ख़राश एक बड़ा ज़ख्म बन गयी। आनन्द बाबू ने एक दिन मधु को कहा था, "चलो, आज उस पहाड़ की चोटी पर जाकर बैठते हैं। देखें पहले कौन पहुँचता है।"

जंगली लड़की से पहले भला कौन पहुँच सकता है?

सफ़ेद ग़रारा, छोटी क़मीज़, कमर में पेटी, छातियों का उभार और गले में माला—वह यूँ नज़र आती है जैसे किसी लियोनार्दो द विंची ने सीने पर अपने ब्रश से उभार स्पष्ट करते हुए उनमें अपने रंगों की साँसें भर दी हों।

मुझे विश्वास है कि अदम ने यह शे'र मधुमति के लिए लिखा होगा—

आज़ा कि लचक में हस्ती है रह-रह के नज़ाकत कलियों की
कलियों की नज़ाकत रह-रह के आज़ा की लचक में हँसती है

मधुमति शैलेंद्र का गीत, लता की आवाज़ में गा रही है। और बदन के संगीत पर नाच रही है—

"...कैसी आग लगा गयो रे, बिछुवा
सारे बदन पर छा गयो रे, बिछुवा.."

उस जानलेवा कोरस के बीच वैजयन्तीमाला ने एक जगह खड़े होकर अपनी बाँहों और कमर की लचक से और शरीर की रागनी और बदन की लय से जो नृत्य किया है वह देख कर ऐसा लगा था कि जैसे बाकी सारी ज़िन्दगी की नींदें उड़ गयीं हैं। यही हाल आनन्द बाबू का था। आनन्द बाबू ने तो अपनी आँखों से मधुमति को देखा और उसके बदन ने बिजली का झटका भी सहा था।

एक जगह गीत गाते हुए वह पहाड़ी रास्तों पर एक ढलाव से उछल कर ऊपर की तरफ़ आती है। उसके सीने से एक मौज उठती है और देखने वाले डूब जाते हैं।

"घड़ी-घड़ी मोरा दिल धड़के हाय धड़के क्यूँ धड़के
आज मिलन की बेला में सर से चुनरिचा क्यूँ सरके..."

एक छनाका-सा फ़िज़ा में लहराता है। वह उछल कर आती है और उछलते हुए उसके सीने पर समुद्र की दूधिया रंग की लहरें कई दृश्य बनाती हैं।

आनन्द बाबू ने एक जंगली लड़की से मुहब्बत की और भगवान को साक्षी बनाया और उसकी माँग में सिन्दूर भरा। मधुमति ने आनन्द बाबू के चरणों पर माथा टेका और यह छोटे-छोटे और पल-पल भर की घटनाएँ और मुलाक़ातें अधूरी रह गयीं। मधुमति चली गयी।

आनन्द बाबू ने उसकी तलाश में उसके सायों के पीछे भागते हुए उसी जगह से गिर कर अपनी जान दे दी।

मधुमति का जन्म और आनन्द बाबू का जन्म एक था। वे जन्म-जन्म के साथी थे।

आनन्द बाबू यादों से वापस आये तो राधा उनके सामने थी। यह आनन्द बाबू और राधा का नया जन्म था।

मधुमति की कहानी किस जन्म की कहानी थी?

मधुमति की कहानी का कोई जन्म नहीं। कला का कोई जन्म नहीं। गीत का कोई जन्म नहीं। नृत्य का कोई जन्म नहीं।

मधु एक कला है।

मधुमति एक मुहब्बत है।

कला और मुहब्बत का जन्म हर जन्म है।

मधुमति पिछले जन्म में भी थी।

मधुमति इस जन्म में भी है।

मधुमति अगले जन्म में भी रहेगी।

मधुमति उन तमाम आबादियों, कच्ची बस्तियों, जंगलों, पहाड़ों, दरियाओं के किनारे आबाद वीरनियों और पुरानी और नयी सभ्यता में, जहाँ भी नेकदिल लड़कियाँ किसी आनन्द बाबू से मुहब्बत करती हैं, वहाँ मौजूद होती है।

मधुमति सब मुहब्बत करने वाली लड़कियों की मुहब्बत की आशा का दीप है जो कभी नहीं बुझ सकता!

आनन्द बाबू आशा के दीप को बुझने से बचाने और मुहब्बत की ज्योति जगाने का नाम है।

आनंन्द बाबू मधुमति के मन-मन्दिर का देवता है जिसकी पूजा के लिए एक लम्हे में मधुमति अपना सारा जीवन बिता देती है और ये सारा खेल तब ही सम्भव है जब आनन्द बाबू दिलीप कुमार और मधुमति वैजयन्तीमाला हो!

कैमरे के पीछे हों बिमल राय, पास खड़े हों राजेन्द्र सिंह बेदी, लता मंगेशकर की आवाज़ भी साथ हो और सलिल चौधरी के राग भी।

The Biggest
Indian Film
Ever
MUGHAL-E-AZAM

मुग़ल-ए-आज़म

"ऐसा क्यों किया तुमने?

ये ख़ूबसूरत हाथ।

शायद उन्होंने मुहब्बत का दामन छोड़ दिया है।

सलीम से बेवफ़ाई कर सकती हो?

सलीम से मुँह न फेरो अनारकली।

उठाओ क़सम कि तुम मुझसे बेवफ़ाई कर सकती हो।"

"साहबे आलम! अनारकली ज़िन्दगी से बेवफ़ाई कर सकती है मगर आप से नहीं।"

"ज़िन्दगी से...कौन है जो तुम्हें ज़िन्दगी से महरूम कर देना चाहता है?"

"कोई नहीं।"

"क्या मेरे होशो-हवास इसलिए छीन लिए गये कि तुम मुझसे जुदा कर दी जाओ?"

"तक़दीर का फ़ैसला यही है!

"तक़दीर को फ़ैसला बदलना होगा। अनारकली, मैं देख रहा हूँ ये रेंगते हुए साए। ये अकबर के बुजदिल गुला तुम्हें लेने आ रहे हैं। सामने आओ! अनारकली मेरी है। उसे कोई नहीं छीन सकता। ये बेवफ़ा गुलाम तुम्हारे पाक जिस्म को नहीं छू सकते। जाने सलीम!"

यह सीन जो अभी हमने देखा है अभिनय के दृष्टिकोण से बहुत ही कठिन और एक कड़ी परीक्षा से गुज़रने के बराबर है। ऐसे सीन में अदाकारी की कला के जटिल और मुश्किल तक़ाज़ों को पूरा करना एक बड़े अभिनेता के लिए भी चुनौती होता है।

Shakespeare के कॉस्ट्यूम और ऐतिहासिक नाटकों में सर लॉरेंस ओलिवियर, रिचर्ड बर्टन और ऐलेक गिनेस ऐसे ही बड़े कठिन चरण से गुज़रे हैं जिनसे इस सीन में दिलीप कुमार को गुज़रना पड़ा है। यह सीन बड़े अदाकारों और ख़ुद दिलीप कुमार की विभिन्न फ़िल्मों में अलग-अलग पात्रों से तुलनात्मक अध्ययन (Comparative

Studies) की माँग करता है। कॉस्ट्यूम ड्रामों में किसी ऐतिहासिक पात्र को खेलते हुए ज़रा-सी लग़्ज़िश, थोड़ी सी बेध्यानी, और मामूली-सी कमी अदाकारी में प्रभाव की इकाई (unity of expression) को ज़बर्दस्त आघात पहुँचाती है। शीशे पर बाल बराबर भी दरार पड़ जाये तो बाक़ी शीशे पर उसका बड़ा भद्दा प्रभाव पड़ता है। ऐसे दृश्यों में अदाकारी एक ही साथ शीशे की तरह नाज़ुक और चट्टान की तरह सख़्त काम होता है।

दिलीप कुमार ने इस सीन में अदाकारी का उत्कृष्ट नमूना दिखाया है। perfection की हद तक।

'मुग़ले आज़म' में मुहब्बत और बादशाहत के बीच मुक़ाबला है। आक़ा और कनीज़ आमने-सामने आते हैं। बादशाह और वलीअहद (युवराज) टकरा जाते हैं। मुहब्बत मौत क़बूल करती है। बादशाही नियम कनीज़ के पाँव की धूल बनते हैं।

शहंशाह अकबरे आज़म फ़िल्म के प्रारम्भ से लेकर अन्त तक, पहले फ्रेम से अन्तिम फ्रेम तक, पूरी फ़िल्म पूरे वातावरण, और पूरी सल्तनत पर छाया हुआ है।

वह किसी को दम नहीं लेने देता। इसलिए उसके अभिनय में दम है।

पृथ्वीराज कपूर के अभिनय का कोई मुक़ाबला नहीं।

अकबरे आज़म के ख़िलाफ़ कोई कर भी क्या सकता है लेकिन मुहब्बत बादशाहत से टकरा जाती है। शहज़ादा ख़ुदमुख़्तारी (स्वतन्त्रता) का ऐलान करता है। कनीज़ बादशाह को अपना ख़ून माफ़ करती है। साहबे आलम फ़र्श पर पड़े हैं। कनीज़ दीवार में चिनवा दी गयी है। अनारकली मर कर भी ज़िन्दा है। शहंशाह के उसूल, वली अहद की बग़ावत, कनीज़ का गुलामी से छुटकारा, मुहब्बत और मौत का यह नाटक जो हिन्दुस्तान के स्टेज पर खेला गया, उसमें पृथ्वीराज कपूर, दिलीप कुमार और मधुबाला अविस्मरणीय हैं।

फ़िल्म शुरू होती है–

मैं हिन्दुस्तान हूँ।

हिमालय मेरी सरहदों का निगहबान है। गंगा मेरी पवित्रता की सौगन्ध।

तारीख़ की इब्तिदा से मैं अँधेरों और उजालों का साथी हूँ और मेरी ख़ाक पर संगमरमर से लिपटी हुई यह इमारतें दुनिया से कह रही हैं कि ज़ालिमों ने मुझे लूटा और मेहरबानों ने मुझे सँवारा, नादानों ने मुझे ज़ंजीरें पहना दी और मेरे चाहने वालों ने उन्हें काट फेंका मेरे उन चाहने वालों में एक इनसान का नाम जलालुद्दीन मोहम्मद अकबर था। अकबर ने मुझे प्यार किया मज़हब और रस्मो-रवायत की दीवार से बुलंद होकर इनसान को इनसान से मुहब्बत करना सिखाया और हमेशा के लिए मुझे सीने से लगाया।"

यह शहंशाह जलालुद्दीन मोहम्मद अकबर का महल है और अब उसके दरो-दीवार में गुज़रे हुए दिनों के कुछ अफ़साने रहते हैं।

आज से 380 वर्ष पहले इस अज़ीमुश्शान महल के आरामो-आशाइस से दूर धूप और गर्मी से तपते हुए इस रेगिस्तान में अंगारों की मानिंद जलती हुई रेत पर ये नंगे पाँव चलने वाला तनहा इनसान अकबरे आज़म है।

इन आँखों की मायूसी कह रही है कि उन्होंने अभी तक औलाद का मुस्कुराता हुआ चेहरा नहीं देखा। औलाद की आरज़ू में अकबर के लड़खड़ाते हुए ये क़दम हजरत शेख़ सलीमुद्दीन चिश्ती के आसताने की तरफ़ बढ़ रहे हैं। इस उम्मीद पर कि उसकी बाबरकत दुआओं से ख़ुदा तआला अकबर को बेटा अता फ़रमाएगा। शायद जुलूस के इस लाओ-लशकर में पैदल चलने की मन्नत अकबरे आज़म की है।

आख़िर मंज़िले-मक़सूद आ पहुँची और शहंशाह ने जिसके आगे सारी दुनिया झुकती थी, एक फ़क़ीर की सरकार के आगे अपना सर झुका दिया।

यह सीन हमने देखा। कनीज़ आती है और कहती है–

"मुबारक हो ज़िल्ले इलाही मुबारक हो। ज़िल्ले इलाही को चाँद जैसे बेटे और सल्तनत को वलीएअहद मुबारक हो।" "इंसाफ़ के इस मुक़द्दस तराज़ू की कसम अकबर से जो माँगोगी, अता किया जायेगा।"

समय बीतता गया और समय के साथ नौख़ज़ शहज़ादे की शोख़ियाँ उभरने लगीं। शहज़ादे की नाफ़रमानियाँ आहिस्ता-आहिस्ता बढ़ने लगीं और वह आदाब और फ़रमाबर्दारी की सीमा से आगे बढ़ने लगा।

और फिर एक दिन मुग़लों का तारीख़ी वक़ार हिचकोले खाने लगा और सरशार सलीम के क़दम लड़खड़ाने लगे।

अकबरे आज़म को हिन्दुस्तान का भविष्य अँधेरों में डूबता हुआ महसूस हुआ।

अकबरे आज़म एक ज़ोरदार थप्पड़ शहज़ादा सलीम को मारते हुए कहता है–

शैख़ू! मान सिंह, "इसके सर से माँ के प्यार का रेशमी आँचल हटा कर लोहे का ख़ोल पहना दो और इसे ले जाओ और जंग के तपते हुए रेगिस्तानों में इसकी परवरिश करो।"

अकबरे आज़म अपने जिगर के टुकड़े को अपने हाथों से उठाकर मान सिंह के हवाले करते हुए कहता है–

"लो, आज हम मुग़लों का मुस्तक़बिल तुम्हारे हवाले करते हैं।

हाथियों का क़ाफ़िला दिन-रात की यात्रा करता हुआ युद्ध के मैदानों से गुज़र रहा है।

बेटे की जुदाई पर हिन्दुस्तान की मलिका महारानी जोधाबाई की आँखों में आँसू हैं। वह कहती है बालक माँ की गोद में परवान चढ़ते हैं, तलवार की छाँव में नहीं।

अकबर की आवाज़ आती है, "हमें मालूम नहीं था महारानी जोधा एक कमज़ोर माँ के हाथों इतनी मजबूर हो सकती है कि अपने वक़ार को भूल जाये।"

"माँ को तड़पने भी नहीं देते!"

अकबर का जवाब है, "इस तड़पने दीजिए पर रोने नहीं दीजिए। वो माँएँ भी रोएँ जिनके बच्चे आपके बेटे के साथ मैदाने जंग में हैं तो हिन्दुस्तान आँसुओं में डूब जायेगा।"

जंग के तपते हुए रेगिस्तानों की आँधियों में सलीम ने परवरिश पायी और अन्ततः वह एक विजयी सिपहसालार बन गया।

सलीम के हाथों में तलवार है। वह शे'र सुना रहा है–

"ये क़ातिल ही नहीं दिलदार भी है
ये शाख़े गुल भी है तलवार भी है"

पात्र शहज़ादा सलीम हो और अभिनेता दिलीप कुमार हो तो और कुछ देखने को बाक़ी नहीं रह जाता।

शहज़ादा कहता है–

"हमारे हाथ में ये लचकती हुई शमशीर उस नाज़नीन की तरह है जो अपने आशिक़ के हाथ में शर्म से थरथराने लगे और हिजाब से उसके गुलाबी रुख़सार तमतमा कर सुर्ख़ हो जाये।"

14 बरस के बाद भी शहज़ादे का मिज़ाज नहीं बदला।

शहज़ादा सलीम का जवाब है। शहज़ादे ने इस जवाब के लिए मुहब्बत का लहजा, दिल का दर्द, आवाज़ में प्यार और अदायगी में वक़ार दिलीप कुमार से माँग लिया है।

वह कहता है, "अगर उमर ख़ैयाम की रुबाई को सुनहरे वरक़ की बजाए पथरीली ज़मीन पर लिख दिया जाये तो क्या उसके माने बदल जायेंगे?

ख़ून में डूबी हुई मेरी जवानी का एक-एक वरक़ न उलटिए।" शहज़ादा इस दफ़ा ज़रहबक्तर के बजाए एक पैग़ाम भेजता है। अकबरे आज़म ऐलान करता है कि नूरुद्दीन मोहम्मद सलीम को बुला लिया जागए।

बहार महारानी को ख़ुशख़बरी सुनाती है। "मैं तुम्हारा मुँह मोतियों से भर दूँगी। मेरा बच्चा बरसों के बाद वापस आ रहा है। उसने बाप की राजनीति देखी है माँ का प्यार नहीं देखा..." माँ अपने जिगर के टुकड़े के आगमन पर महल में खुशियाँ मनाने, गीत गाने, नृत्य करने का आदेश देती है। तानसेन अपनी मधुर रागनियाँ छेड़ दे और मेरे चाँद के लिए हज़ारों चाँद रौशन कर दियें जाये।

बहार संगतराश के पास जाती है। "साहबे आलम के लिए पत्थर का मुजस्समा लेने आयी हूँ" संगतराश कहता है, "मेरे बनाये हुए मुजस्समे शहज़ादे और बादशाहों

को पसन्द नहीं आयेगे।" संगतराश अपने मुजस्समे दिखाते हुए कहता है। सच बोलने का अंजाम सज़ाए मौत है। मैदाने जंग में लाखों इनसान मौत के घाट उतार दिय जाते हैं।

संगतराश establishment के ख़िलाफ़ है। (अकबरे आज़म की हुकूमत के ख़िलाफ उस दौर में हिन्दुस्तान के कई क्षेत्रों में resistence मौजूद थी। पंजाब में दुला भट्टी अकबर को ललकार कर फाँसी पर चढ़ चुका था)।

संगतराश कहता है, "मैं एक ऐसा बुत बनाऊँगा जिसके क़दमों में सिपाही अपनी तलवार, बादशाह अपना ताज और इनसान अपना दिल निकाल कर रख दे।"

बहार बनाव-शृंगार कर रही है। कनीज़ कहती है, "मौत की घड़ी और शहज़ादे के दिल का क्या न जाने किस वक्त आ जाये!"

काश ये वक्त कल ही आ जाये।

कैसा भव्य दृश्य है। हाथियों का क़ाफ़िला आ रहा है। महल के दीवारें और दरवाज़े शहज़ादे की प्रतीक्षा कर रहे हैं। अकबर ऐलान करता है, "हम अपने बेटे का नहीं हिन्दुस्तान के मज़बूत सिपाही का इस्तिक़बाल (स्वागत) करने जा रहे हैं।"

महारानी जोधाबाई का दिल बेटे के इन्तिज़ार में डूब रहा है। कनीज़ें एक-एक क्षण की रिपोर्ट दे रही हैं।

"साहबे आलम तशरीफ़ ला रहे हैं।"

400 वर्ष पहले शहज़ादा सलीम चलते हुए अपनी माँ के पास जा रहा है। चाल में वक़ार और जिस्म में मुलाक़ात की तड़प। यह सीन देख कर ऐसा लगा कि जैसे 400 वर्ष पूर्व शहज़ादा सलीम कोई दिलीप कुमार ही रहा होगा। अकबरे आज़म तो मुझे विश्वास है कि पृथ्वीराज कपूर ही थे और यह महारानी जोधाबाई भी तो दुर्गा खोटे है।

हिन्दुस्तान के इन महान अदाकारों ने क्या माहौल पैदा कर दिया है कि विश्वास नहीं होता कि हम वर्तमान के किसी पल में साँस ले रहे हैं।

के. असिफ़ हमें 400 वर्ष पहले के युग में ले गया है।

महारानी कहती है, "बहार मुझे सहारा दे। बरसों के बाद जाने किस आवाज़ में माँ कह कर पुकारेगा।"

"माँ...माँ...आँखें खोलिए, देखिए मैं आ गया।"

सलीम, इतने बड़े हो गये हो। ज़रा झुको, बड़े सूरमा हो गये हो। कितनी बेदर्दी से मेरा ख़ून मिट्टी में मिलाते रहे हो। कभी माँ को आवाज़ देते तो तलवारों की झंकार से लोरियाँ गूंजती लेकिन तुमने मुझे कभी नहीं पुकारा!"

शहज़ादे के आने पर एक मूर्ति पर से पर्दा हटाने का दृश्य है। "राजज्योतिषी का शगुन, संगतराश का दावा और इस मुजस्समे पर पड़ी हुई नक़ाब। हम सुबह का इन्तिज़ार कैसे करेंगे, दुर्जन?"

शहज़ादा पर्दा हटाता है। शहज़ादे को पहला क्लोज़अप स्क्रीन पर है। वह कहता है, "संगतराश का दावा यक़ीनन सही था। बेशक इस बेपनाह हुस्न की ताब पत्थर ही ला सकता है। बुतों की ख़ुदाई तस्लीम करने को जी चाहता है।"

सलीम तीर के निशाने से नक़ाब उतारता है। अकबरे आज़म कहता है, "सुब्हान अल्लाह जैसे फ़रिश्ते ने आसमान से उतर कर संगमरमर में पनाह ले ली है।"

"कनीज़ फ़रिश्ता नहीं, इनसान है!"

"लेकिन तीर चलते वक्त तू ख़ामोश क्यों रही?"

"कनीज़ देखना चाहती थी कि अफ़साने हक़ीक़त में किस तरह बदलते हैं।" रानी, आप इन्हें कनीज़ों में शामिल कर लें और हम इसे अनारकली का ख़िताब अता करते हैं।"

अनारकली एक मुजस्समा एक मूर्ति थी। किसी ने ग़लती से इसका नाम मधुबाला रख दिया था।

अभी-अभी शहज़ादा सलीम ने मुजस्समा देख कर कहा था 'बेपनाह हुस्न की ताब पत्थर ही ला सकता है।'

मेरा ख़याल है कि बेपनाह हुस्न की ताब से तो पत्थर भी पिघल जाता है। बेपनाह हुस्न की ताब तो मधुबाला का बदन ही बर्दाश्त कर सकता है, वह भी कोई ज्यादा देर तक नहीं। बस यही कोई थोड़े-से साल। इसीलिए तो वह जवानी में मर गयी थी। हुस्न की ताब कैसे लाती?

मधुबाला अनारकली थी या अनारकली मधुबाला है। मेरा ख़याल है कि मधुबाला यक़ीनन अनारकली से अधिक ख़ूबसूरत और हसीन थी। कुछ साल पहले यहाँ लाहौर में सिविल सेक्रेट्रिएट के अन्दर अनारकली के मज़ार पर जाने का इत्तेफ़ाक़ हुआ। मैंने अनारकली की क़ब्र देखी। मुझे ऐसा लगा जैसे उस क़ब्र में मधुबाला सो रही है। अनारकली के पात्र में मधुबाला की छाप इतनी गहरी है कि अनारकली की कल्पना ही मधुबाला के नाम से पैदा होती है।

मोहे पनघट पे नन्दलाल छेड़ गयो रे
मोरी नाजुक कलईयाँ मरोड़ गयो रे
कंकरी मारी मोरी
गगरिया फोर डारी
नैनों से जादू किया
जियरा मोह लिया
मोरा घूँघटा
नजरियों से तोड़ गयो रे

लता की आवाज़, नौशाद का संगीत, शकील के बोल, मधुबाला का नृत्य, हुस्न की बेबाकी, महल की शान, सलीम की जान, अकबरे आज़म की आन—यह सब कुछ सिर्फ़ देखने के योग्य है।

मधुबाला के गोरे बदन पर काली चोली पर सफ़ेद गोले और बाक़ी सारा बदन नग्न नज़र आता है, यहाँ तक कि साड़ी को कस कर बाँधा गया है। यह कैसा शरीर है? यह तो मूर्ति भी नहीं। संगतराश मूर्ति बनाते समय शरीर के अंग के अनुपात में बराबरी का ख़याल रखता है। लेकिन मधुबाला के इस नृत्य में जो मूर्ति नाच रही है उसके गोरे बदन के खिले हुए भागों से आँच निकलती हुई महसूस होती है।

शहज़ादा सलीम अपने गले से माला उतार कर फेंकता है। माला के एक-एक मोती में शहज़ादा सलीम का दिल है। वह अपने जान का नज़राना पेश कर चुका है। एक कनीज़ ने कैसी सच्ची बात कही थी, "मौत की घड़ी और शहज़ादे के दिल का क्या, न जाने किस वक्त आ जाये!"

अनारकली कहती है, "क्या हुआ सुरैया?" "मुहब्बत हो गयी आपा।" "चुप सुरैया। खुदा के लिए ऐसे ख्वाब न दिखाओ जिनको देखने की ये कनीज़ जुर्रत नहीं कर सकती। अपनी बदनामी से नहीं डरती, उनकी रुस्वाई नहीं चाहती। उनके हुज़ूर में तमन्नाएँ भी गुस्ताख़ नहीं होने पातीं।"

साहबे आलम कनीज़ के हाथ ख़त भेजते हैं। शायद इसमें साहबे आलम का दिल है। "दिल देने में देर नहीं और दिल लेने में इतनी देर?" कनीज़ कहती है।

अनारकली कमल के फूल में साहबे आलम के ख़त का जवाब भेजती है। कमल का फूल तैरता हुआ आ रहा है। कैसा दिलकश दृश्य है! कमल का फूल तो खुद एक पैग़ाम है, हुस्न और मुहब्बत का पैग़ाम। हुस्न और मुहब्बत की देवी मुहब्बत के देवता को कुछ कहने वाली है।

शहज़ादा सलीम ख़त से मायूस होता है। कनीज़ और शहज़ादे का आपस में क्या तअल्लुक़ हो सकता है? पहली मुलाक़ात, हाथ में शमा है।

शहज़ादा कहता है, "अक़्ल तमाशा देखती रही और इश्क़ अपनी हदों से आगे बढ़ गया। अनारकली हल्की-सी आवाज़ सुनाई देती है, "साहबे आलम, आफ़ताब की रोशनी दुनिया के हर कोने को रौशन करती है। खुद आफ़ताब ने क्यों तकलीफ़ की?"

"ताकि इस आफ़ताब में जज्ब हो जाये!" शहज़ादा बरजस्ता कहता है!

"खुदा के लिए साहबे आलम इस शहज़ादगी को रुस्वा न कीजिए। आप आक़ा हैं और मैं कनीज़।"

"मैं आज बुलंदी और परस्ती की ये दीवार गिरा देना चाहता हूँ। बैठ जाओ अनारकली।"

"साहबे आलम।"

वह आगे बढ़ता है।

अनारकली के आधे चेहरे पर रोशनी है और बाक़ी चेहरा अँधेरे में डूब रहा है। यह रोशनी और अँधेरे का खेल है।

"अनारकली, इधर देखो। मैं तुम्हारी आँखों में मुहब्बत का इक़रार देखना चाहता हूँ।"

"इन्हें न देखिए शहज़ादे। इनमें एक कनीज़ की सहमी हुई हसरतों के सिवा कुछ नहीं है।"

"भूल जाओ कि तुम एक कनीज़ हो और सलीम को वो देख लेने दो जो तुम्हारी ज़बान कहते हुए डरती है।"

"मेरी आँखों में से मेरे ख्वाब न छीनिए शहज़ादे। मैं मर जाऊँगी।"

"अनारकली, मैं इन ख्वाबों को हक़ीक़त में बदल दूँगा।" शहज़ादा सलीम और अनारकली की मुहब्बत के राज़ को जानने के लिए बहार साया बनकर उनके पीछे रहती है।

अनारकली घबराकर कहती है, "ये कनीज़ आपका फ़िराक़ बर्दाश्त कर सकती है, आपकी रुस्वाई नहीं।

अनारकली फ़ाल निकालती है। फ़ारसी के शे'र का अर्थ है।

ऐ दिल वालो दिल मेरे हाथ से चला।

कहीं दिल का छुपा हुआ दर्द जग पर ज़ाहिर न हो जाये।

अनारकली ने सर पर सफ़ेद रंग का दुपट्टा लपेटा हुआ है। सफ़ेद गुलाब का फूल जब सुबह को खिलता है तो सारे वातावरण को अपनी सुगन्ध और रंग से दीवाना बना देता है। मधुबाला के गोरे बदन से अँधेरे सिनेमाहॉल में सुबह का उजाला फूट रहा है।

वह कहती है, "नहीं सुरैया मैं डरती हूँ कहीं ज़माने की निगाहें मेरे सोचने का राज़ मेरे चेहरे से न पढ़ लें।"

कनीज़ अनारकली को कहती है, "तुम यकायक गुमसुम हो गयी हो। लोग कहेंगे मग़रूर हो गयी।"

मजबूर को मग़रूर कौन कहेगा? कनीज़ महलों के राज़ जानती है। "महलों की कहानियाँ तुम क्या जानो अनारकली।"

"अनारकली तुम्हारा नया नाम कितना ख़ूबसूरत है।"

"हाँ!" अनारकली जवाब देती है।

जैसे सुलगते हुए मोम का ख़ूबसूरत नाम शमा है।

मधुबाला का एक बड़ा क्लोज़अप। एक पेण्टिंग है। ख़ूबसूरत गहरी आँखें। मस्ती के ग़िलाफ़ चढ़े हुए हैं। भोंहे जैसे धनुष। होंठ, जैसे आश्चर्यचकित देखने वाला हैरान।

तेरी महफ़िल में क़िस्मत आज़मा कर हम भी देखेंगे
घड़ी भर को तेरे नज़दीक आकर हम भी देखेंगे

इस क़व्वाली के इस शेर को गाते हुए मधुबाला ने अपनी भौंहों को जिस प्रकार हिलाया है उसे देख कर इनसान का पूरा अस्तित्व हिल जाता है–

मुहब्बत हमने माना ज़िन्दगी बरबाद करती है

ये क्या कम है कि मर जाने पे दुनिया याद करती है
किसी के इश्क़ में दुनिया लुटा कर हम भी देखेंगे

क़व्वाली ख़त्म होने पर शहज़ादा सलीम अनारकली से कहता है,

तुम्हारे हिस्से में काँटे आये हैं, वह कहती है, "काँटों को मुरझाने का खौफ़ नहीं।"

शहज़ादा सलीम और अनारकली महल के एक वीरान भाग में एक-दूसरे के बहुत क़रीब हैं। सलीम आगे बढ़ कर अनारकली को चूमता है। अनारकली मदहोश है। वे दोनों वक्त, माहौल और लोगों से बेख़ौफ़ हैं। फूलों की सेज पर अनारकली मदहोश पड़ी है। वह उसको उठा कर अपनी बाँहों में लेता है। रात गुज़र गयी है। दोनों के लिए समय ठहर गया है। अनारकली क़दमों की चाप सुनकर कहती है, साहबे आलम, शायद कोई देख रहा है।"

शहज़ादा गुस्से में कहता है, "जिस गुस्ताख़ ने इस वक्त यहाँ आने की जुर्रत की वो हमारे महल में हाज़िर हो।" शहज़ादा आने वाले पर ख़ंजर फेंकता है। आनेवाली बहार कहती है, "कनीज़ को ख़ंजर की नाफ़रमानी पर हैरत और अपनी बदनसीब ज़िन्दगी से शिकायत है।" शहज़ादा सवाल करता है। बहार–शमा के सीने में क्या होता है...रात की ख़ामोश दास्तानें और कुछ राज़। शहज़ादा उसका जवाब सुनकर धमकी भरे तेवर में कहता है, "और यही सबब है कि सुबह होने पर शमा हमेशा के लिए ख़त्म कर दी जाती है। तुमने एक राज़ जानने की कोशिश की है। तुम्हें भी ख़ामोश करने की यही सूरत है। अब तुम जा सकती हो।"

बहार शहज़ादा सलीम और अनारकली की मुहब्बत का राज़ अकबरे आज़म तक पहुँचाती है। महलों की साज़िश एक नयी मुहब्बत का गला घोंटने के लिए काफ़ी है। सलीम जब अनारकली के पहलू में बैठकर उसको हिन्दुस्तान की मलिका बना रहा था, उस वक्त बहार अकबरे आज़म को भड़का रही थी।

शहज़ादा सलीम ने कहा, "हिन्दुस्तान के इनसानों की तक़दीरें तुम्हारे गेसुओं के हलक़े में घर जायेंगी अनारकली। फिर तुम जिधर मुड़ के देखोगी, हज़ारों तक़दीरें काँपती रहेंगी।"

शहज़ादा सलीम आगे बढ़कर अनारकली को चूमता है। ऐलान होता है। ज़िल्ले इलाही तशरीफ़ ला रहे हैं। अनारकली कहती है, "अगर ज़िल्ले इलाही ने मुझे

देख लिया तो अनारकली की क़ब्र आपकी आग़ोश में बन जायेगी।" शहज़ादा सलीम कहता है, "मुहब्बत जो डरती हो तो मुहब्बत नहीं अय्याशी है, गुनाह है।" ज़िल्ले ईलाही सामने आते हैं। अनारकली सहमी और डरी हुई भागती है और फिर वापस आकर शहज़ादा सलीम की छाती से लग कर इस तरह चिमट जाती है जैसे बच्चा डर कर माँ के सीने से चिमट जाये। अनारकली बेहोश होकर गिरती है।

अकबरे आज़म अपनी नज़रों की गोलियाँ शहज़ादा सलीम पर बरसा कर चले जाते हैं। अनारकली को क़ैद कर दिया जाता है। उसको ज़ंजीरें पहना दी जाती हैं। शहज़ादा सलीम अपनी माँ महारानी जोधाबाई से सवाल करता है—

"कहाँ है वो?"

"कौन?"

"अकबरे आज़म, जिनके हुक्म से ख़ुदा की बख़्शी हुई साँसें भी सीने में घोंट दी जाती हैं।"

"अदब से बात करो।"

"एक बेरहम शहंशाह के क़ैदख़ाने में सलीम की अनारकली दम नहीं तोड़ेगी। मुझे इस परवाना-ए-आज़ादी पर उनकी मुहर चाहिए!"

माँ कहती है, "अनारकली आज़ाद नहीं की जायेगी।"

"क्यों नहीं की जायेगी।"

ख़ामोश! एक शहज़ादे को अपना फ़र्ज़ नहीं भूलना चाहिए।

"वो कौन सा फ़र्ज़ है जो मुहब्बत को भी सीने में कुचल सकता है?"

"महाबली का हुक्म तुम्हारा फ़र्ज़ है।"

"ये फ़र्ज़ तो नहीं, एक शहंशाह के महल में पैदा होने की सज़ा ज़रूर है। अगर अनारकली आज रिहा न की गयी तो क़ैदख़ाने की रात अनारकली पर नहीं, अकबरे आज़म के सारे मंसूबों पर भारी गुज़रेगी।"

मुग़ले आज़म के संवाद कमाल अमरोही, अमान और एहसान रिज़वी ने लिखे हैं। संवाद के उच्च और नाटकीय अन्दाज़, दिलचस्प सवाल-जवाब और उनके साहित्यिक मूल्यों की वजह से मेरी यह कोशिश है कि संवाद के वे हिस्से जो बहुत ही महत्त्वपूर्ण हैं, उन्हें लफ़्ज़-ब-लफ़्ज़ लिख दिया जाये। संवाद की एक ख़ूबी यह होती है कि वह अपने हर शब्द के साथ ख़याल को आगे बढ़ाने में सहायता देता है। 'मुग़ले आज़म' के संवाद में यह विशेषता पूरी तरह मौजूद है।

अनारकली का लिबास काला है। चाँद जैसे बादलों में छुपा हुआ है। अनारकली को ज़ंजीरें पहना दी गयी हैं। इस स्थिति पर एक गाना है—

मुहब्बत की झूठी कहानी पे रोए
बड़ी चोट खाई जवानी पे रोए
न सोचा न समझा, न देखा न भाला

तेरी आरज़ू ने हमें मार डाला
तेरे प्यार की मेहरबानी पे रोए
मुहब्बत की झूठी कहानी पे रोए

सन् साठ के दशक में लता मंगेशकर के गीतों पर पूरा उपमहाद्वीप झूमता था। दिन हो, या रात रेडियो पाकिस्तान हो या आकाशवाणी या फिर रेडियो सिलोन, लता के गीतों के बिना ज़िन्दगी का कोई काम न चलता था।

अकबरे आज़म हुक्म देता है, "अनारकली दीवाने-ख़ास में हाज़िर हो।" अनारकली को ज़ंजीरों में लाया जाता है वह फ़र्श पर गिरती है।

अकबरे आज़म अपने बादशाही स्वर और तेवर में कहता है, "हमें यक़ीन है, क़ैदख़ाने के ख़ौफ़नाक अँधेरों ने तेरी आरजूओं में वो चमक बाक़ी न रखी होगी जो कभी थी।"

ज़ंजीरों में जकड़ी हुई अनारकली शहंशाह अकबर को जवाब देती है, "क़ैदख़ाने के अँधेरे कनीज़ की आरज़ुओं की रोशनी से कम थे।"

अकबर ललकारता है, "अँधेरे और बढ़ा दिये जायेंगे।"

अनारकली अपनी मुहब्बत का इज़हार करती है, "आरज़ूएँ और बढ़ जायेंगी।"

अकबर याद दिलाता है, "बढ़ती हुई आरज़ूओं को कुचल दिया जायेगा।"

अनारकली सिर्फ़ इतना कहती है, "और ज़िल्ले इलाही का इंसाफ़?"

"हम एक लफ़्ज़ भी सुनना नहीं चाहते। अकबर का इंसाफ़ उसका हुक्म है। तुम्हें सलीम को भूलना होगा।"

"भूलना होगा!"

"और सिर्फ़ यही नहीं, उसे ये भी यक़ीन दिलाना होगा कि तुझे उससे कभी मुहब्बत नहीं थी।"

"जो ज़बान उनके सामने मुहब्बत का इक़रार नहीं कर सकी वो इनकार कैसे करेगी।"

"तुझे सलीम पर ज़ाहिर करना होगा कि तेरी मुहब्बत झूठी थी। एक कनीज़ ने हिन्दुस्तान की मलिका बनने की आरज़ू की और मुहब्बत का ख़ूबसूरत बहाना ढूँढ लिया।"

"ये सच नहीं है। ख़ुदा गवाह है, ये सच नहीं है।"

"लेकिन तुझे साबित करना होगा कि यही सच है।"

अनारकली अपने परवरदिगार की ओर नज़रें उठाकर दुआ माँगती है, "परवरदिगार मुझे इतनी हिम्मत अता फ़रमा कि मैं साहबे आलम से बेवफ़ाई कर सकूँ! कनीज़ ज़िल्ले इलाही का हुक्म बजा लाने की कोशिश करेगी।"

"कोशिश नहीं, तामील होगी। उसे आज़ाद कर दिया जाये।"

बहार के लिए यह बड़ा सुनहरा मौक़ा था। पहले उसने अकबरे आज़म के कान भरे और अब सलीम के दिल में ग़लतफ़हमी पैदा करने में क़ामयाब होती है।

सलीम अनारकली से कहता है, आख़िरकार अकबरे आज़म की गरम निगाहों से वो मोम पिघल गया जिसकी तू बनी हुई थी और वह काग़ज़ी ज़ेवर भी जल कर ख़ाक हो गया जिसे तू मेरे सामने पहन कर इतराती फिरती थी। अनारकली, जिसे क़ैदख़ाने की एक कठिन रात ने खा लिया, तू मेरी अनारकली तू तो उसका नाम क़ैदख़ाने से चुरा कर चली आयी है।"

"हाँ शहज़ादे, मैं आपकी अनारकली नहीं।"

"यक़ीनन नहीं। अकबर की बुज़दिल लौण्डी, तू सलीम की महबूबा नहीं। तू तो बदनामी का एक शर्मनाक दाग़ था जो मेरे दामन पे लगा और धुल गया।"

शाही क़िले के शीशमहल में हिन्दुस्तान का बादशाह जलालुद्दीन मोहम्मद अकबर, महारानी जोधाबाई, साहबे आलम शहज़ादा नूरुद्दीन मोहम्मद सलीम जल्वा अफ़रोज़ हैं। ब्लैक एण्ड व्हाइट फ़िल्म में यह सीन रंगीन है। मुग़ल बादशाह की शान नज़र आ रही है। अनारकली नृत्य करती है। गीत गाती है—

इंसान किसी से दुनिया में एक बार मुहब्बत करता है
इस दर्द को लेकर जीता है, इस दर्द को लेकर मरता है
प्यार किया तो डरना क्या
जब प्यार किया तो डरना क्या
प्यार किया कोई चोरी नहीं की
छुप-छुप आहें भरना क्या
आज कहेंगे दिल का फ़साना
जान भी ले ले चाहे ज़माना
मौत वही जो दुनिया देखे
घुट-घुट कर यूँ मरना क्या
इश्क़ में जीना, इश्क़ में मरना
और हमें अब करना क्या

अनारकली के सुर्ख़ अनार जैसे होंठ, सफेद कमल जैसा बदन, जलते हुए चिराग़ जैसी आँखें, चुस्त और छरहरा बदन, और मिज़ाज बाग़ियाना, रवैया आशिक़ाना। वह अनारकली जो मुहब्बत का इज़हार करते हुए डरती थी, ज़ंजीरों ने उसे कितना बेबाक और आज़ाद बना दिया है। वह बादशाह अकबरे आज़म की आँखों में आँखें डाल कर कहती है—

पर्दा नहीं जब कोई ख़ुदा से
बन्दों से पर्दा करना क्या

शीश महल के सैंकड़ों शीशों में अनारकली का अक्स है। दरो-दीवार और छतों में सजे छोटे-छोटे शीशों में अनारकली ही अनारकली नज़र आती है। अनारकली का

लिबास, मधुबाला को इस रंगीन सेट पर कयामत के लिबास में देखकर इक़बाल साजिद का शे'र याद आता है—

लिबास उसके बदन पर हसीन ऐसा था
पलक झपकते न थे लोग सीन ऐसा था

के. आसिफ़ ने अनारकली के व्यक्तित्व का विश्वस्त कर दिया है। हिन्दुस्तान पर मुग़लों का राज है। शाही क़िले में अनारकली का राज स्थापित हो चुका है। अकबरे आज़म गुस्से से काँप रहा है।

वह कहता है, "ये तेरी बेख़ौफ़ मुहब्बत, ये रक्स, ये दिलचस्प अन्दाज़े बयान यक़ीनन हमारे इनाम का मुस्तहिक़ है। दारोग़ाए ज़िन्दान। इस बेबाक लौण्डी को ले जाओ और क़ैदख़ाने के अँधेरों में ग़र्क़ कर दो!"

अनारकली कितनी शान से अपना हाथ छुड़ा कर अकबरे आज़म को तीन बार झुक कर आदाब करते हुए किसी विजेता की शान और आन से शीशमहल़ से क़ैदख़ाने की ओर जाती है।

अनारकली आज़ाद है और बादशाह सलामत ग़ुलाम बन चुके हैं। मुहब्बत ने झुकने से इनकार कर दिया है। अकबरे आज़म और साहबे आलम शहज़ादा सलीम के बीच यह संवाद भी दिलचस्पी से ख़ाली नहीं।

"तुम्हारी मौजूदगी नाफ़र्मानी की दलील है।"

"अनारकली क़ैद कर ली गयी और मैं देखता रहा।"

''और तुम कर भी क्या सकते थे?''

"एक अज़ीमुश्शान शहंशाह के सामने कोई कर भी क्या सकता है? मगर आज ज़िल्ले इलाही को अपने ज़ुल्म और मेरे ज़ब्त की हद मुक़र्रर करनी होगी।"

अगर तुम्हारी आरज़ू एक कनीज़ है, एक बांदी है तो सारी ज़िन्दगी इसी तरह ज़ब्त करना होगा।

शहज़ादा कहता है, "क्या परवरदिगारे आलम से आपने मुझे इसीलिए माँगा था कि ज़िन्दगी मुझे मिले और उसके मालिक आप हों? साँसें मेरी हों और दिल की धड़कन पर आपका क़ब्ज़ा रहे? ज़िल्ले इलाही, क्या मेरी ज़िन्दगी आपकी दुआओं का क़र्ज़ा है जो मुझे अपने आँसुओं से अदा करना पड़ता है?"

"सलीम! अनारकली तुम्हारे क़ाबिल नहीं।"

"क्यों नहीं? अपने कलेजे से लगा लीजिए मुझे उन्हीं प्यार भरी नज़रों से देखिए जिनसे पहली बार आपने देखा था। "मुझे हिन्दुस्तान का शहज़ादा नहीं, अपना बेटा समझिए!"

इससे अगला संवाद बोल कर साहबे आलम ने दिलों पर हाथ रख दिया।

दिलीप कुमार ने इस लम्बे संवाद को इस प्रकार कहा कि जैसे वह गद्य में कोई पद्य सुना रहे हों। लहजा, शब्दों की अदायगी और Intonations का जिस

ख़ूबसूरती से ख़याल रखा गया है वह इस संवाद को यादगार बना रहा है।

इनसान ज़िन्दगी में बहुत-सी बातों को भूल जाता है लेकिन मेरा विचार है कि दिलीप कुमार का यह नस्री शे'र नहीं भुलाया जा सकता है–

ज़ब्त मैं करूँ जिसकी दुनिया वीरान कर दी गयी और
ज़ब्त वो न करें जिनके सिर्फ़ शौक़े बादशाहत को ठेस लगी है।

"नहीं, ये तुम्हारे महाबली की बादशाही नहीं, ख़ुदाई है। वो दिलों पर भी पहरा लगा देना चाहते हैं।"

"क्या मुहब्बत के लिए भी इजाज़त और हुक्म का फ़रमान चाहिए?"

अनारकली की माँ साहबे आलम के पाँव में पड़ी गिड़गिड़ा रही है, "मेरी बच्ची क़ैदख़ाने की दीवारों से टकरा-टकरा कर जान दे देगी।"

साहबे आलम कहते हैं, "अनारकली अगर यूँ ही मर गयी तो ये हिन्दुस्तान हिन्दुस्तान नहीं रहेगा एक अज़ीम मक़बरा बन जायेगा। इसमें मुग़ल सल्तनत की लाश दफ़्न होगी और अगर क़ैदख़ाने का दरवाज़ा न खुला तो क़ैदख़ाने की दीवारों को गिरना होगा।"

बहार एक बार फिर अपनी बहार दिखाकर शहज़ादे के मुरझाए हुए दिल को क़रार दे जाती है, "क़ैदख़ाने के भारी दरवाज़े तलवारों से नहीं तदबीरों से खुला करते हैं।" बहार शहज़ादे को क़ैदख़ाने की चाभी देती है।

शहज़ादा क़ैदख़ाने का दरवाज़ा खोलता है, "चलो यहाँ से।"

"कहाँ?"

"अकबरे आज़म की बादशाहत से दूर..." शहज़ादा तलवार से ज़ंजीर काटता है। वह अनारकली को लेकर भागता है। अकबरे आज़म के हुक्म से दोनों गिरफ़्तार कर लिए जाते हैं। अनारकली को क़ैदख़ाने में बन्द कर दिया जाता है।

माँ अपने बेटे से सवाल करती है, "सलीम, महाबली का सामना एक लौण्डी के लिए?"

"नहीं! उसके लिए, जो मेरे अहद में मग़रूर मुग़लों की आबरू और हिन्दुस्तान की मलिका बनेगी।"

माँ अपने बेटे को जवाब देती है, "हमारा हिन्दुस्तान कोई तुम्हारा दिल नहीं कि लौण्डी जिसकी मलिका बने।"

"मेरा भी दिल कोई आपका हिन्दुस्तान नहीं जिस पर आप हुकूमत करें!"

"आख़िर तुम मेरी औलाद हो!"

"हाँ, मैं आप की औलाद हूँ, और आपको मुझ पर ज़ुल्म करते हुए सोचना चाहिए कि मैं आपके जिगर का टुकड़ा कोई ग़ैर या गुलाम नहीं।"

"तुम हमारी बरसों की प्रार्थना का फल हो। हमारे लाडले हो।"

"मगर ये राजनीति है।"

"हमारे दिल में मुहब्बत की ज़ंजीर डाल कर हमें हमारे फ़र्ज़ के दायरे से बाहर न खींचो। अनारकली को अपने दिल से निकाल दो। मैं तुम्हें अपने दूध का वास्ता देती हूँ।"

"आप मुझसे अपने दूध का मुआवज़ा माँगती हैं?"

"नहीं। नहीं।"

"तो फिर यूँ कहें कि जो आपका दूध मेरी रगों में ख़ून बनकर जी रहा है वो सब आपके क़दमों में बहा दूँ मगर आप सूद वसूल न करें।"

"चंदा! तुम जो कुछ कह रहे हो समझ नहीं रहे हो।"

"समझ रहा हूँ। मुझे अपने क़ीमती हिन्दुस्तान में से एक ज़र्रा तक न दें लेकिन अनारकली मुझे दे दें। मैं महारानी जोधाबाई के जानो-माल का सदक़ा और शहंशाह अकबर की सल्तनत की ख़ैरात माँगता हूँ।"

शहज़ादा सलीम अपनी माँ के क़दमों पर गिरता है।

एक तरफ़ माँ ये वादा करती है कि अनारकली तुम्हें दी जायेगी तो दूसरी तरफ़ अकबरे आज़म ऐलान करता है सलीम को दकन के मोर्चे पर रवाना कर दिया जाये।

मान सिंह कहता है, "मैदाने-जंग में एक सिपाही को भेजा जाता है, एक मायूस आशिक़ को नहीं।"

अकबरे आज़म कहता है, "एक कनीज़ के इश्क़ में सर टकरा-टकरा कर मरने से मैदाने-जंग की मौत बेहतर है।"

माँ कहती है, "हमारा सलीम जंग पर नहीं जायेगा।"

"हमारा क़ानून अन्धी ममता का मुहताज नहीं है। लेकिन सलीम का मुहताज है महारानी।"

"अगर आज ये देखना है कि शहंशाह का हुक्म ठुकराया भी जा सकता है तो आज सलीम को हुक्म सुना कर देखें!"

"उसके दिल में हमारी ये क़द्र है?"

माँ समझाती है कि अनारकली को अपना बना कर सलीम हमारा हो जायेगा।

अकबर इसे यूँ समझता है, "अपनी ही औलाद को अपना बनाने के लिए हमें एक कनीज़ का एहसान उठाना होगा? आप माँ हैं सिर्फ़ माँ।"

"और आप शहंशाह हैं सिर्फ़ शहंशाह!"

"मान सिंह साहबे आलम को शहंशाह का फ़रमान देता है।

"ले जाओ इस दफ़्तरे बेमानी को, यहाँ कोई किसी का वलीए-अहद नहीं। वो जानते हैं के इस वक्त मेरे ज़ख्मों का मरहम की ज़रूरत थी लेकिन फिर भी उन्होंने मेरे लिए नश्तर भेजा।"

दुर्जन कहता है, अगर साहबे आलम ने उनके हुक्म की तामील न की तो अकबरे आज़म का जलाल ये तौहीन बर्दाश्त नहीं कर सकेगा और साहबे आलम

की ज़िद अनारकली की मौत का बहाना बन जायेगी। अगर आप अनारकली की ज़िन्दगी चाहते हैं तो वो ख़ून के दरिया और फ़ौजों की सफ़ों के पार खड़ी है।"

साहबे आलम जवाब देते हैं, "अगर अनारकली की ज़िन्दगी जंग का सिला है तो मैं जंग क्या, मौत की मज़बूत कलाई भी तोड़ सकता हूँ।" एक राजपूत के वचन पर शहज़ादा जंग पर रवाना होता है।

ज़िल्ले इलाही के हुक्म पर संगतराश हाज़िर होता है, तुम्हारे जैसे फनकार भी हमारी सल्तनत में आबाद हैं?"

संगतराश बिना किसी डर और भय के जवाब देता है, "लेकिन सच तो ये है कि मैं आपकी सल्तनत में बरबाद हूँ।" ज़िल्ले ईलाही संगतराश को पुरस्कार और सम्मान से मालामाल करने का ऐलान करते हुए उसको कहते हैं, "तुम्हारी ज़िन्दगी में एक मुस्कुराती हुई बहार की कमी है। कल अनारकली से तुम्हारी शादी कर दी जायेगी।"

संगतराश कहता है, "आज मैं ज़िल्ले इलाही की करामात का क़ायल हो गया हूँ। शहंशाहों के ज़ुल्म और इंसाफ़ में किस क़दर कम फ़र्क़ होता है।"

बहार संगतराश को याद दिलाती है कि उसको हसीन इनाम पाकर खुश होना चाहिए। संगतराश कहता है, ख़ुशी का इज़हार कमतर इनसान किया करते हैं। मैं तो किसी कमअक्ल की बख़्शीशों का मज़ाक़ उड़ा रहा हूँ। मुझे शहंशाह के हुक्म और बेशक़ीमती इनाम दोनों से इनकार है।" शहज़ादा सलीम संगतराश के फ़ैसले पर ख़ुश होकर उससे मिलने के लिए आता है और कहता है, "संगतराश, तुमने अकबरे आज़म का हुक्म ठुकराकर जिस दिलेरी और सच्चाई का सबूत दिया है हम उसके लिए तुम्हारे एहसानमंद हैं।

"साहबे आलम का एहसानमंद होना मेरी सच्चाई का इनाम नहीं है।"

"फिर तुम क्या चाहते हो?"

"मैं आपकी सच्चाई में अनारकली की छुपी हुई तक़दीर देखना चाहता हूँ।" शहज़ादा तुरन्त प्रतिक्रिया करता है और अकबरे आज़म के नाम एक पैग़ाम भेजता है। शहज़ादे का पैग़ाम अकबरे आज़म को पढ़ कर सुनाया जाता है–

'मैं इस इत्तेलानामे के ज़रिए अपनी खुद मुख़्तारी का ऐलान करता हूँ। मेरा मुतालबा है कि ज़िल्ले इलाही अनारकली को मेरी बेगम और हिन्दुस्तान की मलिका तस्लीम करें और ज़िल्ले इलाही ये भी तस्लीम करें कि मैं भी उसी तैमूरी नस्ल का खुद्दार शहज़ादा हूँ जिसके ताजदार मज़हबो-मिल्लत की परवाह किये बग़ैर अपनी मरज़ी की मलिका चुनते आये हैं। अगर ज़िल्ले इलाही को मेरे फ़ैसले से इनकार है तो समझ लें बग़ावत हो चुकी।'

अकबरे आज़म शहज़ादे का बग़ावत का ऐलान सुन कर कहता है, "बख़ुदा उसकी ये बग़ावत हमें मंज़ूर है, वक्त के मुअर्रिख़ से कह दो कि हमारे बाग़ियों की

फ़ेहरिस्त में एक आशिक़ का नाम भी लिख लें। मानसिंह, मुक़ाबला होगा और माबदौलत बनफ़से नफ़ीस उस जंग में शरीक होंगे।" अकबरे आज़म को बहार तलवार पेश करती है। वह तलवार लेने से इनकार करते हैं। शहज़ादे के क़त्ल के लिए वो तलवार नहीं दे सकती। पुरानी रस्म बदली नहीं जा सकती। हम तलवार उनके हाथ से लेंगे।

मेरे बेटे को क़त्ल करने के लिए आप मुझी से तलवार माँग रहे हैं।

बेटे के लिए नहीं, उस बाग़ी के लिए तलवार माँगते हैं जिसने आप की माँग से सिन्दूर नोच लेने का ऐलान किया है। क्या आप मेरी हिफ़ाज़त के लिए तलवार नहीं देंगी।

मेरी तो जीत नहीं है।

मेरी तो दोनों से हार है।

एक तरफ़ सुहाग और एक तरफ़ औलाद है।

और ये फ़ैसला आपको अभी करना होगा।

औलाद चाहिए या सुहाग!

महारानी जोधाबाई के हाथ काँपने लगते हैं। और तलवार गिरती है। अकबरे आज़म गुस्से से काँप उठता है।

इन हाथों से अकबरे आज़म की तलवार क्या उठेगी जो अपने सुहाग की चूड़ियों का बोझ तक नहीं उठा सका।

अकबरे आज़म महारानी के सुहाग के सिन्दूर को मिटा कर चला जाता है। अकबरे आज़म और शहज़ादा सलीम एक दूसरे के ख़िलाफ़ जंग के लिए तैयार हैं। अनारकली ज़ंजीरों में जकड़ी हुई है। स्याह लिबास में वह ऐसी दिखती है जैसे चाँद में ग्रहण लगा हो...उसके होंठो पर दुआ है।

बेकस पे करम कीजिए
सरकारे मदीना
गर्दिश में है तक़दीर
भँवर में है सफ़ीना

दुर्जन सिंह राजपूत अपना वचन निभाता है और अनारकली को क़ैदख़ाने से आज़ाद करा के ले जाता है। फ़ौजें आमने-सामने हैं। अकबरे आज़म कहता है, "मानसिंह, जंग शुरू होने से पहले हम सलीम से मिलने जायेंगे।" ख़ेमे में बादशाह और वली-ए-अहद की मुलाक़ात का मंज़र नाटकीयता और जिज्ञासा से भरपूर है।

"ये बदनसीब बाप जिसे दुनिया शहंशाह कहती है। अपने रूठे बेटे को मनाने आया है। अपने बेटे से मुहब्बत माँगने आया है।"

शहज़ादा सलीम कहता है, "बेटे की मुहब्बत बर्बाद करके मुहब्बत चाहते हैं आप?"

एक शहंशाह बाप का भेस बदल कर आया है।

बाप अपने बेटे के कन्धे पर हाथ रख कर खड़ा है। अकबरे आज़म साहबे आलम के कन्धे पर सर रखे हुए है। हिन्दुस्तान का बादशाह अपने युवराज के कन्धे पर सर रख कर खड़ा है। हमें यह ख़याल नहीं आता कि वे पृथ्वीराज कपूर और दिलीप कुमार हैं। दोनों ने इस सीन को प्राचीन युग का तथ्य बना दिया है।

"शहंशाह रोया नहीं करते।"

"ये ग़रीब बाप अकबर शहंशाह के उसूलों से मजबूर है।"

"और सलीम अपनी मुहब्बत से मजबूर।"

"शैख़ू! मुहब्बत दिलों को फ़ना कर सकती है, फ़ौजों को नहीं।"

"तुम्हारे जज़्बात शहंशाह की बेपनाह ताक़त का मुक़ाबला नहीं कर सकते।"

इसका फ़ैसला जंग करेगी।"

शहंशाह के फ़ैसलो को जंग का इक़रार नहीं।

शहज़ादे का जवाब सुनकर शहंशाह कहता है, "शैख़ू इसीलिए हमने माँगा था तुम्हें कि बेटे की ज़िद अगर बाप के सर से पूरी होती है तो बाप हाज़िर है।"

राजपूत सिपाही अपना वचन निभाता है और अनारकली को ख़ेमे में लेकर आता है।

"सलीम, बग़ैर जंग के कामियाब है। जंग नहीं होगी।"

"जंग होगी और हमारी दुआ है कि ख़ुदा तुम्हें जालाले अकबरी से महफ़ूज़ रखे।" अकबरे आज़म कहता है।

"अनारकली तेरी ज़िन्दगी सलीम की बदनसीबी का पैग़ाम है।"

दोनों फ़ौजें आमने-सामने हैं।

"इससे पहले कि अकबरी फ़ौज का साया मौत बनकर तुम्हारे सर पर सवार हो जाये, यलग़ार हो। मुक़ाबला हो।"

शहज़ादा ऐलान करता है। "मुक़ाबला हो।"

जिनके दिल की धड़कन को किसी शहंशाह की गुलामी मंज़ूर नहीं, मुक़ाबला हो। आमने-सामने और आर-पार की घमासान जंग होती है। दुर्जन अनारकली को सुरक्षित स्थान पर लेकर भागता है। जंग के बाद अकबर अपनी महारानी को कहता है, "ये सुहाग का टीका। देखिए ये तलवार। इस पर सलीम के ख़ून की एक बूँद भी नहीं।" "मुझे सलीम से मिलाइए।" "अब आप उससे नहीं मिल सकती।"

बाप की तलवार ने रहम किया है लेकिन अभी शहंशाह का इंसाफ़ बाक़ी है।

"मुजरिम नूरुद्दीन मोहम्मद सलीम वल्द जलालुद्दीन मोहम्मद अकबर अदालते आलिया में पेश किया जाता है। इल्ज़ाम है कि तुमने महल की अदना कनीज़ की ख़ातिर वलिए-अहद के एज़ाज़ को बदनाम, शाही अहकाम की तौहीन की, मुहक्माए फ़ौज के वफ़ादार दुर्जन सिंह को ग़द्दारी पर उकसाया। इल्ज़ाम वापस लिया जा सकता है अगर तुम अनारकली को वापस कर दो।"

"ताकि आप उसको सज़ाए मौत दे सकें!" शहज़ादा कहता है।

"आप सज़ा देना चाहतें हैं तो तड़पते हुए उन परवानों को को भी सज़ा देनी चाहिए जो शमा पर निसार हो जाना चाहते हैं। फूलों पर मँडराते हुए उन भौंरों को भी क़ैद करना चाहते हैं जो मुहब्बत के मीठे राग गाता है। पानी के मचलती हुई लहरों को भी क़ैद कर लेना चाहिए जो समुद्र में अपना निशान गुम कर देते हैं।"

"ये अदालत दीवाने मुहब्बत की उबलती हुई दलीलें सुनना नहीं चाहती। नस्ले तैमूर के जाहो जलाल की क़सम, तुम इस तख्तो ताज से हमेशा के लिए महरूम कर दिये जाओगे।"

"मुझे ये मंज़ूर है लेकिन वो तख्त मंज़ूर नहीं जिसके पाये अनारकली के जनाज़े पर रख़े हों। मुझे वो ताज मंज़ूर नहीं जिसकी कलग़ी में ख़ुद हमारा ही दिल पैवस्त हो।"

"तुम अपनी अन्धी मुहब्बत में मुग़लों का ताज पिघलाकर एक रक्क़ासा के पाँव की पाज़ेब बनाना चाहते हो?"

"और आप? और आप अपनी बहू को ज़लील करना चाहते हैं? इसके लिए अपने बेटे की जान लेनी होगी।"

"इंसाफ़ हमें अपने बेटे से ज्यादा अज़ीज़ है। अनारकली के बदले हम तुम्हें सज़ाए मौत देते हैं।"

"एक तंगदिल शहंशाह किसी को मौत से ज्यादा और दे भी क्या सकता है? जब मोआरिख़ सलीम के ख़ून से अनारकली की मुहब्बत की तारीख़ लिखेगा तो उसमें शहंशाह अकबर की मौत पहले होगी।"

अनारकली को यह ख़बर मिलती है। वह नमाज़ पढ़ रही होती है। अनारकली के बदले सलीम को सज़ाए मौत। फाँसी के तख्ते पर जाने से पहले सलीम माँ के पास आता है, "क्या आपके बेटे के चेहरे पर ख़ौफ़ की झलक है?"

"नहीं, बिल्कुल नहीं। मुझे अपने ख़ून पर पूरा विश्वास है। मैं अपने लाल को बधाई देने आयी हूँ। माँ अपने बेटे के माथे पर तिलक लगाती है और उसको हार पहनाती है।" बेटा अपनी माँ का हार पहन कर रवाना होता है।

काश हर माँ के सीने में महारानी जोधाबाई का दिल होता! शहज़ादा सलीम तलवारों के साए में चलता हुआ जा रहा है। चाल में मर्दानगी और शान देखने योग्य है।

शहज़ादा पीछे घूम कर लोगों से सम्बोधित होता है। कितना ख़ूबसूरत नजारा है। शहज़ादे के चेहरे पर पक्का इरादा और अपने कार्य पर विश्वास झलकता है। यह एक छोटा-सा सीन पूरी फ़िल्म पर भारी है।

शहज़ादा कहता है, "आज का तारीख़ी दिन अकबर की शिकस्त और मुहब्बत की फ़तह का दिन है। मैं तुम्हारा शुक्रगुज़ार हूँ और उन शहीदों की माँओं को

मुबारकबाद देता हूँ जिन्होंने सच्चाई और मुहब्बत की ख़ातिर अपनी जानें क़ुरबान कर दीं। ये मेरी आख़िरी इल्तिजा है कि दुनिया में दिल वाले का साथ देना, दौलत वाले का नहीं।"

इस छोटे-से भाषण में शहज़ादा सलीम ने दिलीप कुमार की अदाकारी की महान कला और संवाद की अदायगी के बेमिसाल हुनर की मदद से कामयाब कारकर्दगी का प्रदर्शन किया है।

संगतराश की ऊँची आवाज़ ने लोगों का दिल हिला कर रख दिया है।

वफ़ा की राह में आशिक़ की ईद होती है
ख़ुशी मनाओ मुहब्बत शहीद होती है
ज़िन्दाबाद...ऐ मुहब्बत ज़िन्दाबाद

एक बहुत ही विश्वस्त सीन में मुहब्बत का यह बाग़ी गीत बहुत ही प्रभावशाली है और अकबरे आज़म की बेबसी का अन्दाज़ा इस शे'र पर होता है कि वह अकेला दीवाने ख़ास में है और सारी भीड़ साहबे आलम के साथ है।

इश्क़ बग़ावत कर बैठे तो दुनिया का रुख़ मोड़ दे
आग लगा दे महलों में और तख़्ते शाही तोड़ दे

अकबरे आज़म महल के बाहर निकलता है। सामने फाँसी के तख़्ते पर सलीम को बाँधा गया है। अकबरे आज़म तोप में आग लगाता है। मानसिंह आगे बढ़कर तोप का रुख़ मोड़ देता है। राजा मानसिंह के नारों से पूरा माहौल गूँज उठता है। अनारकली भागती हुई आती है। मानसिंह कहता है, "साहबे आलम को रिहा कर दिया जाए।"

अकबरे आज़म कहता है, "अनारकली की मौत के बाद।"

अनारकली अकबरे आज़म को कहती है, "ज़िल्ले इलाही को साहबे आलम की ज़िन्दगी मुबारक"

"और तुझे तेरी मौत'' ले जाओ इस ख़ूबसूरत आँधी और इस रंगीन फ़ितने को और ज़िन्दा दीवार में चुनवा दो।

"जहाँपनाह के इक़बाल का सूरज चमकता रहे। मुझे सब कुछ मिल गया।"

"अनारकली, दस्तूर है कि मरने वाले की आख़िरी आरज़ू पूरी की जाती है। अगर तुम्हारी कोई आरज़ू हो तो महाबली के हुज़ूर अर्ज़ करो।"

"कनीज़ की आरज़ू ज़िल्ले इलाही के इख़्तेयार में नहीं है।"

"हमारे रहमो करम का दायरा इतना तंग नहीं कि जिस में एक कनीज़ की आरज़ू भी न समा सके।"

"मरने से पहले कनीज़ मलिका बनना चाहती है।"

"अंजामकार तेरे लबों पर आज तेरे दिल की आरज़ू आ ही गयी। मौत की डरावनी रात में भी तू हिन्दुस्तान की मलिका बनने के सुनहरी ख्वाब को नहीं भूल सकी।''

"कनीज़ की मजबूरी को आरज़ू न समझिए ज़िल्ले इलाही। साहबे आलम ने मुझसे वादा किया था कि वो मुझे अपनी मलिका बनाएँगे। मैं नहीं चाहती कि उनका वादा झूठा हो।"

"और हिन्दुस्तान का होने वाला बादशाह ज़िन्दगी भर एक अदना कनीज़ से शर्मिन्दा रहे। हम हिन्दुस्तान के होने वाले बादशाह को शर्मिन्दा नहीं होने देंगे। मानसिंह, सलीम को रिहा कर दिया जाये।"

अकबरे आज़म अनारकली को हुक्म देता है, "सुबह होने से पहले बेहोशी की दवा में बसा हुआ ये फूल तुम्हें सलीम को सुंघाना होगा ताकि वो तुम्हारी मौत से नाआशना हो जाए। तुझे भूल जाए। और हमारे पहरेदार तुझे बेहोश आशिक़ के पहलू से उठाकर मौत की आग़ोश में गुम कर दें।"

"मौत मुहब्बत के क़रीब होगी।" कनीज़ कहती है।

"ऐसा ही होगा और अगर ऐसा न हुआ तो सलीम तुझे मरने नहीं देगा और हम अनारकली तुझे जीने नहीं देंगे।"

"कनीज़ तो कब की मर चुकी।" वह अपने चेहरे को सफ़ेद बारीक दुपट्टे से ढाँप लेती है और कहती है, "अब जनाज़े को रुख्सत की इजाज़त दीजिए।" अकबरे आज़म अनारकली को ताज पहनाता है जिसके कलस में बेहोशी की दवा में बसा हुआ फूल है।

कनीज़ एक ऐसी बात अकबरे आज़म को कहती है कि उस समय ऐसा महसूस होता है कि मौत के द्वार पर खड़ी अनारकली ज़िन्दा हो गयी है और ज़िन्दगी से चूर अकबरे आज़म मौत के घाट उतर गया है।

शहंशाह की इन बेहिसाब बख़्शीशों के बदले ये कनीज़ जलालुद्दीन मोहम्मद अकबर को अपना ख़ून माफ़ करती है।

अनगिनत नर्तकियाँ, महल के झिलमिलाते हुए दरो-दीवार और ऐसे में मुहब्बत की मौत का नाटक अपने शिखर पर है। बहार गीत गा रही है—

ये दिल की लगी कम क्या होगी
जब रात है ऐसी मतवाली
फिर सुबह का आलम क्या होगा

शहज़ादा अनारकली के पास बैठा है। वह और पास आता है। वह अनारकली की साँसों से भी ज्यादा क़रीब है। शहज़ादा उसके संगमरमर जैसे गालों को चूम रहा है।

शहज़ादा अनारकली के चेहरे से परदा उठाता है। के. असिफ़ ने यह सीन सुहागरात का बना दिया है। चेहरे से पर्दा उठता है। अनारकली शहज़ादे को देखती है। यह सुहागरात का क्षण है। मौत और मुहब्बत की सुहागरात का। अनारकली फूल

क़रीब लाती है। बेहोशी की दवा अपना असर दिखाती है और शहज़ादा बेहोश होकर अनारकली की गोद में पनाह लेता है।

शहज़ादा होश में आने की कोशिश करते हुए अनारकली से इसका कारण पूछता है। अकबरे आज़म के गुलाम उसकी तरफ़ बढ़ रहे हैं। शहज़ादा गिरता है, सँभलता है, लड़खड़ाता है। गुलाम उसको पकड़ लेते हैं। अनारकली तलवार के साए में मौत की दीवार की ओर जा रही है। गाने की आवाज़ गूँज रही है।

ख़ुदा निगहबान हो तुम्हारा
धड़कते दिल का पयाम ले लो
तुम्हारी दुनिया से जा रहे हैं
उठो हमारा सलाम ले लो

अनारकली की माँ कहती है, "ज़िल्ले इलाही, हश्र के दिन मेरा हाथ होगा और आपका गिरेबान।" अकबरे आज़म इंसाफ़ के तराज़ू के सामने खड़ा है।

तराज़ू को थामता है। अनारकली को दीवार में ज़िन्दा चुनवा दिया गया है। ज़ंजीरें तहख़ानों में बड़ी-बड़ी सिलों को लेकर उतर रही हैं। यह अकबरे आज़म है। यह राज़ है। यह एक रहस्यमय कहानी का अन्तिम अध्याय है।

वह कहता है, "देखो, ये अनारकली है। उसको मुग़ल सरहदों के पार ले जाओ। ये राज़ कि अनारकली ज़िन्दा है, राज़ रखना होगा कि सलीम सारी ज़िन्दगी यही समझता रहे कि अनारकली मर चुकी है। जब तक ये दुनिया क़ायम है। अनारकली, तुम लफ़्ज़ मुहब्बत की आबरू बनकर याद रहोगी और मुग़लों की तारीख़ तुम्हारा ये एहसान याद रखेगी कि तुमने बाबर और हुमायूँ की नस्ल को नयी ज़िन्दगी दी लेकिन तुम्हें एक गुमनाम ज़िन्दगी के सिवा कुछ न मिला। हम मुहब्बत के दुश्मन नहीं, बख़ुदा अपने उसूलों के गुलाम हैं। एक गुलाम की बेबसी पर ग़ौर करोगी तो शायद हमें माफ़ कर सको। जाओ। इसे ले जाओ।"

अनारकली और उसकी माँ मुग़लों की सीमा से बाहर चली जाती हैं। मुग़लों की सीमा के अन्दर मुहब्बत करना पाप है। फ़िल्म के अन्त पर हिन्दुस्तान का झण्डा लहराता है—

"और इस तरह मेरे चाहने वाले शहंशाह जलालुद्दीन मोहम्मद अकबर ने अनारकली को ज़िन्दगी बख़्श दी और दुनिया की नज़रों में ज़ुल्म और बेरहमी का दाग़ अपने दामन पर ले लिया।" मैं उस शहंशाह के इंसाफ की यादगार हूँ जिसे दुनिया मुग़ले आज़म के नाम से याद करती है।"

गंगा जमना
GUNGA
JUMNA

गंगा-जमुना

गंगा कहता है, "हम जा रहे हैं मुन्ना। अपने बड़े भाई को माफ़ी दइ दो।"

"गंगाजल पी लो दादा।" कमला कहती है। "गंगाजल पी लो।"

गंगा ने मौत को अपने दरवाज़े पर रोक रखा है। वह गंगाजल पीता है। "हे भगवान..." एक आवाज़ सीने से निकलती है या कोई हाथ है जिसने मौत के गिरेबान को पकड़ रहा है।

एक इनसान कितनी देर तक मौत को रोक सकता है जब गोली शरीर के अन्दर हो और मुँह से ख़ून निकल रहा हो? इनसान मौत को नहीं रोक सकता। अभिनेता मौत को रोक सकता है। दिलीप कुमार को यह कला आती है।

''मुन्ना, हम घर आइ गयो मुन्ना। एक दम खतम होई गया। देख भैया, सब खत्म होई गया। जो तू है ना, अपने दादा को माफी दइ दियो मुन्ना। हमसे भारी भूल होइ गवा। भारी सजा भी पाया। बस...बस मुन्ना।" गंगा ज़मीन पर गिरता है। और मौत को आख़िरी धक्का देकर वह भगवान के चरणों में सर रखते हुए कहता है, "हे राम।"

फ़िल्म देखने वालों की साँसें रुक गयी हैं। जब सिनेमा हॉल में रोशनी होती है तो लोग एक-दूसरे की ओर नहीं देखते हैं...वे अपने सर झुकाए हुए हैं। वे नज़रें नीची किये हुए हॉल से बाहर जा रहे हैं। मुकम्मल ख़ामोशी है और चारों ओर सन्नाटे का पहरा है। यह कोई सिनेमा हॉल नहीं लगता। ऐसा लगता है कि हम सब लोग श्मशान घाट से वापस आ रहे हैं। गंगा की चिता जल रही थी और उसकी मौत का घाव बहुत गहरा था। उस रात मैंने देखा कि लोगों की आँखों में आँसू थे। कोई जमुना था, जो अपने भाई के लिए रो रहा था तो कोई कमला थी, जिसकी आँखें आँसुओं से भरी हुई थी और कोई अपनी माँ की याद में आँसुओं को पी रहा था। धन्नो तो पहले मर चुकी थी। ज़िन्दा होती तो जीवित नहीं रहती।

पुरातन कथाओं में लिखा है कि मौत उस समय तक नहीं आती जब तक इनसान अपने पैतृक घर न पहुँच जाये। मौत इनसान को गिरेबान के पकड़ कर अपने घर ले आती है कि यह वह जगह है जहाँ तुम्हें मरना है और यही वह स्थान है जहाँ तुम इस दुनिया में आये थे।

घर पहुँच कर मौत आसान होती है और यह एक देवमालाई विचार है। मरने के बाद भी लोग सात समुद्र पार से अपने प्रिय के पार्थिव शरीर को गाँव के पैतृक श्मशान में क्रिया-कर्म करने के लिए लाते हैं। हिन्दू रीति में तो सात समुद्र पार जाना ही पाप है। मौत तो कहीं भी आ सकती है, लेकिन चिता के शोले आँखों के सामने होने चाहिए।

गंगा ने जहाँ अभी दम तोड़ा है, यही वह घर है जहाँ एक विधवा औरत अपने बच्चों के साथ रहती थी। वह गाँव के साहूकार के घर में मेहनत-मज़दूरी करके अपने बच्चों का पालन-पोषण करती थी। उसके दो बेटे थे। छोटा बेटा पढ़ाई में मगन था और बड़ा बेटा हल चलाता है और गेहूँ की बोरियाँ उठा कर अपनी माँ का हाथ बँटाता है।

ज़ेवर हरिराम चुराता है। इल्ज़ाम गोविन्दी पर लगता है। लाला कहता है, "तुम पर शक कियो तो जानो भगवान पर शक किया।" गोविन्दी चोरी का इल्ज़ाम और थाने में गिरफ़्तारी की ज़िल्लत बर्दाश्त नहीं कर सकती। दोनों बेटे उसके दायीं और बायीं ओर बैठे हैं। वह जमुना का हाथ गंगा के हाथ में देती है और मर जाती है। गोविन्दी जैसी औरत संसार में ज़िन्दा नहीं रह सकती उसकी नेकी और शराफ़त की क़सम तो भगवान भी खाने को तैयार है। भगवान जिनको प्यार करता है उनको अपने पास बुला लेता है।

माँ ने जमुना का हाथ गंगा के हाथ में दिया। गंगा का धर्म बन गया कि जमुना का हाथ नहीं छोड़ना है...उसने अपने मुन्ना का हाथ थामे रखा लेकिन मुन्ना ने अपने दादा के हाथ में हथकड़ी पहनाई और अपने दादा पर गोली चला कर घोड़े से नीचे गिराया। गंगा ने अपने हाथों से जमुना को पाल-पोस कर बड़ा किया। जमुना ने उसको अपने हाथों से गंगाजल पिलाया और मौत दी। गंगा अपने मुन्ना के हाथों में मरा...गंगा ने अपनी माँ की बात हमेशा याद रखी। जमुना बचपन से पढ़ाए गये पाठ को नहीं भूला।

> **"...इन्साफ़ की डगर पे बच्चो दिखाओ चल के**
> **ये देश है तुम्हारा नेता तुम्हीं हो कल के**
> **दुनिया के रंज सहना और मुँह से कुछ न कहना**
> **सच्चाइयों के बल पे आगे को बढ़ते रहना**
> **रख दोगे एक दिन तुम संसार को बदल के..."**

किताबों में जो लिखा है और शिक्षक ने जो पढ़ाया, वह जमुना के काम न आया। उसका सारा सांस्कृतिक, सामाजिक और मनुष्य का ज्ञान साहूकार की तिजोरी में बन्द पड़ा है। सामाजिक न्याय तिजोरी की ताक़त पर होते हैं वरना गंगा तो मरते दम तक यही कहता रहा, "साहब, हम बहुत दुःख उठाया है, साहब हमने बहुत जुलम उठाया है। नादानी हो गयी रे साहब। भारी भूल हो गयी। हमका माफ़ी दई दो। हम अपने बीवी-बच्चे की कसम खा कर कहते हैं, हम अपने मुन्ना की कसम

खा कर कहते हैं कि हम काभो कौनू अपराध नहीं करेगा साहब। हम का माफी दई दो।" वह अपने हाथ बाँध कर अपने भाई की ओर बढ़ता है। भाई हाथों को चूमता है। हथकड़ी तैयार है।

धन्नो आती है। "वो तेरा भाई नहीं, तेरा दुश्मन है। उसके मन में तुम्हारे लिए कोई दया नहीं।"

"अरे हमरा मुन्ना हमको ईहाँ बन्द किये हैं। धन्नो, तू जा ईहाँ से।"

धन्नो पुकारती है, "तुम्हारे बिना मेरा कोई नहीं" और गोली उसकी कमर में लगती है। गंगा धन्नो को घोड़े पर लेकर भागता है। यह एक सीन है, मौत का सीन जिसे शब्दों में व्यक्त नहीं किया जा सकता, आँसुओं में देखा जा सकता है।

"जाना मत। जाना नहीं। तेरे बिना मेरा कोई नहीं। बराबर। हाँ। हाँ। तू ही है।"

धन्नो की एक चीख़ निकलती है जो सीने को चीरती हुई पार हो जाती है। उसके मुँह से ख़ून निकल रहा है। गंगा उसको अपनी बाँहों में ले लेता है, "हे भगवान! माँ गयी, भाई गया। भगवान हमरे पापी की सुन लो, इसको वापस न ले जाईयो। तेरी क़सम अगर तुझे कुछ हई जाय ना। इतनी सुन लो। इसको वापस न ले जाईयो।"

"मैं न जिऊँगी गंगा" धन्नो का अन्तिम वाक्य।

गंगा उँगली के इशारे से कहता है, "तेरी कसम, तुझे कुछ होई जाय न, तो इस संसार को आग लगा कर माटी कर दूँगा। न धन्नो, न। न धन्नो। ना।"

धन्नो चली जाती है। वह तो बचपन से गंगा की बात नहीं मानती थी। धन्नो अपनी बात की धनी थी। अपनी बात की पक्की थी। एक दिन धन्नो ने कमला से कहा था, "शराफ़त में दो कौड़ी का आदमी है ये गंगा। कौन विश्वास करेगा कि ई राक्षस जमनाजी का भाई है?"

"ज़्यादा चपड़-चपड़ न कर। इन हाथों में मेहँदी नाहीं लगी है।"

"जमनाजी", धन्नो कहती है "इस गुण्डे की बात जाने दो।"

"चल-चल, अपना रस्ता पकड़। खोपड़िया काट कर तलाब में फेंक दूँगा। बहुत फसादी औरत है। देखो धन्नो रानी, ज़्यादा मुँह ना लागो हमरे। देवें एक लप्पड़ जाइ के गिरियो दूसरे गाँव में। लुच्ची की जबान देखो?"

धन्नो कहती है, "तुम्हारा खून पी जाऊँगी।" वह उसको मारती है। वह गिरता है और वह भाग जाती है।

यह फ़सादी औरत, जिसकी ज़बान लुच्ची थी और वह उसको डाईन भी कहता था और भंगन भी, जब उसके हाथों में मरी तो उस गुण्डे को पता था कि इस संसार में और कोई नहीं है। धन्नो के प्यार का शब्द 'गुण्डा' था और गंगा के लिए वह 'लुच्ची' थी।

दिल की सच्चाई और मुहब्बत की दीवानगी ने शब्दों के अर्थ और मानी बदल दिये थे।

धन्नो मेहनत-मज़दूरी करके खून-पसीना एक करके इकन्नी-चार पैसे कमाती थी और गंगा हल चलाता था, बोरियाँ उठाता था और चौकीदारी करता था और डेढ़ रुपया रोज़ कमाता था। एक दिन उसने लाला से कहा, "ये हरिराम जंखा है कहीं का। मैं तो जमना की पढ़ाई के कारण निकम्मा हो गया हूँ नहीं तो गंगा कौनो की बात सुने।"

टनकपुर के जवानों का दूसरे गाँव से कबड्डी का मैच था और धन्नो ने बस इतना कह दिया था कि देखो कैसे बाँके जवान आये हैं।

गंगा जल कर राख हो गया था, "हाथ पकड़ ले कोई का तोरे कारण तो कुत्ता न भी मरे। दूसरे गाँव का साथ दे रयीयो गद्दार!"

मेहनत-मज़दूरी करके अपना पेट पालने वाले ये लोग नदिया किनारे एक गाँव में रहते थे। एक-दूसरे को जली-कटी सुना कर अपनी-अपनी भावना की अभिव्यक्ति करते और उनकी यह मुहब्बत की ज़बान सच्चाई से भरी हुई थी और उनकी गालियों में मुहब्बत-ही-मुहब्बत थी। इस भाषा में झूठ और फ़रेब या दिखावे का कोई कण नहीं था। यह मुहब्बत की भाषा थी। ऐसी भाषा, जो शहरों में नहीं बोली जाती।

हिन्दी की एक बोली भोजपुरी में गंगा और धन्नो के संवाद इस फ़िल्म के लेखक दिलीप कुमार की वास्तविकता का सबूत हैं। मैं दावे के साथ कह सकता हूँ कि अगर ये संवाद भोजपुरी के लहजे और डिक्शन की बजाय हिन्दी में होते तो इतना गहरा प्रभाव नहीं डालते। भोजपुरी भाषा गंगा और धन्नो की भावनाओं की तरह सच्ची और खरी लगती है। वह जो कपड़े पहनते हैं, उन पर यह भाषा फबती है। भाषा भी वैसी ही होनी चाहिए जैसे कपड़े हों या जिस तरह के काम करने हों। फ़िल्म 'गंगा जमुना' की एक बहुत बड़ी विशेषता उसकी भाषा है। दिलीप कुमार यह बात अच्छी तरह जानता था। भाषा, उच्चारण और लहजे पर जो उसकी पकड़ है, उसका कोई दूसरा उदाहरण हमें नहीं मिलता है। टनकपुर के नौजवान मैच जीत जाते हैं। यह जश्न का दिन है। गंगा को कन्धों पर उठा कर लोग ले जा रहे हैं। धन्नो नाचती हुई आती है।

"ओ छलिया रे छलिया
मन में नजर तोरी जच गयी
धीरे धीरे हौले हौले..."

गंगा बीन बजाता है और वह नागिन बन कर नाचती है।

"जो रे बेईमान...
तोरा कोई न धरम"

गंगा कहता है—

"बल खाये तोरी पतली कमर
जैसे डगमग डगमग शराबी की नजर"

धन्नो वैजयन्तीमाला के अलावा कोई दूसरी कैसे हो सकती है? वैजयन्तीमाला जब नाचती है तो कोई नर्तकी ये जुर्रत कैसे कर सकती है? वैजयन्तीमाला के माथे पर टीका हो, हाथों में कँगन, तंग चोली और बदन से सिमटी हुई कमीज़ और वह नाच रही हो तो आँखों को देखने के लिए और कोई आरज़ू बाक़ी नहीं रहती।

एक तरफ़ गंगा और धन्नो की बिजली की तरह कड़कती हुई मुहब्बत, तूफ़ान की तरह शोर मचाता हुआ प्यार और झरने की तरह गिरता हुआ इश्क़ है तो दूसरी तरफ़ जमुना और कमला की नदी के पानी की तरह धीमे-धीमे बहती हुई शान्त और और ख़ामोश मुहब्बत।

निर्देशक नितिन बोस ने एक शॉट दिया है। कमला के पैरों में चप्पल है और वह फ्रेम से आउट होती है। बहुत ख़ूबसूरत शॉट है। बारिश में भीगी हुई वह आती है।

"इतनी रात गये तुम्हें यहाँ नहीं आना चाहिए था कमला।"

"तुमसे दूर रह सकती हूँ, दुःख सह सकती हूँ लेकिन किसी और के हाथ बिकः नहीं सकती।"

"कौन-से दिल से बातें करते हो जमना?"

"इसी दिल से, जो तुम्हें चाहता है, कमला।"

"संसार में सबको मनचाही चीज़ नहीं मिल जाती। बहुत-से दुःख और क़ुर्बानियाँ स्वीकार करनी पड़ती हैं। जाओ कमला, तुम्हारे साथ इस आग में जलूँगा लेकिन कोशिश यही करता रहूँगा कि मेरे क़दम बुराई की ओर न जायें।"

कमला वापस चली जाती है।

दुःख उठाने और क़ुर्बानी स्वीकार करने के लिए माँ ने एक बच्चे को जन्म दिया था। उसका नाम गंगा है। वह धन्नो से पूछता है कि मुन्ना और कमलाजी का आपस में प्रेम रहा ना।

कमलाजी दुल्हन बनी बैठी हैं। गंगा घोड़े दौड़ाता हुआ आता है, वह कमला जी के पास आता है।

"कमला जी, ई लगन का तुम्हारी मरजी से होए रहा? सुनो जमीनदार जी। हम कमला जी को ईहाँ से लई जा रहे हैं, उनका मर्जी के बिना लगन नहीं हो सकता। हम बोल दिया बस।"

गंगा अपने भैया की कमला को उठा कर ले जाता है। कमला का लगन करने के लिए वही महन्त अग्नि के पास बैठा है जिसने गंगा के लगन के समय कहा था, "ये लगन नहीं हो सकेगा। ना बेटा, बुढ़ापे में मुझसे पाप न करा। तेरी जात ऊँची है।"

गंगा कहता है, "महाराज ऊँची जात वाले की वो लोग गत बनाई रहे थे ना, उस वकत तुम कहाँ थे? अरे ओ धन्नो, महाराज का कह रहे हैं? तेरा मेरा लगन नहीं हो सकता?"

"सच महाराज, मुझमें खोट है कोई?" धन्नो पूछती है।

"भारी खोट है।" गंगा कहता है, तूने बुरे समय में साथ दिया था ना? सुनो महाराज, जब हमारी कुत्ते की तरह दसा हो गयी थी, चल-चल कर हमरे पैरों में छाले पड़ गये थे तो उत्ते समय मेरे सिर पर हाथ धरने कौनो नहीं आया था। ये आयी थी, और तुमरे सामने खड़ी है। ये देख लो। उस दिन हम एके काँधे पर सिर रख कर रोये थे। पूछो काहे, अरे पूछो। वो यूँ कि हमरी माँ एक दिन हमरे सपने में आयी के उसका हाथ हमरे हाथ में दय गयी और माँ की बात मानना हमरा धरम है सो वो पूरी होगी। जो उसमें टाँग अड़ाए, उस ससुरे की हम टाँग तोड़ दूँगा।"

कमला लगन नहीं चाहती थी, महन्तजी तैयार थे। महन्तजी छोटी जात की धन्नो से लगन को पाप समझते हैं सो गंगा ने कान से पकड़ कर यह काम करवा लिया। एक दिन गाना गाते हुए गंगा ने धन्नो से कहा था—

"प्रेम की नगरी मा कुछ हमरा भी हक होयबे करी"

वैजयन्तीमाला अपनी उँगली होंठों के पास लिये खड़ी है। यह वह लड़की है जब बोलती है तो हरिराम जैसे कुत्ते भी दुम दबा कर भाग जाते हैं, इस सीन में ऐसे शरमा कर रह गयी है जैसे कोई छुई-मुई हो। सिमट-सिमटा कर इतनी छोटी हो गयी है।

"लागा गोरी गुजरिया से नेहा हमार
होई गवा चौपट सारा मोरा रोजगार
नैन लड़ जईहें तो मनवा मां कसक होयबे करी"

वैजयन्तीमाला नाचती है तो दिलीप कुमार को भी नाचना सिखा जाती है और उसको देख कर कौन है जो नाचना नहीं चाहेगा? दिलीप कुमार नाचने लगता है तो फिर कोई वैजयन्तीमाला भी नज़र नहीं आती। यह आदमी जो नाच रहा है, अभी थोड़ी देर बाद अपने मुन्ना को ट्रेन पर हाथ हिला कर विदा करते हुए रोयेगा।

"मैं याद से अगले महीने पैसा भेजूँगा। चिट्ठी ज़रूर डालना।" गाड़ी चली जाती है। "मैं ज़िन्दा हूँ रे मुन्ना।" वह अपनी आँखों से आँसू पोंछता है और यह कैसी घड़ी है जो उसे रुलाने आ गयी है। हरिराम उस पर चालीस गेहूँ की बोरियाँ चोरी करने का आरोप लगाता है। गंगा कहता है, "सब झूठ है। न हमने बोरी चुराया, न कुछ बेचा। चोर-उचक्का तेरा बाप। बोल तू दुश्मनी निकाल रहा है।" वह पुलिस के सामने हरिबाबू की ऐसी मरम्मत करता है कि सारा गाँव देख कर दंग रह जाता है। एक को दस-दस मिल कर मारते हैं, "अरे, माँ का दूध पिया है एक-एक आओ।"

गंगा कटघरे में खड़ा है, "साहब, हरिबाबू साहूकार आदमी है। बराबर हम दंगा फसाद किया।" गंगा एक नेक आदमी है। नेक आदमी अपनी सफ़ाई पेश नहीं करते। गंगा को छह महीने की सज़ा होती है। रास्ते में उसको धन्नो मिलती है, पुलिस उसको लेकर आगे बढ़ जाती है। धन्नो रोती रहती है।

गंगा सलाख़ों के पीछे है। धन्नो घर में है और एक दिया जल रहा है।

"दो हंसों का जोड़ा बिछड़ गयो रे
गजब भयो रामा जुलम भयो रे
रात की आस गयी दिन का सहारा भी गया
मोरा सूरज भी गया मोरा सितारा भी गया"

लता मंगेशकर का यह गीत आकाशवाणी से इतनी बार सुना गया कि उपमहाद्वीप के पहाड़ों-दरियाओं और जंगलों को भी यह गीत ज़बानी याद होगा।

परिन्दे आकाश में उड़ते हैं। गंगा क़ैद से छूटता है। उसकी रिहाई की ख़ुशी में धन्नो मोरनी की तरह चौकड़ियाँ भरती, भागती और नाचती-गाती आती है।

"छनन छनन बाजे, घुँघरू मोरा बाजे
मोरा मन झूमे पिया, तोरी डगर चूमे पिया
आ जा घर आ जा
आ जा रे, ओ साजना
दिल की उमंग जागी मोरी
आस मोहे लागी तोरी"

शकील बदायुँनी ने जो कुछ लिखा है, नौशाद ने जो मीठा रस भरा है, लता ने जो मोती बिखेरे हैं और वैजयन्तीमाला ने अपने बदन में छुपे हुए साँपों की जो पिटारी खोली है तो फिर देखने वालों की नज़र में वह ज़हर भर दिया है, जिसका, अपना ही एक अमर नशा है, जो ज़हर में तो होता है लेकिन शराब में नहीं।

दोनों दौड़ते हुए एक-दूसरे से मिलते हैं। वह उसको बाँहों में उठा लेता है। धन्नो की आँखों में आँसू हैं।

"अरी, काहे को रोवत है रे?"

"जौन की खातिर रोवत है सो वही पूछत हे के काहे रोवत है?" यह तमाशा है कि नहीं? दोनों हँसते हैं।

"एक तोहरी खातिर बहुत खटपट होये गयी एक दिन।"

"सपने में दुश्मनी जमाते हो।"

एक दिन मैंने देखा वहाँ माँ सामने आ गयी...तू तो मर गयी रही माँ, तू ईहाँ कैसे आयी री? माँ की तो आदत रही ना।, "ऐ गंगवा के बच्चे मोरी धन्नो पे हाथ उठाया तो।" तोरा हाथ लई धक से मोरे हाथ पर रख दिया। ऐ धन्नो फिर बस आँख खुल गयी। मुन्ना का भी ध्यान आया, हमारा मुन्ना ठीक है ना। मोरा भाई कैसा है।" धन्नो चुप है। वह परेशान है। वह उसको बताती है कि मुन्ना बहुत तकलीफ़ में है।

मुन्ना तकलीफ़ में हो तो गंगा की तकलीफ़ का अनुमान लगाना बहुत आसान हो जाता है। वह हरि बाबू के घर रुपया लेने जाता है। लाला का वहाँ एक संवाद

है और कन्हैया लाल का अभिनय है और यह वाक्य कभी भुलाये नहीं भूलता।

"हम गरीब लोग आफ़त, मुसीबत सब ऊपर से लिखा के लाते हैं।"

हिन्दुस्तान की स्क्रीन को अब कभी कोई कन्हैया लाल नहीं मिलेगा।

एक कन्हैया लाल में हज़ारों बरस पुराने हिन्दू समाज की साहूकारी प्रथा का पूरा मनोविज्ञान मौजूद है। वह एक ऐसा शीशा था कि जिसमें झाँक कर महाजन, बनिया, लगान और बयाने का पूरा सिस्टम एक झलक में नज़र आ जाता था।

कन्हैया लाल कहता है, "जब ई गरीब लोगन की खोपड़िया फिर जाई ना बाबू, तब जान लो कि खतरे का टेम आयी गयो। क्या कर गुजरे, कौनू भरोसा नहीं।"

गंगा अन्दर आता है। यह बाबू के लिए ख़तरे का समय है। "मेरे भाई के जीवन का तुम नास किये हो बाबूजी। ओ बेचारा भूखों मर रहा है। उसके बदन पर कपड़ा नाहीं। उसकी चिट्ठी पढ़ो। हमको पैसा चाहिए बाबूजी, तिजोरी की चाभी निकालो।" गंगा तिजोरी खोलता है। बन्दूक़ और पैसा लेकर भागता है। पुलिस पीछा करती है। वह थैली से पैसे निकाल कर पत्थर के नीचे छुपाता है। गंगा जंगल में भागता है। भागता है। एक इनसान कितना भाग सकता है? यूँ लगता है कि गंगा ठहर गया है और जंगल भाग रहा है। वह पेड़ से टकरा कर गिरता है तो परिन्दे उड़ते हैं। वह पानी पीने लगता है तो पानी के अक्स में लोग नज़र आते हैं। सारा गाँव पीछे लगा हुआ है। धन्नो उसको पकड़ती है। "छोड़ दे मुझे धन्नो। अरे राम कसम, इ सब कुत्ते की तरह मेरा पीछा किये हैं। मैं भूखों मर गया। मैं घर से बेघर होई गवा।" वह चकरा कर गिरता है। धन्नो उसको अपनी छाती से लगाती है। फिर उसको अपने-आपसे अलग नहीं होने देती।

"...ढूँढो ढूँढो रे साजना
मोरे कान का बाला"

धन्नो के हाथ पर मेहँदी लगी हुई है। सुहाग का लाल जोड़ा पहन रखा है और कान का बाला गंगा की कमीज़ पर लटक रहा है।

वह दोनों जुदा थे तो उनके बीच सिर्फ़ मुहब्बत थी। दोनों साथ हुए हैं तो अब ज़ुर्म की ऊँची दीवार उनके बीच खड़ी हो गयी है। ट्रेन डकैती, लूट-मार का बाज़ार गर्म है। गंगा को जब धन्नो बताती है कि उसकी गोद में उसका बच्चा है तो वह किस अन्दाज़ से गाल पर हाथ रखते हुए कहता है, "अरी, तू तो बहुत चोर है। पहले काहे नहीं बोलत? अरे बाप रे बाप!" गंगा इस तरह ख़ुश है जैसे बच्चा ख़ुश होता है। बच्चे की ख़बर सुन कर गंगा सबसे पहले ये फ़ैसला करता है कि ये खराब धन्धा हम एक दम सब छोड़ देगा। धन्नो कहती है, "अपने बच्चे की कसम खा।" "तेरी कसम धन्नो। तेरे बच्चे की कसम।" दोनों हाथों में धन्नो का चेहरा है। वह कहती है, "अपना मुन्ना आयी जाई तो सच्ची हम लोग उसके साथ गाँव चले जाईं। बाबा दादा सब लोगन से हाथ जोड़ कर माफी लईं। हमरे गंगा से भूल हो गयी रे।"

"ऐ धन्नो, भगवान हम जैसे पापी की नाहीं सुनते। तू बोल, तू इस समय फुर्सत माँ है, बोल धन्नो।"

"ऐ भगवान, तू सबको बहुत कुछ दैत हो, हमको भी दे डालो। हम गरीब लोगन को माफ़ी दैई दो। हमारा गाँव, हमारा घर, हमको वापस दई दो। हमरा मुन्ना वापस दई दो। सुन लिया प्रभु?"

"ऐ धन्नोवा रे, देखो। भगवान ने सुन ली।" दोनों का चेहरा खिले हुए गुलाब की तरह है। सूरज की किरणें गवाही दे रही हैं और कैसे पेंटिंग की तरह ख़ूबसूरत दोहरे शॉट हैं। दिलीप कुमार और वैजयन्तीमाला पेंटिंग्स हैं जैसे आसमानों से उतर कर किसी चित्रकार ने बनायी हों।

ख़ुशी का यह अमर क्षण है। गंगा की ज़िन्दगी में ऐसे वक़्त कब आते हैं। "अपना मुन्ना निस्पिक्टर होई के आ गवा रे।" वह नाच रहा है, "ड़ा ड़रा ड़ड़ा ड़ा ड़ड़ा। हमरा मुन्ना आयी गवा।" वह धन्नो को गोद में उठा लेता है।

"धीरे-धीरे गोरी पी की नगरिया
गंगा से जमुना का होयगा मिलनवा
ओ चल चल रे गोरी पी की नगरिया
नदिया किनारे मोरा गाँव"

"अरे तू आयी गवा रे? तू आयी गवा रे भाई? तेरे बिना बहुत खराबी हो गया मुन्ना रे। मैं घर से बेघर होय गया रे भाई।"

"मैं जानता हूँ दादा। तू न रो मेरे भैया, गले लग जा।" "लेकिन मुन्ना, अब छाती में दम नहीं है भैया। मुझे किसी तरह घर ले चलो। मैं सब गाँव वालों के पैरों में सिर रख कर माफी माँग लूँगा।

जमुना कहता है, "मेरे मन में था कि मैं मरते दम कि तुम्हारी सेवा करूँगा लेकिन तुमने मेरे हाथ काट दिये।"

"मुन्ना, जाने मेरे भाग ही ख़राब हैं।"

"ये मेरी बदनसीबी नहीं तो और क्या है दादा? तुम मुझसे मदद माँगते हो लेकिन मेरी झोली में तुम्हारे लिए तकलीफ़ और दुःख के सिवा कुछ नहीं।"

"अब कौनो रास्ता नहीं है मुन्ना।" चेहरे पर हैरत और जिज्ञासा की एक दास्तान एक पल में फैल जाती है।

"सिर्फ़ एक रास्ता है।"

"तो ले चलो मुझे उस रास्ते की ओर।"

"एक भाई के नाते मेरी विनती है दादा कि तुम अपने आप को इन्साफ और क़ानून के हवाले कर दो। इन्साफ और ईमानदारी के रास्ते में लोगों ने इससे भी ज़्यादा दुख सहे हैं।"

धन्नो रोते हुए कहती है, "तो उन दुखियारों के बीवी-बच्चों से पूछो कि उन पर क्या बीती, ऐसे भाई हो? अच्छे भाई हो। देख लिया" धन्नो पाँव में पड़ती है। "तोको मेरी कसम, मेरे बच्चे की कसम। ऐसा गाँव, ऐसा घर नहीं चाहिए, जिन्दगी जंगल में गुजर जायेगी।"

ख़ुशी के अमर पल से ले कर दुःख के गहरे घाव तक यह जो बहुत ही छोटी-सी घड़ी है, इसमें अभिनय कैसे किया जाता है, इस सवाल का जवाब तो सिर्फ़ दिलीप कुमार के पास है। एक मोड़ से दूसरे मोड़ तक वह कैसे बदल जाता है, खुश है तो आसमान सर पर उठाना जानता है, दुःख उठाता है तो लगता है, आसमान धरती पर आ गिरा है। फ़िल्म देखने वाले ये भूल जायें कि वे कहाँ से आये थे और उन्हें किधर जाना है और इसी एक बात में मगन हों कि अँधेरे हॉल में गंगा के साथ जीना है और उसी के साथ मर जाना है। यह अभिनय की कला का वह स्थान है जिसका बखान नहीं किया जा सकता, सिर्फ़ महसूस किया जा सकता है।

दिलीप कुमार अभिनय की कला के राज़ जानता है। वह लोगों की भावनाओं और संवेदनाओं के धागे अपने हाथों में ले लेता है। अब वह जो चाहे करे। चाहे तो हँसाता रहे और अगर चाहे तो रुलाता रहे, देखने वाले कर ही क्या सकते हैं? वे मन्त्र मुग्ध हैं। वे मोहताज हैं और वह अधिकारी।

इक़बाल साजिद का एक शे'र है—

वह चाँद है तो अक्स भी पानी में आयेगा
किरदार ख़ुद उभर कर कहानी में आयेगा

माँ तो बचपन ही में मर गयी थी। धन्नो उसके हाथों में मरी। धन्नो के चिता की आग उसके दिल में फैल कर जंगल की आग बन चुकी है।

गंगा का दुश्मन बाबू हरिराम सामने है। "अपनी धन्नो की चिता है ये, हमरा सब कुछ जल कर माटी होइ गवा। हमको कौनो माफ़ नहीं किया। तुम हम पर बहुत जुल्म किया। हम हाथ नहीं लगायेंगे। खाली इ दुई गोली तुमरे पापी बदन में गार दूँगा।"

मेहनत-मज़दूरी करने वाले एक बालक को, जो गाँव की गलियों में भागता, शोर मचाता, धन्नो से लड़ता, जमुना की मदद करता और हँसी-ख़ुशी दिन गुज़ार रहा था; हालात ने क्या-से-क्या बना दिया। गंगा एक फ़ितूरी इनसान है। दूसरों का दुःख-दर्द बाँटने और मुहब्बत करने वाला आदमी अब पूरे संसार को आग लगा कर माटी का ढेर बना देना चाहता है। हम गंगा को बचपन से जानते हैं। वह हमारी आँखों के सामने पला-बढ़ा और जवान हुआ। गंगा के पात्र पर बात करते हुए हम कहानी और उसके लेखक के करीब पहुँच रहे हैं।

'गंगा जमुना' दिलीप कुमार ने बनायी। वह इसके निर्माता हैं। इस फ़िल्म के लेखक हैं, अभिनेता हैं और अपुष्ट सूत्रों के अनुसार वह इसके एडीटर भी हैं और

यह मेरा निजी विचार है कि फ़िल्म के असली निर्देशक भी वह खुद ही हैं। फ़िल्म के टाइटिल पर बतौर डायरेक्टर नितिन बोस का नाम है और एडीटर हैं ऋषिकेश मुखर्जी।

इतनी सारी ज़िम्मेदारियाँ एक व्यक्ति के कन्धों पर हैं। मेरा विचार है कि 'गंगा जमुना' के बाद दिलीप कुमार ने शायद इसी कारण कोई दूसरी निजी फ़िल्म नहीं बनायी कि बहुत सारी ज़िम्मेदारियाँ पूरी करना एक अलग ज़िम्मेदारी है। कलाकार के लिए यह बहुत मुश्किल है कि वह ऐसे मुश्किल काम करे। कलाकार का मूड अधिक महत्त्वपूर्ण बात है, ज़िम्मेदारी नहीं।

'गंगा जमुना' का लेखक कहानी की तकनीक और किरदारनिगारी की कला को जानता है। उसके सामने ऐसा कोई सवाल नहीं है कि उसे साहित्य की रचना करनी है या तथ्य को सामने लाना है। वह फ़िल्म बनाना चाहता है। फ़िल्म के लिए वह एक ऐसे विषय का चयन करता है जो अत्याधिक लोकप्रिय है और लोगों का जाना-पहचाना है। वह किसी रिस्क या घटना या संजोग की सारी सम्भावनाओं को एक किनारे करके पूरे विश्वास के साथ और ईमान के साथ एक ऐसे लोकप्रिय विषय जो उससे पहले भी फ़िल्मों की कामयाबी की ज़मानत रहा है पर कहानी को आधारित करने का निश्चय करता है। 'गंगा जमुना' का लेखक किसी वाद से ग्रस्त नहीं है और न ही वह कोई प्रयोग करना चाहता है, यह सब बातें और यह सब आयाम उसके लेखक होने की चेतना की अभिव्यक्ति हैं। वह हिन्दुस्तान के लोगों को उनकी पसन्द की कहानी सुनाना चाहता है। आम और सीधे-साधे कथनात्मक शैली में। वह किसी भी रूप में फँसना नहीं चाहता है। वह बिलकुल सीधा चलना चाहता है। वह जानता है कि सीधी सड़क दूर तक दिखती है और उस पर चलने वाला भी नज़र आता है। वह छोटी-छोटी गलियों, तंग रास्तों और टेढ़ी-मेढ़ी सड़कों के बारे में नहीं सोचता है। मैं यह सब बातें इसलिए लिख रहा हूँ कि हमें पहले फ़िल्म के लेखक की Approach और उसके घटनाक्रम को समझ लेना चाहिए। कहानी का कमाल यह होता है कि उसमें उलझाव न हो और सुनने वाला यह समझ रहा हो कि वह खुद उसको लिख रहा है। इस रवैये को लेखक की निष्ठा कहते हैं। अपने काम के साथ उसकी दयानतदारी और ईमानदारी कहते हैं। कहानी का विषय निर्धारित करने के बाद दूसरा चरण है, उसको बयान करना। विषय के अन्दर ही यह विशेषता होती है कि वह अपनी शैली का निर्धारण करे। इसलिए हम देखते हैं कि 'गंगा जमुना' शुरू होती है और आगे, और आगे बढ़ती रहती है। फ़िल्म का लेखक सब बातें भावनाओं की हद तक रखना चाहता है। उसने पात्र ही ऐसे लिये हैं कि जो भावनाओं की बुनियाद पर ज़िन्दा रहते हैं और मरते हैं। गंगा और धन्नो अंगूर के दानों की तरह हैं जिनसे भावनाओं का रस टपक-टपक कर गिरता है।

यही कारण है कि जब गंगा की भावना किसी नियम या क़ानूनी बात से टकराती है तो फ़िल्म देखने वाले को क़ानून का सर्वोपरि युग कर्तव्य का पालन करना भी अच्छा नहीं लगता है। लोग तो गंगा के साथ ख़ुश हैं और जब वह दुःख उठाता है तो वे भी दुःख महसूस करते हैं। लेखक फ़िल्म देखने वालों की दुखती रग को पहचानता है। वह गंगा को ऐसी प्रक्रिया से गुज़ारता है कि देखने वाले उसके बारे में चिन्तित रहते हैं। लेखक ने पहले अपने पात्रों के लिए लोगों की चाहत बना डाली है जिससे लोग पात्रों को पसन्द करने लगे हैं। अब लेखक उनको ऐसी घटना से गुज़ार रहा है जिससे वह दुःख और तकलीफ़ महसूस कर रहे हैं। एक भले आदमी की, एक बुरा आदमी की प्रक्रिया बड़ी दुखद घटना है।

नदिया किनारे बसे एक गाँव में सीधे-साधे लोगों के जीवन को नरक बनाने वाले साहूकार का घर भी मौजूद है।

बचपन से लेकर जवानी तक, कहानी के तीनों मुख्य पात्र का व्यक्तित्व हमारे सामने बनता और टूटता-फूटता है। वे विभिन्न परिस्थितियों से गुज़र कर अपने कैरेक्टर बदल रहे हैं। गंगा जैसा मासूम आदमी मुजरिम बनता है, प्यार-मुहब्बत करने वाली धन्नो जैसी भोली-भाली और तेज़-तर्रार लड़की गोली लगने से मरती है, कमला की ख़ामोश मुहब्बत तूफ़ान नहीं बनती, और जमुना जी ने तो बचपन से ही सच्चाई का रास्ता पकड़ रखा है। गंगा और जमुना दो नदियाँ हैं, दो भाई हैं। धरती माँ दोनों को सीने से लगा कर रखती है और दोनों दरियाओं को एक धारे में लाने के लिए वह उनकी दूरी का बाँध तोड़ कर उनको एक कर देना चाहती है। जिस धरती पर गंगा और जमुना, दोनों बहती हैं, उस पर राक्षस भी रहते हैं।

हमने देखा कि कहानीकार लोकप्रिय रूपक का भी प्रयोग कर रहा है। गंगा और जमुना की कहानी हिन्दुस्तान की कहानी है और यह रूपक लोगों के ज्ञान का भाग है। गंगा मासूम आदमी से मुजरिम बना है। पुलिस इंस्पेक्टर उसको क़ानून का रास्ता दिखाता है। वह किसी बात पर एतराज़ नहीं करता। वह जानता है कि भारी भूल हो गयी है उससे। 'गंगा जमुना' में पुलिस के उच्च आदर्श को मानने और जानने के लिए तैयार नहीं हैं। जुर्मो-सज़ा की इस कहानी में ज़ुर्म करने वाले बेगुनाह हैं और सज़ा देने वालों की बातों में कोई असर नहीं है कि लोगों को उनकी ज़िन्दगी का अनुभव सज़ा देने वालों के किरदारों पर उँगली उठाने पर मजबूर करता है।

किसमें यह शक्ति है कि वह लोगों को इस बात पर मजबूर कर सके कि गंगा ग़लत आदमी है या कोई मुजरिम है? आपने तो ख़ुद यह फ़ैसला किया है कि गंगा को हालात ने कैसे मुश्किल और कठिन रास्तों से गुज़रना सिखाया है। अब आप ख़ुद ही यह समझाने की कोशिश करना चाहते हैं कि गंगा के भाग्य का फ़ैसला क़ानून करेगा। गंगा के भाग्य का फ़ैसला तो ऊँच-नीच की व्यवस्था करती है और भाग्य का फ़ैसला क़ानून के हाथ में है। लेखक ने बहुत गम्भीर समस्या खड़ी कर

दी है। मुजरिम और क़ानून को आमने-सामने खड़ा कर दिया है। लोगों की सहानुभूति मुजरिम के साथ है। जमुना हथकड़ी लगाता है तो इंसाफ के तक़ाज़े को पूरा करता है। गंगा इनसान की आज़ादी और मुहब्बत के तक़ाज़े पूरे करता है। फ़िल्म में क़ानून के पालन और उसके सम्मान के भाषण गंगा के साथ होने वाले अन्याय के नीचे दब कर रह गये हैं। फ़िल्म की कहानी भावनाओं पर आधारित है। यह भावना इतनी शक्तिशाली है कि वह ख़त्म तो हो सकता है, लेकिन अपना रास्ता नहीं बदल सकता। कहानीकार इन बातों को भली-भाँति समझता है। उसका प्रक्रिया वही है जो होनी चाहिए। वह यह सोचने के लिए तैयार नहीं कि जो नहीं होता है, वह भी हो सकता है या नहीं? फ़िल्म की कहानी में परिस्थितियों और घटनाओं के फैसले पात्रों के भाग्य के हवाले कर दिये गये हैं।

हिन्दुस्तान के देहाती समाज में इनसानों की क़िस्मत के फ़ैसले इनसान ख़ुद नहीं लिखते, उनके भाग्य लिखते हैं। भाई, भाई को हथकड़ी लगाता है, भाई, भाई के लिए जान देता है। धन्नो का भाग्य मौत है, जमुना के हाथों गंगाजल पीना गंगा की क़िस्मत में है। गंगा के प्यार का तक़ाज़ा है कि वह उसको इस सौभाग्य से वंचित न करे। दुःख और सुख का सम्बन्ध बड़ा गहरा है। मौत अपनों के हाथों में आनी चाहिए। धन्नो गंगा के हाथों में और गंगा, जमुना के हाथों में प्राण त्याग देते हैं। हिन्दुस्तान का ग्रामीण समाज और उसके रीति-रिवाज़ लोगों को प्रेम के बदले मौत, और मुहब्बत के बदले नफ़रत, और प्यार के बदले इन्तकाम दे रहे हैं, और हिन्दुस्तान की न्याय प्रणाली मुजरिमों को सज़ाएँ सुना रही है और भाषण दे रही है कि क़ानून और इंसाफ का पालन किया जाये।

जमुना कहता है, "इंसाफ़ और ईमानदारी के रास्ते पर मैंने अपने भाई की मुहब्बत का गला घोंट दिया। उसकी हालत पर मैं ख़ून के आँसू रोया लेकिन फ़र्ज़ और सच्चाई के रास्ते से कभी नहीं हटा।"

पुलिस अफ़सर कहता है, "तुम कहते हो तुम जमुना के भाई हो। तुम उसके सबसे बड़े दुश्मन हो।"

गंगा कहता है, "ये बराबर बात है साहब। मगर मैं ऐसा लुच्चा आदमी नहीं। पूछ लो इस बस्ती में जाकर, हम अपनी मेहनत-मजदूरी का खाई रहे थे और वो हरिराम हमको ख़्वामख़ाह फँसा दिया साहिब।"

"क़ानून की आँखों में ममता के आँसू नहीं आते। हर मुजरिम को इंसाफ़ की चौखट पर खड़ा कर देना हमारा कर्तव्य है, बाक़ी रहा अदालत का इंसाफ़ और तुम्हारी क़िस्मत।"

गंगा क़िस्मत का और अदालत का इन्तज़ार नहीं करता। वह हरिराम से बदला ले लेता है। वह कहता है, "मेरी धन्नो, मेरी माँ के पैर छू। मेरे मुन्ना के पैर छू।" हरिराम के सीने से गोलियाँ पार होती हैं। साहूकार का मकान आग में जल रहा है।

उसके हाथ में वह ख़ाली डिब्बा है जिसमें से सोना चोरी करने पर उसकी नेक माँ को थाने की ज़िल्लत सहनी पड़ी थी।

"ऐसा करके तुमको क्या मिला दादा?"

"कुछ नहीं मिला।"

"मैंने भी कसम खाई थी, मैं तुम्हें बरबादी के रास्ते से रोक दूँगा।"

"बरबादी तो हो गयी मुन्ना। हमको जाने दो।"

"मैं तुम्हें नहीं जाने दूँगा।"

"हट जा रे मुन्ना। इस वकत मोरे मन में आग लागी है। न मुन्ना, अरे मोरा हाथ उठ जाई।"

"नहीं दादा, मैं नहीं हटूँगा।"

"मैं सारे संसार से बदला लूँगा। आखरी बार कहता हूँ सामने से हट।"

"मजबूर न करो।"

"तुम हमको गोली मार रहे हो? ले मार।"

गंगा घोड़े पर बैठ कर भागता है। उसको गोली मार दी जाती है। क़ानून अपने कर्तव्य का पालन करता है। क़ानून की यह प्रतिक्रिया भावनाओं और दुख की आँधी में सूखे हुए पत्तों की तरह उड़ जाती है। लोग गंगा के साथ उसकी अन्तिम साँसें गिन रहे हैं। वह अपने घर पहुँचता है और उसकी मौत हमारी आँखों के सामने है। उसकी चिता की ज्वाला आसमान तक उठ रही है।

वह दिलीप कुमार, जो 'गंगा जमुना' से पहले अपने अन्दर जीवन बिताने के पात्र करता रहा था, 'गंगा जमुना' में अपने अन्दर से इस प्रकार बाहर निकला है कि जैसे कोई ज्वालामुखी फट जाये, या समुद्र के सीने से कोई बहुत बड़ी लहर उठ कर बाहर आ जाये।

अपने अन्दर-ही-अन्दर मुहब्बत करते रहना, दुःख सहते रहना, मरते रहना– ऐसा लगता है कि जैसे उसने सोचा कि एक बार ज़रा आवाज़ तो निकाली जाये। देखते हैं, आसमान तक जाती है या नहीं? 'गंगा जमुना' में दिलीप कुमार धरती से आकाश तक गया। अपने अन्दर से बाहर निकला तो सँभाला नहीं जाता। उसकी मुहब्बत नारा बन गयी है और उसकी नफ़रत ऐलान। उसका प्रतिरोध जंग। कोई मनुष्य उसका रास्ता नहीं रोक सकता। उसके हाथों में पहले माँ मरी थी और फिर माँ सपने में उसको धन्नो का हाथ पकड़ाया था और फिर उसके हाथों में धन्नो भी मर गयी। अब उसके हाथ ख़ाली हैं। ख़ाली हाथों में बन्दूक आती है और दियासलाई। बन्दूक से हरिराम मरता है, दियासलाई से साहूकार का घर जलता है। मुहब्बत का रास्ता रोकोगे, पुण्य और ईमानदारी के रास्ते में दीवारें खड़ी करोगे तो फिर प्रलय आ ही जायेगी।

'गंगा जमुना' में दिलीप कुमार ने लोगों के वह सब अरमान पूरे कर दिये हैं जो लोगों के अन्दर-ही-अन्दर उभरते-मिटते, दुःख सहते, और चुप रहते हुए पैदा होते

रहे थे। लोग भी उसकी तरह अन्दर-ही-अन्दर सुलगते रहते थे। लेकिन अब गंगा जो बोला है तो फिर अब कौन बोलेगा।

"बहुत फसादी औरत है। लुच्ची की जबान तो देखो। तोरे कारण तो कुत्ता भी न मरे।" और जब वह उसके हाथों में खुद ही मर गयी तो ऐसा लगा था कि गंगा ने धरती को उठा कर मौत के रास्ते में खड़ा कर दिया है और मृत्यु को धन्नो तक नहीं पहुँचने देगा। धन्नो मर गयी। भूतनी मर गयी। धन्नो की बच्ची मर गयी।

और वह चोर जो बेशरम कहीं का, छोकरी पर हाथ उठाता था, शराफ़त में दो कौड़ी का आदमी नहीं था, राक्षस था धन्नो के लिए, जब बदला लेने निकला तो फिर उसको क़ानून, उसका भाई जमना और दुनिया की कोई ताक़त नहीं रोक सकी।

'गंगा जमुना' में दिलीप कुमार और वैजयन्तीमाला की मुहब्बत पहाड़ों से गिरती हुई नदियों की तरह है। दो हंसों का जोड़ा धरती पर दौड़ता है तो लगता है कि गगन को छू रहा है।

'गंगा जमुना' से एक बदलाव का प्रारम्भ होता है। गंगा का पात्र अब नये-नये तरीक़े से और प्रयोग की मदद से दोहराया जायेगा।

अन्त में, यह न कहना बहुत बड़ा अन्याय होगा कि गंगा और जमुना के संवाद वजाहत मिर्ज़ा की रचनात्मक सलाहियत का कारनामा हैं। फ़िल्म 'शिक़स्त' के बाद उनकी कलम ने 'गंगा जमुना' में फिर एक बार जोश दिखाया है।

Sagina Mahato
(BENGALI FILM)
DILIP KUMAR, SAIRA BANU

सगीना महतो

क्रान्ति सगीना महतो के बिना नहीं आ सकती। दुनिया में जहाँ कहीं भी क्रान्ति आती है उसमें सगीना महतो ज़रूर उपस्थित होता है।

सगीना महतो एक बहादुर आदमी है। क्रान्ति बहादुर आदमियों के बिना नहीं हो सकती है।

मैं प्रारम्भ में ही यह बात लिख देना चाहता हूँ की सगीना महतो को देख कर मनुष्य के शरीर में रक्त बढ़ जाता है। सगीना का दिलीप कुमार उदास नहीं करता बल्कि लड़ने-मरने की शक्ति प्रदान करता है।

दिलीप कुमार के अभिनय से यह बात स्थापित होती है कि अभिनय कितना प्रभावशाली संचार माध्यम है।

मैंने सिनेमा हाउस में एक नौजवान को लड़ते हुए देखा, सिनेमा हाउस के बाहर एक आदमी को एक टैक्सी वाले से झगड़ा करते हुए देखा और उस शाम मुझे यूँ लगा कि जैसे सगीना महतो की ताक़त सब लोगों में आ गयी है। कोई किसी को बर्दाश्त करने के लिए तैयार नहीं है। सगीना ने लोगों को लड़ना-मरना सिखा दिया है।

अब हमें बुद्धिजीवियों की यह बात नहीं सुननी चाहिए कि लड़ना-मरना बुरी बात है। एक गाल पर थप्पड़ खाकर दूसरा गाल आगे करने का ज़माना गुज़र चुका है। उसने बचपन में आकाश पर लिख दिया था कि बेटा जॉन ज़िन्दा रहने का है तो मारना-पीटना सीख!

सगीना एक सीन में विशाखा को सुनाता है, "बचपन से सीखा लड़ना होगा। लड़ते ही रहना होगा। या तो हम मिट ही जायेंगे नहीं तो हमारा दुश्मन मिट जायेगा।"

सगीना पर अचानक जैसे अतीत की एक घटना दुख का गहरा बादल बन कर गिरती है। वह बहुत दूर बचपन में चला जाता है। वह अपने साथ खड़ी एक क्रान्तिकारी लड़की को कहता है।

एक रोज़ पुलिस आयी और हमारे बाप को पकड़ कर ले गयी। माँ भी भाग गयी। माँ साला अपने ही बच्चे को छोड़ कर भाग गयी। हम छोटे थे। रोना शुरू कर

दिया। ख़ूब रोए जो पेट में भूख लगी। कोयलों के अंगार जला दिये हों जैसे किसी ने। साला जानवर है जो घुस गया पेट के अन्दर, काट रहा है दाँतों से। पंजों से नोच रहा है, कुरेद रहा है। फिर हमने क्या देखा कुत्ता मांस का टुकड़ा खा रहा है। हमने एक पत्थर उठा कर मारा। कुत्ता भागा तो हम भी भागे। भागते-भागते मांस का टुकड़ा उससे नोच लिया। उस दिन से ये बच्चा पीटना सीखा। आकाश पर लिख दिया था की बेटा जॉन ज़िन्दा रहने का है तो मारना सीख, पीटना सीख!

कुत्ता तो इनसान के पीछे भागता ही है। वह कुत्ता है। लेकिन इनसान का बच्चा कुत्ते से मांस का टुकड़ा छीनने के लिए उस वक्त भागता है जब विदेशी शासक मुक़ामी लोगों के जिस्मों से उनकी खाल तक उतार कर उनको जानवर बना देते हैं। इनसान के बच्चे कुत्तों से मांस के टुकड़े छीन कर खाते हैं। बर्तानवी साम्राज्य का हिन्दुस्तानी बच्चों के लिए मांस का यह टुकड़ा उनकी उच्च्य सभ्यता और संस्कृति की एक निशानी है और वह अदाकार या अभिनेता जो स्क्रीन पर सीगना महतो बन कर अपने बचपन की घटना सुना रहा है, उसके एक-एक शब्द में अत्याचार, अन्याय के विरुद्ध गुस्सा बारूद की तरह भरा हुआ है। जब सगीना यह कहता है कि भागते-भागते मांस का टुकड़ा उससे नोच लिया तो मुझे ऐसा प्रतीत हुआ कि जैसे फ़रांज़ फ़ैनन की किताब Wretched of the Earth के पन्ने मेरी आँखों के सामने उड़ रहे हैं। विदेशी शासक क्षेत्रीय लोगों को जानवर बनाने में जुटे हुए हैं, लेकिन सगीना ने बचपन से एक और ही सबका सीख लिया है। बचपन से सीखा लड़ना होगा, लड़ते ही रहना होगा।

सगीना उपमहाद्वीप के लोगों के दिलों में अंग्रेज़ों के ख़िलाफ़ नफ़रत और गुस्से की अभिव्यक्ति है।

सगीना जब किसी विदेशी को मारता है तो वह हमारे गुस्से की उस आग को ठण्डा करता है जो दो शताब्दी से हमारे ख़ून में भड़क रही है, अंग्रेज़ साम्राज्य से हिन्दुस्तान को आज़ाद कराने का आन्दोलन अपने चरम पर है। सगीना भी अपनी जवानी के जोश में है। फ़िल्म शुरू होती है तो कॉमेंट्री सुनाई देती है–

इस कहानी का सम्बन्ध 1942-43 के एक मज़दूर आन्दोलन से है। देश में एक ओर बर्तानवी साम्राज्य का चिराग़ टिमटिमा रहा था तो दूसरी ओर मनमाने बेलगाम फ़ासिज्म के विरुद्ध दुनिया का निडर इनसान छाती ठोंक कर खड़ा हो गया। इस इन्क़लाबी तूफ़ान में एक नया हिन्दुस्तान जन्म ले रहा था।

हिमालय की शान्त वादियों में भयानक साए बढ़ते चले जा रहे थे। इन्क़लाब के नाम पर अपने ही एक इन्क़लाबी साथी की तलाश में।

कुछ क्रान्तिकारी एक क्रान्तिकारी को बाँध कर लाये हैं। वह ज़बर्दस्ती अपने आप को छुड़ाता है। अपना कॉलर ठीक करता है। उसकी छोटी-छोटी मूँछें हैं। उसने

चूड़ीदार पाजामा और क़मीज़ पहनी हुई है, ऊपर वास्केट है। वह अपना सर झटक कर कहता है, हमारा नाम सगीना महतो है।"

एक क्रान्तिकारी अनिल बिस्वास और सगीना का संवाद क़ाबिलेग़ौर है।

"पकड़ लो इस ग़द्दार को!"

किस शान से सगीना कहता है, "आओ-आओ, माँ का दूध पियो। एक-एक करके आओ।"

"सगीना महतो, जानते हो कहाँ हो? ये अदालत है।"

सगीना के चेहरे पर मुस्कुराहट है। "जज कौन हैं बाबू?"

"ये हँसी तुम्हारे चेहरे पर से नोच ली जायेगी सगीना। जनता की अदालत में तुम्हारा मुक़दमा पेश होगा।"

"क्यों, हम क्या साला तुम्हारी औरत को भगा कर ले गया है?" सगीना की बात सुन कर सारा पण्डाल हँसता है। "अरे पूछो जज साहब से। अरे पूछो।" एक-एक शब्द पर ज़ोर देते हुए सगीना ऊँची आवाज़ में कहता है।

"तुमने जनता से ग़द्दारी की सगीना। मज़दूरों का ऊँचा आदर्श तोड़ा। तुम जनता के दुश्मन हो। चोर हो इसलिए यहाँ लाए गये हो।"

"वाह ऐ बाबूजी। अगर हम चोर हैं तो साला ये रात के वक्त जंगल में क्यों लेकर आए हो? चोर हैं तो थाने ले जाओ। उधर पुलिस की चौकी में पुलिस के हवाले कर दो।"

"अंग्रेज़ी सरकार की पुलिस से हमारा कोई सरोकार नहीं।"

"सुना है, ये हमारे जज साहब का पुलिस से कौनू सरोकार नहीं।"

"ख़ामोश, जनता तुम्हारे ख़िलाफ़ गवाह पेश करेगी और तुम्हें भी अपनी सफाई पेश करने का मौक़ा दिया जायेगा। हम किसी के साथ नाइंसाफ़ी नहीं करना चाहते। अदालत तुम्हें रिहा भी कर सकती है और न चाहे तो वह फाँसी का फन्दा तुम्हारे गले में डाल दिया जायेगा। खड़े हो जाओ सगीना महतो, ये अदालत है।"

"आधी रात को उठा लाये फिर बैठा दिया यहाँ खुरची पर और बोलता है खड़े हो जाओ। नहीं खड़े हुएँगा।"

एक क्रान्तिकारी लड़की, जिसका नाम फ़िल्म में है—विशाखा। सगीना महतो पर लगाए गये इल्ज़ामात की सूची पढ़ कर सुनाती है। सगीना ने मज़दूरों के साथ विश्वासघात किया। मज़दूरों की एकता और उसके संगठन को तोड़ने की कोशिश की। मज़दूर विश्वास और ताक़त को विदेशी कम्पनी के हाथों बेच दिया। मज़दूर संघ के साथ ग़द्दारी की। सगीना पर इल्ज़ाम है कि जब हिन्दुस्तान के लाखों भूखे-नंगे मज़दूर एक झण्डे तले इकट्ठे होकर अपनी रोटी रोज़ी की माँग कर रहे थे तो सगीना रिश्वत खाकर विदेशी कम्पनी का दलाल बन गया। उसने कम्पनी के साथ खुफ़िया समझौता किया। उसने मज़दूरों के क्रांतिकारी संघर्ष का सर्वनाश किया।

सगीना महतो के चेहरे पर सच्चाई की लाली है। वह कहता है, ऐ भाई लोग। ये मेम साहब ने इतना लम्बा-चौड़ा भाषण दिया। किसी की समझ में आया कुछ। ऐ गुरू, तेरे पल्ले पड़ा कुछ?"

"मज़दूर जनता के आगे चिल्ला-चिल्ला कर तुम खुद जो भाषण देते आये हो वो तुम्हें याद है?"

सगीना जवाब देता है, "भाषण तो बहुत लम्बा-चौड़ा दिया बाबूजी। बहुत चिल्ला-चिल्ला कर बोला। वो बात का मतलब साला आज समझ में आया।" सगीना अपने दिमाग़ पर हाथ रखते हुए कहता है। "अरे ग़रीब मज़दूर आदमी का क्या भाषण है बाबूजी। ख़ाली एक ही बात है। उसके पेट की भूख बस!" सगीना अपने पेट पर हाथ रखते हुए कहता है।

सगीना महतो का बूढ़ा दोस्त डंके की चोट पर घोषणा करता है कि...हमने 40 साल तक कम्पनी का मज़दूरी किया। तुमने एक दिन भी काम नहीं किया बाबूजी। सगीना ग़द्दार नहीं है। सगीना मज़दूर की ताक़त है। सगीना मज़दूर की आबरू है! अदालत का सीन ख़त्म होता है।

हिमालय की शान्त वादियों में यह एक बस्ती है। सगीना महतो पहाड़ पर गाना गा रहा है।

ऊपर वाला दुखियों की नहीं सुनता रे
सोता है बहुत जागा है ना
बन बन मेरे जैसा बन साला
आग लगी हमारी झोंपड़िया में
हम गावें मल्हार

ललिता बस्ती में आती है। सगीना महतो से पहली मुलाक़ात होती है। बस्ती वाले विदेशी शासकों की कम्पनी में मेहनत-मज़दूरी करते हैं। कम्पनी का एक विदेशी अफ़सर शराब पी रहा है और दलाल के द्वारा लड़की मँगाता है। यह लड़की ललिता है जिसको धोखे से साहब के पास सप्लाई किया गया है। ललिता को असल बात पता चलती है तो वह साहब को धक्का देकर भाग जाती है। साहब एक बूढ़े मज़दूर को बुरी तरह मारता-पीटता है। सगीना उसका बदला लेता है। काम बन्द करने का ऐलान करता है। रात को अपनी मण्डली के साथ दारू पीता है। नाच-गाना होता है—

ग़ज़ब चमकी बिंदिया तोरी आधी रात
जौबन मोरा देख
करेजा छूए रसिया तोरी यही बतिया

दारू पीकर सब आउट हैं। दुखों के मारे दर्दमंद दिल के ये सादा लोग पी कर अपनी बस्ती के लिए क़ानून बना रहे हैं। सगीना कहता है।

"हम मीटिंग करेगा। अभी एक क़ानून बनायेंगे। जो साला साहब का माल खायेगा, उस साले की हम लोग ठुकाई करेंगे। माचिस लेकर उसकी धोती में आग लगा देंगे। जो दलाल हरामीपन करेगा उस साले का टुकड़े-टुकड़े करेगा। बोरी में डालेगा। पहाड़ पर ले जायेगा और खाई में फेंक देगा।"

यह दारू मन्डली कुचले हुए लोगों की पार्लियामेंट है। यह असली और सच्ची पार्लियामेंट है। यह जनता की पार्लियामेंट है। उसमें स्वतन्त्र और आत्मिनिर्भर फ़ैसले हो रहे हैं। क़ानून बनाए जा रहे हैं। यह जनता की अपनी अदालत है। इसमें अत्याचार, अन्याय और करप्शन के ख़िलाफ़ पूछताछ का क़ानून बनाया जा रहा है।

गुलाम हिन्दुस्तान की यह एक आज़ाद और स्वतन्त्र पार्लियामेंट है। लोग ख़ुद फ़ैसला कर रहे हैं और ख़ुद ही क़ानून बना रहे हैं। दारू मण्डली का सीन ख़त्म होता है तो हम देखते हैं कि मज़दूरों के नाम पर बनने वाले एक संगठन के कुछ क्रान्तिकारी अपने एक मज़दूर साथी पर मुक़दमा चला रहे हैं। उस मुक़दमे का हाल हम पहले पढ़ चुके हैं।

एक बहुत सुन्दर संवाद ओमप्रकाश ने कहा है। वह मुक़दमा चलाने वाले क्रान्तिकारी लीडर को कहता है। "बन्दूक़ हाथ में लेकर मुक़दमा चलाते हो बाबू साहब।"

अमल बैनर्जी कहता है, "अगर तुम्हारा कोई क़सूर नहीं तो तुम्हारी बिरादरी चुप चाप क्यों बैठी है? यह मुक़दमा क्यों चल रहा है? कुछ तो होगा।"

सगीना ग़ौर से देखते हुए अचम्भित है, "तुम भी हम पर दोष लगाए हो। हम तो तुम पर विश्वास किये हैं बाबू।"

अमल बैनर्जी एक सच्चा क्रान्तिकारी है। वह कहता है, "दोस्तो! मैंने और सगीना ने न जाने दुःख और सुख के कितने ही दिन साथ बिताए, दो दोस्तों की तरह, दो भाइयों की तरह। एक दिन हमारे संगठन के नेता श्री अनुपम दत्त ने कहा, आज मैं आपको जिस मज़दूर की बात बता रहा हूँ उसकी छाती में शेर का दिल है। उसका नाम है सगीना महतो। सगीना महतो दो रुपये रोज़ का मज़दूर है लेकिन करोड़ों की वह कम्पनी जिसमें वह काम करता है उसके नाम से डरती है। इसलिए सगीना जैसे मज़दूरों की सख़्त ज़रूरत है। अगर इस जंग में कामयाबी हमारा मकसद है तो इस देश के हर सगीना को अपने साथ मिलाना होगा। यह लड़ाई ग़रीब मज़दूर जनता की लड़ाई है। यह सगीना महतो की लड़ाई है।"

मज़दूर लीडर अनुपम दत्त अपने एक साथी अमल बैनर्जी को यह ज़िम्मेदारी सौंपते हैं कि वह सगीना को अपने संगठन में शामिल करने की कोशिश करे।

अमल बैनर्जी रेल से सफ़र करते हुए इस बस्ती में आते हैं। सगीना दुःख-सुख में जैसी भी ज़िन्दगी थी, गुज़ार रहा था। अमल बाबू ने बस्ती में आकर सगीना की ज़िन्दगी बदल कर रख दी।

रास्ते में दोनों की मुलाक़ात होती है और यह मुलाक़ात जीवन भर का साथ बन जाती है। अमल बैनर्जी अपने क्रान्तिकारी साथी अनिल बिस्वास की गोली से गिर कर मरता है तो उसका दम सगीना के हाथों में आकर ही निकलता है। सगीना बहुत रोकता है अपने क्रान्तिकारी साथी को, मगर उसके सीने में लगी गोली उसको साँस नहीं लेने देती है। सगीना अपने साथियों, दोस्तों और ललिता के साथ मौजूद है। अनिल दा भाग रहा है। अन्तिम सीन है। सगीना के हाथ में पिस्तौल है और वह अनिल बाबू के सामने खड़ा है। सगीना कहता है, “अगर मर्द का बच्चा है तो सामने आ। हम भूखे-नंगे मज़दूर गोली और पिस्तौल में विश्वास नहीं करते।”

सगीना पिस्तौल फेंकता है। हाथ ख़ाली हैं “यही हाथ हैं जिनसे हम ग़रीब मज़दूर लोग अपनी रोज़ी-रोटी पैदा करते हैं। “इन्हीं हाथों से हम अपने दुश्मन का मुक़ाबला करते हैं। उससे बदला लेते हैं।” सगीना अपने हाथों से अनिल को मारता है। फ़ैज़ कहता है—

तेरा सरमाया, तेरी आस यही हाथ तो हैं
और कुछ भी तो नहीं पास, यही हाथ तो हैं

वह गिरता है। विशाखा की गोली से वह मरता है। पत्ते गिरते हैं, फाँसी का फंदा लटक रहा है। मज़दूर साथी अमल बैनर्जी को फूलों में लाद कर ले जा रहे हैं। फूलों में एक क्रान्तिकारी का चेहरा फूलों की तरह खिला हुआ है। रेलगाड़ी वापस जा रही है। एस. डी. बर्मन के गीत की आवाज़ का तीर दिलों से गुज़र कर पार हो रहा है—

छोटे छोटे सपने हमार
छोटी आशा छोटा प्यार हमार

स्क्रीन पर सगीना महतो रह जाता है। वह सगीना महतो, जिसने बचपन में बहुत बड़ा पाठ पढ़ लिया था कि लड़ना होगा। लड़ते ही रहना होगा।

सगीना का एक-एक शब्द, सगीना का हर कार्य, सगीना का हर इशारा, सगीना की हर हरकत, उसका रोना, उसका ख़ुश होना, उसका रूठ जाना, उसका गुस्से में आना, उसका शराब पीना, उसका मुहब्बत करना, उसका बच्चों की तरह चहचहाना, उसका गाड़ी के साथ-साथ भागना, नाचना, उछलना, बात करना, शोर मचाना—यह सब कुछ हमें इतना अच्छा लगता है कि सगीना का पात्र एक ऐसे अदाकार ने किया है जो बहुत बड़ा और बहुत संजीदा है कि वह बच्चे की तरह मासूम नज़र आता है। उसके अन्दर बच्चे का भोलापन है, उसकी आँखों में बच्चे का-सा आश्चर्य है। वह बच्चे की तरह ख़ुश होता है। वह बच्चे की तरह रोता है। हँसता है तो लगता है कि अभी बच्चा है। बड़े होकर अपने अन्दर बच्चे की मासूमियत को ज़िन्दा रखना कि वह दूसरों को भी नज़र आये और उस पर प्यार भी आये यह तो कला की

उत्कृष्टता है अभिनय के उस स्तर और ऊँचाई की, जिस पर खड़े होकर पात्र अभिनेता को नज़र नहीं आने देता है। सगीना का पात्र यूँ लगता है कि दिलीप कुमार को उस बस्ती उस झोंपड़ी में ले गया था और उसने बचपन से लेकर जवानी तक दिलीप कुमार को साथ रखा। सगीना ने अपना एहसास, अपनी संवेदना, अपनी भावना, अपना दुख, अपनी मुहब्बत, अपनी नफ़रत, अपना गुस्सा और अपनी शक्ति पर विश्वास—सब कुछ दिलीप कुमार के हवाले कर दिया कि लो बाबूजी, तुम सँभालो अब इस ज़िम्मेदारी को, और दिलीप कुमार ने फिर सगीना जैसे खड़े, सच्चे और बहादुर आदमी के साथ दोस्ती निभाई।

हमने बहुत देखा है दिलीप कुमार को। उदास, दुखी, मुहब्बत में डूबा हुआ, चुप, सरगोशियाँ करते हुए, रोते हुए, हँसते हुए, शोर मचाते हुए, शराब पीते हुए, नाचते हुए लेकिन आज तक एक अँधेरे हॉल में वह जो सगीना बनकर हमारे सामने आया तो यूँ लगा कि साला मस्तक फिर गया।

यह तो किसी आलोचक के हाथ में ही नहीं है कि अभिनय में spontaneity के गिराफ़ को तय कर सके। ट्रेन के साथ-साथ भागने, उछलने और ख़ुशी से पागल होने का जो एक सीन है, उसकी तो मिसाल नहीं मिलती। मैं पूरे विश्वास और दावे के साथ दिलीप कुमार के अभिनय के इस डेढ़-दो मिनट वाले सीन को अन्तर्राष्ट्रीय स्तर पर महानतम परफ़ॉर्मेंस मानता हूँ। ट्रेन के साथ-साथ भागने के इस सीन में कभी कभी कोई झलक चार्ली चैपलिन की नज़र आयी फिर उसके बाद तो बड़े-बड़े। Sir lec और Laurence Olivier की तरफ भी ध्यान नहीं गया।

बचपन में जब गाँव के बाहर रेलगाड़ी गुज़रती थी तो हम सब बच्चे उस ट्रेन के साथ-साथ भागते थे। यह सिर्फ़ दिलीप कुमार के अभिनय का महान कारनामा है कि उसने स्क्रीन पर यह करिश्मा दिखा दिया कि उसको देख कर हर्ष और उल्लास से सिनेमा हॉल में बैठे हुए लोगों की आँखों से अँधेरे कमरे में भी रोशनी फैल गयी।

एक ऐसा इनसान जिसका लालन-पालन प्रकृति ने किया है, उसको मज़दूर संगठन ने इन्क़लाब के लिए उसका स्वाभाविक लिबास उतार कर उसको सूट पहना कर और वेल्फ़ेयर अफ़सर बना कर और उसकी सारी स्वाभाविक आदतों को क़ैद करके कुर्सी पर बिठा दिया है। आज उसको मौक़ा मिला है बाहर की ताज़ी हवा में लम्बी साँस लेने का।

वह ट्रेन को देख कर इस तरह ख़ुश होता है जिस तरह कोई बच्चा मेले में अपनी बिछड़ी हुई माँ को देख कर उससे चिपट जाता है। बस बिलकुल उसी प्रकार वह हमें नज़र आता है कि अभी आगे बढ़ कर वह इंजन को अपने बेहिसाब ख़ुशी की बेपनाह और असीम शक्ति से रोक देगा।

ट्रेन के साथ दौड़ता हुआ यह आदमी अपनी आज़ादी पर खुश है।

आज़ादी की ख़ुशी और एहसास ट्रेन के लोहे के पहियों और इंजन की ताक़त से भी ज्यादा होता है। सगीना चाहे तो ट्रेन को पीछे छोड़ कर आगे भाग जाये।

सगीना को देखने वालों को ऐसा लगता था मानो वे अपनी-अपनी साँस भी इस महान क्षण के हवाले कर के भूल चुके थे कि यह जीवन का वह क्षण था जिसमें वे पूरी तरह से मग्न, ख़ुश और आज़ाद थे।

यह लम्हा डूबने का लम्हा था, अपने आप के आभास से परे होने का और यह सिर्फ़ उसी समय सम्भव है जब ख़ुशी और आज़ादी का एहसास दूसरे सारे भावों पर छा जाये। यह एक असाधारण समय है जो वर्षों की तपस्या के बाद बस कुछ क्षणों के लिए मिलता है। ट्रेन के साथ भागने वाले सीन के पीछे दिलीप कुमार की वर्षों की तपस्या लोगों के लिए चन्द लम्हों की अमर और अमिट ख़ुशी लेकर आयी।

अभिनय इस मक़ाम पर कला नहीं रहती, हैरत बन जाती है। इनसान खो जाता है। बच्चे के चेहरे पर मुस्कुराहट सीखने से नहीं आती।

अँधेरे हॉल में एक बड़े समूह को अपनी मासूमियत और भोलेपन से उसने हैरत में डाल दिया है। एक शे'र याद आ रहा है–

मैं ऐसे शख़्स की मासूमियत पे क्या लिखूँ
जो मुझको अपनी ख़ताओं में भी भला ही लगा

अमल बैनर्जी ने गली में देखा, सगीना लड़ रहा है। सगीना उसके सामने शरमा गया, कहने लगा यह देख के तुम्हें हँसी आयी। अमल बैनर्जी बताता है कि दत्ता बाबू ने उसको कलकत्ते से भेजा है। इतनी सी बात सुन कर वह कितना ख़ुश है। शायद उसने नाम भी पहले न सुना हो। "क्या हाल है दत्ता बाबू का? हमारे पास क्यों भेजा, हम तो साला बेकार फ़ालतू आदमी है।"

"तुम बहुत शक्तिवान हो। तुम चाहो तो बहुत कुछ कर सकते हो।"

"सगीना साला कोई भगवान है? कुछ नहीं करेगा। दारूबाज़ है। चलो उधर होटल में।" सगीना बाबू को होटल में लेकर आता है। अब वह अपने आप को महत्वपूर्ण समझ रहा है। उसके बोलने का अन्दाज़ बदल गया है। उसकी एक-एक अदा दिल पर असर कर रही है। "क्या ख़बर है, क्या हाल-चाल है कलकत्ते का" अमल बाबू बताता है कि शासक के पास सब कुछ है, हमारे पास कुछ नहीं।

सगीना कहता है, "यही तो साला हमारा ताक़त है कि हमारे पास कुछ नहीं है।" सगीना ने अपने जीवन के अनुभव से वह बात सीखी है जो मारकस ने अपने उस यादगार वाक्य में कही थी।

"तुम्हारे पास खोने के लिए कुछ नहीं है सिवाय ज़ंजीरों के।"

जीवन के अनुभव और मेहनत के लुटने की प्रक्रिया ने सगीना को वही बातें सिखा दी हैं जो दार्शनिक पुस्तकों में लिखते हैं। सगीना कहता है, "लड़ेंगे तो दो

बातें होंगी। एक बात, ज़ीत जायेंगे नहीं तो हार जायेंगे। साला हार जाएँगे तो हमारा बाप दादा कौन-सी जायदाद छोड़ गया था जो छिन जाएगी। अमल बाबू, मर्द की तरह लड़ो। मारो-पीटो।" ललिता होटल में आती है वह बड़ी संजीदगी से उसको बताता है कि यहाँ मीटिंग चल रही है, मीटिंग। पालिस्टिक। पालिस्टिक।

एक दिन रात को सगीना दारू पी कर आता है। अमल बाबू को भी अपने साथ ही सुला लेता है, और साथ ही ललिता को। अमल बाबू बात करता है, "तुम कभी-कभी मुझे उलझन में डाल देते हो। कैसे घुल-मिल जाते हो? तुम्हारे प्यार में भीनी-भीनी ख़ुशबू है।

"अत्याचार के विरुद्ध खड़ा हुआ था सबसे पहले फ्रांस का इनसान।

बासीतल के फ़ौलादी दरवाज़े को तोड़ कर उसकी ईंट से ईंट बजा दी।

उसके बाद सोवियत रूस का क्रान्ति" अमल बाबू सगीना को क्रान्ति का इतिहास सुना रहा है और सगीना नींद में ख़र्राटे मार रहा है।

हक़ीक़त जानने पर और अमल बाबू पर शक करने की सज़ा वह अपने आप को देता है और रोता है और रोता जाता है। उसको बेबसी और बच्चों की तरह रोते देख लोग उसकी सादगी पर हँस रहे हैं। यह कैसा रोना है कि लोग हँस रहे हैं, "हमको माफ कर दो बाबू साहब, हमको माफ कर दो बाबू साहब। वह एक ही रट लगाए हुए है और रो रहा है...सिनेमा हॉल के अँधेरे में लोगों के हँसने से चिराग़ जल रहे हैं।

एक-दो गाना। सगीना और ललिता। दिलीप कुमार और सायरा बानो। शायद सगीना में यह जोड़ी पूरी तरह फ़िट है। सायरा ने ईंट का जवाब पत्थर से दिया है। सायरा बानो ललिता बन चुकी है जिसकी उँगलियाँ नर्म-नर्म नहीं हैं। विशाखा तो एक पूँजीपति की बेटी है और ललिता सगीना की सच्चाई और वीरता पर जान वार चुकी है।

लता की आवाज़। एस. डी. बर्मन का संगीत। मजरूह सुल्तानपुरी के गीत, सायरा बानो के नख़रे और दिलीप कुमार के झगड़े—

तुम्हारे संग तो रैन बिताई
कहाँ बिताऊँ दिन
रैन का सपना बीत गया
अब दिन में तारे गिन

सगीना पहाड़ में एक समारोह में भाषण दे रहा है, "वह कलकत्ते में दत्ता बाबू हैं ना, वो इधर बाबू साहब को भेजा। साला हम समझा हमको उल्लू बनाने आया है। लेकिन यह शरीफ आदमी है, गुड मैन। हम मज़दूर लोग सब एक हो जायेंगे। हमारी ताकत बढ़ जायेगी। हाँ कि ना...यह अंग्रेज़ का कम्पनी हमसे डरेगा। हाँ कि ना? हमारे ऊपर जुलम नहीं करेगा। एक होना पड़ेगा। हाँ कि ना?"

जिन लोगों ने मज़दूरों, किसानों, ट्रेड यूनियनों और वाम पंथ की पार्टियों के क्षेत्रीय स्तर की गोष्ठियों में जोशीले मज़दूर कारकुनों के भाषण सुने हैं वे सगीना महतो के भाषण सुन कर सही मानों में इसका मज़ा ले सकते हैं। ऐसे कई जोशीले कारकुन मज़दूरों की पार्टियों में मैंने देखे हैं जिनको सुन कर ऐसा प्रतीत होता है कि वे क्रान्ति के गले में हाथ डाल कर उसे खींचते हुए ले आयेंगे। सगीना महतो ऐसा ही एक जोशीला मज़दूर कार्यकर्ता है। वह बहादुर है और मज़दूर संगठन के नेता उसको पार्टी में शामिल करते हैं। उसका मान बढ़ता है। मज़दूर संगठन में फ़ासिज्म के संकेत बढ़ रहे हैं। मज़दूर संगठन में मज़दूरों के दुश्मन भी काम कर रहे हैं। ऐसे ही एक मज़दूर संगठन ने सगीना और मज़दूर एकता के साथ दुश्मनी की और कम्पनी के मिस्टर कनिंघम को कहा, "सगीना को अच्छा मकान दो, अच्छा खाना दो और अच्छा कपड़ा दो। बस, सगीना ख़त्म!"

मज़दूर संगठन के विरोधी ने घोषणा की, "मज़दूर के इतिहास में आज का दिन सुनहरे अक्षरों में लिखा जायेगा। आज हम वेल्फेयर अफसर का चुनाव करेंगे और वह कोई विदेशी आदमी नहीं होगा।" सगीना महतो को वेल्फ़ेयर अफ़सर बनाकर मज़दूरों की संगठन की पीठ में छुरा घोंप दिया गया। सगीना को एक बँगला दिया गया और सूट पहना दिया गया। सूट में उसका दम घुटता है और बँगले में उसको नींद नहीं आती। सूट पहन कर वह अपनी चाल भूल गया है।

वह सीढ़ियाँ उतरते हुए एक टीन के डिब्बे को अपने पाँव से ठोकर मारता है। बस्ती वालों के सामने सूट में चलते हुए उसे शर्म आती है। सगीना बस्ती वालों को पार्टी देता है। पार्टी में दारू चलती है। सगीना गाना गा कर अपने लोगों में खुश दिखता है—

साला मैं तो साहब बन गया
साहब बन के कैसा तन गया
जैसे कोई गोरा लन्दन का

सगीना ने लम्बी क़मीज़, वास्केट, कोट, मफ़लर और स्वेटर पहना हुआ है।

ये सूट मेरा देखो, ये बूट मेरा देखो
तुम लँगोटी वाला बदला है न बदले गा

सगीना के इस गाने और नाचने में दिलीप कुमार ने पात्र की आन्तरिक स्थिति को जिस प्रकार व्यक्त किया है वह मनुष्य की कल्पना में नहीं आ सकता। उसको बताना मुश्किल है। उसे सिर्फ़ महसूस किया जा सकता है।

मज़दूर संगठन की ट्रेजडी को कैसे कॉमेडी में बदला जा रहा है, किस प्रकार एक मज़दूर की शक्ति को षड्यन्त्र द्वारा नाकारा बनाया जा रहा है।

सगीना गाना ख़त्म होने पर अपने अपराध बोध पर क़ाबू पाने के लिए कहता है कि हर मज़दूर के पास, रशीद के पास, विक्रम के पास इतना ही शानदार मकान

होवेगा। उसका मतलब है कि मज़दूर लोगों के पास ऐसा अच्छा खाना होवेगा, हमारा बच्चा दवाई के बिना नहीं मरेगा, साला कौन करेगा ये? सगीना करेगा। अगर ऐसा नहीं करेगा तो उसको फाँसी दे देगा।

सगीना ट्रेन पर कलकत्ते पहुँचता है तो सगीना महतो ज़िन्दाबाद के नारे लगते हैं। विशाखा का बाप बड़ा पूँजीपति है। वह कहता है, हमारी बेटी को सोसलिज्म अपने बाप से ज्यादा प्यारा है। विशाखा सगीना को अपने घर ले जाती है। सगीना आलीशान मकान देख कर कहता है, तुम अमीर आदमी का बेटी है। फिर हम फ़ालतू लोगों के साथ क्यों घूमता है? विशाखा का बाप कमरे में आता है और सगीना का अपमान करके उसको ज़बर्दस्ती निकाल देता है। विशाखा अपने पिता को कहती है, मैं एक मामूली मज़दूर को पूँजीपति की शान दिखाने लायी थी। सगीना पूँजीपति की शान देखकर बस्ती वापस आता है तो सारी दुनिया ही बदल चुकी है।

सगीना शहर चला गया और बस्ती पर मुसीबत के पहाड़ टूट पड़े। कम्पनी वालों ने एक-एक से चुन-चुन कर बदला लिया। ललिता के साथ ज़बर्दस्ती की। ललिता सगीना को रोकती है कि बस्ती में न जाना। बस्ती वाले सगीना को ग़द्दार कहते हैं। सगीना बेईमान है। सगीना अकेला खड़ा है। लोग उसकी बात सुनने के लिए तैयार नहीं। लोगों की ताक़त का अकेले मुक़ाबला कौन कर सकता है। सगीना कहता है, "सगीना अगर बदल गया तो वह आदमी नहीं, गली का कुत्ता है। वह कुत्ता है साला। यही सगीना को तुम्हीं लोग कन्धे पर उठाए रहे। सगीना जिन्दाबाद, सगीना ज़िन्दाबाद के नारे लगाए। सगीना की पीठ में कौन चक्कू चलाया, सुनना होगा ऐ बाबू। जनता की अदालत में फ़ैसला होगा।"

लोगों की आवाज़ें आती हैं, "यह ख़ुद नहीं बोल रहा इसका पेट बोल रहा है। हमारे बच्चे भूखे मर रहे हैं। मारो साले को..."

बस्ती वाले भागते हुए आते हैं, 'मारो साले को' लोग सगीना को मारते हैं और पैरों तले कुचलते हुए चले जाते हैं। सगीना को ट्रेन की पटरी पर फेंक दिया जाता है। सारी बस्ती साथ छोड़ जाती है। कोई क्रान्तिकारी साथी भी पास नहीं। ललिता इस मुसीबत की घड़ी में सगीना को सहारा देती है। अनिल बाबू भी आता है, "मैं तुम्हारी तरह अकेला हूँ, मेरी तरफ़ दोस्ती का हाथ बढ़ाओ," सगीना इतने बड़े अनुभव से गुज़रने के बाद अब दोस्त और दुश्मन का फ़र्क़ समझ चुका है।

सगीना की कहानी लिखी है रूपादर्शी ने, जिसमें वर्ग में विभाजित समाज में मज़दूर संगठन का बोध और अध्ययन कहानी के प्लाट और घटनाओं से झलकता है।

निर्देशक तपन सिन्हा ने स्क्रीन प्ले खुद लिखा है। वह इस कोशिश में सफल है कि स्क्रीन प्ले Narrative शैली में हो। अधिक विस्तार को भी रोक रहे हैं और बहुत संक्षिप्त होने से भी बच रहे हैं। बड़ी सहजता और सीधे-सादे तरीके से वह कहानी सुनाते जा रहे हैं। उन्होंने सगीना के फैले हुए और असीमित पात्र पर सारी

ज़िम्मेदारी छोड़ दी है। वह ख़ुद जो कुछ चाहता है, करता चला जाता है। सगीना एक फ़ित्री Natural इनसान है और उसको बदलने और रोकने वाले फ़ास्ट उसके गिर्द मौजूद हैं। एक ओर कम्पनी के विदेशी मालिकों से उसकी लड़ाई है तो दूसरी ओर मज़दूर संगठन के ग़द्दारों के बीच वह फँस गया है और उसको इन लड़ाई-झगड़ों में समय ही नहीं मिलता कि एक-दो घड़ी ललिता के पास बैठ कर प्यार की बात भी कर ले। सगीना को ज़बान दी है राही मासूम रज़ा ने और उन्होंने संवाद लिखने का हक़ अदा कर दिया है।

मज़दूर संगठन, वामपंथियों, ट्रेड यूनियन के आन्दोलन में यह बात हमारे अनुभव का भाग है कि फ़ासिस्ट तत्त्वों ने विचारों के बजाय अपनी निजी ख़्वाहिश और अपनी मर्ज़ी को ठूँसने की कोशिश में मज़दूर संगठन और जनता के मफ़ाद को नुक़सान पहुँचाया है। मैं तो यह समझता हूँ की कम्युनिस्ट पार्टी के स्तर तक ऐसा होता रहा है कि कम्युनिस्टों के अन्दर बड़े-बड़े स्टालिनिस्टों ने जो अन्ततः अत्याचारी डिक्टेटर बन जाते हैं, वैसे ही फ़ैसले करते रहे जो फ़िल्म 'सगीना' के कुछ क्रान्तिकारियों फ़ासिस्टों ने किये। उपमहाद्वीप कितने अनगिनत जोशीले कार्यकर्ता की शक्ति, हिम्मत और बहादुरी को बेकार बनाकर जनवादी क्रान्ति का रास्ता रोक दिया है।

सगीना के साथ जो कुछ हुआ, कलकत्ता से लेकर पेशावर तक हज़ारों-लाखों क्रान्तिकारी नौजवानों की अपनी-अपनी ज़िन्दगी का कड़वा अनुभव है। वामपंथ की बेरहम डिक्टेटरशिप ने हज़ारों नौजवानों को सगीना की तरह अपने मफ़ादात के लिए प्रयोग करके केले के छिलके की तरह फेंक दिया है।

राही मासूम रज़ा ने सगीना को जो भाषा दी है वह उनके गहरे वर्गिये और क्रान्तिकारी चेतना का नतीजा है। सगीना दो-टूक बात करता है। उसकी बात सीधी-सादी और निर्णायक है।

स्वनिर्मित क्रान्तिकारी कहता है, "बुज़दिल सगीना ने डाईनामाइट को काटकर हिन्दुस्तान के करोड़ों मज़दूरों के इन्क़िलाब को दस साल पीछे छोड़ दिया है। फ़ैक्टरी को उड़ा देना हमारा नेम (लक्ष्य) था। वह ग़द्दार है। विश्वासघाती है। मैं जनता की तरफ़ से यह फ़ैसला करता हूँ कि सगीना की सज़ा मौत है।"

अमल बाबू विरोध करता है, "बन्द करो यह नाटक। मैं ज़िन्दगी भर कठपुतली की तरह तुम्हारे इशारों पर नाचता रहा। तुम हो कौन? अपने आप को क्या समझते हो? अनिल बाबू, तुम्हें अपने अलावा किसी की परवाह नहीं, तुम एक ज़ालिम और बेरहम डिक्टेटर हो, अत्याचारी हो। तुम्हें अपनी ग़रज़ और मतलब के सिवा किसी की परवाह नहीं है। सारी दुनिया में तुम जैसे फ़ासिस्टों के ख़िलाफ़ जंग हो रही है। समाजवाद का नारा लगा कर दरअसल तुम अपना राज क़ायम करना चाहते हो।

फ़ासिस्ट भयभीत होता है। अनिल बाबू गोली चला कर अपने क्रान्तिकारी साथी अमल बाबू को ख़त्म कर देता है। सगीना के हाथों में उसका क्रान्तिकारी दोस्त मर रहा है।

सगीना कहता है, "बाबू, नहीं बाबू ये लड़ाई अभी ख़त्म नहीं हुई। जान की बाज़ी लगा कर लड़ेंगे। हमको रास्ता दिखाना होगा। आख़िरी जीत तुम्हारी है।"

एक फासीवादी ने एक सच्चे क्रान्तिकारी साथी को गोली मार दी। क्रान्ति की चेतना का यह वह क्षण है जब बाक़ी सारे क्रान्तिकारी बन्दूक़ें फेंक देते हैं। फासीवाद अपनी मौत आप मरता है। सगीना ने बचपन से एक ही पाठ पढ़ा था, मारना और पीटना। वह अपने ख़ाली हाथों से एक बेरहम फ़ासिस्ट को मारता है। अनिल बाबू विशाखा की गोली से मरता है। पत्ते गिरते हैं। एस. डी. बर्मन की आवाज़ सहारा देती है। अँधेरे हॉल में रोशनी होती है लेकिन दिल के किसी कोने में सगीना महतो की आवाज़ का चिराग़ जलता रहता है।

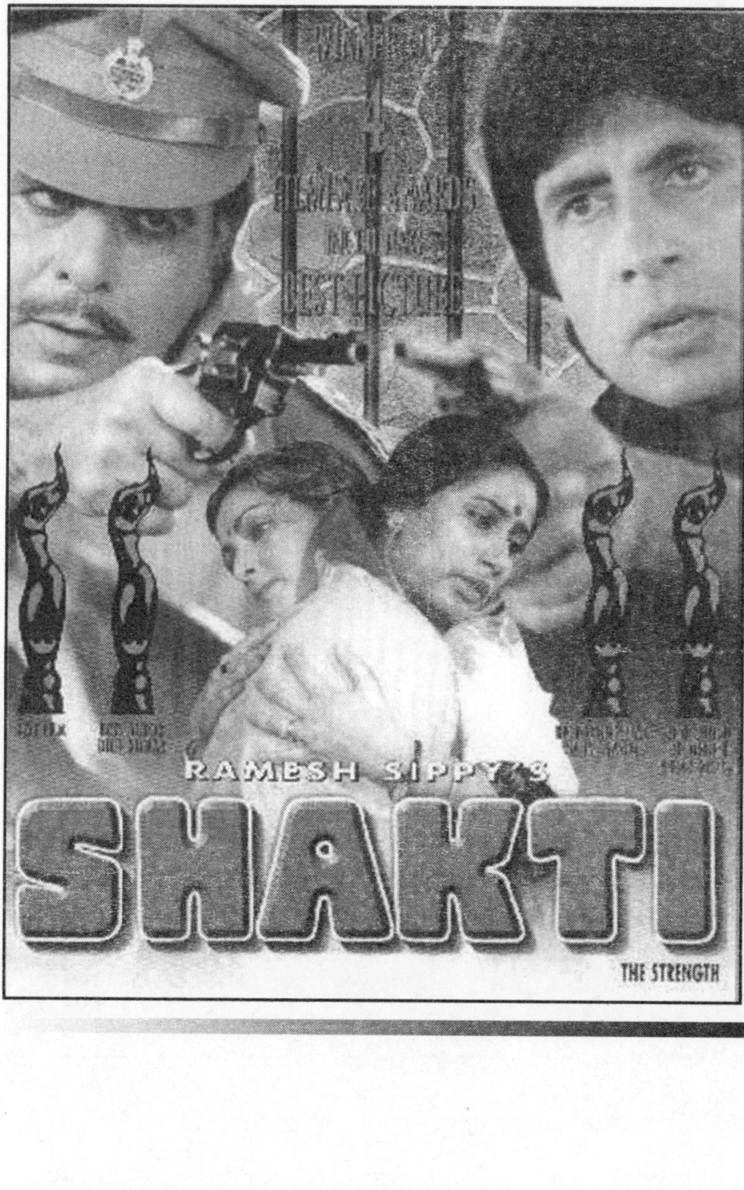
BEST PICTURE
RAMESH SIPPY'S
SHAKTI
THE STRENGTH

शक्ति

"हाथ तो गर्म हैं। डॉक्टर, हाथ तो गर्म हैं। अगर कुछ हो जाता तो हाथ तो गर्म न होते डॉक्टर! आप लोग तो कुछ भी कह देते हैं। कुछ भी नहीं हुआ मेरी बीवी को। शीतल, आँखें खोलो। विजय से मिलना चाहती हो न, मैं जाके लाऊँगा उसको तुम्हारे पास। जी भर के बातें कर लेना उससे, तुम्हारी सुनेगा। मेरी नहीं सुनेगा, शीतल। मैं तुम्हारे बिना नहीं रह सकता। शीतल, मेरी जान।"

यह आदमी, जो अभी अपनी बीवी के हाथ चूम रहा था, रो रहा था, उसके साथ बातें कर रहा था—जानता था कि वह मर चुकी है। हाथ गर्म हों तो मौत का विश्वास कैसे आयेगा? डॉक्टर की बात का विश्वास कैसे हो? आँखें सामने हो तो कोई कैसे मान ले कि शीतल आँखें नहीं खोलेगी। उसने कहा—"नहीं, शीतल, नहीं। मेरे साथ ऐसा नहीं करना। मेरी जान। तुम चली गयी न तो मेरे पास कुछ भी नहीं रहेगा। कुछ भी नहीं रहेगा।"

इस आदमी ने अभी एक हॉल जैसे कमरे में प्रवेश किया था। उसके सामने स्ट्रेचर पर उसकी बीवी थी। वह क़दम उठा रहा था। उसके आगे उसका साया था। साया भी काँप रहा था। आदमी भी लरज़ रहा था। क़दम नहीं उठते थे। इतनी कम दूरी कितनी लम्बी हो गयी थी। परछाईं आगे है, आदमी पीछे है। परछाईं को जल्दी है कि वह आगे बढ़ कर शीतल को गले से लगाए, आदमी को डर है कि कहीं वह मर ही न चुकी हो...साया जल्दी में है। आदमी देर करना चाहता है। यह वह आदमी है जो सारी ज़िन्दगी सच के रास्ते पर चला। उसके क़दम नहीं उठ रहे हैं, उसकी आँखों में आँसू हैं और उसके हाथों में मौत का हाथ है।

मौत का यक़ीन कभी नहीं आता, ज़िन्दगी से ज़्यादा बेयक़ीनी चीज़ कोई नहीं। यह आदमी जो अभी हमारी आँखों के सामने अपनी पत्नी का हाथ थामे हुए खड़ा था, उसने अपने दो-चार वाक्यों और शब्दों और अपने लहजे, अपनी आवाज़, अपने हाथों, अपने चेहरे के भावों और अपने चेहरे के एक-एक Gesture से हमें मौत के बारे में बहुत से प्रश्नों पर सोचने पर मजबूर कर दिया। ज़ाहिर है कि यह जीवन का मसला है।

मौत का विश्वास न होना और जीवन का अविश्वसनीय रहना—इन दो तथ्यों के बीच ही तो गुज़री है उसकी सारी ज़िन्दगी। कभी उसने मौत का हाथ चूमा, कभी मौत ने उसका हाथ चूमा, कभी उसकी ज़िन्दगी को मौत ने अपनी बाँहों में लिया—जितने भी तरीक़े हैं बाँहों में लेकर प्यार करने, चूमने और गले लगाने के, वह मौत ने उसके जीवन में प्रयोग किये। कभी वह ख़ुद मरा, कभी कोई उसके हाथों में मरा। वह ख़ुद मरा तो इस अन्दाज़ से कि मौत का विश्वास दिलाया गया, कोई और मरा उसके हाथों में तो उसकी मौत पर सबको शक में डाल गया।

हाथ तो गर्म हैं। शीतल तो सामने पड़ी है। वर्षों बीतने के बाद भी यह गुमान, यह वहम, यह ख़याल रहता है कि हाथ तो गर्म थे, शायद वह ज़िन्दा ही न हो। अपने प्यारों की मौत का विश्वास ही कब होता है?

किसी भावना को इतना तीव्र और इतना गहरा बना देना कि मौत पर भी ज़िन्दगी का आभास हो तो ऐसा उस वक़्त होता है जब कोई दिलीप कुमार के हाथों में मरे!

मौत का हाथ चूमना, मौत को चूमना, यह आसान काम नहीं, मरने से अधिक मुश्किल है। मौत आ रही होती है, वह मौत को रोक रहा होता है। वह मौत को आने से इस प्रकार रोकता है, मना करता है, जिस प्रकार नन्हे बच्चे को किसी बात से मना किया जाये। "ना, नहीं, शीतल नहीं। मेरे साथ ऐसा ना करना।"

नन्हा बच्चा तंग करने से बाज़ नहीं आता। वह उसको थपकी देता है। बच्चा और तंग करता है। मौत और क़रीब आती है। वह जेब से टॉफ़ी निकाल कर देता है। बच्चा कुछ देर के लिए बहल जाता है। मौत कुछ देर के लिए बहल जाती है। बच्चा ज़िद करने लगता है। मौत और क़रीब आती है। बच्चे की ज़िद के आगे हथियार फेंकने पड़ते हैं। मौत के सामने कितनी देर तक ज़िद की जा सकती है? आख़िर हथियार फेंकने पड़ते हैं।

मौत से लड़ने-मरने, इनकार करने, ज़िद करने, बात मनवाने के इस सारे कार्य में दिलीप कुमार का रवैया बिलकुल इस तरह होता है, जैसे वह किसी बच्चे को मना रहा है, उसकी ज़िद पूरी कर रहा है...वह मौत से कहता है, न...जैसे कोई बच्चे को कहता है, न...बच्चा ज़िद करता है, जेब से टाफ़ी निकाल कर उसको दी जाती है मौत ज़िद करती है, वह उसका हाथ चूम लेता है। न मौत मानती है और न ज़िद्दी बच्चा।

यह सारा काम बड़ा subtle, बड़ा नाज़ुक और तक़रीबन असम्भव है।

दिलीप कुमार की सारी कला में एक बच्चा तो शुरू से है। वह ख़ुद भी बच्चे की तरह है। मासूम, नाज़ुक, ज़िद्दी, भोला-भाला, अपनी बात पर अड़ जाने वाला या कभी-कभार बात मान लेने वाला। मोहब्बत भी उसने बच्चे की तरह की। मौत को भी बच्चे की तरह मनाया कि यह अपनी शीतल है, ये धन्नो है, ये फुल्वा है, ये कामिनी है, ये मंजू है, ये बेला है, ये जुगनू है और न जाने किस-किस ने उसके हाथों में दम

तोड़ा, और खुद कभी पारो के घर के दरवाज़े पर और कभी नैना की गोली से मरता है।

अभी कुछ दिन पहले उसने मरने वाली से कहा था। "मैं अपना दुःख बर्दाश्त कर सकता हूँ। लेकिन मेरे कारण तुम्हें कोई दुःख पहुँचे, ये कभी सोच भी नहीं सकता। मैं जानता हूँ मैंने ज़िन्दगी में तुम्हें कभी सुख नहीं दिया। लेकिन मेरे पास जो भी है, वो तुम्हारे लिए है। और सिवाय इस ग़ुरूर के मेरे पास है ही क्या कि ज़िन्दगी में कभी बेईमानी नहीं की, कभी अपने फ़र्ज़ से मुँह नहीं मोड़ा। कभी अपने ज़मीर की आवाज़ को दबाया नहीं लेकिन अगर इस ग़ुरूर के टूटने से तुम्हारा दुःख कम हो सकता है शीतल, तो ठीक है। मैं वही करूँगा, जो तुम चाहोगी।"

शीतल ने मुड़ कर उसकी ओर देखा था और कहा था : "मैं ये नहीं चाहती। मैं ये नहीं चाहती कि मेरी ख़ातिर आप अपनी नज़रों में गिर जायें। मैं तो सिर्फ़ इतना चाहती हूँ कि किसी तरह हमारा बेटा हमारे पास वापस चला आये।"

बेटा वापस आता है। सामने माँ है। एक तरफ़ दीवार से लग कर बाप बैठा हुआ है। रोमा खड़ी है। बहुत-से और लोग भी हैं। ऐसा पहली बार हुआ है कि बेटा आया है और किसी ने आवाज़ नहीं दी। बेटा ख़ामोश है। बाप भी ख़ामोश है। रोमा भी ख़ामोश है और जो हर वक़्त बातें करती रहती थी, आज वह भी ख़ामोश है। बेटा माँ के पास आता है। उसके माथे पर हाथ रखता है। वह बाप के क़रीब आता है। उसके सामने बैठता है। अपना हाथ बाप के हाथ पर रखता है। दोनों की आँखों से आँसू बह रहे हैं। बाप अपना चेहरा मोड़ लेता है। उसके पास सिवाय ग़ुरूर के है ही क्या?

वक़्त ख़त्म होता है। बेटा उठता है। रोमा के पास रुकता है। आहिस्ता-आहिस्ता क़दम उठाता हुआ वह कमरे से बाहर के दरवाज़े की ओर जाता है। दरवाज़े में रुकता है। मुड़ कर देखता है। यह बेटे की माँ से अन्तिम मुलाक़ात है।

आधे प्रकाशित कमरे में एक दिन वे दोनों बातें कर रहे थे।

"चलिए, सो जाइये।

चलो, मैं अभी आता हूँ।"

वह उसके क़रीब आकर बैठती है। वह उसको कहता है,

"तुम्हारा बेटा खो गया।"

"नहीं।"

"खो गया है तुम्हारा बेटा। य सब कैसे हुआ, कौन-सी कमी रह गयी हमारे प्यार में, क्या भूल हुई हमसे—मेरी समझ में नहीं आता। लेकिन जो लोग आज मेरी आँखों के सामने से उसे ले गये तो मुझे लगा कि किसी ने मेरे बेटे के दाम लगाए और दाम लगा कर उसको ख़रीद लिया। उन्होंने मेरे बेटे को ख़रीद लिया और मैं देखता रहा शीतल। कुछ नहीं कर सका।"

एक आदमी और एक औरत। पति-पत्नी, माँ-बाप। अपने बेटे के खो जाने पर रोशनी और अँधेरे में खोये हुए हैं। एक-दूसरे से आँखें नहीं मिलाते। वह अचानक

झुक कर अपनी बीवी के कन्धे पर सर रख देता है। वह उसको थाम लेती है।

माँ, बाप और बेटा।

राखी, दिलीप कुमार और अमिताभ बच्चन।

शक्ति–मुशीर-रियाज़ ने बनायी, निर्देशक रमेश सिप्पी। कहानी, परिदृश्य और संवाद सलीम-जावेद ने और गीत आनन्द बख़्शी ने लिखे। संगीत आर. डी. बर्मन ने तरतीब दिया।

आज हस्पताल के कमरे में वह अपनी पत्नी का हाथ थामे हुए है, मौत का हाथ। कभी हस्पताल के कमरे में वह फूल लेकर आया था और उसने अपनी पत्नी को कहा था, "पहले तुम्हें जी भर के देख लें।" फिर वह बेटे को देखता है।

कितना ख़ुश है बाप! कहता है "बहुत ही छोटा है। ठीक तरह से दिखायी भी नहीं देता" वे दोनों बच्चे को pram में लेकर बाग़ में घूम रहे हैं।

'...माँगी थी एक दुआ
जो क़बूल हो गयी...'

बच्चा स्कूल पढ़ने जाता है। बाप अगर डिप्टी कमिश्नर ऑफ़ पुलिस हो तो बच्चे के बारे में यह ख़बर शहर के स्मगलर भी जानते हैं। शहर का एक बड़ा स्मगलर जे.के. अपने साथी यशवन्त को छुड़ाने के लिए डी.सी.पी. साहब के बेटे का अपहरण कर लेता है।

"हेलो डैडी!"

"हाँ बेटा! मैं डैडी बोल रहा हूँ।"

"मुझे बचा लो। मुझे बचा लो डैडी।"

"हाँ मैं हूँ ना। घबराओ मत बेटे। मैं कुछ नहीं होने दूँगा अपने विजय को।"
"ये मुझे मार डालेंगे।"

एक आदमी काँपते हुए स्वर और लाचारी में खड़ा होने के लिए दीवार का सहारा लेता है।

माँ पूछती है "किसका फ़ून था?"

"कमाल करती हो? किसी का फ़ून आ गया और तुम मान गयीं? कुछ नहीं हुआ और कुछ नहीं होगा अपने विजय को। कुछ बदमाश हमारे बेटे को उठा ले गये हैं।"

"वो क्या चाहते हैं?"

"अपने बेटे को बचाने के लिए एक ऐसे मुजरिम को छोड़ दूँ जो मेरी हिरासत में है।"

माँ चीख़ती है। रोती है।

"शीतल तुम ऐसे हिम्मत हार जाओगी तो कैसे चलेगा?"

वह अपनी पत्नी के पास बैठता है।

"मेरी बात सुनो। भगवान है कि नहीं। है ना? सब कुछ ठीक हो जाएगा।"
वह उसको अपने गले से लगाता है।

जे.के कहता है, "बस आधे घण्टे में पता चल जायेगा कि तुम्हारा बाप तुमसे कितनी मुहब्बत करता है। इसलिए कि अगर वो वाक़ई तुम्हें ज़िन्दा देखना चाहता है तो हमारी शर्त मानने से इनकार नहीं कर सकता। तुम्हारा क्या ख़याल है? तुम तो अपने बाप के इकलौते बेटे हो। तुम्हें बचाने के लिए हमारी बात मान जायेगा।" एक स्मगलर ने बच्चे के दिमाग़ में बहुत बड़ा सवाल डाल दिया है।

बाप इनकार कर देता है, "यशवन्त एक मुजरिम है और मैं मुजरिम को नहीं छोड़ सकता। हाँ, जानता हूँ, मेरे बेटे की ज़िन्दगी इस वक़्त तुम लोगों के हाथों में है। कर दो उसका ख़ून। मार डालो उसे। लेकिन मैं अपने फ़र्ज़ से बेईमानी नहीं करूँगा। तुम लोगों से जो बन पड़े, कर लो। सुनते हो? जो बन पड़े, कर लो। लेकिन मैं यशवन्त को नहीं छोड़ूँगा।"

बाप की आवाज़ बच्चे को सुनाई जाती है। ये message है। बाप का अपने बेटे के लिए message। हर इनसान के जीवन में एक message तो होता है—बच्चा ये बात सुन कर जे.के. जैसे स्मगलर के अड्डे से भागता है। उसने बचपन में भागना सीखा था। वह भागने में कामयाब हो गया था। वह सारी ज़िन्दगी भागता रहा।... बचपन से उसके दिमाग़ में टेपरिकॉर्डर का message चल रहा था।

'कर दो उसका ख़ून। मार डालो उसे। लेकिन मैं अपने फ़र्ज़ से बेईमानी नहीं करूँगा।'

बच्चा घर पहुँचता है। वह सोया हुआ है। बाप उसका माथा चूमता है। वह आँखें खोलता है। वह अकेला स्कूल चला जाता है। स्कूल से अकेला घर आता है। उसने अकेले ज़िन्दा रहना सीख लिया है।

बच्चा अपने बाप का message सुनते-सुनते जवान हो गया।

समुद्र के किनारे एक ख़ाली कैन को अपने पाँव से ठोकर मार कर वह चलता हुआ जा रहा है। उसने अपनी पतलून की जेब में हाथ डाले हुए हैं। वह सोच में खोया हुआ है। वह गम्भीर है। वह नाराज़ है।

यह नयी नस्ल का हीरो है। उसका नाम है—अमिताभ बच्चन।

यह व्यक्ति नाराज़ है और लम्बा भी। ऐसा प्रतीत हो रहा है कि उसकी नाराज़गी लम्बी हो रही है। यह जितना लम्बा है, उतना ही नाराज़ है। उसका फैला हुआ लम्बा और चौड़ा शरीर सारा-का-सारा नाराज़ नज़र आता है। यह रोल कोई छोटे क़द का असरानी या मुकरी की तरह का कोई आदमी इतने पुरज़ोर तरीक़े से कर ही नहीं सकता था। अमिताभ को देख कर यह बात शिद्दत के साथ महसूस होती है कि नाराज़ होने के लिए लम्बा होना भी ज़रूरी है।

मैंने 'नाराज़ नस्ल' के शीर्षक से अपने एक लम्बे लेख में अमिताभ बच्चन की नाराज़गी का विस्तार से विवरण किया था। वह Angry young man symbol प्रतीक है। और यही मेरी किताब का विषय है जिसमें नौजवानों के जीवन की उद्देश्यहीनता को समझने की कोशिश की गयी है।

पूरी दुनिया के नौजवानों की नस्ल नाराज़ है। यह किसी एक घर या देश की बात नहीं, हर घर-हर देश की कहानी है। 1968 में फ्राँसीसी छात्रों की बग़ावत सदियों पुराने आक्रोश का क्लासिक उदाहरण थी। उपमहाद्वीप के नवयुवकों के एहसास और भावनाओं का अमिताभ ने बहुत सुन्दर ढंग से चित्रण किया है।

अमिताभ को सलाम–

A tall man is never his own man till he be angry.

उपमहाद्वीप और तीसरी दुनिया के गुलाम लोगों की नयी नस्ल अपने बाप-दादा के ऐसे ही वाक्यों को सुन कर जवान हुई है कि जैसे वाक्य उस बच्चे ने सुने।

जब कभी हमें कोई नौजवान गली या सड़क पर चलते हुए किसी कंकर या ख़ाली डिब्बे को अपने जूते से ठोकर मारता हुआ नज़र आता है तो उसके दिमाग़ में अपने बाप-दादा के ख़िलाफ़ गुस्सा गर्म दूध की तरह उबल रहा होता है या उसके दिल में नफ़रत की आग जल रही होती है।

अमिताभ नयी नस्ल का हीरो है और नयी नस्ल नाराज़ है।

दिलीप कुमार पुरानी नस्ल का हीरो है, पुरानी नस्ल उदास थी।

नस्लों की उदासी...नस्लों की नाराज़गी में ढल गयी है...।

कोई शान्त नस्ल कब आयेगी?

अमिताभ 'शक्ति' का विजय है। वह ट्रेन में सवार होता है। बचपन से जवानी तक का सारा गुस्सा वह उन तीन गुण्डों पर निकाल देता है जो एक अकेली लड़की को तंग कर रहे होते हैं।

विजय की मुलाक़ात रोमा से होती है।

वे दोनों एक सड़क पर चलते हुए एक घर के सामने खड़े हैं।

"आप अकेली रहती हैं। अकेले आती-जाती हैं तो डर नहीं लगता?"

"जब अकेली होती हूँ तो सिर्फ़ मैं होती हूँ और अपने-आप से क्या डरना?"

"मुझे तो सिर्फ़ अपने-आप से ही डर लगता है।"

"आप भी अकेले रहते हैं?"

"हाँ, आदमी दूसरों के साथ रह कर भी तो अकेला रह सकता है।"

अमिताभ की यह बात सुन कर सग़ीर जलाल का एक शे'र याद आ गया–

मैं ढूँढता हूँ कि साथी कोई मिले ऐसा
जो मेरे साथ रहे और मैं रहूँ तन्हा

"आप करते क्या हैं? मेरा मतलब है, काम क्या करते हैं।"

"देखिए, हमारे देश में काम ढूँढना भी एक काम है। आजकल यही करता हूँ।"

"ये है मेरा घर। मैं कॉफ़ी बहुत अच्छी बनाती हूँ।"

"फिर कभी।"

वह घर में चली जाती है। वह वापस चला जाता है।

नाराज़ बच्चा है। इतनी जल्दी किसी की बात नहीं मानेगा।

इस सीन में स्मिता पाटिल को देख कर हमने उसका नाम कॉफ़ी वाली रख दिया था।

डिप्टी कमिश्नर पुलिस की वर्दी में दिलीप कुमार कैसा वक़ार वाला, रोबदार और ख़ूबसूरत नज़र आता है। वह एक प्रसिद्ध स्मगलर जे.के. वर्मा को पुलिस स्टेशन बुलाता है।

दिलीप कुमार और अमरीश पुरी।

स्मगलर कहता है, "मेरा वक़्त बहुत क़ीमती है।"

पुलिस ऑफ़िसर कहता है, "ठीक कहते हो, तुम्हारा वक़्त बहुत क़ीमती है। जो चीज़ इनसान के पास कम होती है वह बहुत क़ीमती होती है और वक़्त तुम्हारे पास कम है जे.के. वर्मा। अगर ये धन्धे जल्दी बन्द न हुए तो बहुत जल्द क़ैदख़ाने की सलाख़ों के पीछे होंगे। मैंने यही वार्निंग देने के लिए तुम्हें बुलाया था। अब तुम जा सकते हो।"

डी.सी.पी. साहब घर पर हैं, अपनी पत्नी से कहते हैं–

"बरख़ुर्दार की सूरत ही दिखायी नहीं देती। उसकी नौकरी का कुछ हुआ?"

"तुम पूछो ना, तुमसे खुल कर बात करेगा।"

"शीतल, आख़िर एक ही तो बेटा है हमारा..."

वह शीतल के कन्धे पर हाथ रखता है।

बाप और बेटा–दरिया के दो पाट हैं जो आपस में कभी नहीं मिलते। उन दोनों किनारों पर पुल बनाने के लिए एक माँ है, जो पुल बना-बना कर उनको मिलाने की कोशिश करती रहती है। वह बेटे को मनाती रहती है। बाप और बेटा दूर होते रहते हैं।

विजय के ख़िलाफ़ पुलिस स्टेशन में लड़कों को बुरी तरह मारने के लिए रिपोर्ट लिखवाई गयी है। माँ कहती है विजय घर पर है। बाप कहता है, ये घरेलू बात नहीं है। हर बात का एक उसूल एक क़ायदा होता है।

बेटा कहता है, "माँ, तुम को ज़बर्दस्ती किसी की तरफ़ से सफ़ाई देने की ज़रूरत नहीं। उन्होंने पुलिस स्टेशन बुलाया है तो इसलिए नहीं कि उन्हें मेरी फ़िक्र है, सिर्फ़ इसलिए कि कल कोई सुने तो कहे कि वाह साहब, वाह! डी.सी.पी. साहब ने अपनी नौकरी के सामने न किसी को समझा और न समझेंगे। पुलिस ऑफ़िसर हो तो ऐसा हो..."

माँ कहती है, "विजय, वो तुम्हारे दुश्मन नहीं हैं।"

विजय कहता है, "बड़ी मेहरबानी है, एक बाप अपने बेटे का दुश्मन नहीं है। बेटे के लिए इससे बड़ी बात और क्या हो सकती है?"

पुलिस स्टेशन में बाप और बेटा आमने-सामने हैं।

बाप कहता है। यह बाप दिलीप कुमार है।

"क़ानून के बारे में अगर तुम इसी तरह सोचोगे जिस तरह कि तुम सोच रहे हो तो हो सकता है कि आज नहीं तो कल, किसी मुश्किल में पड़ जाओ। ये बात याद रखना।"

बेटा कहता है। यह बेटा अमिताभ बच्चन है।

"मैं आपकी ये बात भी याद रखूँगा।"

बाप और बेटा आमने-सामने हैं। दो नस्लें आमने-सामने हैं। दोनों के बीच ग़लतफ़हमियों की एक ऊँची दीवार है। दोनों के बीच Miscommunication है, Disinformation है।

माँ कोशिश करती है कि दोनों के बीच की ग़लतफ़हमी दूर हो। ग़लतफ़हमी की नींव बहुत मज़बूत और गहरी है। बचपन में जो बात मस्तिष्क में बैठ जाये फिर वह ज़िन्दगी भर नहीं निकलती...

"तुम्हें तो दुनिया में किसी की ज़रूरत नहीं। मेरी भी ज़रूरत नहीं।

"ज़रूरत क्यों नहीं माँ। तुम्हारी तो मुझे बहुत ज़रूरत है।"

"इन्टरव्यू देने जा रहा हूँ।" वह माँ के पाँव छूता है।

के.डी. नारंग के कहने पर उसको होटल में नौकरी मिल जाती है।

रोमा...कॉफ़ी वाली लड़की होटल में गाना गा रही है।

"...हमने सनम को ख़त लिखा, खत में लिखा
ऐ दिलरुबा, दिल की गली, शहरे वफ़ा..."

गाने के बाद वे दोनों दिल की गली से गुज़र रहे हैं।

"मैं सचमुच बहुत अच्छी कॉफ़ी बनाती हूँ।"

"आप बहुत थकी हुई हैं और रात भी बहुत हो गयी है। फिर सही..."

नाराज़ बच्चा आहिस्ता-आहिस्ता मानेगा।

बाप नाराज़ है कि बेटे ने एक स्मगलर के.डी. नारंग के होटल में नौकरी कर ली है। वह कहता है–

"क्या तुम इतने गये-गुज़रे हो कि तुम्हें कहीं किसी ऐसी जगह नौकरी नहीं मिलेगी जहाँ बेईमानी के ये धन्धे न होते हों?"

बेटा कहता है, "ऐसी जगह इस दुनिया में मिलना तो मुश्किल है। इसलिए कि जिस जगह आप इतने बरसों से काम कर रहे हैं, थोड़ी-बहुत बेईमानी तो वहाँ भी होती है।"

"अच्छा हुआ तुम आ गयीं। ज़रा सुन लीजिए साहबज़ादे किस क़ाबलियत की बातें कर रहे हैं। अभी तो मामूली-सी नौकरी दी है उस बदमाश ने, और उनकी वफ़ादारी का ये आलम है कि उसके ख़िलाफ़ एक बात तक सुनने के लिए तैयार

नहीं हैं। अगर वो कोई एहसान कर दे तो वो तुम्हारे लिए बाप से भी बढ़ कर हो जायेगा।"

खुली हुई शर्ट के बटन वाला यह नौजवान अपने बाप से कहता है, "उसका बहुत बड़ा एहसान है मुझ पर, क्योंकि उस बदमाश ने मेरी ज़िन्दगी उस वक़्त बचायी जब मेरे अपने बाप ने मेरी ज़िन्दगी बचाने से इनकार कर दिया था।

आज दरिया के दोनों किनारों से पानी उछल कर बाहर निकल रहा है। सैलाब में पुल गिरने का ख़तरा बढ़ जाता है। माँ ने अभी तक कमज़ोर पुल को सहारा दे रखा है। वह कहती है,

"होश में आ कर बात कर बदतमीज़..."

बाप दो-तीन बार आँखें झपकाते हुए, और सात क़दम एक वक़्त में चलते हुए बेटे के क़रीब आता है, "इस बात का अफ़सोस नहीं कि तुमने मुझसे बदतमीज़ी की। अफ़सोस है कि तुम्हारे ख़यालात कितने ग़लत और घटिया हैं।"

उँगली के इशारे से चेतावनी देते हुए, लेकिन माँ पहले बोल पड़ती है,

"अब जाने भी दीजिए!"

"शीतल, जब मैं बोल रहा हूँ तो बीच में मत बोलो।"

बेटे का कन्धा है। बाप सामने खड़ा है। High Angle Shot है।

"विजय, या तुम उस आदमी के साथ काम करोगे या फिर इस घर में रहोगे।"

"मैं इस घर से जा रहा हूँ।"

माँ का क्लोज़अप।

बाप कमर पर हाथ रख कर खड़ा है।

वह चला जाता है।

सैलाब में दरिया के दोनों किनारे डूब गये...पानी पुल के ऊपर से गुज़र गया।

इनसानी रिश्ते, इनसानी सम्बन्ध, इनसानी लगाव—सब कुछ घास-फूस, लकड़ी के बेकार टुकड़ों और फटे-पुराने कपड़े की तरह बह गया। कुछ बाक़ी नहीं रहा।

बाप की आशा, माँ की आरज़ू, बेटे की चाहत—सब हालात के सैलाब में बह गयी।

शहरे वफ़ा में दिल की गली से गुज़रते हुए एक दिन कॉफ़ी वाली लड़की आवाज़ देकर रोकती है। "ये सामान लेकर कहीं से आ रहे हैं, या कहीं जा रहे हैं?"

"आ तो रहा हूँ अपना घर छोड़ कर, जा कहाँ रहा हूँ ये मालूम नहीं"

कॉफ़ी वाली लड़की तो न जाने कब से कॉफ़ी पिलाने की दावत दे रही थी। नाराज़ बच्चा अब उसके पास रहने के लिए घर से अटैची केस भी उठा लाया है।

स्मिता पाटिल नाराज़ बच्चे का हुलिया न्यूज़ बुलेटिन के अन्दाज़ में सुनाती है।

अमरीशपुरी जे.के. वर्मा है। अपने पेशे का माहिर। जब भी बात करता है, सोच-समझ कर करता है।

"इस शहर के डी.सी.पी. का बेटा एक स्मगलर का बॉडीगॉर्ड है।"

जे.के. वर्मा अपने रास्ते की रुकावटों को हटाने के लिए प्लान बनाता है।

"विजय को रास्ते से हटाना, डी. सी. पी. साहब की पोज़ीशन ख़राब होगी और कल तक हमारे टुकड़ों पर पलने वाला के.डी. नारंग भी ख़त्म कर दिया जायेगा।"

बेटा तो घर छोड़ कर चला गया। माँ ढूँढती हुई उसके पास आती है।

"मैं तो जाहिल हूँ तुम बाप, बेटे बहुत समझदार हो। जब से आये हो, दस-दस बार दफ़्तर से फ़ोन आते हैं। कुछ पूछना चाहते हैं लेकिन पूछते नहीं।" माँ, बेटे को घर वापस चलने के लिए कहती है। बेटा वादा करता है। वे दोनों गले मिलते हैं और दोनों नहीं जानते कि वे अन्तिम बार गले मिल रहे हैं।

बेटा घर आता है। उसके साथ उसका दुर्भाग्य भी आता है। वह अन्दर आता है। बाप के चेहरे पर बेटे को देख कर एक भाव प्रकट होता है, वह शब्दों में व्यक्त नहीं किया जा सकता। उस भाव का कोई चित्र भी नहीं बनाया जा सकता। इस भाव की पेंटिंग की जा सकती है और यह पेंटिंग कोई नहीं बना सकता। चेहरों की painting बनाने वाला एक ही painter है।

दिलीप कुमार।

"विजय!" बाप अन्दर कमरे में प्रवेश करते हुए कहता है। दोनों की निगाहें बात करती हैं। दोनों के होंठ ख़ामोश हैं। बाप आगे बढ़ता है लेकिन यह थोड़ी-सी दूरी कभी ख़त्म नहीं होती।

दुर्भाग्य दरवाज़े पर दस्तक देता है।

"क्या बात है सुधाकर?"

"वारण्ट आया है। गणपत राय नाम के एक आदमी के ख़ून का इल्ज़ाम है।"

वारण्ट पढ़ते हुए वह कहता है। "लेकिन मैंने तो ये ख़ून नहीं किया। ममा मैंने किसी का ख़ून नहीं किया। मैं तुम्हारी क़सम खाकर कहता हूँ।"

"ये कैसा भी हो, मेरी झूठी क़सम नहीं खा सकता।"

बाप कहता है, "हो सकता है तुम सच कह रहे हो, लेकिन इन हालात में मैं तुम्हारे लिए कुछ नहीं कर सकता।"

"बस करो ममा। मेरे लिए किसी से रहम की भीख माँगने की ज़रूरत नहीं।"

अगर तुम्हारा बेटा बेक़सूर है तो वह घर लौट आयेगा। सुधाकर, गिरफ़्तार कर लो इसे। ले जाओ।"

"माँ, बस करो। मैं जेल जाऊँ फाँसी पर चढ़ जाऊँ, तुम अपने-आप को मेरे लिए बेइज़्ज़त नहीं करोगी।"

माँ ने कहा, वो मान गया, घर आया। बाप ने आगे बढ़ कर सीने से लगाना चाहा, लेकिन कुछ लोग ऐसे होते हैं कि दुर्घटनाएँ उनकी ताक में रहती हैं, दुःख उनका पीछा करता है, और दुर्भाग्य उनके साथ-साथ चलता है।

परवीन शाकिर का शे'र याद आता है—

शायद उसने मुझको तन्हा देख लिया है
दुःख ने मेरे घर का रस्ता देख लिया है

विजय जेल के कमरे में दीवार से टेक लगा कर बैठा है। बाप अन्दर आता है। दोनों हाथ पतलून की जेब में डालते हुए वह आहिस्ता-आहिस्ता क़दम उठाते हुए क़रीब आता है। उसका स्वर धीमा है। स्वर से इस भाव का आभास होता है कि वह बेटे की मदद भी करना चाहता है। लेकिन विजय की जीवन के अपने अलग अनुभव हैं। वह अपने अनुभवों की सलीब पर लटका हुआ है। बाप कहता है।

"पुलिस को अपना बयान देने से इनकार क्यों किया तुमने?"

बेटे का लहजा कड़वा है, "क्या मेरे बयान देने से आप या आपकी पुलिस मुझे बेक़सूर समझेगी?"

"तुम अच्छी तरह जानते हो विजय, तुम्हें बेक़सूर समझना या मुजरिम ठहरान—ये पुलिस का काम नहीं है। इसका फ़ैसला अदालत् में होगा।"

"तो फिर मैं बयान भी अदालत ही में दूँगा।"

बाप बेटे के पास बैठ जाता है, "अगर तुम बेक़सूर हो तो पुलिस की मदद करना तुम्हारा फ़र्ज़ है।"

"मैं तो हमेशा ही बेक़सूर था डैडी। लेकिन मेरी मदद करना तो आप ने कभी अपना फ़र्ज़ नहीं समझा।"

यह वाक्य कहते समय अमिताभ के चेहरे पर एक हल्की-सी, फीकी-सी मुस्कुराहट उभरी थी जिससे किसी reconciliation, किसी समझौते सम्भावना पैदा हो सकती थी। लेकिन बाप ने कहा—

"हूँ। ये मत भूलो कि मैं यहाँ एक बाप की हैसियत से नहीं, एक पुलिस ऑफ़िसर की हैसियत से बात कर रहा हूँ।"

"कौन-सी नई बात है? आपने हमेशा मुझे एक पुलिस ऑफ़ीसर की हैसियत से ही बात की है" वह उठता है और खिड़की के पास आकर खड़ा होता है। चेहरे पर जाली का साया है। आने वाले दिनों के ख़तरे का संकेत।

बाप भी उठ कर उसके पास आता है। उसका स्वर उसके क़ाबू में है, "देखो विजय, तुमको मुझसे कोई गिला या शिकायत है तो वह ग़लत है या सही अपनी जगह रहे। लेकिन इस जगह तुम्हें भूल जाना चाहिए कि तुम मेरे बेटे हो।"

वह एक चक्कर घूम कर देखता है, "आप ठीक कह रहे हैं। मुझे भूल जाना चाहिए।"

के.डी. नारंग विजय को ज़मानत पर रिहा कराता है। वह कहता है, "तुम जानते हो, मैं तुम्हारे लिए कुछ भी कर सकता हूँ" और विजय कहता है, "...और अब मैं भी आपके लिए कुछ भी कर सकता हूँ।"

यह बात बाप को सुना कर कही गयी है। बाप आवाज़ देता है। "विजय! इसे नसीहत नहीं, मशविरा समझना। अपनी ज़िद में आ के उन लोगों के साथ ऐसे रास्ते

पर न निकल जाना जहाँ से अगर चाहो तो भी वापस न आ सको।"

"मैं इस बार वापस आने के लिए नहीं जा रहा हूँ..." वह एक क्षण के कई भाग करके बाप को देखता है। उसके पास बाप के लिए उतना ही वक़्त है। वह अपने हाथ से दरवाज़ा छोड़ देता है। जैसे कोई थप्पड़ है जो बाप के मुँह पर आकर लगता है।

निर्देशक रमेश सिप्पी कोई अवसर हाथ से जाने नहीं देते जो परिस्थिति को प्रभावशाली बनाने के लिए ज़रूरी हो। तीन बार दरवाज़ा बाप के मुँह पर आकर लगता है। इस सीन के बाद डिप्टी कमिश्नर पुलिस ने घर आकर अपनी पत्नी को कहा था कि तुम्हारा बेटा खो गया है।

विजय के.डी. नारंग के सामने अपने भविष्य का इरादा ज़ाहिर करते हुए ऐलान करता है न ही मुझे अपने लिए इंसाफ़ चाहिए, न मुझे किसी गवाह की ज़रूरत है, न किसी सबूत की। न कोई अदालत चाहिए, न कोई क़ानून। नफ़रत है मुझे दुनिया के हर उस क़ानून से, जिसे मेरा बाप मानता है। आज से मैं अपना क़ानून खुद बनाऊँगा।"

बाप की नज़रों में एक नाफ़र्मान लड़का Anarchist ls Naxalite बन रहा है। नयी पीढ़ी अपने बाप-दादा की अंग्रेज़ों के सामने आज्ञाकारी होने के ख़िलाफ़ बग़ावत करती है। वह अपने क़ानून खुद बनाती है।

विजय की कहानी एक घर की कहानी नहीं है। विजय का झगड़ा एक बाप से नहीं है। इन दोनों के बीच माँ अकेली चक्की में नहीं पिस रही है। यह घर पूरा उपमहाद्वीप और तीसरी दुनिया है।

साहित्य और कला में विषय को फैला कर विभिन्न स्तरों पर भी देखा जा सकता है। विजय कहता है, "आज से मैं अपना क़ानून खुद बनाऊँगा।"

हिन्दुस्तान, पाकिस्तान और बांग्लादेश मैं नौजवानों ने बाप-दादा की दी हुई गुलामी की ज़ंजीर उतार कर अपने लिए खुद क़ानून बनाये। हमें Naxalites को नहीं भूलना चाहिए।

विजय की ग़लतफ़हमी नस्लों की ग़लतफ़हमी है। कहानी और घटनाएँ विजय की अपनी हो सकती हैं, जो उसकी ज़िन्दगी का अनुभव हैं लेकिन असल बात तो दो इनसानों, दो रिश्तों, दो नस्लों के बीच की ग़लतफ़हमी है जो कभी ख़त्म होने का नाम नहीं लेती। क्या हमारी नौजवान नस्लें इतिहास की ग़लतफ़हमियों की भेंट नहीं चढ़ गयीं?

विजय के दिमाग़ में बैठी हुई बात कोई बहुत अधिक उलझा हुआ मानसिक समस्या भी नहीं कि जिसके लिए किसी psychoanalysis की आवश्यकता है। वो तो घर लौट कर आना चाहता है। उसके दिल में माँ की मुहब्बत है। लेकिन परिस्थितियाँ और घटनाएँ उसका पीछा करती हैं कभी उसका पीछा नहीं छोड़तीं। वह जानता है कि बचपन में जे.के. वर्मा ने उसका अपहरण किया था। अब उसके सामने यह सम्भावना पैदा हो रही है कि वह बचपन से लगी हुई आग को बुझा सके। वह

कहता है, "जे.के. की नाक ज़मीन पर रगड़ कर जो ख़ुशी मुझे मिलेगी, वह मैं किसी के साथ बाँटना नहीं चाहता।"

विजय उसके सामने खड़ा है। "जे.के., मेरे हाथ पर जो कोट है उसके नीचे रिवॉल्वर है और उसकी नाली तुम्हारी तरफ़ है, और मेरी उँगली उसके trigger पर है। ग़ौर से देखो, मैं विजय हूँ जिसे बचपन में एक दिन तुम स्कूल से उठा कर ले गये थे।"

विजय ने अपने पुराने शिकार को गिरेबान से पकड़ रखा है। वह कहता है, "आज तुम्हारी आँखों में ये ख़ौफ़ देख कर मेरे दिल को जो सुकून मिल रहा है जे.के., ये शायद तुम नहीं जानते। यूँ तो इस बात को बरसों गुज़र गये लेकिन आज भी ये ज़ख्म मेरे दिल में उतना ही ताज़ा है जैसे कल की बात हो। तुम्हारा ये चेहरा, तुम्हारी ये आँखें हर लम्हा, हर पल..." जे.के. हमला करता है।

"नहीं जे.के., आज तुम्हारा दिन नहीं है। उस दिन मेरी जान तुम्हारे हाथों में थी, आज तुम्हारी ज़िन्दगी मेरी मुट्ठी में है। उस दिन तुमने एक फ़ोन किया था आज मैं एक फ़ोन करूँगा।"

विजय फ़ोन करता है, "तुम्हारे मालिक का मालिक, कुत्ता सिर्फ़ मालिक की आवाज़ सुनता है।"

"जे.के. कहता है, "ट्रक वापस ले आओ। ये जैसा कहता है, वैसा करो।" विजय के.डी नारंग का सामान वापस लाता है। नारंग हैरान है कि उसने यह काम अकेले कैसे कर लिया?

विजय उसको अपनी ज़िन्दगी का फ़लसफ़ा सुनाता है, "ये काम कोई भी कर सकता है। इसके लिए सिर्फ़ दो बातें चाहिए। पहली बात तो ये कि उसे जे.के. से उतनी ही नफ़रत होनी चाहिए जितनी कि मुझे है और दूसरी बात ये कि मेरी तरह उसे भी यक़ीन होना चाहिए कि वह इस दुनिया में अकेला आया है, अकेला जियेगा और अकेला मरेगा। इसलिए अगर कुछ करना है तो वो भी उसे अकेला ही करना पड़ेगा।"

नारंग उसको बेटा कहता है। वह जवाब में कहता है कि यह नाम बेटा उसे किसी गन्दी गाली की तरह लगता है।

माँ को विजय की तलाश जारी है। वह सुधाकर को बुला कर विजय के बारे में पूछती है। "विजय शहर में नहीं है। वह और रोमा कहीं बाहर गये हुए हैं।"

"...जाने कैसे कब कहाँ इक़रार हो गया
हम सोचते ही रह गये और प्यार हो गया.."

स्मिता पाटिल और अमिताभ बच्चन समुद्र में हैं। वे दोनों इतने लम्बे हैं कि समुद्र में डूब नहीं सकते। ऐसा लगता है कि समुद्र उन दोनों को देख कर शर्मिन्दा है। पानी, आग, भीगा जिस्म और चादरें स्मिता का हाथ सीने पर, आग का शोला आँखों में...यह उन दोनों का निजी समय है।

दिलीप कुमार पुराने ज़माने का हीरो है। अभी एक सीन में उसके सामने पुराने ज़माने का एक हीरो आया है। अशोक कुमार।

हमने उन दोनों को फ़िल्म 'दीदार' के बाद कभी इकट्ठे नहीं देखा। 'शक्ति' में मुशीर-रियाज़ और रमेश सिप्पी ने उन्हें एक जगह इकट्ठा करके बहुत कुछ पुराना अचानक नया कर दिया है। अब ये कहानी दो नस्लों से बढ़ कर तीसरी नस्ल तक चली गयी है।

अशोक कुमार, दिलीप कुमार और अमिताभ बच्चन।

अपने-अपने युग के अपनी-अपनी शैली, अपने-अपने अन्दाज़ और अपने अपने स्टाइल के तीन पीढ़ियों के तीन हीरो।

डिप्टी कमिश्नर पुलिस को बड़ा अफ़सर समझाने आया है कि वो अपने बेटे विजय का केस छोड़ दे। डिप्टी कमिश्नर पुलिस जवाब देता है, "न जाने कितने मुजरिमों को मैंने हथकड़ियाँ पहनाईं। अगर वही हथकड़ी लेकर किसी मुजरिम की तरफ़ बढ़ते हुए आज मेरा हाथ काँप जाये सिर्फ़ इसलिए कि वो मुजरिम मेरा बेटा है तो सवाल ये उठता है सर, कि मुझे क्या हक़ था उन मुजरिमों की कलाइयों में हथकड़ियाँ पहनाने का, आख़िर वो सब भी किसी-न-किसी के बेटे थे। फ़र्ज़ निभाने की ये आदत पुरानी हो गयी है सर। अब इस उम्र में ये आदत कहाँ छूटेगी सर? मैं आपसे दरख़्वास्त करता हूँ कि ये केस मेरे ही चार्ज में रहने दिया जाये।"

"ठीक है अश्वनी। ये केस तुम्हारे ही पास रहेगा।"

माँ अपने बेटे को ढूँढ कर उसको मनाने की कोशिश करती है। बेटा कहता है, "तुम किस ज़ुर्म की बात करती हो माँ? मैंने कोई ज़ुर्म नहीं किया। इसलिए कि अब मैं ये बात जान गया हूँ कि ज़ुर्म उसे कहते हैं जो साबित हो, और मुजरिम वो होता है जो पकड़ा जाये।"

बाप से बदगुमान बेटा माँ से कहता है, "मेरी गिरफ़्तारी का इन्तजाम करने के लिए तुम्हें भेजा गया है?"

माँ जवाब देती है और बेटे की तबीयत दुरुस्त कर देती है। कहती है, "वो मुझे भेजेंगे मुख़बरी करने के लिए? आज उन पर ये वक़्त आ गया है? ऐसे घटिया लफ़्ज़। वाह बेटे, वाह! बहुत कलेजे को ठण्डक पहुँचाई।"

बेटा आगे बढ़ कर माँ का हाथ पकड़ना चाहता है। वह गुस्से में उसके हाथ को झटकते हुए कहती है, "छुओ मत। अरे, दस बार मरोगे दस बार जन्म लोगे तब भी उनके जैसा पैदा नहीं होगा तुम में। मैं तो यहाँ आयी थी कि अपने बेटे को वापस ले जाऊँगी लेकिन तुम वो नहीं जो मेरा घर छोड़ कर आये थे। तुम कोई और हो। माफ़ करना। मुझे शायद किसी ने ग़लत पता दे दिया था।"

बेटा अपना हाथ पत्थर पर मारता है। माँ डगमगाती हुई घर के दरवाज़े में प्रवेश करती है।

बाप-बेटे की समुद्र के किनारे मुलाक़ात। दरिया के दोनों डूबे हुए किनारे अब समुद्र से सहायता चाहते हैं कि शायद समुद्र की कोई बड़ी मौज उन दोनों को क़रीब ले आये।

एक किनारा कहता है, "आपने मुझे यहाँ क्यों बुलाया है?"

दूसरा किनारा जवाब देता है, "इसलिए कि जहाँ तुम रहते हो वो जगह मेरे घर से इतनी दूर है कि तुम्हारा वहाँ आना मुश्किल होता।"

"तो पुलिस स्टेशन बुला लेते, वो तो मेरे घर से दूर नहीं है?"

विजय, "जो कुछ भी हुआ, तुम अब भी मेरे बेटे हो। अब भी वक़्त है, अपने-आपको क़ानून के हवाले कर दो।"

समुद्र से एक लहर उठी है। दिल एक समुद्र ही तो है और लहरों के प्यार को तरसा हुआ किनारा बोल उठता है।

"जिस क़ानून ने आपको मेरे लिए अजनबी बना दिया, मैं अपने-आपको उस क़ानून के हवाले कैसे कर सकता हूँ?"

"विजय, आज मैं एक बाप की हैसियत से तुम्हें समझा रहा हूँ, कल एक पुलिस ऑफ़िसर की हैसियत से तुम्हारे साथ कोई रियायत कर सकूँगा न हमदर्दी ...अगली बार तुम एक बाप से मिलोगे या पुलिस ऑफ़िसर से, इसका फ़ैसला तुम्हें ख़ुद करना होगा।"

समुद्र से मौज किनारे की ओर बढ़ती है, किनारा दूर हो जाता है। समुद्र का प्यासा और तरसता हुआ पानी अपनी ज़बान पर काँटे लिये देखता रह जाता है।

"ये फ़ैसला आप कई बरस पहले मेरे बचपन में ही कर चुके थे जब मैं उन बदमाशों के अड्डे पर क़ैद था। मैंने अपने बाप को फ़ोन किया था और दूसरी तरफ़ से एक पुलिस आफ़िसर की आवाज़ आयी। और आज भी क्या है? आपकी आवाज़ से पुलिस ऑफ़िसर के लहजे की बू आ रही है।"

मौज के रास्ते में यह कौन है जो हर बार दीवार बन कर खड़ा हो जाता है? मौज किनारे से टकराना चाहती है। मौज एक-दूसरे में मिल क्यों नहीं पाती!

एक इनसान का दूसरे इनसान से रिश्ता?

यह रिश्ता या ट्रेजडी? इनसानी रिश्तों की ट्रेजडी...!

इतना नाज़ुक है यह रिश्ता, बाल से भी ज़्यादा बारीक, एक बार शीशे में दरार पड़ जाये तो...फूल की पत्ती की तरह टूट कर गिर जाये तो फिर जुड़ नहीं सकता!

बार-बार वे मिलते हैं। माँ बार-बार यह कोशिश करती है कि वे आपस में मिल जायें लेकिन यह कभी नहीं होता।

बाप कहता है, "तुम्हारे सोचने के तरीक़े पर अफ़सोस होता है। शर्म आती है मुझे" समुद्र के किनारों से एक लहर छलक ही पड़ती है। वह बोल उठता है,

"तुम्हारी माँ बहुत बीमार है। वो मुझे कहती नहीं है लेकिन मुझे पता है कि वो तुम्हें बहुत याद करती है। तुम्हारा और मेरा नाता तो टूट चुका है लेकिन अगर

माँ के लिए तुम्हारे दिल में कोई जगह है तो मेरा मशविरा है कि उसे जाकर मिल आओ।"

बाप ने नाता टूटने की घोषणा भी कर दी, मशविरा भी दे दिया और माँ का वास्ता भी। दो डूबे हुए किनारे समुद्र में डूब गये। जितना भी समुद्र में पानी था, सब अपने किनारों से बाहर निकल कर इनसानी रिश्तों की रेत के कच्चे घरों को बहाता हुआ, पत्थरों से सर टकराता हुआ अपनी ऊँची लय में एक कहानी सुना गया कि इनसान अकेला है, तन्हा है और किसी इनसान का किसी दूसरे इनसान से कोई रिश्ता नहीं...समुद्र की मौज है और पत्थर!

बेटा माँ के पास आता है। माँ की आँखों में आँसू हैं। वह मुँह फेर लेती है। "चलो, तुम आ तो गये। मेरी बीमारी का कुछ फ़ायदा हुआ। अच्छा है, जीते-जी तुम्हें एक बार देख तो लिया। पता नहीं, मेरे मरने के बाद मेरी अर्थी को कन्धा देने के लिए आओगे भी?"

बेटे की भावनाएँ दरिया की मौज की तरह छलक रही हैं।

वह कहता है, "मैं तुम्हें यहाँ से ले जाने आया हूँ। मैं तुम्हें मरने नहीं दूँगा। दुनिया के बेहतरीन डॉक्टरों से इलाज करवाऊँगा। तुम्हारे हर सुख, हर आराम का ख़याल रखूँगा। तुम्हारी हर बात का ध्यान रखूँगा। इस घर में तुम्हें क्या आराम मिलने वाला है। क्या इलाज होगा तुम्हारा?"

माँ कहती है, "कितने ऊँचे उहदे पर हैं वो। अगर चाहते तो कितना नहीं कमा सकते थे? मगर मेरे घर में बेईमानी का पैसा नहीं आया। मेरा घर एक मन्दिर की तरह पवित्र है। तू कह रहा है मैं अपने मन्दिर को छोड़ दूँ?"

"इन आदर्शों और उसूलों का बोझ उठाने का शौक़ जिसे है, उसे उठाने दो।, तुम बेकार की बातों में क्यों पड़ती हो? कितनी कमज़ोर हो गयी हो।"

"मैं अभी इतनी कमज़ोर नहीं हुई विजय, कि अपने पति की ईमानदारी का बोझ न उठा सकूँ। वो मेरे पति हैं और उनके आदर्शों को मान रखना मेरा कर्तव्य है। मैं मरते मर जाऊँगी लेकिन तेरी बेईमानी से कमाई हुई दौलत से ज़िन्दगी नहीं ख़रीदूँगी।"

"माँ, मैं तुम्हारा बेटा हूँ। क्या मुझे तेरी सेवा का अधिकार नहीं?"

"बेईमानी का पैसा मेरे लिए ज़हर है बेटा। क्यों तू अपनी माँ को दवा में ज़हर मिलाकर पिलाएगा?"

"ठीक है माँ, मैं जाता हूँ। लेकिन तुम जल्दी अच्छी हो जाना। इसलिए कि अगर तुम्हें कुछ हो गया...तो...मैं..."

माँ के साथ बेटे का रिश्ता बातचीत का है, बाप के साथ ख़ामोशी का। बाप आता है, बेटा कमरे से बाहर निकलता है, निगाहें मिलती हैं, होंठ चुप रहते हैं।

इतने लम्बे संवाद पेश करने का मतलब यह है कि इनसानों के बीच सम्बन्ध का यह जो नाटक हम देख रहे हैं उसमें शब्द बहुत महत्त्वपूर्ण हैं। सारा खेल शब्दों

का है। इनसानी रिश्तों की बुनियाद अगर शब्दों में हो तो ऐसे नाटक की रचना होती है। शब्द विश्वास के पात्र भी हैं और अविश्वसनीय भी। रिश्ते की बुनियाद शब्द नहीं ख़ुद रिश्ता है।

जब रिश्ता ही नहीं तो लफ़्ज़ क्या करेंगे? इसी फ़िल्म में स्मिता पाटिल ने भी शब्दों को अदा किया है जो कि अपनी गहरा अर्थ रखती हैं। इसलिए कि दोनों के बीच एक रिश्ता है। वह कहता है।

"कुछ बातें कहने की नहीं समझने की होती हैं" वह जवाब देती है।

"तुम जो नहीं कहते, वो मैं समझती हूँ।"

ये असल बात है। दोनों पात्र एक-दूसरे को समझने की कोशिश कर रहे हैं। उनको अपने शब्दों पर भी ऐतबार है।

वही आदमी जो ये जानता है कि कुछ बातें कहने की नहीं, समझने की होती हैं, जब अपने बाप या माँ से बात करता है तो वह ये बात नहीं जानता। वह समझने की नहीं, सुनने की कोशिश करता है। जो सुनता है, उसका जवाब दे देता है।

ऐसा उस वक़्त होता है जब दोनों तरफ़ यही ख़्वाहिश और अपेक्षा हो कि दूसरा अपने दिल की बात करने में पहल करे और इस खेल में दोनों पात्र प्रतीक्षा में घिरे रहते हैं। ख़त्म हो जाते हैं लेकिन पहल नहीं करते।

एक आदमी जिसके पास ज़िन्दगी में ग़ुरूर के सिवा कुछ नहीं, वह अपने ग़ुरूर के साथ ही ज़िन्दा रहेगा। एक पत्नी जिसको अपने पति पर मान है, वह अपने मान में ही ख़ुश रहेगी। एक बच्चा जो नाराज़ है, वह मनाए जाने पर भी अपनी नाराज़गी में ही ज़िन्दगी गुज़ारेगा।

उसूल, आदर्श, लक्ष्य...इनसानी रिश्तों के बीच जब आते हैं तो रिश्तों की धज्जियाँ बिखर जाती हैं।

'शक्ति' में दिलीप कुमार और अमिताभ बच्चन ने इनसानी रिश्तों की अविश्वसनीयता और क्षणभंगुरता का बहुत अच्छा नाटक खेला है। दोनों ने अभिनय के उच्च स्तर को बरक़रार रखा है। दोनों के पात्र एक-दूसरे से भिन्न और एक-दूसरे के विरोधी हैं। उनके बीच कोई तुलना सम्भव नहीं क्योंकि उनके बीच कोई चीज़ मिलती भी नहीं।

दिलीप कुमार के अभिनय का अपना स्थान है। अमिताभ बच्चन के अभिनय का अपना स्तर है। लेकिन एक बात तय है कि बाप-बेटे का यह रोल कोई और अभिनेता करता तो शायद यह नाटक इतना भावनात्मक नहीं होता। बाप और बेटा अच्छे तो लगने चाहिए। यह दोनों अच्छे लगते हैं। इन दोनों के बीच राखी बहुत अच्छी लगती है।

सलीम-जावेद के संवाद को quote करने का मतलब ही यह है कि सादा भाषा और गहरा अर्थ उनकी विशेषता है। एक बात पर हैरत होती है कि दो आदमी एक

ही रचना पर कैसे काम कर लेते हैं जबकि रचनात्मक कार्य तो ऐसी तन्हाई चाहता है कि हवा की आहट भी उसमें बर्दाश्त नहीं होती।

रचनात्मक प्रक्रिया बच्चे के जन्म लेने की तरह है। एक बाप एक साथ दो बच्चे तो पैदा कर सकता है लेकिन दो बाप एक बच्चा पैदा नहीं कर सकते। 'शक्ति' देख कर यह आश्चर्य होता है और यह बात भी खटकती है कि किस संवाद के approval पर कितनी बहस हुई होगी, और यह एहसास भी होता है कि कोई अच्छा वाक्य लिखने के बाद उसको काटने में कितनी कठिनाई होती होगी? कई जगह पर तो विस्तार का एहसास होता है और कई जगह पर ज़रूरत से ज़्यादा संक्षेप से काम लिया गया है।

वह कहता है, "शराब ख़रीदने वाले रुपये तो मेरे पास बहुत हैं। दवा ख़रीदने वाले पैसे मेरे पास नहीं हैं।"

अमिताभ का यह सीन बहुत ही नाटकीय और ख़ूबसूरत है।

रोमा घर आती है। बाप अपनी बहू को लेकर अपनी पत्नी के पास आता है। इस एक सीन में ख़ुशी को जिस प्रकार दिलीप कुमार ने अपने वजूद के किनारों से उछल कर बाहर आने से रोक रहा है, यह बड़ा महारत और अनुभव का काम है। माँ बहू को हार पहनाती है और वह पीछे से गुज़र कर दूसरी तरफ़ जाता है। वह स्क्रीन पर नहीं है लेकिन बहुत देर तक नज़र उतारता रहता है। अपनी बहू को देख कर उसकी प्रतिक्रिया बहुत ही तीव्र और गहरी है।

दिलीप कुमार ख़ुश है और उसकी ख़ुशी आँख से आँसू खींच कर बाहर ले आयी है।

"अगर मैं अपना फ़र्ज़ निभाने के क़ाबिल नहीं तो मुझे ये वर्दी पहनने का भी कोई हक़ नहीं। आज तक अपने फ़र्ज़ को धर्म समझ कर निभाया है। सिर्फ़ अड़तालीस घण्टे में विजय को लाकर क़ानून के कटहरे में खड़ा कर दूँगा।"

रमेश सिप्पी ने वक़्त गुज़रने का Montage बनाया है। बाप और बेटा आमने-सामने हैं। हथकड़ी। वह हाथ आगे करता है।

"शीतल, बैठो। मुझे तुम से एक ज़रूरी बात करनी है।"

"वो ठीक तो है न?"

"इस वक़्त पुलिस की हिरासत में है।"

"ये तो होना ही था।"

"एक बार उससे मिल सकती हूँ?"

"हाँ, क्यों नहीं मिल सकती?"

"अभी।"

"शीतल, इस हालत में तुम वहाँ जाओगी? ठीक है शीतल। अभी चलते हैं।"

उसने शीतल के हाथ-पर-हाथ रख कर महसूस किया कि उसके हाथ गर्म हैं। अपने

हाथ को उसने मुँह पर रख लिया। अब कहने को कुछ बाक़ी नहीं है। यह दिलीप कुमार है जो बहुत कुछ कह गया है और ये सिर्फ़ दिलीप कुमार ही कर सकता है।

रास्ते में जे.के. की गोलियाँ शीतल के शरीर के पार हो जाती हैं।

हस्पताल का कमरा।

"हाथ तो गर्म हैं।"

"इन आँसुओं को पोंछ दो रोमा। तुम्हारी आँख से छलके हुए आँसू मुझे और कमज़ोर कर देंगे। ये वो घड़ी है जिसका सामना करने के लिए मुझे सात जन्म की शक्ति भी कम है। तुम्हारा दुःख जानता हूँ, लेकिन मैं कुछ कर नहीं सकता हूँ। अगर कुछ तसल्ली मिले तो मेरी तरफ़ देख लो। तुम से कम बदनसीब नहीं हूँ मैं। सब कुछ गँवा चुका हूँ। अगर कुछ बाक़ी है तो मुझे लगता है, मैं आज वो भी गँवा दूँगा।"

विजय की गोली से जे.के. मरता है।

"रुक जाओ विजय, वरना मैं गोली चला दूँगा।"

गोली चलती है, वह भागता है। गिरने लगता है। वह ज़ख्मी है, उसकी आवाज़ में अभी ताक़त है। वह कहता है, "कोई सहारा नहीं चाहिए। अकेला जी सकता हूँ तो अकेला मर भी सकता हूँ।"

''ऐसा न कहो। ना।''

बाप ने बेटे को थाम रखा है। ये सब क्यों हुआ?

"ये तो होना ही था एक-न-एक दिन। लेकिन अब सब ख़त्म हो गया।"

"बहुत कोशिश की कि अपने दिल से आपकी मुहब्बत निकाल दूँ लेकिन मैं हमेशा आपसे प्यार करता रहा। बहुत चाहा कि न करूँ। लेकिन ऐसा क्यों?"

"इसलिए कि मैं भी तुम से मुहब्बत करता हूँ।"

"तो कहा क्यों नहीं डैड? क्यों नहीं कहा डैड?"

"डैड" का शब्द अमिताभ ने इस तरह कहा है कि होंठों पर इस शब्द के लिए प्यास की इन्तिहा का पता चल जाता है।

"ना विजय, नहीं।"

यह दिलीप कुमार के शब्द हैं। अब वह फिर मौत को बहलाने के लिए मौजूद है। "न विजय। नहीं। मैं तुम्हें इस तरह नहीं जाने दूँगा। विजय..."

यह आवाज़ इतनी ऊँची है कि मौत को डर जाना चाहिए था।

बाप का हाथ बेटे के गाल पर है। वह अपनी कैप उतारता है।

खुले आसमान के नीचे ज़मीन पर एक बाप के हाथों में उसका बेटा है। सिनेमा हॉल में लोगों की आँखों में आँसू हैं।

नीत्शे (Nietzsche) ने कहा था—

Nothing on earth consumes a man more quickly than the passion of resentment.

इक़बाल साजिद का एक शे'र याद आता है जो एक और अवसर पर पहले भी सुना चुका हूँ—

वही मैंने भी किया जो मेरे दिल में आया
और उसने भी मेरी बात न मानी कोई

फ़िल्म ख़त्म हुई तो याद आया कि फ़िल्म शुरू हुई थी तो कैमरा दिलीप कुमार की आँखों पर था। कैमरा आगे बढ़ता गया। आँखें नज़दीक आ गयीं। इतनी नज़दीक कि उनमें कई कहानियाँ और कई जवानियाँ नज़र आयीं। जवानी से जवानी ख़त्म होने तक, जवानी ख़त्म होने से बाल सफ़ेद होने तक, और इन बूढ़ी आँखों तक।

यह आँख का सफ़र है। कैमरे की आँख और दिलीप कुमार की आँख। इस आँख में कई अक्स हैं, कई ख़्वाब हैं। कुछ ख़्वाब मर चुके हैं, कुछ अभी ज़िन्दा हैं। आँख का सफ़र जारी है।

यह बूढ़ा आदमी जो हमें अपनी ज़िन्दगी की कहानी सुना रहा था, उसके जीवन में अब कोई दरिया है, न किनारा। यह तालाब के ठहरे हुए पानी की तरह स्थिर और तन्हा है।

सच्चाई के रास्ते पर चलने वालों का मुक़द्दर तन्हाई है।

उस आदमी की एक पत्नी थी, एक बेटा था, हँसता-बसता घर था। सच्चाई, ईमानदारी और फ़र्ज़ की क़ीमत एक पत्नी, एक बेटा और अपनी ज़िन्दगी भर की तन्हाई।

रेलगाड़ी से एक लड़का उतरता है। यह बूढ़ा आदमी उसको लेने आया है। वह कहता है, "ठीक है, ठीक है। जो काम करना चाहते हो वह काम अच्छा है बेटा, लेकिन आसान नहीं है। जो लोग सच्चाई की तरफ़दारी की क़सम खाते हैं ज़िन्दगी उनके बड़े कठिन इम्तिहान लेती है।"

रोमा चाय का कप लिये खड़ी है। वह अब कॉफ़ी नहीं बनाती। नाराज़ बच्चा हमेशा के लिए रूठ गया है। अब रोमा चाय बनाती है।

कॉफ़ी वाली लड़की के सामने उसका बेटा है। एक बूढ़ा आदमी है।

बेटा अपनी ज़िन्दगी का फ़ैसला कर रहा है, ज़िन्दगी की नयी परीक्षा की तैयारी।

'शक्ति' में दिलीप कुमार ऐसे स्थान पर खड़ा है जिससे आगे कोई स्थान नहीं है। 'शक्ति' में दिलीप कुमार ने Intonation की महान कला का जिस प्रकार प्रयोग किया है, उसका कोई दूसरा उदाहरण नहीं मिलता है। आवाज़ और एक-एक शब्द के उच्चारण पर पूरा क़ाबू और एक ख़ास और व्यक्तिगत लहजा जो 'शक्ति' में बड़े विभिन्न तरीक़े पर अपनाया गया, उसकी पहले कोई मिसाल नहीं मिलती। 'शक्ति' में दिलीप कुमार ने अपने लहजे या स्वर और अपनी आवाज़ की शक्ति के चमत्कार दिखाये हैं।

15
DVD
Mashaal

मशाल

"अरे भाई, ज़रा गाड़ी रोको।

ऐ भाई साहब, गाड़ी रोको, हस्पताल पहुँचा दो।

हस्पताल पहुँचा दो।

अरे कोई है? दरवाज़ा खोलो।

अरे बचा लो। अरे देखो बेचारी मर रही है।

अरे मर जायेगी।

गाड़ी रोको। मेरी बीवी की हालत बहुत ख़राब है।

आपके बच्चे जिएँ। गाड़ी रोको।"

गाड़ी के साथ-साथ वह दौड़ रहा है। "आप के बच्चे जिएँ। गाड़ी रोको।" गाड़ी तेज़ होती है। गाड़ी और तेज़ होती है। वह साथ-साथ दौड़ रहा है। गाड़ी तेज़ी से चली जाती है। वह सड़क पर गिरता है। औंधे मुँह गिर कर उठता है। एक आवाज़ उसके सीने से निकलती है। हे भगवान!"

उसके गले से चीख़ों की आवाज़ निकल रही है। ये रोने की आवाज़ नहीं है। यह आवाज़ सीने से उस समय निकलती है जब दिल की नसों में से ख़ून निकलता है।

यह आवाज़ नहीं है। यह ख़ून और आँसू का सैलाब है जो बदन की रगों को तोड़कर बाहर निकल रहा है। यह वह तूफ़ान है जो जिस्म के किनारों से टकरा रहा है। यह वह आँधी है जो मनुष्य के अस्तित्व के टुकड़े कर देती है। यह आवाज़ नहीं, मनुष्य की लाचारी और बेबसी की चीख़ो-पुकार है। यह चीख़ो-पुकार किसी ने नहीं सुनी।

वह रोया, वह चीख़ा, वह धाड़ा, वह बेबस था, वह लाचार था। उसकी आँखों के सामने उसकी सुधा दम तोड़ गयी...वह कभी सुधा के पास आता है। उसको कहता है–

"मैं कुछ करता हूँ।"

वह सड़क पर भागता है। गाड़ियों को रोकता है।

उसने लोगों के घरों के दरवाज़े खटखटाए, उसने पत्थर उठा कर उनकी खिड़कियों पर मारे, किसी ने दरवाज़ा न खोला, न कोई बाहर आया, न किसी ने गाड़ी रोकी।

और उसकी बीवी सुधा सड़क पर उसकी आँखों के सामने मर गयी।

मनुष्य की बेबसी की यह वह इंतिहा थी जिसकी शुरुआत उसकी गिरावट से होती है।

यह बम्बई है। शहर की एक बड़ी सड़क। बारिश के बाद सड़क पर रौशनियों के अक्स उभर रहे हैं। एक बड़ी इमारत के नीचे फ़ुटपाथ पर एक आदमी की बाँहों में एक औरत हमेशा की नींद सो रही है।

यह एक औरत है जो तड़प-तड़प कर मर गयी है। यह एक आदमी है जो चीख़-चीख़ कर ख़ामोश हो गया है।

यह घटना एक बहुत बड़े शहर की सड़क पर हुई है। यह एक औद्योगिक शहर है। ऐसी घटनाएँ औद्योगिक शहरों में होती हैं।

इन शहरों में रहने वाले इनसानों के शरीर फ़ाइबर गिलास के बने होते हैं।

इनके सीनों में दिल स्टील के, और उनकी आँतें प्लास्टिक की बनी होती हैं।

उनके दिमाग़ों में कम्प्यूटर की चिप होती है। उनकी नसों में अँधेरा, और उनकी आँखों में काँच के टुकड़े होते हैं। इन शहरों में रहने वाले लोगों के हवास मुर्दा और हवस ज़िन्दा होती है। और यह दुनिया के हर बड़े शहर में होता है। यह एक असाधारण सीन है। इस पर बात करने की आवश्यकता है।

यह फ़िल्म मैंने कोयत में फ़िरदौस सिनेमा हॉल में देखी। उस सिनेमा हॉल में मैंने कई बरस में कई फ़िल्में देखीं।

राजेन्द्र सिंह बेदी की 'फागुन' मैंने एक हफ़्ते में सात बार देखी।

'मशाल' देख कर हम लोग एक रेस्तराँ में गये। हमारे साथ एक फ़िलस्तीनी पत्रकार लड़की भी थी। एक सूडानी बुद्धिजीवी, एक मिस्री प्रोफ़ेसर और कुछ हिन्दुस्तानी और पाकिस्तानी शायर और साहित्यकार।

फ़िलस्तीनी लड़की जिसका नाम यमन था, उसने बताया की बेरूत की सड़कों पर, यरोशलम की सड़कों पर, तेलअबीब की सड़कों पर, अम्मान की सड़कों पर, क़ाहिरा की सड़कों पर ऐसे कई scenes की उसने रिपोर्टिंग की है। बेरूत में गृह युद्ध के दौरान ऐसा इनसानी तमाशा हर वक्त होता था। इनसानों की चीख़-पुकार, और इनसानों के बहरे कान, अन्धी आँखें, ख़ामोश ज़बानें और बेसहारा मरते हुए लोग।

यमन ने तो बेरूत में गृह युद्ध की कहानी सुनाई। मेरे सूडानी दोस्त ने कहा कि जिस भी शहर में एस.के. वर्धान जैसे लोग मौजूद हैं, वहाँ ऐसा ही होता है।

ख़रतूम की सड़कों पर भी विनोद जैसे आदमी चीख़ो-पुकार करते रहते हैं और कोई नहीं सुनता।

बेरूत में तो गृह युद्ध आँखों के सामने था। एक ऐसा गृह युद्ध भी होता है जो नज़र नहीं आता, जिसका ऐलान नहीं किया जाता। जो undeclared होती है। वह बड़े शहरों में हर समय होती रहती है। बेरूत तो उस अनदेखी लड़ाई का क्लाईमैक्स है। हर समय चलने वाली इनसान की इनसान से लड़ाई, नफ़रत, इंतिक़ाम, गुस्सा,

दौलत की अन्धी हवस में आगे बढ़ने की दौड़ में यह नहीं देखा जाता कि कौन किसकी गाड़ी के पहिए के नीचे आकर मारा गया।

नफ़रत मिट्टी के तेल की तरह शहर की सड़कों, गलियों, बाज़ारों, और घरों के अन्दर फैलती रहती है और फिर अचानक किसी लम्हे कोई एस.के. वर्धान सिगरेट जला कर माचिस की तीली फेंक देता है। कभी दीन धर्म के नाम पर, कभी नस्लवाद के नाम पर, कभी ज़ात-पात के नाम पर, कभी अँधी देशभक्ति के नाम पर, कभी शराब के लिए, कभी जुए के लिए और कभी स्मगलिंग के लिए।

और हमारे सामने एक हँसता-बसता शहर बेरूत बन जाता है और बम्बई की सड़कों पर कोई विनोद अपनी पत्नी को मरते हुए सिर्फ़ देख सकता है, चीख़ सकता है, रो सकता है, लेकिन उसको मरने से बचा नहीं सकता।

उस दिन हमने मशाल देखी। रेस्तराँ में जो बातें हुईं, उनकी चर्चा इसलिए भी ज़रूरी थी कि सबने एक स्वर में अरबी भाषा में कहा था—

दिलीप कोमार फ़न्नान कबीर, यानी दिलीप कुमार महान कलाकार हैं।

हम सब पत्रकार थे। हमने फ़िल्म 'मशाल' के इस सीन की रिपोर्टिंग की थी। इस पर कॉलम लिखे थे। उसकी सुर्ख़ियाँ बनाई थीं और यह सब हम अपनी बिरादरी के एक व्यक्ति विनोद के लिए कर रहे थे। आख़िर विनोद हमारा दोस्त था। विनोद की तरह अख़बार निकालना हमारा भी एक ख़्वाब था। हमारी भी ख़्वाहिश थी कि हम अपने-अपने शहरों में जितने भी एस.के. वर्धान हैं उनके घिनावने चेहरे पर ऐसा ही थप्पड़ लगाएँ जैसा विनोद ने लगाया था। हम जानते थे कि हम कुछ नहीं कर सकते। हम जिन अख़बारों में काम करते थे उन अख़बारों को एस.के. वर्धान ही चलाते थे।

फ़िलिस्तीनी डरते नहीं थे। एक दिन ख़बर आयी कि अख़बार का दफ़्तर जला दिया गया है। यह घटना फ़िल्म 'मशाल' देखने के कुछ ही दिनों बाद की है। पुलिस जब उसको पकड़ने गयी तो वह फ़िलस्तीनी उस समय किसी और शहर के हवाई अड्डे से फ़ोन करके दोस्तों की ख़ैरियत पूछ रहा था।

हम सब दोस्तों ने उस दिन शाम की चाय पर यश चोपड़ा और जावेद अख़्तर को ज़बरदस्त Tribute पेश किया।

हमने एक resolution पास किया और Bombay Press Club के नाम एक टेलीग्राम तैयार किया कि विनोद के साथ होने वाली घटना का सख़्ती के साथ नोटिस लिया जाये।

मेरा एक फ़िलस्तीनी दोस्त दाऊद सुलेमान बहुत गुस्से में था। वह जॉर्ज हबाश की पापुलर फ्रंट ऑर्गनाइज़ेशन का सक्रिय कार्यकर्ता था। वह एक प्रसिद्ध पत्रकार है। उसने कहा कि एस.के. वर्धान जैसे गुण्डों को कमाण्डो एक्शन के द्वारा पकड़ कर विनोद जैसे इनसानों के पाँव में लाकर डाल देना चाहिए। दाऊद सुलेमान पिछले सात बरसों से जेल में है।

'मशाल' जिस समय बनी, उस समय बड़ी-बड़ी घटनाएँ और संजोग हुए।

पाकिस्तान में एक फ़ौजी डिक्टेटर ज़िया उल हक़ पत्रकारों को टकटकी पर बाँध कर कोड़ों की सज़ाएँ दे रहा था। बी.बी.सी. का एक ईरानी पत्रकार जो बग़दाद में काम करता था, उसको सद्दाम हुसैन ने फाँसी पर चढ़ा दिया।

पाकिस्तानी पत्रकार और बुद्धिजीवी हुसैन नक़्क़ी का एक वाक्य उन दिनों बहुत प्रसिद्ध हुआ था।

पंजाब विश्वविद्यालय ऑडिटोरियम लाहौर में एक इन्टरनेशनल प्रेस कॉन्फ्रेंस को ज़ुल्फ़िक़ार अली भुट्टो सम्बोधित कर रहे थे। हुसैन नक़्क़ी ने एक प्रश्न किया।

ज़ुल्फ़िक़ार अली भुट्टो ने कहा। "Shut up."

उसके फ़ौरन बाद हुसैन नक़्क़ी की आवाज़ गूँजी, "You shut up Mr. Prime Minister ...!"

ऐसा लगा कि विनोद ने एस.के. वर्धान के मुँह पर थप्पड़ मारा।

एस.के. वर्धन अण्डरवर्ल्ड का हीरो।

ज़ुल्फ़िक़ार अली भुट्टो तीसरी दुनिया यानी थर्ड वर्ल्ड का हीरो।

शक्ति अपने आप को प्रकट कर रही है। शक्ति से टकराने वाले अपना आपा दिखा रहे हैं।

दोनों तरफ़ है आज बराबर ठनी हुई।

निसार उस्मानी के ऐसे कई वाक्य मशहूर हैं जो उन्होंने फ़ौजी डिक्टेटर को न्यूज़ कॉन्फ्रेंस के दौरान कहे थे। ज़िया ऊल हक़ ने एक अख़बार के सम्पादक ऐजाज़ रिज़वी को खिड़की से बाहर इशारा करते हुए कहा था, "वह सामने दरख़्त देख लो, मैं तुम्हें उल्टा लटका दूँगा।" तीसरी दुनिया में पत्रकारों पर यह बुरा समय था।

यश चोपड़ा और जावेद अख़्तर की फ़िल्म 'मशाल' ने ट्रेड यूनियन का काम किया था।

'मशाल' के विनोद ने हमें जज़्बाती कर दिया था। एक दिलीप कुमार में हमें कितने चेहरे नज़र आते थे—अपने दोस्त पत्रकारों के, क्रान्तिकारी पत्रकारों के, ईमानदार पत्रकारों के और उन पत्रकारों के जो, पाकिस्तान में कलम की गरिमा बचाने के लिए अपनी नंगी पीठों पर कोड़े खा रहे थे।

ऐसे नेक और दयानतदार पत्रकार भी थे जिन्होंने जेल में गुज़ारने वाली मुद्दत कई महीनों की तनख्वाहें अपने दफ़्तर से नहीं लीं...उनका कहना था कि हमने काम भी तो नहीं किया। उनके घरवालों का भी वही हाल था जो सुधा का है।

एक फ़ौजी अदालत में अंग्रेज़ी के मशहूर पत्रकार मसूदुल्लाह ख़ान के वाक्य अपनी sense of humour से डिक्टेटरशिप के परख़च्चे उड़ा रहे थे।

बी.बी.सी. की उर्दू सर्विस से हमें ख़बरें मिल रही थीं। यश चोपड़ा की फ़िल्म ने रोशनी कर दी और हमें अँधेरे ग़ायब होते नज़र आये। हमने अपने अख़बार के मालिक का नाम अमरीशपुरी रख दिया था। हर ज़ालिम, चाहे वह एस.के. वर्धान हो,

फ़ौजी डिक्टेटर हो, कोई अय्याश अरब शाहज़ादा हो, कोई तेल का व्यापारी हो, कोई साम्राजी एजेंट हो, कोई पोलपोट हो, हम सबको अमरीशपुरी के नाम से बुलाते थे। अमरीशपुरी बेमिसाल अदाकार है।

उन्हीं दिनों फ़रवरी 1984 की घटना है। मेरी पत्नी नुसरत कोयत के हस्पताल दारुशिफ़ा में एडमिट थी। उसने 'मशाल' हस्पताल के कमरे में वी.सी.आर. पर देखी और पूरे दिन उसकी तबीयत पर उदासी छाई रही। हस्पताल में 'मशाल' देखने का अनुभव बहुत अलग था। सुधा हस्पताल न पहुँच सकी। वह सड़क पर मर गयी। हस्पताल में फ़िल्म देखने वालों ने विनोद के दुख को असह्य कहा। दिलीप कुमार और वहीदा रहमान ने लोगों की नब्ज़ पर हाथ रख दिया था।

दारुशिफ़ा हस्पताल एक हिन्दुस्तानी डॉक्टर ख़ान साहब था। यह भी संजोग है कि हस्पताल की उसी बिल्डिंग में कुछ साल पहले दिलीप कुमार अपने दोस्त डॉक्टर ख़ान साहब के पास आये थे। उनसे मेरी पहली मुलाक़ात वहीं हुई। उनके सर में काफ़ी दर्द था। उनसे बातें करने की बरसों पुरानी ख्वाहिश को मैं अपने दिल में ही लेकर वापस आ गया। उनकी तकलीफ़ का एहसास अधिक था और अपनी ख़्वाहिश के पूरा न होने का अफ़सोस नहीं था।

अभी तक हम उस आदमी का दहाड़ें मार कर रोना नहीं भूले थे जो 'मशाल' देखने के दौरान सुधा की मौत पर विनोद की बेबसी पर हॉल में खड़े होकर रोया था। किसी ने उसको आवाज़ दे कर नहीं रोका, वह ज़ोर-ज़ोर से रोता रहा और ऐसा लगता था कि उसकी आँखों में हमारे भी आँसू शामिल हो गये हैं।

सुधा की मौत पर हमें बहुत दुःख हुआ था। लगता था जैसे कोई दोस्त, साथी या क़रीबी रिश्तेदार मर गया है। सुधा...वहीदा रहमान

क़लम से मेहनत-मज़दूरी करने वालों का मुक़द्दर दोगरभट्टी का इलाक़ा और सुधा की मौत की ट्रेजडी तो होती है।

निर्देशक यश चोपड़ा ने सुधा की मौत पर गाने के यह बोल ओवरलैप किये हैं—

तुम हो तो हर रात दीवाली
हर दिन मेरी होली है

जावेद अख़्तर का गीत, हृदयनाथ मंगेशकर की धुन और लता मंगेशकर की आवाज़ में यह गाना मौत का शोकगान बन गया है।

दिन चढ़ता है। फुटपाथ पर विनोद अपनी पत्नी को बाँहों में लेकर सोया हुआ है। लोग आते हैं और पैसे फेंकते हैं। चिता की ज्वाला है। तेज़ हवा है। विनोद का चेहरा धुएँ और शोलों के साए में एक साया बन कर लरज़ रहा है। विनोद अपने घर पर है। आँख में आँसू, हाथ हिला कर वह कहता है—

"रो मत किशोरी लाल। रोने की कोई ज़रूरत नहीं। अच्छा ही हुआ मर गयी वो। जीने के लिए उस कमबख़्त के पास था ही क्या? रहने को घर नहीं, खाने को रोटी नहीं, इलाज के लिए दवा नहीं। अच्छा ही हुआ मुसीबतों से छूट गयी। उसको

मौत भी तो आसानी से नहीं आयी। ऐड़ियाँ रगड़-रगड़ कर मरी। फ़ुटपाथ पर ऐसे ही मरना था उसे, ठीक ऐसे ही मरना चाहिए था उसको, उसका जुर्म ही ऐसा था। जानते हो क्या जुर्म था उसका? वो एक ऐसे आदमी की बीवी थी जो रिश्वत लेना नहीं जानता था, वो जायज़ लिखता था कि नाजायज़ शराब, जुआ, सट्टा—ये सब बन्द होना चाहिए। कुछ तो सज़ा मिलनी थी उसको मेरी ग़लती की।"

दिलीप कुमार ने सबको रुला दिया है। सिनेमा हॉल शोकगृह बन चुका है।

ख़ूबसूरत वाक्य, दिलीप कुमार की भावुक अदायगी। यह सीन बहुत दिनों तक दिमाग़ पर छाया रहा। वो एक ऐसे आदमी की बीवी थी जो रिश्वत लेना नहीं जानता था।

तीसरी दुनिया के ग़रीब देशों में ऐसे आदमी की पत्नी का मुक़द्दर मौत है।

एक ऐसे आदमी की ज़िन्दगी कैसी हो सकती है। जावेद अख़्तर ने एक ऐसे नेक आदमी की कहानी लिखी, स्क्रीन प्ले भी लिखा, संवाद भी लिखे, गीत भी लिखे और निर्देशक यश चोपड़ा के taking बहुत ख़ूबसूरत, accurate और cut to cut है और मैंने अगले दिन आख़बार में यह लिखा था कि He knows the art A यश चोपड़ा skilled है।

दोगरभट्टी का स्क्रीन प्ले जिस महारत से लिखा गया है उसी skill से यश चोपड़ा ने उसको कैमरे से लिखा है। कई जगह तो मुझे मार्लिन ब्राण्डो की On the water front याद आयी।

वह सीन बड़ा मुश्किल होता है, और आसान भी। ऐसे scenes का आसान होना ही मुश्किल होता है। इसलिए कि ऐसे सीन में कोई ग़लती, कोई ग़लत हरकत पकड़ी नहीं जा सकती। Mob में सब कुछ ठीक लगता है, लेकिन...Mob ठीक लगना बहुत ज़रूरी होता है।

अनिल कपूर और उसके साथियों के अन्दर जो तूफ़ान है, उसको कैमरे से क़ाबू करना मुश्किल काम है। अनिल कपूर बहुत ख़ूबसूरत लगा है। अनिल कपूर के अन्दर के तूफ़ान को विनोद ने क़ाबू कर लिया था।

विनोद कुमार अख़बार से resign करके आ गया है। अख़बार के सम्पादक ने उसे कहा था कि वह बदतमीज़ और जाहिल है। इसलिए कि वह एस.के. वर्धान के ख़िलाफ़ लिखता है। एस.के. वर्धान बम्बई का एक बहुत बड़ा बिज़िनेसमैन है और इस बार चुनाव में खड़ा हो रहा है।

विनोद ने कहा, "बदतमीज़ और जाहिल होंगे आप।" और उसने इस्तीफ़ा दे दिया। विनोद भी खण्डाला में बँगला बना सकता था, वह भी नया प्लॉट ख़रीद सकता था लेकिन वह यह कर ही नहीं सकता था।

सुधा ने कहा, "आपको ख़ुद अपना एक अख़बार निकालना चाहिए, जिसमें वो लिखेंगे जो आप लिखना चाहते हैं।

विनोद कहता है, "अख़बार तो बाद में निकालेंगे, पहले हमें इस मकान से

निकाला जायेगा। बम्बई में सबसे बड़ी मुसीबत तो यही है। ढूँढने से भगवान मिल जायेगा लेकिन मकान नहीं मिलेगा।"

सुधा तो ऐसी औरत थी जो दोगरभट्टी में भी रहने पर समझौता कर चुकी थी। वह जानती थी कि विनोद अपने अन्दर और बाहर से कितना ख़ूबसूरत और नेक आदमी है।

वह उसको कहता है, "तुमने भी किस फटीचर आदमी से शादी की, अट्ठारह बरस में सिवाय परेशानी के तुम्हें और कुछ मिला।"

सुधा हँसते हुए कहती है, "हाँ, बहुत बड़ी ग़लती की" और वह विनोद के सर पर हाथ फेरती है।

किशोरीलाल प्रेस के लिए जगह दिखाता है। वहाँ एक अलमारी देख कर विनोद का एक बड़ा ख़ूबसूरत वाक्य है। जावेद अख़्तर बातों-बातों में पात्रों की स्थिति, पृष्ठभूमि, मानसिकता, मिज़ाज और उनके बारे में ज्ञान देता है।

विनोद कहता है, "हाय कोई ऐसी बड़ी अलमारी मिले तो मैं उस कमबख़्त मकान को छोड़ कर इस अलमारी में ही रहने लगूँ।"

उधर दोगरभट्टी के मवाली टिकट ब्लैक कर रहे हैं। टिकट ब्लैक करने वाले फ़िल्मों के बेहतरीन आलोचक होते हैं। अनिल कपूर कहता है, "साला आजकल फ़िल्म भी कण्डम बनाते हैं। टिकट खिड़की पर नहीं बिकती तो ब्लैक में क्या बिकेगी!"

अनिल कपूर और उसके दोस्त एक गाना गाते हैं। अनिल कपूर बड़ा ख़ूबसूरत लग रहा है। नौजवान नस्ल को एक नया हीरो मिल गया है। लगता है अगला दौर अनिल कपूर का होगा—

फ़ुटपाथ के हम रहने वाले
रातों ने पाला हम वो उजाले
पैरों तले तो है ये ज़मीं
और तो अपना कोई नहीं
कोई नहीं, न सही
हम क्यों आँसू बहाएँ
दुनिया जले तो जले
हम सब मस्ती में गाएँ

'और तो कोई अपना नहीं गाने वाले और पुण्य से भरे हुए दिलों वाले यह आवारा बच्चे नहीं जानते कि दोगरभट्टी में उनका मसीहा आ गया है।

फ़ुटबाल खेलते हुए विनोद कहता है।

सेण्टर फॉर्वर्ड अपना डिफ़ेंस बना लो।

विनोद के फ़ुटबाल खेलने के स्टाईल से साफ़ नज़र आ रहा है कि दिलीप कुमार ज़रूर फ़ुटबाल के खिलाड़ी रहे होंगे। विनोद गोल कर देता है। उसने बड़ी महारत से फ़ुटबाल को कैरी किया है।

एक पत्रकार आता है, वह अपने हुलिए से पत्रकार लगता है। धारीदार क़मीज़, जेब में पेन, मूँछें, क़मीज़ का कॉलर उठा हुआ है। यश चोपड़ा और दिलीप कुमार दोनों इस ओर ध्यान दे रहे हैं कि दिलीप कुमार की उम्र के फ़र्क़ को कपड़े और गेटअप द्वारा कम किया जाये और वें पूरी तरह से इस में कामयाब हैं।

विनोद के सामने बेलगाम लड़कों की एक क्लास लगी हुई है, वह कहता है, “मैंने तुमको पुलिस स्टेशन में नहीं पहचाना तो इसकी एक वजह थी। क्योंकि मैं जानता हूँ, वहाँ तुम्हारा क्या हाल होता। वो जेल, वो जगह मैंने देखी हुई है। वहाँ क्या होता है, ये भी मैं जानता हूँ। और ये भी जानता हूँ कि वहाँ से तुम सुधर के इनसान बनके वापस नहीं आते बल्कि और गन्दगी में लिपट कर, ख़राब होकर और बिगड़ कर वापस आते, मैंने इसीलिए नहीं पहचाना।

ये रहे वो रुपये, जो तुम मुझसे छीनना चाहते थे। मुझे इस रुपये की ज़रूरत है क्योंकि मैं अख़बार निकालना चाहता हूँ और उस अख़बार के ज़रिए मैं दुनिया के लोगों को बताना चाहता हूँ कि दोगरभट्टी और दूसरी ऐसी बस्तियाँ क्या हैं।

क्या हैं ये बस्तियाँ। इनमें कितनी ग़रीबी, कितनी बेबसी, कितनी भूख और कितनी बीमारियाँ पलती हैं, और किस तरह इसमें रहने वाले इनसान, इनसानों की तरह नहीं, जानवरों की तरह पलते हैं। मैं इस रुपये से ये काम करना चाहता हूँ, और तुम ये रुपये एक ऐसे आदमी को देना चाहते हो जो दोगरभट्टी के लोगों को शराब के नाम पर ज़हर पिलाता है, ज़हर।”

अच्छे और सार्थक लिखे हुए संवाद मिल गये हैं और अब उनको बोलने का मज़ा दिलीप कुमार ले रहा है। हाथ हिला-हिला कर, उन बेलगाम बच्चों की भावनाओं को लगाम लगा रहा है।

“सोचो...सोचो...मिल को सोचो...अब अगर तुम यही समझते हो कि ये रुपये तुमको मिलने चाहिए तो ले लो।”

अनिल कपूर कुछ देर के लिए ब्रीफ़केस ले लेता है। विनोद कहता है, “अच्छा हुआ तुमने एक पल के लिए ये रुपया ले लिया। तुमने माँ की क़सम खाई थीं वो पूरी न होती तो मुझे अच्छा न लगता।

जावेद अख्तर शब्दों के ज़रिये भावनाओं से खेलना जानता है। दिलीप कुमार नाराज़ बच्चों को गले में उन शब्दों से बनी हुई माला डालकर उन्हें मना लेता है। शब्द उस समय फूल बनता है जब उसको दिलीप कुमार का स्वर और लहजा मिलता है. ..बच्चे मान गये।

अख़बार छप रहा है।

एस.के. वर्धान कहता है, “आए दिन ऐसे चीथड़े निकलते रहते हैं और महीने दो महीने बाद बन्द हो जाते हैं।”

शहर में बहुत गड़बड़ है। बम्बई बन्द है। राजा कहता है, “बम्बई बन्द हो या खुली, उनको हस्पताल पहुँचाना है।” अनिल कपूर गाड़ी को सरपट दौड़ा कर सुधा को

हस्पताल पहुँचा देता है। यश चोपड़ा ने रास्ते में दंगे के शॉट्स बहुत impressive बनाये हैं।

राजा भाई, कल ही तुमसे मिलना चाहता था। फिर मेरी वाईफ़ ने भी कहा, मेरी पत्नी ने भी... सुधा घर आ गयी है। हम दोनों चाहते थे, हमारे घर आओ, खाना खाओ तो हम दोनों को ख़ुशी होगी...। इस सीन में जाते हुए विनोद ने किस अदा से हाथ हिलाया है। इस अदा से अपने दिल को काट कर उसने दिखा दिया है कि उसमें राजा के लिए कैसी भावना है। मुझे तो याद नहीं आता कि दिलीप कुमार ने कभी इससे पहले इस अंदाज़ में हाथ का इस प्रकार कोई प्रयोग किया हो। हाथों से उसने काम तो बहुत लिया है। इतना काम कि जिसका कोई हिसाब-किताब नहीं किया जा सकता। कई बार तो यूँ महसूस होता है कि अगर कोई उनके हाथों को पकड़ ले तो वह शायद बात भी पूरी न कर सके। जहाँ उनकी ज़बान रुकती है, वहाँ हाथ चलना शुरू होते हैं। ज़बान और हाथों का आपस में बड़ा गहरा तालमेल है और यह दोनों हमेशा ही लय में होते हैं।

राजा आता है। कॉफ़ी पीता है। अपने जीवन की कहानी सुनाता है। विनोद और सुधा की मुहब्बत के अनुभव से गुज़रता है और जब घर वापस जाता है तो उसके पाँव ज़मीन पर नहीं लगते। राजा टिकट ब्लैक करना छोड़ता है, "ज़िन्दगी में ब्लैक नहीं करूँगा। माँ क़सम।" विनोद सबको पिक्चर दिखाने ले जाता है।

पिक्चर देखने का शॉट बड़ा मज़ेदार है। सुधा रो रही, कोई सो रहा है, कोई खा रहा है। अनिल कपूर और रति अग्निहोत्री का ट्रैक भी चल रहा है। वह कहती है, "मुझे तुम दादा नहीं लगते।"

वह कहता है, "दारू पीता हूँ।"

"बियर पीते होगे। झूठ बोलते नहीं, सीटी बजाते नहीं, शरीफ़ नहीं तो और क्या हो?"

होली आई होली आई देखो होली आई

दिलीप कुमार गा रहा है–

यही दिन थे यही मौसम था
ज़बां जब हमने खोली थी
कहाँ गये वो दिन
जब अपनी भी होली थी

वहीदा रहमान गा रही है–

तुम हो तो हर रात दिवाली
हर दिन मेरी होली है

'तुम हो तो...' को जिस प्रकार लता ने अदा किया है, सुन कर दिल से दुआ निकलती है कि लता जी हमेशा सलामत रहें।

होली के इस गीत के दौरान, दिलीप कुमार, अनिल कपूर, वहीदा रहमान, रति अग्निहोत्री और दोगर भट्टी के बाक़ी सारे लोग ख़ुश हैं, नाच रहे हैं और हमारा ख़ूबसूरत पत्रकार भी अपने लोगों में ख़ुश है, नाच रहा है और नचवा रहा है। फ़िल्म देखने वालों के दिलों में ख़ुशी नाच रही है।

अख़बार के दफ़्तर एक आदमी आता है। उसके पास एस.के. वर्धान के ख़िलाफ़ दस्तावेज़ी सबूत हैं। उसे विनोद प्रकाशित कर देता है।

एस.के. वर्धान अख़बार पर बीयर का गिलास रखता है। वह कहता है, "लिखने दो। पुरानी कहावत है कि कुत्ते भौंकते रहते हैं और हाथी निकल जाता है। उसके और मेरे सितारे बहुत दिनों से उलझे हुए हैं। हर आदमी का कुछ न कुछ दाम होता है।"

अनिल कपूर अपने साथियों के साथ एक दुकान पर हमला करता है। दुक़ान का सामान तोड़-फोड़ देता है, वहाँ से एक ट्रांज़िस्टर माँ जी के लिए लेकर आता है। विनोद जैसे लोग कभी अपनी नाक पर मक्खी बैठने नहीं देते। यह तो ट्रांज़िस्टर का मामला था।

विनोद उससे सवाल करता है,

"कहाँ से मिला तुम को?"

"एक फ्रेण्ड ने दिया मुझको।"

"झूठ बोल रहे हो राजा, झूठ बोल रहे हो। बको मत, कुछ कहने की ज़रूरत नहीं।" विनोद आवाज़ देकर कहता है, "सुधा अगर नाली के कीड़े को दुनिया भर का साबुन इकट्ठा करके धोया जाये तो वो गन्दे का गन्दा ही रहेगा। ये शख़्स...ये...Get out.

सुनो, आइन्दा कभी इस घर में क़दम मत रखना।" विनोद ट्रांज़िस्टर को ज़ोर से फेंकता है।

इस सीन के बाद दुनिया ही बदल जाती है।

विनोद और एस.के. वर्धान का आमना-सामना।

विनोद कुमार "अन्दर आने की इजाज़त है। अपना नाम दरवाज़े पर ही बता दूँ? मुझे एस.के. वर्धान कहते हैं।"

"आईए आईए।"

"शुक्रिया।"

"बैठ जाऊँ।"

शुक्रिया...ज्यादा समय नहीं लूँगा। मैं जानता हूँ आप बहुत बिज़ी आदमी हैं, इसलिए खुद चल कर आपके दर्शनों के लिए आया हूँ। ये तो आप समझ ही गये होंगे कि क्यों आया हूँ।

"देखिए, मिस्टर वर्धान, एक बात मैं आपको अच्छी तरह समझा दूँ, (विनोद ने क़लम पर कैप चढ़ा दिया) वह किसी ज़ाती दुश्मनी की बिना पर था और न ही किसी सबूत के बग़ैर,"

"आपने मुझे ग़लत समझा। मैं कोई शिकायत लेकर नहीं आया। मैं तो दोस्ती का हाथ बढ़ाना चाहता हूँ।"

"वर्धान साहब, हम आपकी दोस्ती के क़ाबिल कहाँ?"

"मगर ज़माना बहुत ख़राब है। उसने आपकी ज़रा भी क़दर नहीं की। आप का अख़बार देखता हूँ तो बड़ी तकलीफ़ होती है। इतना अच्छा लिखते हैं आप और इतने मामूली काग़ज़ पर? बड़ा ज़बरदस्त अख़बार निकाला है आपने, आपका दफ़्तर देखता हूँ..." (यश चोपड़ा ने वर्धान के POV शॉट से दफ़्तर दिखाया है) नयी बिल्डिंग बन रही है।

"सुनिए मिस्टर वर्धान, आप जो कुछ कहना चाह रहे हैं वो मैं अच्छी तरह समझ गया हूँ। आपके आने से पहले मैं एक काम कर रहा था, वो मुझको पूरा करना है इसलिए इजाज़त चाहता हूँ।

"मान गये। आदमी बहुत होशियार हैं आप। चलिए साफ़ बात करें। रुपया कैश दे दूँ? बाहर गाड़ी में पड़ा है। वर्धान ने तो जो कहना था, कह दिया। अब बारी विनोद की है। यश चोपड़ा ने लगभग 20 सेकेण्ड एस.के. वर्धान, विनोद और फ़िल्म देखने वालों को सूली पर लटकाए रखा है।

दिलीप कुमार का हाथ, अमरीशपुरी का हाथ से बड़े साइज़ का चेहरा और उस पर एक झन्नाटेदार थप्पड़।

एस.के. वर्धान ही नहीं, बल्कि पूरा सिनेमा हॉल लरज़ गया। लोगों ने अपने गाल पर हाथ रख कर यक़ीन करना चाहा कि कहीं यह थप्पड़ उनके मुँह पर तो नहीं पड़ गया?

दिलीप कुमार की आवाज़ आयी, "मैंने पहले काफ़ी सोचा मगर आपकी इस घटिया बात का मझे मुनासिब जवाब समझ में नहीं आया।"

मिस्टर विनोद कुमार, "जब मैं आया था, तो मैंने तुम्हें अपना नाम बताया था, तुमने सुना था? फिर भी तुमने मुझे..."

"दरवाज़ा उस तरफ़ है।"

विनोद ने हाथ के इशारे से वर्धान को दरवाज़ा दिखाया।

दिलीप कुमार का थप्पड़ और अमरीशपुरी का चेहरा बहुत दिनों तक हमारी बातचीत का विषय बना रहा। विभिन्न क़ौमों, देशों और धर्मों से सम्बन्धित हम सब पत्रकार दोस्त अपने-अपने अनुभव की कहानियाँ सुनाते रहे, अपने निजी क़िस्से कहते रहे, लेकिन एक घटना ऐसी है जिसका लिखना यहाँ बहुत ज़रूरी है। यह घटना भी मानव के इतिहास में मुक़ाबले की टक्कर का है।

मेरा कोयती दोस्त सुलेमान अल-ख़लीफ़ी, जो एक अद्‌भुत कहानीकार है उसने द्वितीय विश्व युद्ध की एक घटना सुनाई।

हिटलर की फ़ौज के दो अनुभवी जरनैल रूस में गिरफ़्तार कर लिये गये। हिटलर उनकी गिरफ़्तारी पर पागल कुत्ते की तरह कमरे में घूम रहा था। इसी बीच उसको ख़बर मिली कि स्टालिन के बेटे को जर्मन फ़ौज ने गिरफ़्तार कर लिया है।

हिटलर के चेहरे पर बिजली की लहर दौड़ गयी। उसने उसी समय स्टालिन को संवाद भेजवाया–

"दो जर्मन जरनैलों के बदले में आपके बेटे को फ़ौरी रिहा कर दिया जायेगा।"

स्टालिन ने कहा, "मेरे बेटे का रैंक क्या है?"

बताया गया कि वह एक सेकेंड लेफ़्टिनेंट है।

स्टालिन ने हिटलर को जवाब भेजा 'सेकेण्ड लेफ्टिनेण्ट के बदले जरनैल नहीं दिये जा सकते।'

हिटलर ने आदेश दिया कि स्टालिन के बेटे को गोली से उड़ा दिया जाये।

थप्पड़ की क़ीमत तो चुकानी पड़ती है। विनोद यह बात जानता था। लेकिन जब सुधा ही नहीं रही तो क्या आदर्श बाक़ी रह जायेगा? सुधा के बिना अब कौन-सी क्रांति आयेगी?

विनोद कहता है, "अब वो ग़लती नहीं होगी। शहर में लोग शराब पिएँगे, लेकिन वो शराब उनको वर्धान नहीं पिलाएगा। वो शराब मैं पिलाऊँगा। जुएख़ानों में जुआ खेला जायेगा, वो जुएख़ाने मेरे होंगे, सब वही होगा। लेकिन ये सब वो नहीं करेंगे, वो मैं करूँगा। मैं करके दिखाऊँगा।"

विनोद और वर्धान के बीच टेलीफ़ोन पर भविष्य का प्रोग्राम तय पाता है।

विनोद ऐलान करता है, "मेरी और तुम्हारी आख़िरी मुलाक़ात होगी। मुझे उस दिन का इन्तजार है। वो दिन तुम्हारी ज़िन्दगी का आख़िरी दिन होगा।"

राजा वापस आता है –

लिए सपने निगाहों में
चला हूँ तेरी राहों में
ज़िन्दगी आ रहा हूँ मैं

राजा अपने पुराने साथियों से मिलता है। सुरेश मैकेनिक होकर कोयत चला गया है।

राजा नौकरी की तलाश में अख़बार के दफ़्तर में आता है। अख़बार का सम्पादक एक क्रान्तिकारी है। वह कहता है, "कॉमरेड, मिल-जुलकर काम करना है। एक दिन आयेगा सब यही होगा। न कोई नौकर, न कोई मालिक।"

अख़बार के दफ़्तर में दीवार पर कार्ल मार्क्स और लेनिन की तस्वीरें लगी हुई हैं। फ़िल्म देखते हुए अब हम अपने जज़्बात छुपा नहीं सके। उस रात हमने सिनेमा हॉल में मार्क्स लेनिन ज़िन्दाबाद के नारे लगाए, बाहर निकल कर सड़क पर नारे लगाए। अपने दफ़्तर में पहुँच कर नारे लगाए और अपने अख़बार के मालिक जिसकी शक्ल अमरीशपुरी से मिलती-जुलती थी, उसको ख़ूब गालियाँ दीं। फ़िलिस्तीनी दोस्तों ने तो 'जॉर्ज हब्बाश ज़िन्दाबाद' के नारे लगाए। दो फिलिस्तीनियों के बीच मार-कुटाई होते-होते रह गयी जब एक फ़िलिस्तीनी ने 'यासर अराफ़ात ज़िन्दाबाद' का नारा लगाया तो दूसरे ने कहा यासर अराफ़ात अमेरिकी एजेंट है।

उस रात हमने जावेद अख़्तर को बहुत याद किया। हम जानते थे कि यह तस्वीरें जावेद अख़्तर का कारनामा हैं। हम जावेद अख़्तर को उस समय से जानते थे जब वह जादू था। सफ़िया अख़्तर और जांनिसार अख़्तर के बीच जुदाई और दूरी में जादू हमें अकेला नज़र आता था। ज़ेरे लब के बारे में हमें कृष्णचंद्र का वाक्य बहुत पसन्द आया था–'सफ़िया की ये नाज़ुक निसाई तहरीरें डाक से नहीं भेजी गयी हैं। बादल के टुकड़ों पर उतारी गयी हैं।'

मार्क्स और लेनिन की तस्वीरों के पीछे तरक्क़ीपसन्द तहरीक थी। एक बच्चा जिसने आन्दोलन के चरम पर आँखें खोली। इन्क़लाब का नारा सुना।

राजा की गीता से मुलाक़ात अख़बार के दफ़्तर में हुई। राजा कहता है, "साहब के बारे में सोचता हूँ तो यही सोचता हूँ कि पहले ऐसे लोगों को देवता कहा जाता होगा।"

गीता और विनोद की मुलाक़ात। विनोद के हाथ में व्हिस्की का गिलास और अरब का तपता हुआ रेगिस्तान और हमारा मुक़द्दर। परदेस में दिल और दिमाग़ ने कैसे कैसे सदमे बर्दाश्त किये।

गीता कहती है, "राजा तक आप को देवता समझता है।"

विनोद कहता है, "अच्छा है। अच्छा ही है। हमने तो जितने बुत बनाये, एक-एक करके सब टूट गये। उसके पास ग़लत ही सही, पूजने के लिए कोई देवता तो है। आजकल इतना भी किसके पास होता है, गीता?"

विनोद गीता की परेशानी दूर करने के लिए कहता है, "अगर? ये अगर क्या है? क्या है ये अगर? एक न एक दिन उसे ज़रूर पता चलेगा। ये हालात, किस्मतें, इनसानी ज़िन्दगी वक्त के साथ बदल जाती हैं। एक राजा ने अगर मेरे बारे में राय बदल ली तो कौन-सा ऐसा आसमान टूट पड़ेगा?"

दिलीप कुमार इस सीन में बहुत ग्रेसफ़ुल दिखता है।

राजा हँसी-खुशी आता है। अपने देवता के पाँव छूता है। वो दोनों गले नहीं मिलते। देवता गले नहीं मिला करते। राजा बहुत खुश है। एक खुशी विनोद के चेहरे पर भी है जिसका कोई नाम नहीं।

वह उसको कहता है, "फ़ुटबाल खेलते थे न। इसमें हाफ़ टाइम के बाद इधर की टीम उधर और उधर की टीम इधर हो जाती है। दोनों टीमों के गोल भी बदल जाते हैं। बस यही कह रहा था मैं।"

राजा कहता है, "इतने खोए हुए क्यों हैं? मैं चाहता था कि मैं आपको माँ जी की याद नहीं कराऊँगा।"

देखो राजा, इतने दिनों बाद मिले हैं, ग़म की बात ही क्यों करें?"

राजा अब वह रोल कर रहा है जो कभी विनोद का था। गीता उसको बताती है, विनोद के जुएख़ाने और शराबख़ाने हैं। राजा नहीं मानता। वह कहता है, "साहब, बुत कैसे टूटा। आप मुझको एक बार बोल दो आप को माँ जी की क़सम है साहब।"

"जो क़सम तुम मुझे दे रहे हो न, उसके बाद मैं झूठ नहीं बोल सकता। तुमने जो सुना, वो सच है।"

"नहीं साहब, नहीं।"

दिलीप कुमार का एक बड़ा क्लोज़अप...माथे पर तीन गहरी लकीरें।

राजा कहता है, "ऐसा क्यों किया, जब मैं पाँच रुपये का टिकट बेचता था तो ऊपर दो रुपया मिलता था। जब आपने अपना ईमान बेचा तो ऊपर से कितना पैसा मिला साहब और क्या करोगे इतना पैसा? माँ जी तो गयी और मैं भी नहीं हूँ। अगर साहब यही बनना था तो साहब मुझे भी वही रहने देते। मुझे पढ़ा-लिखा कर मेरे हाथ में क़लम देकर बहुत बड़ी भूल कर गये आप। मैं आपके एक-एक पाप के एक-एक जुर्म का पता लगाऊँगा और जब तक पुलिस आप को अदालत नहीं ले जाती और अदालत आप को जेल नहीं भेज देती, मैं लिखूँगा, मैं छापूँगा।"

अनिल कपूर अपना रोल बड़ी ख़ूबसूरती से कर गया है। अदाकारी के देवता के सामने तो खड़ा होना भी मुश्किल है। अनिल कपूर के संवाद कहने का ढंग भी ठीक है। उसके भाषण के बाद अब विनोद की बारी है।

"हाँ लिखना। ज़रूर लिखना।" दिलीप कुमार अपने चेहरे को turn देता है। वह दो क़दम पीछे हटता है। "तुम लिख सकते हो। जो चाहे, लिख सकते हो। इसलिए कि अभी तक किसी पूँजीपति ने तुम्हें नौकरी से निकलवाया नहीं।" दिलीप कुमार का हाथ और उसकी सीधे हाथ की उँगली गवाही दे रहे हैं, "तुम लिख सकते हो। इसलिए कि अभी तक तुम्हारा अख़बार बन्द नहीं करवाया गया। आग नहीं लगाई गयी उसमें। इसलिए तुम लिख सकते हो। लेकिन ये भी ज़रूर लिखना" दिलीप कुमार दो क़दम आगे आते हुए कहता है- "कि जब किसी ग़रीब के घर का सामान उसके घर से निकाल कर सड़क के ऊपर रख दिया जाता है तो उसके दिल पर क्या गुज़रती है। ये ज़रूर लिखना...ऐसे लगता है कि जैसे किसी ने बीच बाज़ार में सारी गृहस्थी के कपड़े उतार दिए हों और ये भी लिखना कि जब एक बदनसीब औरत। क्या कहते थे क्या? हाँ माँ जी कहते थे ना उसको? मैं तुमको उस माँ की क़सम देकर कहता हूँ। चलो मेरे साथ आओ चलो।" वे दोनों फ्रेम से आउट होते हैं।

यह सीन जो अभी हमने देखा। उसकी theatrical value v/s Assessment के लिए ज़रूरी है कि हम Acting v/s highest level को जानते और समझते हों।

मैंने लन्दन के West End में जो 20-25 थिएटर्स हैं उनमें रिचर्ड बर्टन को भी देखा है, और पीटर अटवल को भी। इन दो ऐक्टरों से बड़े ऐक्टर तो अंग्रेज़ों के पास नहीं हैं और अभी कुछ देर पहले मैंने फ़िल्म मशाल के इस Scene में दिलीप कुमार को भी देखा है। मुझे विश्वास है कि अगर यह सीन अन्तर्राष्ट्रीय ज्यूरी के सामने पेश किया जाये तो उनके फ़ैसले के बाद बड़े-बड़े अदाकार अपने ऑस्कर पुरस्कार वापस कर देंगे कि उनसे बेहतर, ख़ूबसूरत, बावक़ार, नेचुरल अभिनय करने वाला एक अभिनेता एशिया में भी मौजूद है, ऑस्कर अवार्ड पर उसका भी हक़ है।

'मिलन' से लेकर 'मशाल' तक Highest Standard की अदाकारी पर दुनिया का बड़े से बड़ा पुरस्कार दिलीप कुमार के लिए छोटा है, उनका अभिनय बड़ा है। उनकी Achievement पर ऑस्कर अवार्ड उनका हक़ है। कोई एहसान नहीं...

'मशाल' के दो पत्रकारों के सामने जो परिस्थितियाँ हैं वह अमेरीका और पश्चिम के पत्रकारों के सपने में भी नहीं आते होंगे। दो पत्रकारों ने वाटरगेट स्कैन्डल में राष्ट्रपति Nixon को व्हाइट हाउस से घर रवाना कर दिया था।

यहाँ एक पत्रकार, जो रिश्वत नहीं लेता उसकी पत्नी ऐड़ियाँ रगड़-रगड़ कर सड़क पर मर जाती है।

Jean Paul Sartre ने इसीलिए कहा था कि पश्चिम के पास अब कोई विषय नहीं, अब बड़ा साहित्य एशिया में लिखा जायेगा। एशिया में बड़ा साहित्य लिखा जा रहा है, बड़ी कला की रचना हो रही है। हमारे सामने अभिनय का एक ऐसा मेयार है कि जो दुनिया भर में मान्यता प्राप्त है। मेरे विचार पर आलोचना करने से पहले ज़रूरी है कि वह सीन देख लिया जाये। विनोद राजा को सड़क पर लेकर आता है। वह कहता है, "ठीक वही जगह थी। ठीक वही। (उँगली से इशारा करते हुए) मैं उसको थामना चाहता था। लेकिन नहीं। मौत उसको अपने पैरों तले आहिस्ता-आहिस्ता कुचल रही थी।" (दिलीप कुमार अपने हाथ को इस प्रकार से हिला कर मुट्ठी भींच रहा है और ऐसा लगता है कि यह उसके हाथ नहीं, मौत के पैर हैं। ऐक्टर ने अपने क्राफ़्ट और कला से अपने हाथों को मौत के पैर बना दिये हैं) वह कहता है।

फिर मैंने देखा। वहाँ से उसी तरह एक मोटर आ रही थी। मैंने उसको रोकना चाहा और वो रुक सकती थी। वो रुक सकती थी। मैं चिल्लाया। ऐ भाई, गाड़ी रोक ले। भाई साहब। गाड़ी रोक ले भाई साहब। हस्पताल जाना है। अरे कोई है? अरे मेरी बीवी मर रही है। अरे मर जायेगी। अरे तुम्हारे बच्चे जिएँ। कोई मदद करो। सुधा मैं आ रहा हूँ। मैं चिल्लाता रहा पुकारता रहा। आवाज़ें दी मैंने, लेकिन खिड़कियाँ बन्द, दरवाज़े बन्द, फिर मैं उसकी तरफ़ गया। मर गयी वो।"

"उसके हाथ दीवार पर हैं। आँखों में आँसू हैं। वह अपने चेहरे पर हाथ लेकर आता है। आँसू पोंछता है। दस क़दम चल के वह राजा के पास आता है, "अब जाओ राजा। जो चाहो, सो लिखो। तुम और तुम्हारा समाज मिलकर मेरा जो बिगाड़ सके बिगाड़ लें। जाओ।"

जावेद अख़्तर ने इस वाक्य में जो गाली दी है वह बहुत मशहूर है।

अंडरवर्ल्ड का नया हीरो तीन बजे अपने साथियों के साथ एक जगह पहुँचता है। वह कहता है, अब मुझे यहाँ से और कहीं से भी कुछ नहीं चाहिए। जो कुछ है, वो सब तुम्हारा है। मैं ये सब कुछ छोड़ देना चाहता हूँ। बुरा तो नहीं लगेगा तुम्हें?"

बातचीत के दौरान गोलियों की बारिश होती है। किशोरी लाल मरता है। विनोद उसकी आँखों की खिड़कियाँ बन्द करता है। विनोद भाग कर अपनी जान

बचाता है। उसको दामोदर की तलाश है। वह कोठे पर जाता है। होटल के कमरा न. 80 में वह गोलियों की बौछार से दामोदर को मारता है।

एस.के. वर्धान काग़ज़ात हासिल करने का प्लान बना रहा है। विनोद एस. के. वर्धन के अड्डे पर पहुँचता है। वह राजा को तलाश कर रहा है। वर्धान के एक साथी को कहता है, "एक सेकेण्ड में बताओ वो लोग राजा को कहाँ ले गये हैं। वरना तुम्हारी ये गर्दन सूखी लकड़ी की तरह तोड़ दूँगा।"

विनोद ऊपर की सीढ़ी पर है। वर्धान नीचे खड़ा है। विनोद कहता है। और यह दिलीप कुमार का ख़ास स्टाईल है।

"वो क़लम जो तुमने मेरे हाथ से छीना था वो क़लम उस लड़के ने उठा लिया है। क़लम का एक सिपाही गिरेगा तो दूसरा आ जायेगा।"

वर्धन कहता है, तो फिर आज क़लम के सारे सिपाही एक ही साथ ख़त्म कर देता हूँ।"

दिलीप कुमार और अमरीशपुरी का आमना-सामना।

पुण्य और पाप का आमना-सामना।

अच्छाई और बुराई का आमना-सामना।

विनोद उसको देखता है तो उसे तीन दृश्य याद आते हैं।

यश चोपड़ा ने लोगों को याद करा दिया, तीन शॉट्स के फ़्लैश बैक से कि अब आख़िरी हिसाब का समय आ गया है।

वह उसकी गर्दन दबाता है, "मैंने तुमसे कहा था वर्धान जिस दिन तुम मुझे मिलोगे, वो तुम्हारी ज़िन्दगी का आख़िरी दिन होगा। वो दिन आ गया वर्धन।

वर्धान का आख़िरी दिन। वह मरता है। विनोद को भी गोली लगती है...विनोद भी मर रहा है।

यह दिलीप कुमार है और मौत का दृश्य है। मौत के अभिनय का वह Specialist है। वह मरता है तो विश्वास हो जाता है कि वह मर गया। वह कहता है, "राजा रो मत।" उसकी आवाज़ हलक़ से नहीं, फेफड़ों से आ रही है। यह आवाज़ नहीं यह आख़िरी साँसें हैं। साँसों ने शब्द उठाए हुए हैं। यह शब्द मरते हुए आदमी की साँसों के साथ गिर रहे हैं। "रो मत, मैं मर के भी मरूँगा नहीं। तुम्हारे अन्दर ज़िन्दा रहूँगा राजा। हाँ। हाँ।

अन्तिम सीन है। राजा और गीता अख़बार के दफ़्तर में हैं, उनके हीरोज़ की तस्वीरें दीवारों पर लगी हुई हैं। यह विनोद और सुधा की तस्वीरें हैं। उन पर फूलों की माला है। रात के एक बज कर पाँच मिनट हुए हैं।

टेबुल फ़ैन चल रहा है।

राजा कहता है, "हेलो, एक मिनट, बताए। हाँ हाँ। ज़रूर छापेंगे" विनोद का वाक्य याद आता है 'वो क़लम जो तुमने मेरे हाथ से छीना था वो क़लम उस लड़के ने उठा लिया है। क़लम का एक सिपाही गिरेगा तो दूसरा आ जायेगा।'

❑❑❑